保安员资格考试培训教程

（初级、中级）

主编　房余龙　李晓明

苏州大学出版社
Soochow University Press

图书在版编目(CIP)数据

保安员资格考试培训教程:初级、中级/房余龙,
李晓明主编. —苏州:苏州大学出版社,2010.9(2018.3重印)
ISBN 978-7-81137-558-9

Ⅰ.①保… Ⅱ.①房…②李… Ⅲ.①保安-工作-
中国-技术培训-教材 Ⅳ.①D631.3

中国版本图书馆 CIP 数据核字(2010)第 154675 号

保安员资格考试培训教程(初级、中级)
房余龙 李晓明 主编
责任编辑 史创新

苏州大学出版社出版发行
(地址:苏州市十梓街1号 邮编:215006)
苏州恒久印务有限公司印装
(地址:苏州市友新路28号东侧 邮编:215128)

开本 787 mm×960 mm 1/16 印张 29.25 字数 587 千
2010 年 9 月第 1 版 2018 年 3 月第 5 次修订印刷
ISBN 978-7-81137-558-9 定价:42.00 元

苏州大学版图书若有印装错误,本社负责调换
苏州大学出版社营销部 电话:0512-65225020
苏州大学出版社网址 http://www.sudapress.com

《保安员资格考试培训教程》编委会

主 任　王家宏

副主任　陆阿明　雍　明

主 编　房余龙　李晓明

编写人员　（按姓氏笔画排序）

　　　　王学旭　王　璐　边学梁　李晓明　吴　俊

　　　　张宗豪　罗　丽　庞晓薇　房余龙　房　灏

　　　　钟　华　章新明　曾　严　薛皓月　霍　磊

三版前言

保安员资格考试培训《教程》(以下简称《教程》)问世四年多来,受到了广大读者和社会的欢迎,被江苏省公安机关和人社部门确定为保安员晋级考试培训的专用教材。在此过程中,该《教程》的第一主编、苏州大学兼职副教授、江苏省保安员职业技能鉴定技术资源开发组专家房余龙,本着与时俱进和对保安员资格考试培训工作的负责精神,根据国家有关保安工作规定的变化和保安服务业发展的现实需要,先后对《教程》进行了两次很大篇幅的修订、补充,不断提高其内容的实用性、新颖性和丰富性。

这次对《教程》的修订,以2014年7月15日施行的国家人社部与公安部联合制定的《保安员国家职业技能标准》为依据,调整、补充的内容比较多。本版《教程》一方面对保安员职业能力倾向、保安员职业守则以及初级、中级保安员职业培训、技能鉴定的工作要求等内容作了修改;另一方面,增加了公安机关对保安服务、保安培训活动管理,保安员场所安全检查和人员安全检查中的人像比对辨识以及安全技术防范中的报警初判、炸药探测仪的使用方法等内容。此外,本《教程》还收录了经江苏省公安厅治安总队和江苏省职业技能鉴定中心核准的《江苏省初级保安员职业技能鉴定指南》《江苏省初级、中级、高级保安员鉴定结构比重表》和《江苏省中级保安员理论知识鉴定要素细目表》《江苏省高级保安员理论知识鉴定要素细目表》等资料,使之适应国家对初级、中级保安员的工作要求,更利于参加初级、中级保安员培训考试和技能鉴定的读者们学习和全面掌握。从而,为提升保安服务实践的工作效率和职业晋级的成功率创造了条件。

鉴于新施行的《保安员国家职业技能标准》与2007年颁布实施的《保安员国家职业标准(试行)》有着较大的差异,而且新标准施行仅有半年多时间,全国尚无对此标准进行阐述解说的论著和信息资料可以学习借鉴,以致本《教程》的修订难免存在疏漏和欠妥之处,欢迎广大读者指正。

编者

2015年3月17日

再版前言

为适应保安员资格考试的需要,2010年,我们组织苏州大学和苏州市公安局的同仁,根据2007年颁布的《国家保安员职业标准(试行)》和《保安员培训教学大纲(试行)》《国家保安员资格考试大纲》,在认真总结、研究我国保安工作长期的实践经验和理论成果的基础上,编写了《保安员资格考试培训教程(初级、中级)》(以下简称初版《教程》)。初版《教程》的内容,既适用于国家保安员资格考试,又适用于初级保安员和中级保安员职业技能鉴定认证,这在当时是全国唯一的版本。因此,受到广大保安从业人员的欢迎。2012年,江苏省启动初级、中级保安员职业技能鉴定认证工作,省公安厅治安总队、省人力资源和社会保障厅技能鉴定中心研究决定,初版《教程》为江苏省初级保安员和中级保安员职业资格认证培训专用教材,并且聘请该《教程》主编苏州大学兼职副教授房余龙为江苏省保安员职业技能鉴定技术资源开发组专家。

最近,国家人社部、公安部共同组织有关专家,依据国务院颁布的《保安服务管理条例》主要精神及保安服务实际需要,在对2007年制订的《国家保安员职业标准(试行)》基础上进行修订,并于2013年初广泛地征求了全国各地有关部门和保安组织、保安人员意见。即将颁布实施的《国家保安员职业标准(修订)》,较之2007年制订的《国家保安员职业标准(试行)》有着很大差异。于是,我们启动了对初版《教程》的修订工作。

为保证修订本《教程》的质量,在修订过程中,我们坚持理论紧密联系实际,反映最新成果,满足保安业发展需要的原则,力求新版《教程》与《国家保安员职业标准(修订)》衔接,对初版《教程》的内容做了很大的修改和较多补充,不但对初版《教程》的每一章都进行了若干修订,而且增加了保安武装守护服务、安全检查服务的大量内容和《民法》《民事诉讼法》《民法通则》《合同法》《消防法》《信访条例》《专职守护押运人员枪支使用管理条例》《民用爆炸物品安全管理条例》等法律法规知识,以及《公安机关实施保安服务管理条例办法》《公安机关执行保安服务管理条例若干问题的解释》等部门规章。同时,《教程》修订本的体系结构也做了一些调整,将初版中保安护送服务一章内容合并到再版的保安随身护卫服务一章中去,并把初版中保安武装守护服务一节扩写为再版的一章,同时增写了保安安全检查服务一章,删去了初版中的保安员的基本体能一章内容。如此调整体系结构,目的是使新版《教程》与新修订的《国家保安员职业标准》整体职业功能相匹配,符合它对初级、中级保安员的工作要求。修订本《教程》与初版《教程》相比较,具有以下四个亮点:一是知识面更广,信息量更大。不管是保安员的专业基础知识,还是保安员应当学习和掌握的相关法律、法规知识,修订本《教程》都增加了许多新的内容,仅字数就比初版《教程》多了近20万字。二是《教程》修订本适应新的《国家保安员职业标准》颁布后的初级和中级保安员职业技能鉴定认证工作。无论是理论知识还是操作技能,认证的内容及鉴定点在修订本《教程》中均有相关的阐述。三是修订本《教程》中的安全技术防范设备使用和维护的内容特别丰富,有益于广大保安从业人员的学习掌握和更好地发挥技防在未来保安服务中日趋重要的作用。四是修订本《教程》能够满足中级保安员继续学习的需求,许多内容十分有助于他们今后参加高级保安员职业技能鉴定。

  这次修订本《教程》的工作,全部由房余龙承担。由于修订的内容受到新的国家保安员职业标准和江苏省初级、中级保安员职业技能鉴定知识等方面的制约,又无可供直接参考的新信息,以至修订工作难度特别大,前后历时8个月方才完成。修订过程中,房余龙查阅了北京、上海、深圳等地保安服务行业的大量实践资料,在苏州开展了深入的调查研究,并得到了江苏省公安厅钱幼菁、南京市公安局纪铁军、扬州市公安局陈震宇、苏州市公安局汪军和南通市保安服务公司朱卫东等人的支持和帮助,在此一并表示诚挚的谢意!

  由于编者水平和参考资料有限等因素,修订本《教程》中难免有疏漏、欠妥之处,敬请读者指正。

编者
2014年1月

编者的话

2010年1月实施的国务院《保安服务管理条例》规定,保安从业人员必须经过专业培训,并通过设区的市级人民政府的公安机关考试、审查合格并留存指纹等人体生物信息,发给保安员证,方可从事保安工作。《保安员国家职业标准》规定,保安员职业共设五个等级,分别为初级保安员(五级)、中级保安员(四级)、高级保安员(三级)、保安师(二级)、高级保安师(一级)。公安部制定的《保安员培训教学大纲》(试行)和《国家保安员资格考试大纲》,对于各个级别的保安员必须学习掌握的保安服务理论和技能,分别提出了明确的要求。根据上述国家的行政法规、部门规章和有关规定,为了适应保安员培训教学和保安员资格考试需要,提高培训质量和考试成绩,我们在认真总结、研究我国保安工作长期的实践经验和理论成果的基础上,针对初级(五级)、中级(四级)保安员培训考试的范围和实际工作的需要,编写了这本《保安员资格考试培训教程》(初级、中级)。

本教材贴近实际,知识全面,针对性强,其内容由三部分组成:一是保安基础理论、职业道德、礼仪常识、擒拿格斗、基本体能、现场危急救护及相关法律、法规等保安基本知识;二是保安门卫、巡逻、守护、押运、护送、场所控制、随身护卫、技术防范等各种勤务知识;三是现场保护、保安消防技能、保安器具使用、保安应用文写作、保安队列训练和班务会、勤务检查等保安相关知识。

《保安员资格考试培训教程》(初级、中级)由苏州大学博士生导师李晓明教授和退休警官、苏州大学兼职副教授房余龙担任主编。全书分为二十二章,各章撰写分工如下:房余龙(第一章、第二章、第三章、第四章、*第五章、第六章、*第八章、第十一章、第十八章、第二十章、第二十二章),薛皓月(*第五章),李晓明(第七章),霍磊(*第八章),王璐(*第九章),王学旭(*第十章),曾严(*第十章),章新民(*第九章、第十三章),边学梁(第十二章),吴俊(第十四章),钟华(第十五章),张宗豪(第十六章),罗丽(第十七章),庞晓薇(第十九章),房灏(第二十一章)。加注*号者为合作撰写。全部书稿完成后,由房余龙统一修改和定稿。本教材既可用于保安员培训教学,也适用于保安从业人员提高素质自学。

需要特别说明的是,为了便于培训学员掌握学习重点,有利于通过申领保安员证的考试,本教材在每一章的后面都按照《国家保安员资格考试大纲》的内容,注明了本章保安员证考核要求。考核要求分为"了解""熟悉"和"掌握"三个层次。其中,要求"了解"的内容是一般重要部分,试题量相对较少;要求"熟悉"的内容是比较重要的部分,试题量适中;要求"掌握"的内容是最重要的部分,也是试题量较多的部分。考试题型为选择题(单项选择题、多项选择题)和判断题。考试一律为闭卷形式。试卷总分为100分,60分及以上为合格。

本书在撰写中,参考了有关教材、著作及资料,并得到了沈红明、齐照基、殷四化等同志的帮助,在此一并表示诚挚的谢意。由于编者水平有限,加之时间仓促,书中难免有疏漏与不妥之处,敬请读者批评指正。

编 者

2010 年 8 月 18 日

序

我和余龙同志相识有20年之久了,对他比较了解。日前在苏州市公安局文联成立大会上,我们又一次谋面。会后,他与我谈及其正在编写的《保安员资格考试培训教程》,恳请我作序,我欣然应允。

余龙同志1970年退伍后转入公安局,长期从事和负责公安治安管理工作,直至退休,曾任苏州市公安局治安支队副支队长。他勤奋好学、善于思考,在治安管理的理论与实践相结合方面研究多年,颇有建树和心得,退休以后也是笔耕不辍、屡有佳作,曾编著各类图书5部、电视剧本2部,参与编写文学类、社科类图书11部,发表报告文学、散文30万余字,被苏州大学聘为兼职副教授,作品还屡获嘉奖,是一位在治安管理方面研究成果颇丰的学者型民警。当前,面对复杂的治安形势和繁重的警务工作任务,不少人满足于简单应付,加之社会转型期带来的各种压力,极易心浮气躁,能够静下来对实践进行理性思考的不多。因此,像余龙同志这样既能在实践岗位上有作为,又能在学术研究上有较深造诣,把实践和理论有机结合起来,实在难能可贵,值得赞扬和推崇。

2010年1月,全国实施《保安服务管理条例》,这是我国颁布的第一部保安服务管理行政法规。《保安服务管理条例》的施行,给我国的保安服务业带来了一场前所未有的变革,标志着中国保安服务业走上了更加法制化、规范化、职业化的发展轨道,对保安服务业范围的界定、保安从业单位、保安培训机构以及对保安从业者的关注提高到了一个前所未有的高度。正是在这种形势下,2010年3月,余龙同志受聘于苏州大学,负责筹办苏州大学保安培训中心,并应学校之邀,和苏州大学法学院博士生导师李晓明教授合作编写保安培训教材。余龙同志凭借治安业务知识的扎实功底,认真学习、把握新条例的内涵要求,联系当前保安工作的实际,经过严谨的斟酌推敲,终使《保安员资格考试培训教程》得以推出。我深信,这本会聚了余龙同志多年来所思所悟的力作,必将对保安服务业的发展起到重要的推动作用。

《保安员资格考试培训教程》一书特色鲜明,概而言之三个字——新、实、全。首先,内容新。全书严格依照国务院《保安服务管理条例》《保安员国家职业标准》,以及公安部《保安员资格考试大纲》《保安员培训教学大纲》等规定和要求,紧密结合当前保安服务实践编写。有关保安员、保安从业单位、保安服务内容、保安培训机构等方面的内容,均按照新条例规定进行了编写,是一本紧跟法律、政策的最新保安培训教材。其次,内容实。本书应培训之需而编,参加编写的既有苏州大学长期从事保安理论研究和法律、体育教学的老师,也有长期从事治安保卫及保安工作、实践经验丰富的人民警察,教材内容坚持理论与实践相结合,不但注重当前保安员资格考试的实际需求,而且介绍国内外保安研究成果,以扩大保安员视野和见解,切实提高培训之实效,是一本非常实用的保安培训教材。第三,内容全。书本共分二十二章,涵盖了保安服务业介绍、保安员介绍、保安职业道德、保安礼仪常识、保安员基本体能、保安的徒手攻防技能等各方面内容,既有理论概述,又有实践指导,既开展思想教育,又进行技能讲解,严谨、生动、理性、详实,全方位地展示了一名新时期合格保安员应当具备的素质和技能,是一本内容全面详尽的优秀保安培训教材。

保安队伍是一支十分重要的社会治安力量和辅助警察力量。目前,我国共拥有保安企业3 700多家,从业人员达350余万名,保安服务也从过去的单一人力防范,发展成为集人防、物防、技防、武装押运、电子保安、保安咨询、保安劳务输出等为一体的全方位保安服务体系。然而,当今保安队伍整体素质仍有待提高,保安培训机构和培训活动仍有待规范和加强,只有拥有一支高素质的保安队伍,才能更好地保护人民群众的生命财产安全。我衷心地希望能有更多像余龙同志一样的有志之士,关注和研究我国保安服务业的发展,共同推动和谐社会的创建。

张跃进
2010年8月28日

(张跃进为苏州市人民政府副市长,苏州市公安局局长,苏州大学、中国人民公安大学、中国刑警学院、江苏警官学院客座教授)

目　录

第一章　概　　述

第一节　保安员培训与保安员资格考试培训 …………………（ 1 ）
第二节　申领保安员证考试培训的基本要求 …………………（ 5 ）
第三节　初级保安员资格考试培训的基本要求 ………………（ 6 ）
第四节　中级保安员资格考试培训的基本要求 ………………（ 8 ）

第二章　保安服务

第一节　保安服务业的产生和发展 ……………………………（ 11 ）
第二节　保安服务的性质和任务 ………………………………（ 15 ）
第三节　保安服务操作的基本规程 ……………………………（ 19 ）
第四节　保安服务操作的基本要求 ……………………………（ 21 ）
第五节　保安服务组织和保安从业单位 ………………………（ 24 ）
第六节　保安服务业的管理 ……………………………………（ 26 ）

第三章　保安员基本素质

第一节　保安员的定义、条件和职责任务 ……………………（ 38 ）
第二节　保安员的职业发展和职业能力 ………………………（ 40 ）
第三节　保安员的权利、义务和禁止性行为 …………………（ 42 ）
第四节　保安员的行为规范 ……………………………………（ 46 ）

第四章　保安员职业道德

第一节　保安员职业道德概述 …………………………………（ 49 ）

第二节　保安员职业道德的内容 …………………………（ 50 ）

第三节　保安员职业守则 ……………………………………（ 52 ）

第四节　保安工作纪律 ………………………………………（ 53 ）

第五章　保安工作的相关法律法规

第一节　保安工作的相关法律知识 …………………………（ 57 ）

第二节　保安工作的相关行政法规 …………………………（ 92 ）

第三节　保安工作的相关部门规章 …………………………（115）

第六章　保安员礼仪常识

第一节　保安员礼仪概述 ……………………………………（128）

第二节　保安员礼仪的特点和作用 …………………………（129）

第三节　保安员礼仪的基本内容 ……………………………（131）

第七章　保安出入口守卫服务

第一节　保安出入口守卫概述 ………………………………（142）

第二节　保安出入口守卫的特点和任务 ……………………（143）

第三节　保安出入口守卫的操作规程 ………………………（144）

第四节　保安出入口守卫的主要方法 ………………………（146）

第五节　保安出入口守卫中常见紧急情况的处置 …………（152）

第八章　保安目标部位守护服务

第一节　保安目标部位守护概述 ……………………………（156）

第二节　保安目标部位守护的程序和要求 …………………（159）

第三节　保安目标部位守护中可疑情况的处置 ……………（161）

第九章　保安武装守护服务

第一节　保安武装守护概述 …………………………………（164）

第二节　保安武装守护的操作规程 …………………………（166）

第三节　保安武装守护的勤务管理制度 ……………………（170）

第四节　保安武装守护中的安全隐患及防范 ………………（172）

第五节　保安武装守护中制止不法侵害的手段 ……………………（175）

第六节　保安武装守护中紧急情况的处置 …………………………（178）

第十章　保安区域巡逻服务

第一节　保安区域巡逻概述 …………………………………………（182）

第二节　保安区域巡逻的任务 ………………………………………（183）

第三节　保安区域巡逻的操作规程 …………………………………（184）

第四节　保安区域巡逻的方式和路线 ………………………………（187）

第五节　保安区域巡逻的实施 ………………………………………（189）

第六节　保安区域巡逻中异常情况的处置 …………………………（192）

第十一章　保安人员密集场所巡逻服务

第一节　保安人员密集场所巡逻的特点和任务 ……………………（198）

第二节　保安人员密集场所巡逻的操作规程 ………………………（200）

第三节　保安人员密集场所巡逻中的人群控制 ……………………（201）

第四节　保安人员保密场所巡逻中的人群疏导 ……………………（204）

第五节　保安人员密集场所各种情况的处置 ………………………（206）

第十二章　保安押运服务

第一节　保安押运概述 ………………………………………………（210）

第二节　保安押运的特点和岗位要求 ………………………………（211）

第三节　保安押运服务的操作规程 …………………………………（215）

第四节　保安押运中的安全隐患预防 ………………………………（218）

第五节　保安押运中紧急情况的处置 ………………………………（221）

第六节　防暴枪支的使用及故障排除 ………………………………（224）

第十三章　保安安全检查服务

第一节　保安安全检查概述 …………………………………………（226）

第二节　保安人员安全检查 …………………………………………（230）

第三节　保安物品安全检查 …………………………………………（235）

第四节　保安车辆安全检查 …………………………………………（242）

第五节　保安场所安全检查 ……………………………………… (245)

第六节　保安安全检查专用设备的使用与维护 ………………… (250)

第七节　保安安全检查中的秩序维护和异常情况处置 ………… (253)

第十四章　保安随身护卫服务

第一节　保安随身护卫概述 ……………………………………… (256)

第二节　保安随身护卫服务的岗位要求 ………………………… (257)

第三节　保安随身护卫的勤务规范 ……………………………… (258)

第四节　保安随身护卫服务的方法 ……………………………… (260)

第五节　保安随身护卫安全基本信息采集 ……………………… (261)

第六节　保安随身护卫中的安全风险隐患 ……………………… (264)

第七节　保安随身护卫中的突发事件处置 ……………………… (265)

第八节　保安护送服务的实施 …………………………………… (267)

第十五章　安全技术防范的基本知识

第一节　安全技术防范的基本内容 ……………………………… (272)

第二节　安全技术防范系统的构成 ……………………………… (274)

第三节　技防设备的安装 ………………………………………… (282)

第四节　技防设备的使用 ………………………………………… (287)

第五节　技防设备的日常维护 …………………………………… (298)

第六节　安全技术防范常用术语 ………………………………… (311)

第十六章　保安员的徒手攻防技能

第一节　擒拿格斗的基本姿势 …………………………………… (313)

第二节　击打技术 ………………………………………………… (314)

第三节　防卫解脱技术 …………………………………………… (318)

第四节　防夺凶器技术 …………………………………………… (321)

第五节　徒手带离技能 …………………………………………… (323)

第十七章　现场紧急救助知识

第一节　现场紧急救助概述 ……………………………………… (325)

第二节　现场紧急救助的基本技能 ………………………………（327）
　　第三节　意外伤害和常见急症的救助知识 ………………………（332）

第十八章　消防安全知识

　　第一节　概　述 ……………………………………………………（336）
　　第二节　火灾的预防 ………………………………………………（338）
　　第三节　火灾的扑救 ………………………………………………（342）
　　第四节　常用灭火器材 ……………………………………………（350）
　　第五节　消防控制室 ………………………………………………（354）

第十九章　保安器具的使用和维护

　　第一节　保安通讯工具 ……………………………………………（357）
　　第二节　保安防卫器械 ……………………………………………（358）
　　第三节　保安救生器材 ……………………………………………（361）

第二十章　保安勤务安全知识

　　第一节　自我保护知识 ……………………………………………（363）
　　第二节　安全标志及防护用品 ……………………………………（365）
　　第三节　作业环境及用电安全 ……………………………………（366）
　　第四节　防火防爆及雷电预防 ……………………………………（368）
　　第五节　卫生防疫知识 ……………………………………………（369）
　　第六节　道路交通安全知识 ………………………………………（371）

第二十一章　计算机与网络知识

　　第一节　计算机系统 ………………………………………………（379）
　　第二节　计算机的操作系统 ………………………………………（380）
　　第三节　计算机的操作方法 ………………………………………（382）
　　第四节　计算机的使用技巧 ………………………………………（385）
　　第五节　计算机网络 ………………………………………………（385）

第二十二章　保安服务的其他相关知识

　　第一节　现场保护 …………………………………………………（389）

第二节 保安应用文写作 ………………………………………（398）
第三节 警情报告规范 …………………………………………（407）
第四节 班务会和勤务检查 ……………………………………（409）
第五节 保安员队列训练 ………………………………………（411）

参考文献 …………………………………………………………（417）

附录

附录1 江苏省初级保安员职业技能鉴定指南 ………………（418）
附录2 江苏省中级保安员理论知识鉴定要素细目表 ………（424）
附录3 江苏省高级保安员理论知识鉴定要素细目表 ………（434）
附录4 江苏省初级、中级、高级保安员鉴定结构比重表 …（445）
附录5 常用道路交通标志和安全标志 ………………………（447）

第一章

概　述

第一节　保安员培训与保安员资格考试培训

一、保安员培训

（一）保安员培训的含义

保安员培训，是教育部门、培训机构或者保安从业单位对准备从事或者正在从事保安服务工作的人员进行教育的一种形式，是保安员学习、掌握保安服务相关知识，具备从事保安服务的能力，提高自身的专业水平和综合素质的重要途径。

在相当长的一个时期内，对于保安员培训，我国政府和有关部门虽然在有关文件、规章中多次提及，但都没有严格、明确的统一要求。2007年前，保安服务工作也没有设置全国统一的职业资格标准。虽然此后劳动和社会保障部、公安部颁布了《保安员国家职业标准》（试行），但没有得到严格执行。这在相当大的程度上影响了保安队伍素质和保安服务质量的提高。

（二）保安员培训类型

在国家未实行保安员持证上岗和职业资格鉴定前，保安员培训的类型可以从各个不同角度和依据不同标准，划分若干种不同的类型。

1. 按照培训对象的身份划分

按照培训对象的身份划分，有上岗前和上岗后的培训两种类型。

（1）上岗前的保安员培训。上岗前的保安员培训俗称"岗前培训"，即对准备从事保安服务工作，但尚未被保安服务公司或机关、团体、企事业单位、物业公司等自行招用保安员单位正式录用的人员进行的保安服务知识培训。岗前培训对象又可以分为两类：一类是由保安服务公司初步审查合格、准备录用的人员，他们参加保安服务公司组织的培训考试，合格者正式进入保安员行列就业。另一类是由人力资源和社会保障部门或其他培训机构组织的尚无保安就业单位接受意向的下岗工人、失业者、外来求职人员。他们参加培训机构或者当地的人力资源和社会保障部门的职业技能鉴定中心考试、考核,合格者发给保安员证。这种培训由来已久。1998年6月,原国家劳动和社会保障部组织专门力量,统一编写了再就业培训教材《保安员》一书。此后,各地劳动和社会保障部门的职业技术培训中心开始保安员培训工作,培训费用由政府列支。有些地方的劳动和社会保障部门人力有限,便将此培训项目向社会培训机构招标,转给了中标的社会培训机构。这种保安员培训,当时称为职业技能培训,参加培训的学员,通过劳动和社会保障部门的职业技术鉴定中心组织的考试、考核,合格者获得保安员证,作为自己以后应聘保安员工作的凭证。

(2)上岗后的保安员培训。上岗后的保安员培训俗称"在岗培训",指的是保安服务公司和机关、团体、企事业单位、物业公司等自行招用保安员单位,组织在职从事保安服务的工作人员进行培训,以进一步提高他们的业务能力、综合素质,使其更好地适应本职工作。

2. 按照培训对象的不同层次划分

保安员培训按照培训对象的不同层次划分,有保安服务组织的领导培训、保安队伍的骨干培训和保安员培训三种类型。

(1)领导培训。即组织保安服务公司的中层以上领导或者机关、团体、企事业单位、物业公司等自行招用保安员单位负责保安工作的领导进行培训,旨在提高保安工作领导者的业务水平和领导艺术。

(2)骨干培训。即组织保安队伍中的分队长、班长、组长以及工作能力较强、准备予以重用的保安员进行培训,旨在提高他们的组织协调能力和工作水平。

(3)保安员培训。即组织从事保安服务的一线保安人员进行培训,旨在丰富他们的勤务知识,提高他们的保安服务能力。

3. 按照培训内容划分

保安员培训按照培训内容划分,有保安理论知识培训、法律法规培训、岗位技能培训、专业技术培训四种类型。

(1)理论知识培训。即组织培训对象学习保安行业及保安服务的性质、特点、任务、礼仪、职业道德和队伍管理等基本理论知识。

(2)法律法规培训。即组织培训对象学习与保安相关的国家及地方性的法律、行政法规、部门规章,以及保安服务的规章制度等。

(3)岗位技能培训。即组织培训对象学习门卫、守护、巡逻、押运、护送、随身护卫等不同保安服务工作岗位的勤务知识。

(4)专业技术培训。即组织培训对象学习与保安相关的安全技术防范知识、安全技术防范设施以及相关设备的操作、使用、维护方法。

4. 按照组织培训的单位不同划分

保安员培训按照组织培训的单位不同,可划分为公安机关培训、保安公司培训、劳动部门培训、其他单位培训四种类型。

(1)公安机关培训。即由公安机关的保安业务主管部门组织开展的保安员培训。

(2)保安公司培训。即由保安服务公司组织的保安员培训。

(3)劳动部门培训。即由人力资源和社会保障部门的职业培训机构组织的保安职业技能培训。

(4)其他单位培训。即由依法设立的办学、培训机构和自行招用保安员单位组织的保安员培训。

二、保安员资格考试培训

(一)职业资格培训

1. 国家职业资格证书制度

国家职业资格证书是劳动就业制度的一项重要内容,也是一种特殊形式的国家考试制度。它是指按照国家制定的职业技能标准或任职资格条件,通过政府认定的考核鉴定机构,对劳动者的技能水平或职业资格进行客观公正、科学规范的评价和鉴定,对合格者授予相应的国家职业资格证书。《劳动法》第八章第六十九条规定:"国家确定职业分类,对规定的职业制定职业技能标准,实行职业资格证书制度,由经过政府批准的考核鉴定机构负责对劳动者实施职业技能考核鉴定。"《职业教育法》第一章第八条明确指出,"实施职业教育应当根据实际要求,同国家制定的职业分类和职业等级标准相适应,实行学历文凭、培训证书和职业资格证书制度"。这些法规是国家推行职业资格证书制度和开展职业技能鉴定的法律依据。为此,原劳动和社会保障部从1993年开始推行职业技能鉴定社会化管理,在全社会推行国家职业资格证书制度。

2. 职业资格证书

职业资格证书是劳动者具有从事某一职业所必备的学识和技能的证明,是劳动者求职、任职、开业的资格凭证,是用人单位招聘、录用劳动者的主要依据,是我国公民境外就业、劳务输出法律公证的有效证件。国家实行就业准入制度以后,在一些技术要求高、通用性强、关系人民身体健康和财产安全的职业(工种)中,职业资格证书还是一种就业准入证明。目前,包括保安员职业在内,全国已有百余个职业工种招收从业人员必须从取得相应职业资格证书的人员中招用,从业者必须持证上岗。

3. 职业资格培训

职业资格培训是伴随着国家实行职业资格证书制度而诞生的一种传授职业知

识和技能的教育形式,是由依法设立的教育培训机构,对参加国家职业资格证书考试、考核的人员,事先进行相关职业知识和技能培训教育的一种教学活动。职业资格培训的目的,是帮助参加培训的人员学习、掌握有关职业的知识和技能,从而使他们能够通过国家有关职业技能鉴定的考试、考核,取得相应职业等级的从业资格证书。

4. 职业资格培训机构

社会上的培训机构大致分为三种类型:一类是既持有办学许可证,又持有人社部门核发的职业资格培训许可证的教育培训机构;另一类是仅持有办学许可证但没有人社部门核发的职业资格培训许可证的教育培训机构。这两类教育培训机构在培训对象方面的不同之处是,前者除保安员晋级考试培训不能开展外,其他各种对象都可以培训;后者无权进行任何职业资格培训。第三类是依法持有省人民政府公安机关核发许可证的保安培训单位。其中,有的是有办学许可证,有的有职业资格培训许可证,有的只有保安培训许可证(如保安服务公司)。保安员的晋级考试培训,只能由第三类培训单位进行。

(二)保安员资格考试培训

保安员资格考试培训,包括申领保安员证考试培训和保安员职业技能鉴定培训。保安员资格考试培训尽管在培训的方式方法和培训的内容等方面,与上述保安员培训有着相似甚至相同的地方,但是二者有着原则性的区别。申领保安员证考试培训指的是根据2010年1月1日实施的国务院《保安服务管理条例》(以下简称《条例》)中关于保安员必须持证上岗之规定,在设区的市人民政府公安机关组织的保安员证考试前,对参加考试的人员进行的保安专业知识和专业技能以及职业道德的培训。这种培训,依照《条例》规定报经省级人民政府公安机关批准设立的保安培训机构和保安从业单位都可以组织开展。

保安员晋级培训是指符合《保安员国家职业技能标准》(以下简称《标准》)规定的条件,申请参加保安员职业技能鉴定考试、考核的人员,考前由法定的保安培训机构组织开展的保安专业知识、专业技能和职业道德的培训。《标准》设定我国保安员有5个等级,分别为初级保安员(国家职业资格五级)、中级保安员(国家职业资格四级)、高级保安员(国家职业资格三级)、保安管理师(国家职业资格二级)、高级保安管理师(国家职业资格一级)。同时,《标准》对不同等级的保安员晋级培训的期限、培训教师、培训场所设备,以及职业技能鉴定的要求,分别作了明确的规定,它是保安培训机构进行保安员晋级培训的依据。为了满足保安员资格考试培训的需要,我们根据《国家保安资格考试大纲》和《保安员国家职业技能标准》以及《保安员培训教学大纲》编写了这本教材,其内容涵盖了保安员证考试和初级、中级保安员职业技能鉴定考核的范围。

第二节　申领保安员证考试培训的基本要求

一、培训对象的要求

申领保安员证考试培训,首先要求参加培训的对象符合法定的条件。因为不符合法定条件的对象即使参加培训考试及格(结业),也是不能参加公安机关组织的保安员证考试的。

《保安服务管理条例》规定,申领保安员证的基本条件是,年满18岁,身体健康,品行良好,具有初中以上学历的中国公民。品行良好是指没有故意犯罪被刑事处罚和没有被收容教育、强制隔离戒毒、劳动教养或3次行政拘留记录,且未曾被2次吊销过保安员证或者被吊销保安员证未满3年的人。

二、培训单位的选择

符合法定条件的人参加申领保安员证考试前培训,分为两种情形区别对待。一是依法设定的保安服务公司的保安员,可以参加自己所在单位组织的保安员资格考试培训学习,也可以参加依法设立的保安培训机构组织的培训。二是物业公司和机关、团体、企业、事业单位自行招用的保安员,可以参加依法设立保安培训项目的教育培训机构组织的培训,也可以通过自学保安员资格考试的书籍,直接报名参加设区的市公安机关统一组织的保安员资格考试。

三、培训教师、内容和时间的要求

申领保安员证考试培训的授课教师,应具有大学专科以上学历或者5年以上治安保卫管理工作经历,并持有中级保安员及以上职业资格证书或具有公安、法律等相关专业初级以上专业技术职务任职资格。

申领保安员证考试培训的内容,应以公安部颁布的《国家保安员资格考试大纲》(附后)为准。

申领保安员证考试培训的时间,虽然国家未作统一规定,但应满足培训内容和培训对象的实际要求。从事过保安服务工作的培训对象与未从事过保安服务的培训对象应当有所区别,后者的培训时间应比前者的培训时间长一些。否则,不能达到培训目的,培训对象难以通过申领保安员证考试。

第三节 初级保安员资格考试培训的基本要求

《保安员国家职业技能标准》明确规定了保安员的培训和技能鉴定的要求。

一、培训对象的要求

申报参加初级保安员资格考试(即职业技能鉴定)的培训者,应事先依法取得保安员上岗资格(即持有保安员证),并具备下列条件之一:
(1) 经本职业初级保安员正规培训达规定标准学时数,并取得结业证书。
(2) 连续从事本职业工作1年以上。
(3) 解放军、武警部队退役义务兵。

二、培训教师的要求

初级保安员资格考试培训的授课教师,无论是理论知识培训教师还是操作技能培训教师,均应具有保安管理师及以上职业资格或公安、法律等相关专业中级及以上专业技术职务任职资格。

三、培训场所设备的要求

满足理论知识教学需要的标准教室及操作技能培训必要的模拟实训场地,常用体能训练器材、紧急救助器材、常规灭火器材、常用防卫器材、常用入侵探测器、出入口控制设备、安检设备、常用车载技防设备、报警监控系统模拟平台、仿真运钞车等必要设施设备。

四、培训内容的要求

初级保安员资格考试培训的内容,应以《保安员国家职业技能标准》中关于初级保安员标准的规定为依据,满足其对初级保安员的基本要求和工作要求。

1. 初级保安员的基本要求

初级保安员应掌握保安员职业道德和基础知识。职业道德包括职业道德基本知识和职业守则。职业道德的基本知识包括职业道德的概念、内容、作用。职业守则包括职业守则概念及其基本内容。

基础知识包括基础理论知识、专业基础知识和相关法律、法规知识。基础理论知识的内容是:保安服务业的产生和发展;保安服务的概念、性质;保安服务公司的职责和设立条件;保安员的职责和权限;保安员的基本素质和行为规范。专业基础知识的内容是:保安勤务知识;安全技术防范知识;消防安全知识;紧急救助常识;

心理健康知识;职业礼仪常识;犯罪预防知识;交通安全知识;计算机与网络知识;自我防卫知识;公文写作知识。

相关法律法规知识的内容是:《刑法》《刑事诉讼法》《民法通则》《民事诉讼法》《劳动合同法》《治安管理处罚法》《消防法》《道路交通安全法》《保安服务管理条例》《企业事业单位内部治安保卫条例》《信访条例》《专职守护押运人员枪支使用管理条例》《大型群众性活动安全管理条例》《民用爆炸物品安全管理条例》《娱乐场所管理条例》《物业管理条例》,以及公安等有关部委制定的《对部分刀具实行管制的暂行规定》《公安机关实施保安服务管理条例办法》《公安机关执行保安服务管理条例若干问题的解释》《国家保安员资格考试大纲》等法律、法规、部门规章中与保安服务相关的知识。

2. 初级保安员的工作要求

初级保安员应掌握和熟悉守护、巡逻和人员、物品、车辆的安全检查等保安服务活动的相关知识和操作技能。

保安守护的工作内容,分为出入口守卫和目标部位守护。出入口守卫的相关知识包括:出入口守卫的特点、主要任务、操作规程;常用出入口控制设备操作方法;查验证件和登记物品、车辆的基本方法;报告和报警的程序、方法;出入口常见紧急情况处置方法。出入口守卫的操作技能要求:能接待来访人员,并查验出入人员和车辆的证件和登记相关信息;能辨识出入人员、车辆及携带物品的异常现象并及时报告;能操作出入口设备控制车辆和人员进出;能处置出入口发生的紧急情况。

目标部位守护的相关知识内容包括:目标守护操作规程;常见重点守护目标的种类和守护方法;可疑物品和人员的识别及处置方法;守护目标案件、事故现场保护知识。目标部位守护的技能要求:能辨识并清理守护目标区域内的可疑人员和物品;能对守护目标部位发生的案件和事故现场进行保护;能用消防器具扑灭初起火灾。

保安巡逻的工作内容,分为巡逻准备和巡逻实施。巡逻准备的相关知识内容包括:巡逻的任务、内容和要求;巡逻检查的内容和要求;巡逻区域内安全防范目标及环境勘察的基本内容和要求;巡逻勤务方案编制规范;巡逻装备和器材使用方法及注意事项。巡逻的技能要求:能对巡逻区域内的安全防范目标及环境进行勘察;能编制巡逻勤务方案。

巡逻实施的相关知识内容包括:巡逻的操作规程和要求;巡逻区域异常事件的观察方法和处置要求;巡逻记录的填写要求;巡逻区域可疑人员的主要特征和查问方法;巡逻区域常见紧急情况的处置方法和要求;巡逻区域警戒规范和要求。巡逻的技能要求:能辨识巡逻区域内异常情况和可疑人员;能报告和处置巡逻中发现的紧急情况;能对巡逻区域进行警戒;能填写巡逻记录。

初级保安员涉及安全检查的工作内容,分为人员检查、物品检查、车辆检查。人员检查的相关知识内容包括:安全检查基础知识;人员安全检查的程序和要求;常用人员安全检查仪器的功能和使用方法;安全检查现场异常情况处置方法和要求;安全检查记录和报告填写规范。人员检查的技能要求:能使用手检仪对受检人员进行安全检查;能徒手对受检人员进行安全检查;能对受检人员进行人像比对识别;能处置安全检查现场异常情况;能填报安全检查记录与报告。

物品检查的相关知识内容包括:物品检查基本程序和方法;违禁品、危险品、限带品辨识的基本方法;常用物品检查设备的使用方法及注意事项;违禁品、危险品和限带品处置的基本要求和方法。物品检查的技能要求:能区分违禁品、危险品和限带品;能操作X光射线机发现违禁品、危险品和限带品;能操作简易炸药探测仪发现爆炸物品;能对检查出的违禁品、危险品和限带品进行处置。

车辆检查的相关知识内容包括:车辆安全检查基本知识;检查车辆的程序和方法;车辆易藏匿禁带物品部位的检查方法;常用车辆检查设备的使用方法和注意事项;车辆安全检查中异常情况的处置方法。车辆安全检查的技能要求:能徒手或操作车辆安全检查专用设备对车辆进行检查;能辨识车辆藏匿禁带物品;能对车辆安全检查中发现的异常情况进行处置。

五、培训时间的要求

根据《保安员国家职业技能标准》的规定,初级保安员考试培训的时间不少于160标准学时。标准学时是指每节课时间为45分钟。

第四节 中级保安员资格考试培训的基本要求

一、培训对象的要求

申报参加中级保安员资格考试(即职业技能鉴定)的培训者,应事先依法取得保安员上岗资格(即持有保安员证),并具备以下条件之一:
(1) 取得本职业初级保安员职业资格证书后,连续从事本职业工作3年以上。
(2) 取得本职业初级保安员职业资格证书后,继续从事本职业工作4年以上。
(3) 连续从事本职业工作6年以上。
(4) 取得技工、中等职业学校毕业证书;或取得人力资源和社会保障行政部门审核认定、以中级技能为培养目标的中等及以上职业学校本专业毕业证书(含尚未取得毕业证书的在校应届毕业生)。
(5) 解放军、武警部队退役士官。

二、培训教师的要求

中级保安员资格考试培训的授课教师应具备的条件,与初级保安员资格考试培训的授课教师相同。

三、培训场所设备的要求

中级保安员培训场所设备的要求,与初级保安员培训场所设备的要求相同。

四、培训内容的要求

中级保安员资格考试培训的内容,应以《保安员国家职业技能标准》中关于中级保安员标准的规定为依据,满足其对中级保安员的基本要求和工作要求。

(一)中级保安员的基本要求

中级保安员应掌握和熟悉保安员的职业道德和基础知识。与初级保安员的基本要求相比较,职业道德和基础知识的内容无差别,区别在于前者是掌握保安专业基础知识,而后者应熟悉保安专业基础知识。

(二)中级保安员的工作要求

根据《保安员国家职业技能标准》的规定,中级保安员除了应熟练掌握初级保安员的技能外,还应熟悉和掌握场所安全检查、武装守押、随身护卫、安全技术防范等保安服务活动的相关知识和操作技能。

1. 场所安全检查的相关知识和操作技能

中级保安员培训涉及的场所安全检查的工作内容,分为场所安检任务准备和场所安检任务实施。场所安检任务准备的相关知识包括:识别不同任务安全隐患的基本常识;场所安检基本信息采集规范;场所安检装备和器材的性能基本知识。场所安检任务准备的工作要求:能对不同任务及场所进行先期信息收集;能根据不同任务和不同场所的安全需求准备所需装备器材。

场所安检任务实施的相关知识内容包括:识别不同场所安全隐患的基本常识;处置存在安全隐患物品及装置的基本方法。场所安检任务实施的工作要求:能识别不同场所安全隐患的物品及装置;能对检查出存在安全隐患的物品及装置进行处置。

2. 武装守押的相关知识和操作技能

武装守押的工作内容,分为武装押运和武装守护。武装押运的相关知识包括:武装押运操作规程;易燃、易爆、腐蚀等危险品押运规范和要求;危险品运输、仓储相关法律、法规要求;各类押运物品交接手续、清点方法;常用车载设备使用方法和注意事项;武装押运勤务中的突发事件处置原则和方法。武装押运的技能要求:能对武装押运过程实施警戒、护卫;能与客户办理押运物品交接手续;能操作车载技防设备进行安全防范;能对武装押运勤务中的突发事件进行处置。

武装守护的相关知识包括:武装守护勤务管理制度;武装守护操作规程;武装守护常见安全隐患检查和排除方法;武装守护中的突发事件处置原则和方法。武装守护的技能要求：能对武装守护对象进行警戒；能识别、排除武装守护中的安全隐患；能对武装守护中的突发事件进行处置。

3. 随身护卫的相关知识和操作技能

随身护卫的工作内容，分为任务准备和任务执行。任务准备的相关知识包括：随身护卫基础知识；随身护卫基本信息采集规范；随身护卫勤务中常见风险隐患类型和辨识方法。任务准备的技能要求：能采集护卫任务相关信息；能预判护卫过程中存在的安全隐患。

任务执行的相关知识包括：随身护卫勤务规范和守则；随身护卫安全措施和控制要求；护卫勤务中常见突发情况处置方法。

4. 安全技术防范的相关知识和操作技能

安全技术防范的工作内容，分为设备操作、报警初判和维护保养。设备操作的相关知识包括：安全技术防范系统主要控制终端及集成管理平台的基本功能和操作方法；常用安全技术防范系统和终端设备布防、撤防的基本要求和注意事项；安全技术防范系统信息存储、调阅、设备操作规范和管理要求。设备操作的技能要求：能对安全技术防范系统和终端设备进行布防、撤防；能对安全技术防范系统视频、音频及报警等信息进行提取、调阅、存储操作。

报警初判的相关知识包括：安全技术防范系统触发报警信息基本类型和特征；报警信息研判基本方法和要求；报警信息复核基本方法和规范。报警初判的技能要求：能判别各种报警信息的类型；能初步研判报警的缘由、位置、紧急与重要程度；能对报警信息进行复核、报告与记录。

维护保养的相关知识包括：安全技术防范系统设备常见故障的判断方法；常用维修工具的使用方法；安全技术防范系统设备日常维护保养基本内容、方法和要求。维护保养的技能要求：能初步判断安全技术防范系统监测到的设备故障；能对安全技术防范系统硬件设备进行日常保养。

五、培训时间的要求

根据《国家保安员标准》的规定，中级保安员考试培训的时间不少于160标准学时。标准学时即每节课的时间为45分钟。

本章保安员证考核要求

一般了解内容

国家职业资格证书制度；保安员职业的等级。

第二章
保安服务

常用安全技术防范系统和终端设备布防、撤防基本要求和注意事项;安全技术防范系统信息存储调阅设备操作规范和管理要求。

第一节 保安服务业的产生和发展

保安服务的发展,经历了一个漫长的历史过程。当经济社会发展到一定程度,人们对安全的需求日益增长,有偿保安服务便应运而生,逐步发展成现代的保安服务业。其在维护社会治安,保护人身、财产安全等方面发挥的作用越来越大。当今世界上30多个国家和地区拥有保安服务组织。

一、国(境)外保安服务业

保安服务业在国外兴起较早。16世纪初,随着城市化建设的发展和贫富分化的加剧,社会治安形势严峻,英国一些个体商户和商业团体为了保护人身及财产安全,雇人看家护院、看守商店和仓库。18世纪末期,英国建立了许多专业的保安机构,现代保安服务业逐渐形成。英国保安业分为专有制和合同制两类。专有制保安是由单位雇用和招用的单位内部安全人员;合同制保安是专门为私人提供安全服务的个人或公司,安全服务的范围和内容,由双方签订的合同约定。英国的一家国防性私人保安公司GYOUP4拥有雇员43 500人,服务对象包括政府部门、社会组织、大型工商企业。该公司被英国政府指定为第一家承包管理监狱并为法庭提供保安服务的私营公司,目前承包管理4所监狱。

1781年10月,美国摆脱了英国殖民统治,赢得了国家独立。此后,随着对外领土扩张和海外掠夺,美国资本主义工业得到快速扩张,财富大量增加。但是,各种犯罪活动日益频繁,国家无法满足社会的安全需求。于是,19世纪中期,美国成立了第一个专业化的私人保安组织——平克顿私人侦探所(现为平克顿保安公司),

主要为铁路系统提供安全和犯罪调查服务,两年后又从事私人警卫服务。该公司现有雇员35 000多人,在英国、加拿大等地设立办事处120多个,并与60多个国家建立了业务关系。1858年,企业家霍姆斯利用无线电技术创建了美国第一个防盗报警系统,后又在此基础上组建了霍姆斯保安公司,主要从事防盗报警保安服务。1859年,希林克在美国成立了第一家装甲运输保安服务公司,主要从事押运、代运现金、珠宝等物品的工作。美国的现代保安服务业快速发展,始于20世纪40年代经济复苏时期。由于经济和科技的高速发展,保安服务运用现代保安技术不断扩大服务范围,拓展服务领域,提高服务质量,取得了世界领先的地位。目前,美国拥有各类保安公司40 000多家、员工210多万人。美国社会各界每年花费的保安支出达520亿美元(美国政府的警务开支只有300亿美元)。美国保安分为工业保安(专有制保安)和商业保安(合同制保安)两类。前者是指工业企业自建保安和国防机密信息保护保安,后者是指私人投资设立的保安服务公司,提供守卫、防火防盗报警、商业和保险调查、现金和贵重物品及保密文件的押运、保安咨询及测谎审查等业务。美国的保安学教育也走在世界前列,现有50多所大学开设了私人安全警卫课程,培养具有学士学位的高级保安人才。

　　1901年,德国创办了第一家保安公司,虽然起步比英、美晚,但发展速度快,保安立法早。德国的保安服务业的服务范围较广,主要有企业保安、大楼保安、公共交通工具保安、机场保安、大型活动保安、银行证券保安、建设工程保安、军工基地外围保安、个人保镖服务等。德国的保安服务市场,既对国内州与州之间开放,又对欧盟和非欧盟国家及地区开放,保安服务竞争激烈,保安服务水平较高。为了规范保安服务市场和保安员行为,德国制定了《保安业法》。

　　日本的保安服务业始于1962年,现有私人保安服务公司4 000多家。实力雄厚的日本西科姆保安公司,在世界各地拥有客户15万多家、雇员9 000余名、通讯线路10万多条。1964年,西科姆保安服务公司承担了第18届东京奥运会的部分安全保卫工作。1970年,大阪万国博览会的会场保安任务由保安公司承担。日本保安公司的防范系统广泛使用电子计算机,经营业务涉及防盗、防抢、防火、防灾、防浪费资源,以及老弱病残者的紧急呼救等方面。日本保安公司的业务,主要是私人保安公司根据合同提供安全服务,其范围包括设施保安、机场保安、交通疏导保安、人群控制保安、贵重物品运送保安、人身安全保安、安全技术防范、紧急报警服务等。

　　我国香港地区是世界著名的国际贸易大港,又是世界金融中心,经济十分发达。为了维护港区社会治安,1970年,香港政府批准建立了香港第一家保安公司。目前,我国香港地区已有大大小小的保安公司500多家,拥有保安员10万多名。

　　上世纪70年代末,我国台湾地区社会治安日趋恶化,重大、特大刑事案件发生数量直线上升,社会治安问题突出。在此情况下,1979年,台湾第一家保安公司成立,名为"中兴保全股份有限公司",其保安服务对象主要是岛内的一些珠宝店、百货公司、商业大楼及私人住宅。1980年后,"中兴保全股份有限公司"发展迅速,先后建立了8家分公司和7个联络处。目前,台湾地区已有保安公司30多家。

二、我国内地的保安服务业

(一)我国保安服务的起源

作为个体行为,保安服务的萌芽早在1 400多年前的南北朝末期就已出现,由于社会经济的发展及对安全的需求,一些富翁商贾长途运送财物,往往雇请武士护送。保安作为一种职业,是后来随着社会经济的进一步发展而逐渐形成的。据史料记载,宋代"镖局"便有偿地为别人押运贵重物品,保护商人旅客途中安全。清代,民办的"镖局"增多,经营的业务主要是护送大宗银两、贵重物资,保护富人住地的安全。

新中国成立后,随着私有制经济的改造和人民公安工作的加强,社会治安秩序逐渐趋于稳定,"镖局"因为没有生存空间而退出了历史舞台。

(二)我国内地现代保安服务业的产生

我国内地现代意义上的保安服务业,诞生于20世纪80年代改革开放时期。1980年8月,国家在广东的深圳、珠海、汕头和福建的厦门设立了四个经济特区,对外开放,对内搞活。短短几年间,经济特区的工业发展迅猛。同时,社会治安问题明显增多。1984年12月18日,我国内地第一家保安公司——蛇口区保安服务公司在广东省深圳市成立,公司有偿地为企业提供门卫、守护、巡逻、押运等各种保安服务,迅速取得了良好的社会效益和经济效益。时隔一个多月,全国政法工作会议召开。会议充分肯定了蛇口工业区保安服务公司的做法,明确指出:"借鉴国外经验,在大中城市创办保安服务公司,承担大型营业性展览、展销和文体活动,以及外商独资、合资企业的保安业务,建立这样一个在公安部门直接领导下的服务公司,既能满足社会需要,有利于治安管理,又有利于缓和警力不足的困难。"于是,1985年5月,广州市东山区保安服务公司宣告成立,各媒体对其作了广泛的宣传报道。随后不久,大连、厦门、北京、上海等20多个大城市也先后组建了保安服务公司。

进入20世纪90年代,保安服务公司迅速发展,遍布全国大中城市。2000年2月,公安部制定下发了《公安部关于保安服务公司规范管理的若干规定》,对保安服务公司的性质、经营范围和管理体制等作出了明确规定。同年3月,公安部在深圳召开了首次全国保安工作会议,进一步提出了规范保安服务业发展的"统一领导、统一审批、统一培训、统一经营、统一服装"的"五统一"原则,标志着我国现代保安服务业逐步朝着专业化、规范化的方向发展。

(三)我国内地保安服务业的现状

我国保安服务业现已初具规模,在增加社会就业机会、降低公共行政成本和维护社会治安秩序等方面发挥了积极作用。截至 2014 年,全国拥有保安服务公司 4 200 多家,保安员 450 多万名。保安员队伍已经成为我国社会防控体系中重要组成部分和预防违法犯罪、协助公安机关维护社会治安的一支重要辅助力量。

1. 保安服务领域日益广泛

近年来,我国保安服务业的经营范围不断扩大,科技含量越来越高,已经从传统的单一的人力保安服务发展到融人防、物防、技防、押运、随身护卫、保安咨询、保安风险评估为一体的全方位保安服务体系,形成了保安守护、巡逻、押运、技术防范等四大主要业务,电子保安、外事保安、司法保安、特种保安、社区保安等新型服务项目日趋增多。保安服务的对象也趋向多元化,既有政府机关,又有企事业单位;既有公共场所,又有住宅小区;既有治安保卫的安全目标,又有大型文体商贸活动,遍及社会各行各业。保安服务已经覆盖到了人们生产生活的各个领域。

2. 保安服务的社会作用日益显著

进入 21 世纪,随着我国保安服务领域的不断拓展,从业人员的大幅增加,科技含量的逐步提升,保安服务业在维护服务单位正常的生产、生活、教学、科研秩序,保护客户人身和财产安全方面的作用日益显著。据统计,2010 年全国保安队伍为公安机关提供案件线索 16.06 万余条,协助公安机关抓获违法犯罪嫌疑人 14.21 万名,预防灾害事故 6.19 万起,为国家、集体、个人挽回经济损失 57.73 亿元。保安服务在大型活动的安全保卫中发挥的作用尤为突出。在北京奥运的火炬传递及比赛期间,全国有上百万人次保安员参与了安全保卫工作,为平安奥运作出了贡献。在全国各地的重大庆典和大型活动中,都有保安员奋战在安全检查、秩序维护等各个岗位上,承担了大量艰苦细致的安全保卫工作。在保安服务过程中,也涌现出越来越多的优秀从业人员,赢得了社会各界的肯定和尊重。每年,全国总有数以万计的保安员受到各级党委、政府和公安机关的表彰奖励,有的被授予"五一劳动奖章",也有的获得"全国优秀进城务工青年""全国十大杰出外来务工青年""全国劳动模范"等荣誉称号。

3. 保安服务活动日益规范

为了规范保安服务活动,多年来,公安部一方面会同有关部门在全国范围内开展了一系列清理非法保安组织、规范保安服务市场的专项整治工作,净化保安服务市场。另一方面,不断强化保安法制建设,先后制定了《保安培训机构管理办法》《保安押运公司管理暂行规定》《保安服务质量控制标准》《保安员培训教学大纲》,并会同有关部门颁发了《保安员国家职业技能标准》《保安学历(中专)教育教学指导方案》,为依法管理保安工作和保安队伍提供了依据。尤其是国务院颁布的《保安服务管理条例》于 2010 年 1 月 1 日起施行,对规范我国保安服务业的管理和促进其发展起到了划时代的重要作用。近几年来,按照公安部的统一部署,全国各地公安机关陆续组织开展了保安员证考试,越来越多的保安员持证上岗。同时,各地公安机关会同人力资源和社会保障部门逐步实施保安员等级考试考核工作,部分保安员取得了初级、中级保安员职业资格证书。这一切,对规范保安服务活动起到了很大的推动和促进作用。

另外,2007年,公安部会同有关部门联合举办的全国保安员职业技能竞赛,科学设置竞赛项目,严格考核服务质量,层层选拔参赛保安人员,推进了保安职业化、专业化建设,提高了保安队伍的素质和服务水平。

广大保安服务企业也在规范管理上采取了一系列措施,有的积极推行目标管理责任制,量化目标,实施上下互评、客户评价,依据考评结果进行奖惩;有的引入现代企业管理制度,严格按照ISO 9001:2000质量认证体系标准,实施科学管理,从而使保安服务企业取得了良好的经济效益和社会效益。

（四）我国保安服务业的展望

从保安服务业的未来趋势看,其前景十分美好,发展空间巨大。

随着《保安服务管理条例》的实施,我国的保安服务业迎来了跨越式发展的机遇。尽管条例实施只有几年时间,但已经取得可喜成绩。我们有充分理由可以期待,一个开放的监管完善的可持续发展的现代保安服务市场必将逐步形成。这主要表现在以下几个方面:

一是保安服务管理规范化。《保安服务管理条例》实施后,实行管办分离,公安机关不再直接经营保安服务公司,这有利于其更好地履行监管职责,促使保安服务管理规范化。

二是保安服务主体多元化。根据《保安服务管理条例》有关规定,只要符合条件的单位和个人,都可申请开办保安服务企业,这就为民间资金进入保安服务市场大开方便之门,必然带来保安服务业的大发展。

三是保安服务质量和水平将大幅度提高。保安服务主体的多元化及投资渠道的多样化,势必逐步形成市场竞争,竞争有助于保安服务质量和保安服务水平的不断提高。

四是保安服务范围不断扩大。在保安服务有序竞争的同时,由于社会对保安服务需求的增加及保安服务业自身的发展,保安服务的范围和领域将进一步扩大,社会覆盖面必然更广。

第二节 保安服务的性质和任务

保安服务主要是依据合同的约定或根据自行招用保安员单位的需求,履行客户单位及服务区域内的秩序维护、保护人身及财产安全等职责。我国现代保安服务的对象,主要是客户单位和自行招用保安员的单位。随身护卫保安服务的对象是社会名流、演艺体育明星、商业成功人士或其他有需要的人士。

一、保安服务及保安服务业的含义

从不同的角度解释,保安服务有不同的含义。保安服务既是一种行为、一种活动,又是一种职业、一种工作。

保安服务是指为满足公民、法人和其他社会组织的安全需求,由依法设立的保安从业单位(包括保安公司和自行招用保安员的单位)提供的专业化、社会化安全防范服务及相关的服务。这是从行为的角度界定保安服务的含义。

作为一种活动,保安服务是指为机关、团体、企事业单位和物业管理区域以及公民、法人依法提供门卫、守护、巡逻、护送、押运、随身护卫、人群控制、安全检查、秩序维护、安全咨询、技术防范、风险评估等涉及安全保护服务的活动。

对于保安员来说,保安服务是一种职业、一种工作。保安服务一般是指按照合同约定或者服务单位的要求,采取相应的措施和形式,保护服务单位人身、财产和信息等安全,维护服务单位合法权益的一种活动。

国务院颁布的《保安服务管理条例》规定,保安服务的组织实施有三种情形:一是保安服务公司根据保安合同,派出保安员为客户提供的门卫、巡逻、守护、押运、随身护卫、安全检查以及安全技术防范、安全风险评估等服务;二是机关、团体、企业、事业单位招用人员从事的本单位门卫、巡逻、守护等安全防范工作;三是物业服务企业招用人员,在物业管理区域内(社区)开展的门卫、巡逻、秩序维护等服务。有后两种保安服务的单位,统称为自行招用保安员的单位。

保安服务业是保安从业单位为个体或群体提供有偿安全服务的一个行业,是第三产业的有机组成部分。保安从业人员在服务经济社会发展和协助维护社会治安工作中发挥着日益重要的作用,已经成为一支重要的社会安全防范力量。

二、保安服务的内容

保安服务的内容是根据保安服务对象的需要和法律授权、合同约定来确定的。不同的保安服务有不同的保安服务内容。总体而言,保安服务的内容是运用各种安全保护的手段、方法,以保护服务对象利益和安全的一系列行为。

保安服务的具体内容,是通过保安服务的各种服务方式和服务活动表现出来的。根据《保安员国家职业技能标准》中关于保安员职业的定义,保安服务的内容有以下几种:

1. 保安门卫服务

保安门卫服务是指保安员按照保安合同要求,对服务单位出入口进行值守、验证、检查、登记的服务业务。

2. **保安守护服务**

保安守护服务是指保安员对特定目标(财物、场所、库房)进行看护和守卫的服务业务。执行军工、金融、国家重要仓储、大型水利、电力、通讯、机要交通系统等特别重要目标守护勤务的保安员,往往佩带武器装备,即武装守护。

3. **保安巡逻服务**

保安巡逻服务是指保安员对特定区域、地段和目标进行巡视、检查、警戒的服务业务。

4. **秩序维护服务**

秩序维护服务是指保安员为保持服务区域内的各种活动有条不紊地正常进行,避免秩序混乱所提供的人群控制、人群疏导等一系列保安服务业务。

5. **安全检查服务**

安全检查服务是指保安员依法对进入特定区域、场所和公共交通工具的人员、物品、车辆是否符合安全管理规定的情况进行查看、检测的服务业务。

6. **保安押运服务**

根据保安押运人员携带的保安器械来区别,保安押运服务分为武装押运服务和非武装押运服务两类。武装押运服务,是指佩带武器的保安员,对服务单位运输的特别贵重或者特别危险的物品实施保安护送押解的服务业务。一般情况下,武装押运由保安服务公司或者单独设立的押运中心实施,有时也由银行单位的保安部门组织实施。非武装押运服务实际上就是一种保安护送(物品)服务。

7. **保安随身护卫服务**

随身护卫服务是指保安员维护守法公民的人身及其合法财产安全的服务业务。当随身护卫的任务是确保服务对象外出途中安全的时候,其实这就是一种保安护送(人员)服务。

8. **保安技防服务**

保安技防服务即保安安全技术防范服务,它主要是指保安服务公司利用安全技术防范设备和技术手段,为公民、法人和其他组织提供入侵报警、视频监控,以及报警运营等服务业务。

9. **保安风险评估服务**

保安风险评估服务即保安安全风险评估服务。它是指保安服务公司根据客户安全需求,组织安全防范专家和专业技术人员,为客户提供有关安全防范问题的调查、评估与策划,并提供相应的建议、方案的服务业务。

三、保安服务的特点

保安服务是一种特殊的职业,与一般职业相比较,有其自身的特点,即保安服务的特许性、有偿性、契约性、风险性和防范性。

1. 特许性

保安服务的特许性,是指开办保安服务公司要依照《保安服务管理条例》的规定,向保安服务监管部门提出申请,经审核批准获得保安服务许可证后才能提供保安服务。自行招用保安员的单位自开始保安服务之日起,30日内要向当地设区的市级人民政府公安机关备案。

2. 有偿性

保安服务的有偿性是由保安服务公司的性质所决定的。保安服务公司是企业性质,自负盈亏,独立核算;其经营的商品是特殊商品——保安服务。因此,保安服务公司为客户提供保安服务时,要向客户收取相应的费用,是等价的有偿服务。以劳务、技术、知识、设备为商品的保安服务业,采取公开标价、合理计酬、双方协商、合同(契约)写明的方法,确定商品(保安服务)的价格。

保安服务公司的有偿安全服务,与公安机关为社会提供的公共服务具有本质上的区别。

3. 契约性

保安服务公司在提供保安服务前,要与客户单位签订保安服务合同,并依据合同为客户单位提供安全服务。合同是保安服务公司必须信守的契约。由此可见,保安服务是建立在合同基础上的,保安勤务自始至终都是在执行保安服务公司与客户单位签订的合同。对违法的保安服务要求,保安公司和保安员应当拒绝,并向公安机关报告。

4. 风险性

保安员在保安服务的过程中,往往会因为预防和制止不法侵害,而遭遇违法犯罪嫌疑人的袭击;有时会因为扑救火灾、紧急救援、处置突发事件而受到意外伤害,其职业的风险性是显而易见的。因此,保安从业单位应当根据保安服务岗位的风险程度,为保安员投保意外伤害保险。保安员则应在保安服务过程中,牢固树立安全意识和自我保护意识,尽量避免或降低风险。

5. 防范性

从保安服务的内容和形式上看,门卫、守护、巡逻、护送、押运、随身护卫及秩序维护、安全检查等,主要是为客户单位或服务区域提供安全防范服务,其目的是通过加强防范,确保客户单位或服务区域内的人身及财产安全。因此,防范为主是保安服务的一个显著特点。

四、保安服务的主要任务

1. 维护客户单位及服务区域的正常秩序

保安员通过巡逻、守护、安全检查等形式,维护客户单位及服务区域的正常秩序,既是确保客户单位开展正常业务活动的必然要求,也是预防和制止违法犯罪活动、消除治安灾害事故隐患、化解社会矛盾、确保人身和财产安全的前提。因此，维护客户单位及服务区域内的正常秩序是保安服务的基本任务。

2. 预防客户单位及服务区域内发生治安灾害事故和治安事件

由于客户单位及服务区域内发生各类治安灾害事故和治安事件会给国家和人民生命财产安全及社会稳定造成危害，因此，维护客户单位及服务区域内的正常秩序、预防治安灾害事故和治安事件发生，是保安服务的一项重要内容。

3. 预防客户单位及服务区域内发生违法犯罪活动

针对可能诱发、产生违法犯罪的原因和条件，认真开展相应的保安服务，充分履行职责、完善防范措施，及时查找隐患并堵塞漏洞，预防违法犯罪的发生，是保安服务的一项重要任务。

第三节 保安服务操作的基本规程

保安服务操作规程，是指保安服务组织和保安服务人员开展保安服务工作时应执行的有关规定程序。它是保安服务公司和自行招用保安员单位及保安员都必须遵守的行业标准。从公安部颁布实施的保安服务操作规程的具体内容来看，它既有适用于保安服务组织的基本操作规程，又有适用于门卫、巡逻、守护、武装守押、随身护卫、人群控制、技术防范、安全咨询等各种保安服务岗位的具体操作规程。这里讲的保安服务操作的基本规程，是指保安服务公司为客户提供保安服务时，应遵照执行的有关规定程序。严格实施保安服务操作的基本规程，是保安服务公司依法有效地开展保安服务工作的必要条件。

一、保安服务合同的签订

保安服务合同是保安服务公司为客户提供保安服务的依据。保安服务合同的签订，是保安服务公司提供保安服务首先要做的事情。保安服务公司与客户依法签订保安服务合同应分三步走。

1. 了解需求

保安服务合同签订前，保安服务公司应对客户单位的性质、位置、规模、周边环境及其所需保安服务的意向、服务种类、保安员数量、服务要求等情况进行全面深入了解，并依照公安部制定的《公安机关实施保安服务管理条例办法》的有关规定，对客户要求的合法性进行必要的审查。如果出现违法的保安服务要求，应予拒绝并报告公安机关。外商独资、中外合资、中外合作的保安服务公司，不得为设区的市级以上地方人民政府确定的关系国家安全、涉及国家秘密等治安保卫重点单位提供保安服务。

2. 现场考察

对于客户单位提出的合法服务的需求,保安服务公司应进行现场考察了解,并与客户单位协商下列实施保安服务的具体事项:满足客户单位服务要求所需保安服务的种类与内容;所需保安员的人数;所需保安服务的要求;保安服务的费用以及保安服务公司投入客户保安服务工作的保安员学习、教育训练、生活及后勤保障等有关事宜。

3. 签订合同

在保安服务公司与客户单位之间就有关保安服务事宜达成一致的基础上,依照《中华人民共和国劳动合同法》等有关法律、法规的规定,签订规范的保安服务合同,明确服务项目、内容以及双方的权利、义务。

二、保安服务的准备

保安服务的准备是指保安服务合同签订后至保安服务活动实施前,保安服务公司所开展的各项准备工作事项。全面、切实地做好保安服务准备阶段的有关工作,是履行保安服务合同,为客户单位提供安全服务的重要条件。

1. 制定保安执勤方案和应急预案

根据保安服务合同要求,保安服务公司组织有关人员策划、制定为客户单位服务的保安执勤方案和处置突发事件的应急预案,在征得客户单位确认后实施。重大的保安执勤方案和应急预案,须报上级主管部门批准后方可实施。保安服务合同履行地与保安服务公司所在地不在同一省、自治区、直辖市的,保安服务公司应依法向保安服务合同履行地的设区的市公安机关办理备案手续。

应急预案要定期组织演练,并从实际出发,对其进行补充、修改,使之趋于完善。

2. 建立必要的联系

保安服务公司和直接为客户提供安全服务的保安队(员)在保安服务工作中,必然要与客户单位及其主管部门,当地的公安、消防部门发生联系。因此,在保安服务的准备阶段,就应与其建立联系,确定联系方式方法及联系人。具体地讲,应建立的联系包括三个方面的内容:一是保安服务公司与客户单位以及派驻客户单位保安队(员)的联系;二是保安队(员)与客户单位主管部门及当地公安机关、消防部门的联系;三是保安服务公司和派驻保安队(员)确定向客户单位征求意见的联系方法。

3. 保安装备的配备

根据保安服务合同和执勤方案,依法为派驻客户单位的保安队(员)配备保安服务岗位所需要的防护、救生器材和交通、通讯装备。在客户单位集中食宿的,还应配备必需的被装、生活用品。

4. 保安员的选派

保安服务公司应以保安服务合同为依据,选用依法持有保安员证的符合岗位需求的足额保安员,准时派驻到客户单位开展保安服务。

需要岗前培训的保安员,保安服务公司应以国家有关规定为前提,结合地方行政管理部门对保安培训机构培训要求进行,经考核合格后,方可派其上岗。

从事武装守押、技术防范等特殊岗位工作的保安员,须具备相关知识和专业技能。

三、保安服务的实施

保安服务的实施,是指保安服务公司及其派驻客户单位的保安队(员)履行保安服务合同的行为。各种不同形式不同内容的保安服务,实施过程中应执行公安部、人社部制定的各种具体的操作规程,切实做好保安服务质量的检查与改进工作。

保安服务质量的检查,应以公安部、人社部颁布的《保安服务操作规程与质量控制》的有关规定要求,通过驻勤保安队(员)自查、上级检查、抽查及纠察队检查、听取保安队员意见、建议和客户评价等多种形式,对保安勤务和队伍管理情况进行全面考核、检查,切实解决存在问题,努力改进和提高保安服务质量。

第四节 保安服务操作的基本要求

保安服务操作是指保安服务组织和保安服务人员在实施保安服务的整个过程中,应当注意的事项和应当开展的工作以及应当采取的措施。由于保安服务组织的类型不一,保安服务的岗位和保安服务采用的方法、手段和措施多种多样,情况十分复杂。保安服务操作如有不当,则会影响到保安服务质量,损害保安服务组织和保安服务人员的声誉。因此,公安部颁布了《保安服务操作规程与质量控制》,规定了全国范围内各种保安服务操作的基本要求。

保安服务操作的基本要求,是对保安服务组织和保安服务人员在开展保安服务活动中应当执行的有关事项作出的规定。其内容如下。

一、依法守规操作

保安服务操作,应当按照国家和地方颁布实施的与保安服务相关的法律、法规、规章及政策规定进行,遵守主管行政机关的有关管理规定,并接受其监督管理。所谓主管行政机关,指的是国务院公安部门和地方各级政府公安机关。

各级公安机关制定的保安服务管理规定,保安服务操作必须遵照执行,不得违反。

保安服务中使用的技术防范产品,应当符合国家或者行业质量标准。保安服务中安装监控报警设备,应当遵守国家有关安全技术规范。

跨省、自治区、直辖市提供保安服务的,应当依法向服务地设区的市级人民政府公安机关备案,并接受其监督管理。

为设区的市级以上人民政府确定的关系国家安全、涉及国家秘密等治安保卫重点单位提供保安服务的保安服务公司,不得招用境外人员。

二、尽职绝不越权

保安服务操作中,属于保安服务职责范围内的事项,严格按照公安部《保安服务操作规程与质量控制》规定的标准实施。不属于保安服务职责范围内的事项,依法交有关部门处理。

因为,社会公共安全防范体系由政府防范系统和民间防范系统两大部分组成。政府防范系统是以公安机关为代表的,保安服务业是民间防范系统的一个分支,其所承担的防范职责和法律授权有限,保安员只是协助公安机关维护社会治安、保障社会安全的辅助力量。所以,保安服务操作应当正确定位,坚持竭尽全力履行职责,不越位、不错位;否则,就会适得其反,侵权添乱。

三、严格履行合同

保安服务是履行保安服务合同的行为。签订保安服务合同前,保安服务公司应当依法对客户单位及其要求提供的保安服务的合法性进行核查。核查内容包括:① 服务单位是否依法设立;② 被保护财物是否合法;③ 被保护人员及其活动是否合法;④ 要求提供保安服务活动依法需经批准的,是否已经批准;⑤ 维护秩序的区域是否经业主或者所属单位明确授权;⑥ 其他应当核查的事项。

保安服务公司在核查确认有关事项合法的基础上,与客户单位签订保安服务合同。然后,依照合同的约定为客户单位提供安全服务,维护客户单位的安全和正常秩序,防止和减少服务单位合法权益受到不法侵害或者灾害事故的发生,有效地避免因服务提供方或保安员的责任而造成服务单位损失,以满足服务单位的安全需求。

四、坚持诚实经营

诚实经营是企业立身之本,保安服务公司在经营活动中,应当坚持实事求是的精神,向客户单位提供真实信息,包括公司的类别、资质,保安员的等级和素质状况,依法能够提供服务的种类和效果,以及各种服务所收取的费用等。对客户单位提出或询问的有关问题,应本着诚实信用的原则给予明确的答复。

五、因地制宜服务

保安服务的种类较多,有门卫、守护、巡逻、押运、护送、随身护卫、安全检查、人群控制、技术防范、安全咨询、安全风险评估等。根据客户单位要求,保安服务公司可以提供保安服务种类中的一种或数种服务。如果客户单位有特殊要求的,应在不违背有关法律法规的前提下,视情况另行约定。

六、灵活采用手段

保安服务的手段多种多样,不同手段是为了适应不同情况下的不同保安服务对象和保安服务要求的。根据客户单位的要求或者保安服务的需要,保安服务组织可以分别或配合采用人防、技防、物防、犬防等手段,充分发挥保安服务的作用,提高保安服务的成效,切实维护服务单位的合法权益。

七、监督检查规范

对于保安员的保安服务工作情况,保安组织应当实施监督检查,做好详细记录。独立驻勤保安队应当自查;保安大队、中队应定期或不定期地进行明查暗访;保安服务公司应对大队、中队履行职责情况进行监督检查,对独立驻勤保安队进行抽查,认真受理客户投诉,广泛听取保安员意见和建议。同时,保安服务组织应通过定期走访、汇报工作、发放征求意见表、公布保安服务质量监督电话等方式方法,经常听取服务单位的评价,接受其监督。

有一定规模的保安服务公司,应设立保安纠察队,对所属的保安队伍进行纠察和检查。

对于监督检查中发现的问题和客户、群众的意见、建议,应认真进行汇总、分析和研究,有针对性地制定具体的改进方案和措施,并对落实情况、改进效果进行复查评价,以不断提高保安服务质量。

监督检查中发现不合格服务时,应如实记录,同时报上级保安服务组织,并立即采取措施加以纠正,减少由此产生的不良影响。保安服务公司应对出现不合格服务的原因进行分析、评价,以强化监督力度,完善管理制度,提高服务水平,防止问题再度发生。不合格服务造成损失的,应按合同约定条款,依法予以赔偿。

对于各种不同岗位的保安服务操作的具体要求,《保安服务操作规程与质量控制》分别作出了明确的规定。本书后面的有关章节将作具体介绍,不在此一一赘述。

第五节　保安服务组织和保安从业单位

一、保安服务组织的概念

保安服务组织是指依法组织保安员或者利用保安防范物质产品和技术产品、保安服务知识，为客户单位或者本单位提供人力防范、物力防范、技术防范、安全服务咨询、安全风险评估等安全服务的组织。

目前，我国保安服务组织有三种类型：一是具有法人资格的专门从事保安服务的保安服务公司；二是机关、团体、企业、事业单位中，负责招用保安人员从事本单位的门卫、巡逻、守护等安全防范工作的部门；三是物业服务企业中，负责招用保安员在物业管理区域内，开展门卫、巡逻、秩序维护等安全服务的部门。

保安从业单位与保安服务组织有所不同。国务院《保安服务管理条例》把招用人员在本单位从事门卫、巡逻、守护等安全防范工作的机关、团体、企事业单位和招用人员在服务区内开展门卫、巡逻、秩序维护等服务的物业服务企业，一并称为自行招用保安员的单位；把专门从事有偿安全防范服务，维护客户单位安全的保安服务公司和自行招用保安员的单位，统称为保安从业单位（见下图）。

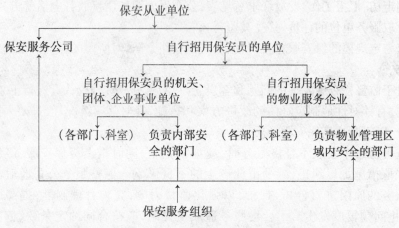

保安从业单位、保安服务组织示意图

二、保安从业单位的条件

保安从业单位，包括保安服务公司和自行招用保安员的单位。国务院颁布实施的《保安服务管理条例》，对于保安从业单位的条件分别作了具体明确的规定。这里只作概括性介绍。

1. 自行招用保安员的单位条件
（1）具有法人资格。
（2）有符合条件的保安员。
（3）有相应的管理制度。
2. 保安服务公司的条件
（1）有一定的注册资金。
（2）有符合条件的法定代表人和管理人员。
（3）有相应的专业技术人员。
（4）有固定的场所和所需的设施。
（5）有健全的机构和制度。

三、保安从业单位的职责

1. 建立健全管理制度

为了规范保安员和保安服务工作的管理，提高保安员的整体素质和保安服务工作的效率，保安从业单位应当建立健全各项切实可行的管理制度。这些制度主要是：保安服务管理制度，岗位责任制度，保安员管理制度，紧急情况应急预案。

2. 依法签订并严格执行保安服务合同

保安服务公司提供保安服务，应当与接受服务的单位或个人签订保安服务合同，明确规定服务项目、内容以及双方的权利、义务。保安服务公司应根据保安服务合同，认真履行职责，承担相应义务，不断提高安全服务质量，实现保安服务合同中承诺的安全服务目标。对于客户要求提供的保安服务内容的合法性，保安服务公司应当事先进行核查，拒绝违法的保安服务要求。跨省、自治区、直辖市为客户提供保安服务的，应当向服务所在地的设区的市级人民政府公安机关备案。

3. 规范保安服务行为

保安服务组织应当按照保安服务业的服务标准，提供规范的保安服务活动。保安服务公司派出的保安员，应当遵守客户单位的有关规章制度。保安服务装备和保安服务中使用的技术防范产品，应当符合国家和行业标准，达到产品质量要求；安装监控设备的，应当遵守国家有关技术规范；使用监控设备，不得侵犯他人合法权益或个人隐私。保安服务中形成的监控影像资料、报警记录，应当至少留存30日备查，且不得删改或扩散。保安服务组织对保安服务中获知的国家秘密、商业秘密以及服务单位明确要求保密的信息，应当予以保密。保安从业单位不得指使、纵容保安员阻碍执行公务、参与追索债务、采用暴力或者以暴力相威胁的手段处置纠纷。保安从业单位应当按照国家规定，为保安员配备必要的勤务装备。自行招用保安员的单位提供保安服务的范围仅限于本单位、本物业管理区域内，不得在其他单位其他区域提供保安服务。

4. 依法招用保安员，保护其合法权益

保安从业单位必须按照国务院《保安服务管理条例》规定的保安员条件招录保安员，并依法与其签订劳动合同。保安从业单位及其保安员，应当依法参加社会保险。保安从业单位应当定期对保安员进行法律、保安专业知识和技能培训，定期对保安员进行考核，发现不合格或者严重违反管理制度，需要解除合同的，应当依法办理。保安从业单位应当根据保安服务岗位的风险程度，为保安员投保意外伤害险。保安员因工伤亡的，保安从业单位应当依照国家有关规定，分别为他们申报办理"享受工伤保险待遇"和"享受抚恤待遇"的手续。保安从业单位应当依法保障保安员在社会保险、劳动用工、劳动保护、工资福利、教育培训等方面的合法权益。

5. 依法办理组织情况变化的手续

保安服务公司设立分公司的，应当向分公司所在地设区的市人民政府公安机关备案。保安服务公司的法定代表人变更的，应当经原审批的公安机关审核，持审核文件到工商行政管理机关办理变更登记。

自行招用保安员的单位不再招用保安员进行保安服务的，应当自停止保安服务之日起30日内，到备案的公安机关撤销备案。

第六节 保安服务业的管理

国家对保安服务业的管理是通过有关部门和行业组织来实现的。公安机关是保安服务业监督管理的主管部门，保安服务行业协会是保安服务业的行业协调管理部门，工商、税务、人力资源和社会保障等部门是保安服务业的行政管理部门。公安机关对保安服务业实施监督管理，这是保安服务业区别于其他企业成为特殊服务型企业的重要特征。

一、公安机关对保安服务业的监督管理

公安机关对保安服务的监督管理，是指公安机关依法对保安从业单位和保安培训单位进行审批、备案，负责对保安服务活动和保安培训教学活动实施监督管理，指导保安从业单位和保安培训单位建立健全并落实各项内部管理制度。

1. 对保安服务公司的审批、备案管理

设区的市人民政府公安机关负责受理、审核辖区内设立保安服务公司的申请书及相关证明材料；然后，上报所在地的省、自治区、直辖市人民政府公安机关审批。对符合条件的核发保安服务许可证；对不符合条件的，书面通知申请人并说明理由。两级审批的时限各15天。

保安服务公司设立分公司的,应当向分公司所在地的设区的市人民政府公安机关备案。变更法定代表人,应当经原审批机关审核。

2. 对自行招用保安员单位的备案管理

符合条件的自行招用保安员的单位,应当自开始保安服务之日起30日内,向所在地设区的市人民政府公安机关备案。自行招用保安员的单位,不得在本单位以外或者物业管理区域以外提供保安服务。

自行招用保安员的单位不再招用保安员进行保安服务的,应当自停止保安服务之日起30日内到备案的公安机关撤销备案。

3. 对保安培训单位的审批、备案管理

保安培训单位的审批方法,与保安服务公司的审批方法相同。

保安培训单位应当具备的条件:① 依法设立的保安服务公司或者依法设立的具有法人资格的学校、职业培训学校、职业培训机构;② 有保安培训所需的师资力量,其中保安专业师资人员应当具有大学本科以上学历或者10年以上治安保卫管理工作经历;③ 有保安培训所需的场所、设施等教学条件。

从事武装守护押运的保安员的枪支使用培训,由人民警察院校、人民警察培训机构负责。承担保安员枪支使用培训工作的单位,应当在开展培训工作前30个工作日内,向所在地的省、自治区、直辖市人民政府公安机关备案。

4. 对保安服务经营活动的监督管理

保安服务经营活动,是指保安从业单位的保安员录用和保安服务提供等行为,包括保安服务公司接洽客户并与之签订保安服务合同的活动。对保安服务经营活动的监督管理,是指公安机关依法对保安从业单位招用保安员开展保安服务活动的情况实行检查,督促其合法经营和规范提供保安服务的一种治安行政管理措施。其目的是促使保安从业单位合法经营,依法提供保安服务。

保安从业单位的保安服务经营活动,必须遵守国家有关法律、法规和部门规章的规定,坚持合法经营、依法办事。公安机关对保安服务经营活动监督管理的内容主要包括:

(1) 对保安员的招用、权益及装备的监管

保安服务法律法规对于保安从业单位招用保安员和保安员的合法权益及保安服务岗位的装备,都有明确规定和要求,保安从业单位应当遵照执行。也就是说,保安从业单位应当招用符合保安员条件的人员担任保安员,并与被招用的保安员依法签订劳动合同;保安从业单位及其保安员应当依法参加社会保险;保安从业单位应当根据保安服务岗位的风险程度为保安员投保意外伤害保险;依法保障保安员在社会保险、劳动用工、劳动保护、工资福利、教育培训等方面的合法权益;根据保安服务和保安员的安全需要,为保安员配备保安服务岗位所需的防护、救生等器材和交通、通信等装备。客户单位应当为保安员从事保安服务提供必要的条件和保障。

(2) 对保安服务合同的监管

保安服务公司提供保安服务,应当依法与客户签订保安服务合同。保安服务合同的式样、内容和合同终止后的留存时间,以及对客户单位要求提供的保安服务合法性核查等,都必须符合保安服务法律规范的要求。保安服务公司签订保安服务合同前,应当对客户的法定有关事项依法进行核查。对于客户违法的保安服务要求,保安服务公司应当拒绝,并向公安机关报告。

保安服务公司与客户签订保安服务合同时,应当使用统一规范格式的保安服务合同文本;应当在保安服务合同中,明确规定服务的项目、内容以及双方的权利、义务;应当由合同签订的双方法定代表人或者负责人签名、盖章。

依法签订的保安服务合同具有法律效力,合同双方都必须严格遵照执行,如有违反合同约定事项,应当承担相应的法律责任。保安服务合同终止后,保安服务公司应当依法将保安服务合同至少留存2年备查。

(3) 对保安服务活动的监管

保安从业单位提供的保安服务活动,应当纳入法制化、规范化的轨道,依照国家的法律、法规和部门规章办事,按照保安服务行业标准提供规范的保安服务。也就是说,保安服务的范围、保安服务的对象、保安服务的内容都必须合法。

保安服务的范围是指保安从业单位从事保安服务的法定地域。自行招用保安员的机关、团体、企事业单位,其保安服务的范围限于本单位内,即不得在本单位以外的任何地方提供保安服务。保安服务公司的服务范围是公司所在地的省、自治区、直辖市内。保安服务公司派出保安员跨省、自治区、直辖市为客户单位提供保安服务的,应当事先向服务对象所在地设区的市级人民政府公安机关备案。

保安服务对象是指保安从业单位实施保安服务的目标。自行招用保安员的机关、团体、企业事业单位,其保安服务对象是自己单位,即自我服务。自行招用保安员的物业服务企业,其保安服务对象是自己从事物业管理的社区、商场、医院、商务楼等区域。保安服务公司的服务对象是依法签订保安服务合同的客户(公民、法人、其他组织等)。《保安服务管理条例》第22条规定,外商独资、中外合资、中外合作的保安服务公司,不得为设区的市级以上地方人民政府确定的关系国家安全、涉及国家秘密等治安保卫重点单位提供保安服务。为治安保卫重点单位提供保安服务的保安服务公司,不得招用境外人员。

保安服务的内容是保安从业单位根据保安服务对象的需要和法律授权、合同约定来确定的。对于具体的保安从业单位来说,其保安服务的内容限于其依法持有的保安服务许可证或者公安机关备案登记中注明的保安服务项目;否则,就是违法经营。

(4) 对保安技术防范产品的监管

《保安服务管理条例》对保安服务中使有的技术防范产品的质量、安装、使用都分别作出了规定,保安从业单位必须遵照执行。

保安服务中使用的报警、监控等技术防范产品,应当符合国家或者行业质量标准;保安服务中安装报警、监控设备,应当遵守国家有关安全技术规范;保安服务中使用监控设备,不得侵犯他人合法权益或者个人隐私;保安服务中形成的监控影像资料、报警记录,应当至少留存30日备查,保安从业单位和客户单位不得删改或者扩散其内容。

(5) 对其他保安服务事项的监督管理

公安机关依法对保安服务经营活动监管的内容比较广泛,除了对上述保安员招用、权益、装备和保安服务合同、保安服务活动、保安技术防范产品等依法监管外,还对下列涉及保安服务的事项需要依法监管:保安从业单位对保安服务中获知的国家秘密、商业秘密以及客户单位明确要求保密的信息,应当予以保密;保安从业单位不得因保安员不执行违法指令而解除与保安员的劳动合同,降低其劳动报酬和其他待遇,或者停缴、少缴依法应当为其缴纳的社会保险费;保安从业单位不得指使、纵容保安员阻碍依法执行公务、参与追索债务、采用暴力或者以暴力相威胁的手段处置纠纷。

5. 对保安培训活动的监督管理

保安培训活动的监督管理,是指公安机关对保安培训单位的招生对象、教学内容、培训时间、授课老师、设施安全、考核情况、教学质量、实习活动等事项依法实施检查督促的治安行政行为。保安培训活动的监督管理,既是公安机关保安服务业监督管理部门的重要职责,又是保安培训单位行使法定权利和履行法定义务的重要保障。保安培训活动监督管理的法律依据是公安机关依法监督管理保安培训活动的行为准则。

《保安服务管理条例》第35条第1款规定:"保安培训单位应当按照保安员培训教学大纲制订教学计划,对接受培训的人员进行法律、保安专业知识和技能培训以及职业道德教育。"《公安机关实施保安服务管理条例办法》第34条规定:"保安培训单位应当按照公安部审定的保安员培训教学大纲进行培训。保安培训单位不得对外提供或者变相提供保安服务。"《专职守护押运人员枪支使用管理条例》规定,配备公务用枪的专职守护押运人员必须经过专业培训,熟悉有关枪支使用、管理法律、法规和规章的规定,熟练掌握枪支使用、保养技能。《保安培训机构管理办法》规定的公安机关对保安培训机构日常管理的内容,包括招录学员的条件、培训和实习时间、培训收费和档案管理以及培训机构禁止性行为。《保安员国家职业技能标准》对保安员5个职业等级的培训期限、培训教师、培训场地、设备和不同职业等级保安员鉴定对象的条件等作出了具体规定。《保安员培训教学大纲(试行)》对5个职业等级保安员培训和考核的具体内容分别作出了明确规定。所有这些保安服务法律规范的相关规定,都是公安机关对保安培训活动实施监督管理的法律依据。具体地讲,公安机关对保安培训活动监督管理的内容,包括培训招生工作和培训教学、实习活动以及培训场地、设施的监督管理。

(1) 对培训招生工作的监督管理

首先,招生对象应当合法。培训机构招生对象不仅应当符合保安员条件,而且,依法备案承担保安员枪支使用培训工作的单位,只能招收保安服务公司的专职从事武装守护押运服务的保安员,不能招收其他保安员进行培训。依法持有保安培训许可证的保安培训单位在开展保安员职业资格等级晋升考试前的培训时,招收的培训对象应当符合《保安员国家职业技能标准》规定的申报条件,避免学员培训后不能参加专门机构组织进行的职业资格等级考试、考核(鉴定)。其次,招生活动应当合法。无论哪类保安培训单位,招生的方式方法必须符合法律、法规和规章的有关规定,依法发布招生广告,不得扩大事实或者以安排工作的名义诱骗学员入学。原则上,保安培训单位依法自主招生,不得委托他人以保安培训单位的名义对外招生。委托其他组织招生的,应当依法办理委托手续,确保招生对象符合法定条件和招生活动合法。

(2) 对培训教学活动的监督管理

保安培训教学活动,涉及培训的内容、培训的时间、培训的师资、培训的考试与考核等事项。《保安员培训教学大纲(试行)》针对保安员5个不同职业等级的要求,分别明确规定了培训的师资条件、教学内容、教学目标和学时安排。《保安培训机构管理办法》规定,保安培训机构不得传授依法由公安机关、国家安全机关、检察机关专有的侦察技术、手段;不得以转包形式开展保安培训业务,不得委托未经公安机关依法许可的单位或者个人开展保安培训业务;枪支使用培训限于依法经过备案的人民警察院校、人民警察培训机构进行。保安培训单位应当严格遵守有关规定,根据《保安员培训教学大纲(试行)》制订相应的教学计划并组织实施,以便培训教学活动有条不紊地进行,使培训教学质量得到基本保障。

(3) 对培训活动其他事项的监督管理

保安培训使用的场地和设施,应当与申请行政许可或者备案登记的场地、设施相一致,特别是场地、设施的安全应当得到保障,以防培训中发生安全事故。

培训对象的实习,应当选择依法持有保安培训许可证且各方面都比较好的保安服务公司实习。实习要由领导分管、教师带队;实习的情况要有书面总结材料;实习的学员不得单独上岗执勤;实习的时间不得超过培训总课时的1/3;实习可以有实习费,但不得领取薪酬;严禁保安培训单位以实习的名义变相提供保安服务。

6. 对保安从业单位和保安培训机构内部管理制度的监督管理

对保安从业单位和保安培训机构内部管理制度的监督管理,是公安机关依法对保安服务公司、自行招用保安员单位和保安培训学校(组织)的各项内部管理制度的建立、健全、落实情况实施指导、检查、监督的一项行政管理措施。《保安服务管理条例》第 36 条规定:"公安机关应当指导保安从业单位建立健全保安服务管理制度、岗位责任制度、保安员管理制度和紧急情况应急预案,督促保安从业单位落实相关管理制度。保安从业单位、保安培训单位和保安员应当接受公安机关的监督检查。"

保安培训单位应当制定的内部管理制度主要包括教学、师资、学员、财务、卫生、安全、设备管理等方面的制度。这些内部管理制度,是保安培训单位依法实施保安培训、维护正常的教学秩序、提高培训质量的基本保障。

二、工商、税务、物价、人社等国家行政管理部门对保安服务业的监督管理

保安从业单位作为企业经济组织,应当依法接受工商、税务、物价、人社等国家行政管理部门的监督管理。

(1)国家工商管理部门依法审批保安服务公司的法人资格,颁发营业执照,对其经营活动进行监督管理。

(2)国家税务部门依法征收保安从业单位的各种税赋,对其进行税务登记和监督。

(3)国家物价管理部门依法核定保安服务公司的保安服务费标准,并对其进行物价监督。

(4)国家人力资源和社会保障部门依法对保安从业单位的人事制度、职工招聘和培训、劳动合同以及各种社会保险等事项,进行统筹管理和监督。

三、保安服务行业协会的行业协调管理

保安服务行业协会应当协助公安机关指导和帮助保安从业单位提高服务质量和企业经营管理水平,协调保安行业与其他部门之间的关系,促进保安服务业的健康发展。在行业管理中,中国保安服务行业协会的主要职责和任务是:

(1)组织研究、制定有关保安服务行业的规章、制度,指导各地保安服务行业协会的工作,加强行业自律,履行国家法律赋予行业协会的各项职责;

(2)组织各地保安服务公司总结和交流工作经验,指导保安服务行业依法开展各种保安服务经营活动,传递保安服务信息,编发《中国保安》杂志;

(3)组织开展对各地保安服务行业经营管理者和保安专业技术骨干的培训工作;

(4)发展国际保安服务业和保安组织的友好往来,介绍和推广先进的保安科技产品,参加国家保安专业组织参与有关活动;

(5)维护保安服务行业和保安从业人员的合法权益,及时向公安机关反馈保安服务行业和保安从业人员的合理化建议和要求;

（6）开展调查研究，组织论证，为公安机关加强对保安服务业的指导、监督和管理提供决策依据，发挥参谋作用；

（7）协调全行业的从业单位之间的关系，以及本行业与工商、税务和保险等有关部门的联系；

（8）在协会的力所能及范围内，为保安从业单位的发展排忧解难。

各地保安服务行业协会应当在本地区的保安服务活动中发挥上述各方面的行业协调管理职能作用。

四、保安从业单位的内部管理

（一）保安从业单位的内部管理制度

保安从业单位的内部管理制度是确保服务质量的重要条件，是强化规范管理的主要依据。公安机关应当指导保安从业单位建立健全保安服务管理制度、岗位责任制度、保安员管理制度、紧急情况应急预案、枪支管理制度等，并督促保安从业单位严格执行这些内部管理制度。

1. 保安服务管理制度

保安服务管理制度是指保安从业单位开展保安服务时，为确保保安服务质量和保安服务合同得到切实有效履行而制定的一系列管理制度的总和。保安服务公司应当依照国家保安服务标准和质量管理要求，结合本公司、本地区和客户单位安全需求特点，建立一整套自己的保安服务管理制度。

2. 岗位责任制度

保安从业单位建立健全岗位责任制度，应遵循因事设岗、职责相称、权责一致、责任分明、任务清楚、要求明确、责任到人、便于考核的原则。岗位责任制的内容，主要包括保安从业单位、部门的总体职能；内设处室的主要职责；保安服务岗位的设置及其职责。为落实岗位责任制，一般要建立岗位责任制考评、检查制度，将岗位责任制列为年终考核的主要内容，年终每个岗位责任人要将履行岗位责任的情况纳入个人总结内容，并在一定范围内述职，接受评议。保安从业单位考核部门，要对岗位责任制的落实情况进行检查。对不履行岗位责任制或履行不力的，按照有关规定追究有关人员的责任，以此激励保安员提高保安服务质量，促进保安服务业健康发展。

3. 保安员管理制度

保安员管理是指保安从业单位为全面提高保安队伍综合素质，加强保安队伍的正规化、职业化建设，提高保安服务质量和水平，对所属的保安员进行规范管理的一系列制度的总和，主要包括：招聘录用、培训教育、考核评价、调配使用、执勤规范、奖励处罚以及物资保障、福利待遇等制度。健全保安员管理制度，加强对保安员的管理、教育和培训，目的在于提高保安员的职业道德水平、业务素质和责任意识,提高保安从业单位和保安员的保安服务质量和水平。

4. 紧急情况应急预案

紧急情况应急预案,是一项预先制定的应对可能出现的影响客户单位或服务区域人员和财产安全的紧急情况应急处置计划和处置方案。其主要内容包括:

(1) 任务目的。紧急情况应急预案的任务或目的必须明确、具体。在应对规模大、投入力量多的紧急情况时,还可以在制定总预案的基础上制定若干分预案,以保证各个任务目标的完成。

(2) 组织指挥。紧急情况应急预案在组织指挥方面,必须坚持高度统一、分层组织实施的原则,建立应急指挥部。根据紧急情况的性质和规模,必要时可建立两级甚至两级以上的指挥部。这样,既有利于明确职责和权限,又能避免多头指挥或指挥失灵。

(3) 力量配备和职责分工。紧急情况应急处置是一项复杂的系统工程,需要各部门分工负责、相互协作,实现总的处置目标。确定职责分工和部署人力时,要从需要和可能出发,并考虑以下因素:负责组织和指挥人员;负责现场救助人员;负责现场处置、现场保护人员;负责现场宣传疏导人员;负责现场防护重点目标、重要部位的人员;后勤保障和备勤力量。预案中各部门的职责要具体,任务要明确。

(4) 通信联络。通信联络畅通,是紧急情况应急处置的可靠保障。预案中,应当制定一整套通信联络制度,包括通信联络网,即上下级之间的纵向通信联络和平行单位之间的横向通信联络以及一线人员之间的通信联络;通信联络器材和工具;通信联络号码和呼叫以及有关人员、有关单位的代号;通信联络的具体负责人员和工作人员;通信联络设备的维护、维修人员;现场通讯车辆装备和指挥中心(值班调度室)的工作任务。

(5) 应急措施。应急措施,是根据对紧急情况的设想而制定的相应处置方法。一般包括如下措施:核实情况,迅速报告、报警;封锁、控制现场,划定警戒范围并负责警戒,保护现场;采取灭火、防爆、防毒等初期处置措施;通过宣传、疏导等方法,有序疏导人员和物质;保护证据;向公安机关续报现场处置工作情况;抓获、扭送违法犯罪嫌疑人;救助受伤人员,报告急救中心;发现现场可疑人员、可疑物品、可疑事件(情);向到达现场的公安人员介绍情况,提供线索;协助公安机关进行现场处置。

5. 枪支管理制度

保安押运公司要根据《枪支管理法》《公务用枪配备办法》和《专职守护押运人员枪支使用管理条例》等的规定,制定本公司的持枪人员管理责任制度、枪支弹药保管、领用制度和枪支安全责任制度等。

(1) 持枪人员管理责任制度。持枪人员管理责任制度,包括武装押运保安员训练、考核、办理持枪证等相关制度,枪支的佩带规范,持枪人员出枪、举枪、收枪以及使用枪支的原则、时机和报告制度等。

（2）枪支弹药保管、领用制度。枪支弹药保管、领用制度,包括领取枪支弹药调度令,车长领取枪支弹药及发放给保安员的手续及办法,车长(班长)、保安员领到枪支弹药的验枪方法,任务完成后及时将枪支弹药交回武器库保存的制度,武器库管理人员收交枪弹时的检查制度,武器库管理人员与车长办理收交枪弹手续的相关制度等。

（3）枪支安全责任制度。枪支安全责任制度,是对包括武器库管理人员、持枪保安员、车长(班长)、公司主管领导、公司法定代表人在内的相关人员的枪支管理责任作出明确规定的制度。

（二）保安服务的勤务制度

保安服务组织应根据《保安服务操作规程和质量控制》的要求和不同形式的保安服务勤务管理的实际需要,制定内容切实可行的保安服务勤务制度,以规范各种保安服务活动,搞好内部勤务管理工作。从各种勤务制度的主要内容来看,可分为通用勤务制度和特殊勤务制度两大类。

1. 通用勤务制度

所谓通用勤务制度,是指采取门卫、守护、巡逻、随身护卫、人群控制等形式提供保安服务的组织,应建立的内容相同的勤务制度。通用勤务制度主要包括下列内容:

（1）交接班制度

保安员按规定的时间交接班。因故不能执勤的,必须提前办理请假手续。接班的保安员应提前做好上岗准备,按规定着装,携带执勤用品,准时接班。

集体班上岗的保安员,要按规定时间提前到达指定的集中地点,由领班负责人进行岗前准备工作情况检查和有关事项讲解。

交班保安员应告知本班发生的情况和处理结果,并交待未处理完毕的需要接班保安员继续办理的事项。移交勤务登记簿时,接班保安员应查看记录,与交班介绍的情况核对,并双方签字。接班保安员未到或未办理交班手续,当班保安员不能离开。

交接班时,双方应先行敬礼,然后边注意观察,边做交接事宜。

（2）请示报告制度

保安员遇到紧急情况和重大问题时,应及时、具体、准确地向客户单位、上级领导和公安机关等有关部门请示报告。

对客户单位、上级领导及公安机关等部门有关处置紧急情况、重大问题的工作指示,保安员应立即、坚决执行。执行结果应及时反馈,并做好详细记录。

（3）勤务检查制度

驻勤单位保安组织负责人或指定的勤务检查人员,负责对保安员执勤情况进行检查。

勤务检查的内容,以保安员履行岗位职责的情况为主。

对勤务检查中发现的问题和处理结果,应做好记录。主要问题应及时向上级汇报。

(4)勤务登记制度

当班保安员负责记录勤务登记事项。

勤务登记主要记载上级指示、通知、交办事项及值班期间发生和处理的问题。

勤务记录应清晰、准确,不得随意涂改,并妥善保管。

2. 特殊勤务制度

特殊勤务制度是指保安服务形式具有特殊性的武装守押、安全咨询服务需要制定的内容有别于通用勤务制度的勤务制度。

保安守押服务企业的勤务制度,除了包括上述四项通用勤务制度的内容外,还应建立保密制度,规定守押保安员必须对押运财物的种类、数量、运输时间、路线、押运人员数量等情况严格保密,不得向无关人员泄露。此外,押运服务的请示报告制度应增加一款内容,即押运过程中,按照押运方案的要求,押运人员应及时报告行走的路线、位置和途中发生的各种情况。武装守押服务的具体勤务制度,将在本教材后面有关章节中进行阐述。

提供安全咨询服务的企业应制定的勤务制度:一是请示报告制度。遇到紧急情况和重大问题时,保安服务人员应及时、具体、准确地向所属公司请示报告,与客户及时沟通;处置结果及时反馈,并详细记录。二是勤务登记制度。当班期间受理的咨询等事宜,保安员应予以登记。记录必须清晰、准确,不得随意涂改,并妥善保管。

(三)保安管理人员的职责

保安管理人员是指保安服务公司的大(中)队长、分队长、班长(含班长以下驻勤点负责人)和保安纠察队员,以及自行招用保安员单位负责保安员管理工作的人员。保安管理人员的职责是由其在保安管理中担任的角色所决定的,不同角色的保安管理人员,其所承担的职责有所不同。这里,我们仅就保安服务公司的管理人员职责作一简单介绍,自行招用保安员单位的保安管理人员可作参照。

1. 保安大(中)队长职责

(1)负责对大(中)队的管理,掌握全面情况,根据公司计划和要求,结合实际,科学地安排落实各项工作,完成公司交给的保安服务任务。

(2)根据公司与客户签订的合同,制定勤务方案,与客户经常沟通,随时了解驻勤单位的情况,检查各项工作的落实情况。

(3)认真执行公司有关规章制度,加强队伍管理。

(4)掌握大队(中队)人员在岗情况。

（5）做好考勤审核、服装发放、报表和保安员调配工作。

（6）按计划组织大队（中队）开展保安技能训练，提高保安员的专业技能和服务水平。

（7）对保安员进行法制教育、职业道德教育、爱岗敬业教育。

（8）对保安骨干进行教育和培养，提高他们的组织能力和管理水平。

（9）做好思想政治工作，关心保安员的生活，及时帮助解决实际问题。

（10）落实保安队伍内部安全措施，防止发生保安员违法违纪问题和重大安全事故。

（11）深入调查研究，定期总结工作，开展经验交流，及时向上级反馈队伍管理信息。

（12）管理保安器械，保障其性能完好有效。

（13）对驻勤单位进行经常性的安全检查，发现问题及时解决，消除隐患。

2. 分队长、班长（含班以下驻勤点负责人）职责

（1）根据保安服务合同约定承担的任务，组织安排勤务；检查考核分队（班）人员的执勤情况。

（2）负责统计考勤，检查执勤记录。

（3）负责分队（班）的学习和训练。

（4）组织召开队（班）务会，布置工作、勤务讲评、思想教育，做到时间、人员、内容、效果四落实，做好会议记录。

（5）及时、准确地传达上级的工作部署，负责分队（班）实施各项保安服务任务。

（6）遇有紧急情况，及时向上级报告，立即进行现场处置，控制事态发展，并做好现场保护。

（7）与驻勤单位保卫部门或主管安全工作的领导保持联系，协助开展安全检查，发现问题及时解决，重要情况及时汇报。

（8）了解客户单位消防器械材和报警系统的配置、性能、位置，并组织保安员学习训练，熟练掌握操作技能。

（9）做好思想政治工作，掌握保安员的思想动态，及时解决队伍中出现的问题，搞好团结。

（10）关心保安员生活、学习和工作情况，认真帮助解决其困难和实际问题。

3. 保安纠察人员职责

（1）纠察保安员履行职责、落实重要保安工作部署和组织实施；纠察重点地区、重要场所保安工作的情况；纠察保安员执行《保安员职业道德行为规范》等相关规定和队伍管理、遵守纪律等情况；受理客户单位、群众对保安工作和保安员的意见和建议。

（2）对纠察中发现的问题要进行分析、综合、研究,并提出整改意见。对屡纠屡犯的保安员提出处理意见,并对其进行重点监督检查。

（3）定期汇总纠察情况,编发纠察工作信息.

（4）正确使用和妥善保管纠察装备、标志。

本章保安员证考核要求

一、一般了解内容

英国保安服务业;美国保安服务业;德国保安服务业;日本保安服务业;我国保安服务的萌芽;我国保安服务业的雏形;我国现代保安服务业的产生过程;我国保安服务业的现状;我国保安服务业的展望;公安机关对保安从业单位的管理;公安机关对保安培训单位的管理;枪支管理制度。

二、重点掌握内容

保安服务的含义;保安服务业的含义;保安服务的对象;保安从业单位的类型及含义;保安服务的主要任务;保安服务的特点;保安服务管理制度;岗位责任制度;保安员管理制度;紧急情况应急预案。

第三章

保安员基本素质

第一节 保安员的定义、条件和职责任务

一、保安员的职业定义

国家人力资源和社会保障部、公安部联合制定的《保安员国家职业技能标准》对保安员职业定义是,依法为公民、法人和其他社会组织提供门卫、巡逻、守护、秩序维护、押运、随身护卫、安全检查、安全技术防范和安全风险评估等服务的人员。也就是说,保安员是依法持有保安员证,合法从事安全管理和安全服务工作的人员。保安员是保安服务的主体,在保安服务活动中享有一定的权利,履行相应的义务。

二、保安员的基本条件

保安员的基本条件是:年满18周岁,身体健康,品行良好,具有初中以上学历的中国公民,并取得保安员证。保安员证是由国家法定机构依法颁发的保安服务从业资格证书。经设区的市级人民政府公安机关考试合格、审查通过并留存指纹信息的人员,由设区的市级人民政府公安机关发给保安员证。

有下列情形之一的,不得担任保安员:① 曾被收容教育、强制隔离戒毒、劳动教养或者3次以上行政拘留的;② 曾因故意犯罪被刑事处罚的;③ 被吊销保安员证未满3年的;④ 曾两次被吊销保安员证的。

三、保安员的职责任务

保安员的职责任务是依据保安服务合同的约定或自行招用保安员单位的要求,维护客户单位及服务区域正常秩序,预防治安灾害事故的发生,及时发现、制止违法犯罪,确保人身及财产安全。为了履行职责、完成任务,保安员必须学习和掌

握专业技能。

专业技能是指为履行职责、完成任务需具备的技术和能力。保安员的专业技能,具体表现在保安员为履行维护秩序、保护人身及财产安全等职责而开展的守护、巡逻、押运、安全技术防范、随身护卫、安全风险评估、秩序维护等服务活动中,应具备的技术和能力。保安勤务的质量和效果,是检验保安员专业技能的唯一标准。

为了履行职责,完成任务,保安员可以采取以下措施:

1. 查验出入人员证件,登记出入车辆和物品

一般情况下,保安员应当先查验出入人员证件,再对需要出入服务区域的车辆和物品进行登记。

查验证件是保安员查看、识别、确认出入服务区域人员的身份证明是否符合安全管理要求的行为,是门卫工作的主要任务。原则上,查验证件的对象是一切进出服务区域的人员,包括本单位人员。查验方法有逐个查验、选择查验、免查验三种,保安员应当根据实际情况选用。

登记是指保安员在查验证件的基础上对出入的人员及车辆、物品进行书面记录的行为。登记一般是对外来人员、车辆、物品的往来登记,必要时也可以根据规定对单位内部人员及车辆、物品的出入情况进行登记。

2. 开展守护、巡逻、安全检查、报警监控活动

保安员在服务区域内开展守护、巡逻、安全检查、报警监控等活动,是区域保安服务工作的基本任务,是预防违法犯罪、消除各种安全隐患、确保客户单位或服务区域内人身及财产安全的有效措施。

3. 维护公共场所秩序

公共场所是指供人们自由往来并进行社会活动的场所,如机场、车站、码头等公共交通场所,公园、展览馆等观光游览场所,商场、超市等购物场所,影剧院、歌舞厅、游乐场等娱乐休闲场所。为维护公共场所的治安秩序,防止违禁品、危险物品被带入,保安员在相关执法人员的监督指导下,对有关人员及其携带物品进行安全检查。

4. 设立临时隔离区

保安员执行武装守押任务或者在公共场所维护秩序时,为了保护人身、财产安全,可以设立临时隔离区。隔离区是指通过拉设警戒线、隔离带、保安员站位等方式,将守护或押运对象与周边隔离而形成的一个相对安全的区域。隔离区要根据任务需要来确定是否设立。设立的隔离区是临时的,一旦保安服务任务完成,应立即撤除。设立临时性的隔离区还要注意尽可能不影响公民正常活动,最大限度地减少对公民正常活动的妨碍。

5. 制止违法犯罪行为

制止违法犯罪一般通过劝说、劝解、隔离、堵截违法犯罪嫌疑人，以及正当防卫、紧急避险等实现。因为保安员没有特别的行政及刑事执法权，所以，在制止违法犯罪行为时，特别注意不要采取侵犯公民合法权利的行为，并注意自身的安全。在对违法犯罪行为制止无效时，应立即报警并采取措施保护好现场。

第二节 保安员的职业发展和职业能力

保安员作为一种正式职业，已经纳入国家职业分类大典。2014年人社部与公安部共同组织制定并颁布实施的《保安员国家职业技能标准》，明确了对保安员工作能力水平的规范性要求，是保安员从事保安服务活动，接受职业教育培训和职业技能鉴定以及用人单位录用、安排岗位的基本依据。

一、保安员的职业发展

《保安员国家职业技能标准》（以下简称《标准》）规定，保安员职业共设五个等级，分别为：初级保安员（国家职业资格五级）、中级保安员（国家职业资格四级）、高级保安员（国家职业资格三级）、保安管理师（国家职业资格二级）、高级保安管理师（国家职业资格一级）。保安员满足标准规定的条件，通过国家相关部门组织的考试，可以获得相应级别的国家职业资格证书。这种职业资格证书制度，为保安员的职业发展提供了一个阶梯式的渐进途径，为保安员建立了明确的职业发展目标体系。

根据《标准》规定，凡符合条件的保安员均可向人力资源和社会保障部门申请参加晋级考试、考核，通过相关理论考试和工作技能鉴定者，可获得相应级别的保安员国家职业资格，从初级升至高级。

二、保安员的职业能力

1. 保安员职业能力的特征

保安员的职业能力是指保安员从事保安服务必须具有的工作能力。保安服务工作有别于其他工作，它是一种与违法违规行为作斗争，预防案件和事故发生，提供安全服务的特殊工作。保安服务工作岗位大都在室外，受风雨寒暑等不良环境的影响较大，工作条件艰苦，任务比较繁重。有时候，保安员面对的是拒不停止作案甚至行凶拒捕的不法之徒，需要采取行动制止歹徒胡作非为，甚至赤手空拳与其搏斗，将其擒拿归案；有时候，保安员面对的是突然发生的火灾、爆炸、中毒、交通肇事等治安灾害事故，需要立即作出反应，果断采取措施处置。这一切，都要求保安员必须具有相应的特殊保安职业能力,方能履行职责,保障服务岗位或服务区域的安全。这种特殊的保安职业能力具有鲜明的特征,《保安员国家职业标准》把它概括为:"具备相应岗位所要求的身高和体能和技能,具有一定的观察、理解、表达、判断、应变、自卫、自控、沟通、指挥、协调及自主学习、执行的能力。"

2. 保安员职业能力的内容

保安员的职业能力,实际上是指保安员在保安服务勤务中,运用其掌握的职业知识、技能和智力履行职责的综合能力。由此可见,保安员的职业能力内容包括保安员的职业知识、职业技能和职业智力。

保安员的职业知识是指保安员必须学习和掌握保安服务相应岗位所需要的专业理论知识、法律法规知识、职业道德和礼仪知识。

保安员的职业技能是指保安员的基本体能、常用器材使用技能、现场救助技能、保安应用文书写作技能。保安员的基本体能,包括保安员的身体健康、体格健全、身高、体重、视力、听力等身体素质,行动速度、力量、耐力、灵敏度、柔韧性等普通体能素质,硬度、反应能力、时空感、本体感觉能力、自我保护和控制能力等专业体能素质。

保安员常用器材使用技能,包括出入口控制设备,安全检查专用仪器、设备,武装押运器械、设备,技术防范设备,消防灭火器材等使用方法及注意事项。

保安员现场救护技能,指的是对垂死者进行人工呼吸的方法,拯救溺水者及掉进冰窟、水井、深穴中的人的方法,处理煤气泄漏、交通肇事现场、缺氧窒息者的方法,等等。

保安应用文书写作技能,指的是保安服务工作中常用的请示、报告、批复、信函、会议纪要、工作汇报、工作总结、工作计划、工作记录等保安文书的写作方法及基本要求。

保安员的职业智力是指保安员在保安服务工作中,运用自身的智慧,应对各种情况,妥善处理形形色色的安全隐患,预防和避免不安全问题的发生,以及正确处置发生的案件、事故等紧急情况,减少其危害后果,维护保安服务工作区域内的治安秩序和安全的能力。

3. 保安员职业能力的培养

保安员的职业能力,一部分是保安员自身已经基本具备的,如身心健康、体格健全、身高、体重、听力、视力,以及一般的处事能力、安全防范意识、礼仪道德、法制观念等;另一部分则需要通过专业培训,学习有关理论和技能知识,参加有关体能训练,了解保安职业的相关情况来获得。这后一部分需要经过专业培训才能具有的保安员职业能力,对于保安服务工作非常重要。因此,《保安员国家职业标准》和《保安服务管理条例》中,不仅明确规定了保安员的条件和职业能力,而且规定了保安员必须通过培训、考试,持有保安员证,方可从事保安服务工作。同时,对于保安培训机构实施的保安员培训内容和课时以及培训教师的条件,都作了严格的规定,明确了具体的要求。

保安员职业能力的培养,在专业培训的基础上,还必须依靠保安员平时的学习和训练。这是因为,专业培训的时间有限,学习的内容很多,单靠培训期间的学习、训练,保安员难以完全消化、吸收学习的知识,特别是体能训练和技能培训的掌握,保安员必须坚持平时经常性的练习,才能巩固培训成效,提高职业能力水平。

第三节 保安员的权利、义务和禁止性行为

一、保安员的权利

保安员除依法享有《宪法》赋予公民的基本权利外,还享有国家其他法律法规赋予的保安员权利。这些权利的内容包括以下几个方面。

1. 享受社会保险的权利

我国《劳动保障法》规定,社会保险属于强制性保险,包括养老保险、医疗保险、失业保险、工伤保险、生育保险五种。其中,养老保险、医疗保险和失业保险由企业和个人共同缴纳;工伤保险和生育保险完全是由企业承担的,个人不需要缴纳。保安从业单位及其保安员应当参加社会保险,具体条件和标准应当遵守法律法规和各地区的有关规定。此外,保安从业单位还应该根据岗位的风险程度,为保安员投保意外伤害保险。

2. 接受安全教育和技能培训的权利

保安从业单位招用保安员后,应当根据保安服务岗位工作和保安队伍建设需要,建立、完善保安员在岗培训制度,对保安员加强法律、保安专业知识和技能培训。

3. 签订劳动合同的权利

我国《劳动法》规定,劳动合同是中华人民共和国境内的企业、个体经济组织、民办非企业单位等用人单位与劳动者在合法、公平、平等自愿、协商一致、诚实信用的基础上建立劳动关系的书面合约。保安从业单位应当招用符合保安员条件的人员,并与被招用的保安员依法签订劳动合同。劳动合同应当具备以下基本内容:用人单位的名称、住所和法定代表人或者主要负责人的姓名;劳动者的姓名、住址和居民身份证或者其他有效身份证件号码;劳动合同期限;工作内容和工作地点;工作时间和休息休假;劳动报酬;社会保险;劳动保护、劳动条件和职业危害防护;法律法规规定应当纳入劳动合同的其他事项。

保安服务劳动合同除上述必备条款外,保安从业单位与保安员可以约定试用

期、培训、保守秘密、补充保险和福利待遇等其他事项,一并在劳动合同中写明。

4. 享受劳动条件和劳动保护的权利

劳动条件是指劳动者完成劳动任务所必需的劳动工具、工作场所、劳动经费、技术资料等条件。劳动保护是指用人单位为了保障劳动者在劳动过程中的身体健康与生命安全,预防伤亡事故和职业病的发生而采取的有效措施。保安从业单位和客户单位都应当为保安员从事保安服务提供必要的条件和保护,如配备岗位所需的装备等。

5. 受表彰奖励的权利

对表现突出的保安员,保安从业单位应当给予一定的精神鼓励和物质奖励。保安员因工伤亡、被批准为烈士的,依照国家有关工伤保险、烈士褒奖的规定享受工伤保险、抚恤优待。

6. 正当防卫与紧急避险

根据保安服务特点和我国《刑法》的规定,保安员有在保安服务中行使正当防卫和紧急避险的权利。保安员在履行职责过程中制止暴力犯罪行为,进行正当防卫不负刑事责任。但在制止一般违法犯罪行为进行正当防卫时,不能防卫过当。保安员依法采取紧急避险也不负刑事责任。

如何依法实施正当防卫和紧急避险,参阅本教材"保安工作的相关法律法规"一章中的有关内容。

7. 拒绝违法指令的权利

保安员有权拒绝执行保安从业单位或者客户单位的违法指令。保安从业单位不得因保安员不执行违法指令而解除与保安员的劳动合同,降低其劳动报酬和其他待遇,或者停缴、少缴依法应当为其缴纳的社会保险费。

二、保安员的义务

保安员在依法享有相应权利的同时,还必须切实履行以下义务。

1. 守法义务

守法是每一个公民的基本法律义务。由于保安服务不仅涉及劳动用工问题,还涉及服务对象的人身和财产安全乃至公共安全问题。因此,对保安员的守法义务提出了更高的要求。《保安服务管理条例》中对保安员禁止性行为的规定,是保安员务必严格遵守的。

2. 履行合同的义务

保安员应当履行劳动合同,按照劳动合同规定的时间、地点和要求履行义务。劳动合同是一个整体,合同中订立的各项条款相互之间有内在联系,不能任意割裂。保安员必须认真履行劳动合同规定的全部义务,从而保证保安服务合同得到有效执行。

3. 保密义务

保安员在保安服务过程中,往往会接触到国家机密、商业机密以及客户信息等。随意泄露这些秘密和信息会给国家和公共利益造成损害,给客户单位造成不必要的损失。因此,保安员必须认真履行保密义务。

4. 遵纪义务

保安员既要遵守本单位的规章制度和工作纪律,也要遵守客户单位的有关规章制度。客户单位制定的治安保卫制度和其他业务规章制度是客户单位安全和生产活动正常进行的必要保障。作为为客户单位提供保安服务的保安员,其活动本身就是为了客户单位的安全,因此更应当严格遵守这些规章制度。

对于自行招用保安员的单位的保安员来说,遵守本单位规章制度和工作纪律,更是其作为一名员工应尽的基本义务。

三、保安员的禁止性行为

保安员的禁止性行为是《保安服务管理条例》中规定的保安员在提供保安服务时,不得出现的行为,其具体内容如下。

1. 限制他人人身自由、搜查他人身体

限制他人人身自由是指以拘押、禁闭或者其他强制方法,在一段时间内将公民强制约束在一定的空间,不准其自由行动、不准其对外联络的一种临时剥夺其人身自由的行为。根据我国有关法律的规定,对公民人身自由的限制,只能由公安机关、人民检察院、人民法院等司法机关在法定权限内实施。非法限制人身自由是指无权限制他人人身自由的单位和个人,以及有权实施限制他人人身自由的法定机关,超越职权、违反程序、超过法定时限限制他人人身自由的行为。保安员在提供安保服务过程中,不得以任何理由限制或变相限制他人人身自由。如果发现嫌疑人有违法犯罪嫌疑,可以报警,由公安机关依法查处。如果发现是正在实施违法犯罪的嫌疑人,则应当依法将其扭送公安机关。

根据我国《刑事诉讼法》的规定,搜查是指侦查人员对犯罪嫌疑人以及其他可能隐藏罪犯或者可作为证据的人身、物品、住处和其他地方进行搜索、检查的一种侦查行为。其目的在于收集犯罪证据,查获犯罪人。法律对搜查有严格的程序要求和限制。搜查必须由公安机关、人民检察院的有关负责人批准,由侦查人员执行。保安员在提供保安服务过程中,任何时候都不得以任何理由、任何形式对他人身体实施搜查。

2. 侮辱、殴打他人

侮辱、殴打他人都是严重侵害他人人身权利的行为,侵犯的是他人的人格尊严权和名誉权。人格尊严权和名誉权是公民的基本人身权利,受宪法保护。

侮辱是指通过一定的言行使对方人格或名誉受到损害,蒙受耻辱。殴打是指

以击打、捆绑等暴力手段施加于他人的行为。在提供保安服务过程中,无论是保安从业单位或保安员自作主张,侮辱、殴打他人,还是应客户单位要求、受客户指使侮辱、殴打他人,都是严格禁止的。

3. 扣押、没收他人证件、财物

扣押是指侦查机关或法定的行政机关依法强行扣留与案件有关的物品、证件、文件的一种侦查措施和行政强制措施。没收是指行政执法主体依法将行政相对人违法所得收归国有的制裁形式。扣押、没收都是法定机关的执法行为。保安从业单位及保安员在提供保安服务的过程中,不得扣押、没收他人的任何证件和财物。

4. 阻碍依法执行公务

阻碍执行公务是指以暴力、威胁或者其他手段阻碍国家工作人员依法执行公务的行为。保安员不得自行或受客户单位的指使,对来到客户单位执行工商检查、税务检查、生产安全检查、卫生检查、质量检查等公务活动的公务人员,进行阻挠或设置障碍变相阻挠,妨碍其依法执行公务。

5. 参与追索债务,采用暴力或者以暴力相威胁的手段处置纠纷

追索债务是指通过暴力或者威胁等手段,强行向债务人索要债务的行为。追偿债务,应当依法通过协商、调解、申请仲裁、提请人民法院调解或裁判解决,不得私自强行追索债务。否则,侵害他人的合法权益。保安从业单位和保安员不得以任何理由参与追索债务。

纠纷是指当事人之间因债务、语言不合、观点不同、利益冲突等引起的不和、争吵、厮打等事件。暴力是指通过施加力量致对方身体受损的行为。暴力形式有击打、捆绑、冻饿、电击、刀刺、强光照射、非法拘禁等。以暴力相威胁,是指行为人以施加暴力为威胁,强迫对方接受某种条件。对于一般的民间纠纷,保安员可以在当事人自愿的情况下进行调解,但不能通过暴力或暴力威胁等手段强行胁迫当事人接受调解。

6. 删改或者扩散监控影像资料、报警记录

监控设备与系统在使用过程中形成的监控影像资料和报警记录,是及时排查、解决监控区域的纠纷,查破各种治安、刑事案件的原始资料。这些监控影像资料有可能涉及国家秘密、商业秘密或个人隐私,涉及公共利益或客户的合法权益。因此,保安从业单位及保安员不得随意复制、删改、播放、传播、查阅监控影像资料,也不得供无关人员观看,不得向媒体提供,更不得通过网络等途径对外扩散。

7. 侵犯个人隐私、泄露涉密信息

隐私是指不愿告人的或不愿公开的个人事务。个人隐私受法律保护。保安员应当保守客户秘密,不得随意谈论和泄露客户信息,不得私自开拆客户信件,不得随意进入客户私人领域,未经客户许可,不得介入客户私人事务。

涉密信息是指保安员在保安服务过程中涉及的国家秘密、商业秘密、客户信息

以及客户单位明确要求保密的事项。保安员在保安服务过程中，对涉密信息要按照有关保密规定，严守秘密，不得泄露给不该知悉的人员，不得将秘密信息公布于众。同时，还要防止他人窃取这些涉密信息。

第四节 保安员的行为规范

保安员的行为规范是保安员的行为准则。根据公安部和人社部的有关规定，保安员行为规范的内容，包括保安员的着装、仪容仪表、礼节、举止、语言、岗位纪律和卫生等。

一、保安员着装

保安员上岗服务，应当穿着所在单位配发的保安员服装（这种服装必须是按规定从全国性保安服务行业协会推荐的保安员服式样中选定的），并佩戴全国统一的保安服务标志。

提供随身护卫、安全技术防范和安全风险评估服务的保安员上岗服务，可以穿着便服，但应当佩带全国统一的保安服务标志。

保安制服不准与便服混穿，不同季节的保安制服不准混穿。着保安制服应干净整洁，不准披衣、敞怀、挽袖、卷腿裤、歪戴帽子、穿拖鞋或赤足。

保安员着装参加重要活动时，应佩戴统一颁发的勋章、奖章和徽章。

保安员在驻勤服务单位内非工作时间，着装时可以不戴帽子。因私外出时应着便服。

保安员应爱护和妥善保管保安制服和保安标志。严禁将保安制服和保安标志变卖、赠送或出租、出借他人。

二、保安员的仪容仪表

执勤时，保安员应仪表端庄，精神饱满。

保安员不得文身，不得染发、染指甲，不得化浓妆、戴首饰。男性保安员不准留长发、大鬓角和胡须，女性保安员发辫不得过肩。

三、保安员的礼节

礼节是礼仪的节度，是表示尊敬、礼貌、哀悼的惯用形式。礼节的形式有敬礼、鞠躬等。保安员礼节主要是指敬礼。敬礼有注目礼和举手礼两种。保安员应在不同的场合按规定行礼。

保安员在参加集会、大型活动唱国歌、升国旗时，要自行立正并行注目礼。

保安员应行举手礼的场合是：执勤交接班时；纠正违章时；受到领导接见、慰问或领导视察、检查工作时；参与外事活动或与外宾接触时；着装在大会上发言开始和结束时；接受颁奖时。

对日常接触的上级领导，保安员可以不行举手礼。

四、保安员的举止

保安员要自觉地遵守公共秩序和社会公德，尊重少数民族的风俗习惯。

保安员要始终保持精神饱满，姿态端正，动作规范，举止文明。

保安员着装外出工作、执勤和出入公共场所时，不准袖手或将手插入衣兜；不准搭肩、挽臂、边走边吸烟、吃东西、嬉笑打闹；不准随地吐痰、乱扔废弃物。

保安员不准着制服在公共场所饮酒，严禁酗酒。

五、保安员的语言

执勤时，保安员应讲普通话或当地通用语言。工作中，使用语言要简洁准确、文明规范。

保安员接触群众时，说话要和气，使用"你好、请、您、对不起、谢谢、再见"等文明用语，并要注意称谓的使用。在与少数民族、宗教人士、外籍人士交谈时，不准使用对方禁忌的语言。

六、保安员岗位纪律

保安员要严格在法律规定的范围内开展保安服务工作，不得超越职责权限；要严格履行岗位职责，不做与保安服务无关的事情；不准刁难群众；有重要情况妥善处置并及时上报，不准迟报、漏报、瞒报。

保安员要认真填写值班记录，做好交接班工作；不准脱岗、空岗、晚岗，不准迟到、早退。

保安员要遵守客户单位内部的规章制度，不准随意打听、记录、传播客户单位内部的机密事项；要爱护公物，爱护客户财物；未经允许，不准动用客户单位物品和接受客户单位赠送的礼品。

七、保安员的卫生

保安员应养成良好的卫生习惯，要自觉维护环境卫生，保持执勤区域整齐清洁。

保安员要做好内务卫生工作，做到床单、被褥整齐干净，床下无杂物；地面无烟头、无痰迹、无纸屑；门窗洁净、玻璃明亮；生活用品摆放整齐，统一规范。不准饲养宠物，不准私自张贴、悬挂图片和画报。

本章保安员证考核要求

一、需要熟悉内容

保安员专业技能的含义；保安员国家职业标准的含义；享受社会保险的权利；接受安全教育和技能培训的权利；签订劳动合同的权利；享受劳动条件和劳动保护的权利；受表彰、奖励的权利。

二、重点掌握内容

保安员的含义；保安员的基本条件；不得担任保安员的几种情形；保安员职责的含义；保安员的职责任务；保安员国家职业分级情况；拒绝违法指令的权利；保安员的义务；保安员的禁止性行为。

第四章
保安员职业道德

职业是指人们在社会生活中所从事的作为主要生活来源的工作。职业道德就是在职业活动中形成的行为准则和基本规范。由于职业特点不同,不同的职业具有内容不同的职业道德。保安员作为一个为社会提供安全服务的职业,也有其独具特色的职业道德。

第一节 保安员职业道德概述

一、保安员职业道德的概念

保安员职业道德是指保安员在保安服务活动中应遵循的行为准则和基本规范。保安员职业道德是具有自身职业特点的道德准则、道德情操、道德品质,也是评判保安从业人员职业行为是与非、好与坏、善与恶的标准。保安员职业道德调节的对象,是保安从业人员。保安从业人员既包括从事门卫、守护、巡逻、押运、随身护卫、保安技术防范、保安咨询、保安风险评估等保安勤务的保安员,也包括保安从业单位(保安服务公司、自行招用保安员的单位)的管理人员及其法人、负责人。

保安员职业道德属于上层建筑的社会意识范畴。但是,追根溯源,保安员职业道德是由特定社会的经济关系决定的,又是为特定社会的经济基础服务的。由此看来,具有中国特色的保安服务业,其职业道德体系是为社会主义制度服务的,其基本原则是全心全意为人民服务。

二、保安员职业道德的作用

作为保安员行为准则的职业道德,对于调节保安服务关系、规范保安员的服务行为,对于保安员职业理想、职业作风的形成,对于保安员个人事业的成功,对于保安从业单位良好形象的树立等等,都具有重要意义。

1. 规范保安员服务行为

保安员职业道德具体地规定了保安员在保安服务中应该遵循的行为规范,给保安员提出了一个明晰的行为方案和要求,明确了保安服务应该怎么做。因此,保安员职业道德具有约束、规范保安服务行为的作用。

2. 形成高尚的职业情操

保安员职业道德虽然规范的是保安员保安服务行为,但也有助于保安员确立自己的生活目标、生活态度、生活道路,有助于保安员形成高尚的理想和情操,养成符合时代要求、符合保安服务业发展的道德品质。实践证明,保安员在工作中诚实守信、爱岗敬业、团结互助、文明服务,就能够取得个人进步、事业成功;反之,保安员在工作中虚伪、懒惰、自私、粗鲁,则不仅工作任务难以完成,而且往往一事无成,甚至走入迷途。因此,保安员职业道德对于保安员提高职业素养、养成高尚的职业情操具有重要作用。

3. 塑造良好的企业形象

一个企业要有良好的社会形象。企业社会形象主要由企业的产品形象、服务形象、经营形象构成。良好的职业道德,对于规范员工职业行为、提高员工服务水平和技能、塑造企业精神、打造企业品牌具有十分重要的作用。保安员职业道德对于保安从业单位塑造良好形象,同样具有不可替代的作用。

4. 形成和谐的人际关系

在保安服务活动中,不但需要保安员发挥自己的个性和能力,还需要发扬团队协作精神才能完成任务。保安员职业道德要求保安员在不同的岗位,团结互助,友爱合作,相互尊重,互帮互学,共同进步。保安员职业道德的这种要求,是构建和谐人际关系的基础,能够为保安员创造一个宽松和谐的人际环境,从而形成强大的企业凝聚力。

第二节 保安员职业道德的内容

保安员职业道德是指保安员在保安服务活动中应遵循的行为准则和基本规范。保安员职业道德的主要内容是诚实守信、爱岗敬业、团结互助、文明服务。诚实守信是保安员做人、做事的基本品质,爱岗敬业是对保安员工作的基本要求,团结互助和文明服务则是对保安员合作精神和保安服务规范化的基本要求。

一、诚实守信

我国自古以来就把"童叟无欺""诚信无欺"作为商业活动及为人处世的道德规范之一。诚实守信是职业道德的根本,是保安员做人做事的基本品质。所谓诚实,就是忠诚老实,不讲假话。所谓守信,就是信守诺言,说话算数,讲信誉,重信用,履行自己应承担的义务。诚实是守信的基础,守信是诚实的表现。诚实守信是指真实无欺,遵守承诺、遵守契约的品德和行为。诚实守信是中华民族的优良传统美德,是人类在交往实践中总结出来的做人的基本准则,是社会主义道德建设的根本,也是社会主义职业道德的一条重要规范。对于保安员而言,诚实守信是指在安全服务活动中,诚恳服务,老实做事,讲究信誉,恪守信用,严格、认真地履行保安合同,一切为客户的安全着想,坚持客户至上、信誉第一,满腔热情地为客户提供优质的安全服务。保安员在提供保安服务时,既代表个人又代表保安从业单位,如果一个保安员不能诚实守信,而是言而无信,那么,他所代表的保安从业单位就得不到人们的信任,就无法与社会进行有效的交往。因此,诚实守信不仅是一般的社会公德,也是保安员应当遵守的职业道德。"诚招天下客,誉从信中来。"保安从业人员只有坚持诚实守信,有效地维护客户的合法权益,提供质量优良的安全服务,才能赢得客户和社会的信赖,不断地为把保安事业做好、做大、做强作出有益贡献。

二、爱岗敬业

爱岗就是热爱自己的本职工作,能为做好本职工作尽心尽力。敬业就是要用一种恭敬严肃的态度来对待自己的职业,就是对自己的职业要专心、认真、负责。爱岗敬业是一个保安员做好本职工作的重要前提,是刻苦努力地学习业务知识和技能的动力。保安员只有真正从内心热爱本职工作,才能主动、刻苦地学习本职工作所需要的知识和技能,并切实把本职工作做好。

爱岗敬业,要求保安员充分认识保安职业在维护社会治安、保障公共财产和人民群众的生命安全等方面的重要作用,干一行,爱一行,专心致志,以强烈的责任感和事业心钻研业务,忠于职守,主动、积极、创造性地开展保安服务活动,认真履行保安合同,满腔热情地为客户服务,努力提高安全服务技能和质量,做到乐业、勤业、精业。

爱岗敬业,要求保安员对保安事业忠诚,坚持原则,"不以善小而不为,不以恶小而为之",点点滴滴,时时刻刻,竭力为保安服务业增光添彩,绝不做有损保安服务工作的事情,特别是在工作中遇到困难和挫折的时候,要做到积极性不减、责任心不降、事业心不变、进取心不灭,一如既往地热爱保安事业。

三、团结互助

团结互助是指在人与人之间的关系中,为了实现共同的利益和目标,互相帮助、相互支持、团结协作、共同发展。历史经验证明,人类文明的发展、社会的进步,都是劳动的产物,是集体智慧、集体力量的结果。保安服务是需要多人配合才能完成的任务。因此,保安员树立团结互助的职业道德,对于圆满完成保安服务任务具有重要意义。团结互助还可以营造和谐的人际关系，增强保安从业单位的凝聚力。

团结互助要求保安员宽容相待。宽容是指宽厚和容忍。人与人之间存在着各种各样的差异，需要相互宽容，需要尊重彼此的个性。求同存异是宽容合作的基础。宽容既是一种美德，也是一种境界。一个不懂得宽容的人，就会整天陷入烦恼之中，心中狭窄，处处设防，对人怀有敌意。懂得宽容的人，心胸开阔，与人为善，会体察他人的内心世界，诚心帮助他人，因而受人尊重。

团结互助要求保安员互相学习。保安员要谦虚谨慎，学人之长，既要向老师学习，也要向同事学习。要树立"三人行，必有我师"的观念，处处留心学习，努力提高技能和服务水平。

团结互助要求保安员树立全局观念，加强协作。加强协作是指在保安服务活动中，各岗位、各环节、各部门之间要互相帮助、互相扶持、密切配合、通力协作。要正确处理好主角与配角的关系，正确看待竞争与合作的关系，实现多方共赢。

四、文明服务

文明服务是社会道德在保安服务中的重要表现，也是社会道德发展的显著标志。文明服务要求保安员以高尚的道德情操和良好的工作作风为客户单位及服务区域提供服务，并以自己的行为直接影响服务对象，使他们在情感上得到温暖，在品德上受到感染，在心灵上产生共鸣，在行为上形成一致，从而促进并建设和谐美好的保安服务关系和服务环境。

文明服务要求保安员在安全服务活动中必须着装严整、仪表端庄、语言规范、谦虚谨慎、举止得体、礼貌待人，遵守社会公德；必须把服务对象是否满意放在保安服务首位，急服务对象之所急，想服务对象之所想，帮服务对象之所需，全心全意为人民服务；必须遵纪守法，客观公正，规范服务。法律法规和规章制度是社会行为规范的具体化，是社会道德的基本要求。只有遵纪守法，客观公正，规范服务，才能确保保安员文明服务。

第三节 保安员职业守则

一、职业守则概述

职业守则是职业活动参与者在职业活动中应当遵守的行为规则。作为从业者行为准则的职业守则，通过规范从业者的行为，有助于提高从业者的职业素质，也有助于提升从业者和全行业的专业形象。

对于职业活动参与者而言，职业守则是履行职责、完成任务的保障。因为职业守则是人们在职业活动中形成的职业道德规范的具体体现,所以职业守则的内容往往与职业道德的内容有相通之处。

保安员职业守则是保安从业人员在保安服务活动中应当遵守的行为规则,是保安员职业道德的具体体现,是职业道德的具体化、专业化、一致化,也体现出保安职业对保安员特定的统一的要求。保安员在从事保安服务活动中,应当始终以保安员职业守则为依据,规范自己的行为,保障服务质量。

二、保安员职业守则的内容

《保安员国家职业技能标准》对于保安员职业守则的内容作出了明确规定,这就是:

(1) 遵纪守法,诚实守信;
(2) 爱岗敬业,熟悉业务;
(3) 掌握技能,强健体能;
(4) 文明值勤,热情服务;
(5) 见义勇为,乐于奉献;
(6) 恪尽职守,保障安全。

第四节 保安工作纪律

工作纪律是工作人员的行为规则,是完成工作任务的保证。工作纪律具有强制性,工作人员必须遵照执行。违反工作纪律者,会受到相应的违纪处分。

保安工作纪律,是指为了保证保安服务活动正常有序地开展而制定的保安从业人员的行为规则。《保安服务管理条例》和《保安员国家职业技能标准》中,对于保安从业人员必须遵守的工作纪律,都作出了明确规定。

一、遵守国家法律法规,积极协助公安机关维护社会治安

我国法律是广大人民群众意志和利益的集中体现,是建设社会主义法治和民主国家的有力武器。中华人民共和国的公民都有遵守国家法律的责任和义务,都应当严格依法办事,用法律规范自己的行为。保安队伍是公安机关实施治安行政管理的一支辅助力量,其工作任务与公安机关的保障国家安全和维护广大人民群众合法权益的执法活动密切相关。因此,保安员必须规范地遵守国家法律、行政法规,保安服务活动必须在国家法律许可的范围内进行,以国家法律和行政法规作为保安员的行为准则,作为衡量合法与非法的唯一标准。在任何情况下,保安员都应当按照法律、法规和部门规章办事,维护法律的尊严。为此,保安员必须学法、知

法、懂法,增强法制观念,提高法律意识,严格地运用法律、法规和部门规章来规范保安服务活动,依法行使权利和履行义务。保安员不得包庇违法犯罪行为;不得诬陷、伤害好人;不得非法剥夺、限制他人人身自由;不得非法搜查他人身体、物品、住所或场所;不得侮辱、殴打他人或者唆使他人打人。对于保安从业单位来说,遵守国家法律、法规,就是依法经营,即签订合法的保安合同,组织实施合法的保安服务活动。总而言之,保安员的行为以及保安服务的一切活动,都不得违反国家的法律和行政法规、部门规章。

　　积极协助公安机关维护社会治安,是保安服务组织及其保安从业人员义不容辞的职责,也是提高保安服务质量、体现自身价值、实现良好的社会效益的必由之路。公安机关是国家维护社会治安的职能部门,人民警察的基本任务是维护国家安全和社会治安秩序,保护公民的人身安全、人身自由和合法财产,保护公共财产,预防、制止和惩治违法犯罪活动。公安机关在维护社会治安活动中,坚持专门工作与群众路线相结合的方针。保安服务组织是公安机关维护社会治安的助手,保安服务工作是公安机关实现群防群治、维护社会治安的一种形式,在公安机关的监督、管理和指导下,为公民、法人和其他组织提供人身、财产、信息等安全服务的保安员是公安机关维护社会治安的辅助力量。由此可见,积极协助公安机关维护社会治安,是保安服务组织、保安服务工作、保安从业人员应尽的义务和职责。因而,保安服务组织及其工作人员,一方面要不折不扣地履行保安合同,赤胆忠心地为客户的安全服务,但是,不得阻碍国家公务人员进入安全服务区内依法执行公务活动。而且,发现客户违法犯罪行为或者规章制度违反国家法律、法规时,应当指出、制止并报告。另一方面,要顾全大局,积极参加保安合同约定范围外的维护社会治安行动。换而言之,凡是对维护社会治安有益有利的事项,不管分内分外,保安服务组织及其保安从业人员都要主动积极地去做。例如,保安员在工作之余,发现危害社会治安的行为,应当及时报警并加以制止;发现犯罪现场,应当加以保护;发现治安灾害事故,应当及时报警并参与扑救;等等。尤其是在公安机关统一组织开展的维护社会治安工作中,保安员要一切行动听指挥,服从分配,认真负责地完成任务,否则,就是违反工作纪律。

二、尽职尽责地做好本职工作,保护服务单位的人身、财产、信息安全

　　做好本职工作是各行各业工作人员的职业要求。对于保安员来说,做好本职工作就是不折不扣地履行保安工作的职责,保护服务单位的人身、财产、信息安全。

　　保安工作的职责是保安服务组织的职责和保安员职责的总和。这里,我们根据不同的保安服务岗位和不同的保安措施,把保安工作的职责内容作如下具体表述:一是执行守护、押运等安全防范任务;二是按照国家和行业标准,执行设计、安装、保养、维修安全技术防范设施和保安装置等保安技术服务任务;三是对发生在

服务区域内的各类案件和治安灾害事故,立即采取措施予以制止和扑救,及时报告当地公安机关和服务单位,并保护现场,协助维护现场的秩序;四是在安全服务区域内,落实防火、防盗、防爆炸、防破坏等安全防范措施,发现安全隐患,立即报告服务单位予以处置;五是抓获、扭送现行违法犯罪人员;六是检查、监督安全防范制度的落实情况;七是法律、行政法规和部门规章规定的与保安服务相关的其他职责。

在履行保安服务工作的各项职责中,保安员和保安组织应当不遗余力,尽职尽责。这就是说,要把全部的智力、体力、精力投入到保安服务工作中去,履行法定的义务,完成各项保安任务,不能粗心马虎,不能偷懒应付,不能玩忽职守,更不能弄虚作假、隐瞒案情,包庇、纵容违法犯罪活动。只有如此,才能保证服务单位的人身、财物、信息的安全,否则,就要承担违纪失职的责任。

三、文明执勤,礼貌待人,以理服人

在保安服务活动中,保安员应当做到仪表文明、语言文明、行为文明。仪表文明,就是保安员的着装符合规定,体貌整洁,仪容端庄,精神饱满,斗志昂扬。语言文明,就是保安员讲话的态度和语言得当,不生硬、不失礼、不失度,能够区别不同的对象、不同的场合、不同的情况,使用各种适合的态度和语言。对客户和群众讲礼貌,善用敬语,友好相待,决不趾高气扬。行为文明,就是保安员的举止大方,不冒失、不鲁莽、不失礼。特别是在处理问题时,注重调查研究,坚持实事求是,摆事实讲道理,以理服人,依法办事;不主观武断,意气用事;不越权参与追索债务、采用暴力或者以暴力相威胁的手段处理纠纷;不侵犯人权;正确使用保安器械。保安工作接触的人员和社会面比较广,情况复杂。保安员要做到文明执勤、礼貌待人、以理服人,必须加强自身修养,对客户对群众要宽容大度,谦虚礼让,严于律己,宽以待人,将心比心,不苛求他人,有理也要让三分,不能得理不让人。这样,才能文明礼貌,赢得社会赞誉。

四、廉洁奉公,不谋私利

廉洁奉公,不谋私利,是保安员遵纪守法、秉公办事,完成保安工作任务的必备条件。廉洁奉公,要求保安员树立全心全意为客户服务的思想,保持艰苦朴素的生活作风,自觉地抵制拜金主义、享乐主义和极端个人主义的影响。坚持正确的人生观、世界观。即使面对唾手可得的钱财,也绝不心动,不侵害客户和群众的利益,坚守清正廉洁,克己奉公。保安员在工作中,拥有一定的与保安任务相适应的权利,应当将其正确运用于履行保安职责之中,做到办事公道,不滥用职权,不以权谋私,不贪赃枉法,不敲诈勒索或者索取、收受贿赂;不违反规定乱收费、乱罚款,不随意处罚或者收取费用;拾物一律要交公,及时通知失主领回。

五、遵守服务单位的规章制度，严守商业秘密和个人隐私

服务单位的规章制度是保护服务单位合法权益的措施之一，与履行保安合同、为服务单位提供安全服务的保安员的职责相一致。因此，保安员必须自觉地严格遵守服务单位的规章制度，认真做好门卫、看护、巡逻等安全服务工作，加强对出入人员、车辆、物资的检查、验证和登记，防止不法之徒和危险物品进入服务单位，防止服务单位财物失窃和秘密泄露，防止案件、事故发生，保障服务单位安全。假如服务单位的规章制度有违反国家法律法规的内容，保安员应当予以指出，提请服务单位进行纠正。

《保安服务管理条例》规定，保安员不得删改或者扩散保安服务中形成的监控影像资料、报警记录，不得侵犯个人隐私或者泄露在保安服务中获知的国家秘密、商业秘密，以及服务单位明确要求保密的信息。这些都属于保安工作纪律的内容，保安员务必要遵守。

本章保安员证考核要求

需要熟悉内容

职业的含义；职业道德的含义；保安员职业道德的含义；保安员职业道德的内容；保安员职业道德的作用。

第五章
保安工作的相关法律法规

在现代社会,个人、组织行为要受法律的制约,国家与国家之间的交往也要遵守一定的国际条约和原则。从一定意义上来说,现代社会是法治社会。

保安员是协助公安机关维护社会治安的一支重要力量,在保安工作和日常生活中要面对纷繁复杂的社会关系,应该学习、掌握必要的法律法规知识。保安员学习和掌握相关的法律法规,一方面是为了懂法、守法、不违法,依法维护自己的合法权益;另一方面是为了便于在保安服务工作中依法履行职责,保障服务对象的安全。

第一节 保安工作的相关法律知识

一、法的基本知识

1. 法的诞生

法是人类社会发展到一定历史阶段的产物,是随着原始社会的解体、阶级和国家的产生而产生的。原始社会初期,经济生活很落后,劳动得来的产品平均分配,人和人之间是平等的。在氏族首领带领下,大家共同遵守在长期劳动和生活中形成的各种习惯,没有法;随着人类社会的不断发展,创造的财富越来越多,到了原始社会后期,开始有了剩余产品,人与人之间的平等关系被打破了,逐渐分化为富人和穷人,出现了私有制,出现了剥削、压迫,出现了相互对立的阶级,国家便应运而生。统治阶级为了巩固统治地位,在原始习惯基础上,逐渐确立了一套维护自身统治利益的社会规范,这就是法律,于是产生了法。

2. 法的本质及特征

法是指由国家制定或认可的,通过国家强制力保证实施的,首先和主要体现统治阶级意志并最终决定于社会物质生活条件的,以权利和义务为主要内容的行为规范的总和。法是一种特殊的社会规范,即具有规范性、国家意识性、国家强制性、普遍有效性和程序性的社会规范和行为规范。法通过权利、义务的规定来调整一定的社会关系,维护一定的社会秩序。

法的特征:法是调整人们的行为或社会关系的规范;法由国家制定或认可;法由国家强制力保证实施;法在国家权力管辖范围内普遍有效;法具有严格的程序性。

3. 法律的实施

法律的实施是指通过一定的方式使法律规范在社会生活中得到贯彻和实现的活动,是法作用于社会关系的特殊形式。

法律的实施包括三个环节:守法、执法和司法。

守法是指公民、社会组织和国家机关以法律为自己的行为准则,依照法律行使权利、履行义务的行为;执法指国家行政机关和法律授权、委托的组织及其公职人员依法行使管理职权、履行职责、实施法律的活动;司法指国家司法机关根据法定职权和法定程序,具体应用法律处理案件的专门活动。

和守法相对的概念就是违法。违法行为指所有违反法律的行为,包括犯罪行为和一般违法行为。犯罪行为指违反国家刑事法律,给社会造成严重危害,并根据法律应当受到刑罚处罚的行为。一般违法行为包括违反民事法律的行为和违反行政法律的行为,一般违法行为不触及刑事法律,不会导致刑事责任,但要承担民事责任和行政责任。譬如一般的酒后驾车,没有造成任何事故,但司机违反了交通法规,构成一般违法,应当承担罚款、治安拘留等行政法律责任;如果正常驾驶,因为大雾,撞坏了别人的车灯,违反了民法关于保护公民私有财产的规定,司机应当承担赔偿对方损失等民事责任;如果司机酒后驾车造成死伤的严重交通事故,之后逃逸,则构成了刑法中的交通肇事罪,要承担刑事责任,接受刑罚处罚。

4. 我国的法律体系

我国法律是一个统一的整体,它由多个法律部门组成。各个法律部门又包含不同层次的法律法规,相互协调,形成了我国严密的社会主义法律体系。总体而言,我国的法律体系分为法律、法规和部门规章等三个层次。具体地说,它是在宪法的统领下,由宪法及宪法相关法、刑法、民商法、行政法、经济法、社会法、诉讼与非诉讼程序法等法律部门组成的法律体系。

复杂并不断变化的社会关系,决定了调整社会关系的法律规范也会随之发生变化。有的法律中会同时包含几个法律部门的规范,这就需要按这个法律的主体内容决定其归类。法律部门的划分也不是一成不变的,随着社会的发展,会产生新的社会关系,新的法律部门将可能出现,原有的法律部门也会有所调整。

二、宪法

(一)宪法的基本知识

宪法是国家的根本大法,是我国整个法律体系的基础,是我国所有立法的依据。任何法律、法规都不得同宪法相抵触。

宪法的内容涉及国家的政治、经济、文化、社会、对外交往等各个方面的重大原则性问题。宪法规定国家的根本制度、根本任务及一系列基本原则，具有最高的法律效力，是一切组织和个人的根本活动准则。

（二）人民民主专政制度

宪法规定，"中华人民共和国是工人阶级领导的以工农联盟为基础的人民民主专政的社会主义国家"。这就是说，我国的国家性质（即国体）是人民民主专政的社会主义国家。

人民民主专政是一种对人民实行民主和对敌人实行专政相结合的国家制度。人民是指以工人、农民和知识分子为主体的全体社会主义劳动者及拥护社会主义的爱国者、拥护祖国统一的爱国者。敌人是极少的敌视和破坏社会主义制度的敌对势力和敌对分子。

（三）人民代表大会制度

人民代表大会制度是我国人民民主专政的政权组织形式，是我国的根本政治制度。其基本内容包括：

（1）中华人民共和国的一切权力属于人民。人民行使国家权力的机关是全国人民代表大会和地方各级人民代表大会。

（2）各级人民代表大会都由民主选举产生，对人民负责，受人民监督。

（3）由各级人民代表大会产生各级其他国家机关，组成国家政权机关的统一体系，依法行使各自的职权，实现国家权力。

（四）公民的基本权利和义务

现代各国通常以《宪法》规定公民的基本权利及与之相适应的基本义务。

1. 公民的基本权利

公民是具有一国国籍的人。《宪法》规定，"凡具有中华人民共和国国籍的人，都是中华人民共和国公民"。基本权利是指宪法赋予的在权利体系中占有重要地位，并为人们所必不可少的权利。在权利体系中体现政治、经济与社会地位的权利，通常被纳入基本权利的范畴。公民的基本权利也称宪法权利，是指公民所享有的基本的、具有重要意义的权利和自由。根据《宪法》规定，我国公民享有六个方面的基本权利。

（1）平等权

中华人民共和国公民在法律面前一律平等，这是社会主义法的一个基本原则。公民在法律上的平等权包括以下四层含义：① 所有公民平等地享有宪法和法律规定的权利；② 所有公民平等地履行宪法和法律规定的义务；③ 国家机关在适用法律时，对于所有公民的保护和惩罚都是平等的；④ 任何组织和个人都不得有超越宪法和法律的特权。

（2）政治权利

政治权利实质上就是民主权利，指人们参加政治活动的一切权利和自由。政治权利表现为两种形式：一是选举权和被选举权。《宪法》规定："中华人民共和国年满18岁的公民，不分民族、种族、性别、职业、家庭出身、宗教信仰、教育程度、财产状况、居住期限，都有选举权和被选举权；但是，依照法律被剥夺政治权利的除外。"

二是言论、出版、结社、集会、游行、示威的自由。言论自由是指宪法赋予公民通过口头、书面、著作以及电影、戏剧、音乐、广播等手段表达自己意见的自由权利。它是公民政治自由中最重要的一项，其他自由都是言论自由的具体化和放大。出版自由是公民在宪法和法律规定的范围内，以出版物形式表达其思想和见解的自由。结社自由是有着共同意愿或利益的公民，为一定宗旨，依照法定的程序组成具有持续性的社会团体的自由。集会自由是公民为着共同的目的，临时集会在露天公共场所发表意见，表达共同意愿的自由。游行自由是公民在公共道路、公共场所以列队行进方式来表达共同意愿的自由。示威自由是公民在露天公共场所或公共道路上以集会、游行、静坐等方式，表达要求、抗议或者支持、声援等共同意愿的自由。

政治权利和自由是公民参与社会的组织和管理，表达自己愿望的权利和自由，是民主社会的特征和保障。我国宪法保障公民的政治权利和自由。但是，公民的政治权利和自由不是绝对的，必须在法律规定的范围内行使。比如，行使言论自由不能侵犯他人的名誉权，不能煽动或教唆他人实施违法行为，也不能违背保守国家秘密的职责等。在我国，对集会、游行和示威的时间、地点、方式、参加等都有专门的立法，规定了相应的监察管理制度。

（3）宗教信仰自由

我国《宪法》对宗教信仰自由作出了一般性规定，国家保障正常的宗教活动。宗教信仰自由包括以下基本含义：公民有信仰宗教与不信仰宗教的自由；有信仰这种宗教的自由，也有信仰那种宗教的自由；在同一种宗教中，有信仰这个教派的自由，也有信仰那个教派的自由；有过去信仰宗教而现在不信仰宗教的自由，也有过去不信仰宗教而现在信仰宗教的自由。

同时，《宪法》规定任何人都不能利用宗教活动进行破坏社会秩序、损害公民身体健康、妨碍国家教育制度的活动。

（4）人身自由

人身自由是公民一切行动和生活的前提，是公民最基本的权利。《宪法》规定："中华人民共和国公民的人身自由不受侵犯。"《宪法》中的人身自由是广义的，它包括公民的身体自由不受非法侵犯，人格尊严、住宅不受侵犯，通信自由和通信秘密等与公民个人生活有关的权利和自由受法律保护。

公民的身体自由不受侵犯是指公民的人身不受非法逮捕、拘禁和剥夺或者限制人身自由，以及非法搜查身体。公民的人格尊严是指公民作为法律关系主体的独立资格应受到尊重，包括与公民人身密切联系的名誉、姓名、肖像等不容侵犯的权利。公民的住宅不受侵犯是指任何机关、团体的工作人员或者其他个人，未经法律许可或未经户主等居住者的同意，不得随意进入、搜查或查封公民的住宅。公民的通信自由和通信秘密受法律保护。《宪法》规定："除因国家安全或者追查刑事犯罪的需要，由公安机关或者检察机关依照法律规定的程序对通信进行检查外，任何组织或者个人不得以任何理由侵犯公民的通信自由和通信秘密。"

（5）批评建议权，申诉、控告、检举权和取得赔偿权

批评建议权是指公民对任何国家机关和国家工作人员的工作有权进行监督，对他们的缺点、错误有权提出批评和建议。申诉、控告、检举权是指公民对任何国家机关和国家工作人员的违法失职行为，有向有关国家机关提出控告或者检举的权利，但不得捏造或歪曲事实进行诬告陷害；当公民的合法权益受到侵害时，有权向有关机关提出申诉。取得赔偿权是指由于国家机关和国家工作人员侵犯公民权利而受到损失的人，有依照法律规定取得赔偿的权利。现在，我国已制定国家赔偿法，为公民取得赔偿权提供了具体的法律依据。

（6）社会经济权利

社会经济权利是《宪法》关于公民应当享有的经济生活和物质利益方面的权利，主要包括：

① 财产权。财产权是指公民对其合法财产享有的不受侵犯的所有权。2004年《宪法修正案》规定，公民的合法的私有财产不受侵犯。国家依照法律规定保护公民的私有财产权和继承权。国家为了公民利益的需要，可以依照法律规定对公民的私有财产实行征收或者征用并给予补偿。

② 劳动的权利和义务。我国宪法规定，劳动既是公民的权利，又是公民的义务。为保障公民劳动权利与义务的实现，宪法规定国家通过各种途径，创造劳动就业条件，加强劳动保护，改善劳动条件，在发展生产的基础上，提高劳动报酬和福利待遇，并对就业前的公民进行必要的劳动就业训练。

③ 休息权。指劳动者在劳动的过程中，为保护身体健康，提高劳动效率而享有的休息和休养的权利。《宪法》规定，国家发展劳动者休息和休养的设施，规定职工的工作时间和休假制度，从而为休息权的实现提供了法律保障。

④ 物质帮助权。指公民在年老、疾病或丧失劳动能力的情况下，有从国家和社会获得物质保障、享受福利待遇的权利。

⑤ 文化教育权利。包括受教育权和文化权利等。受教育权是指公民在教育领域接受文化、科技等训练的权利；文化权利是指公民从事科学研究、进行文艺创作以及从事其他文化活动的权利。

⑥ 特定人的权利。特定人权利就是特定主体权利,是指妇女、儿童、老年人、残疾人和华侨等特定人所应获得的与其他公民平等的权利。国家保护妇女、儿童的权利,禁止破坏婚姻自由,禁止虐待老人、妇女、儿童。

2. 公民的基本义务

公民的基本义务也称宪法义务,是指由宪法规定的公民必须遵守和应尽的根本责任。公民的基本义务是国家对公民最重要、最根本的要求。对于国家来说,公民的基本义务就是国家的权利,国家有权要求其公民按照宪法和法律规定,做出一定行为或者不得做出一定行为。如果个别公民不履行义务或者不忠实地履行义务,国家和社会有权予以谴责、处分和制裁。我国公民的基本义务主要包括以下内容:

(1) 维护国家统一和民族团结。

(2) 遵守宪法和法律,保守国家秘密,爱护公共财产,遵守劳动纪律,遵守公共秩序,尊重社会公德。

(3) 维护祖国的安全、荣誉和利益。

(4) 保卫祖国,依法服兵役和参加民兵组织。

(5) 其他义务。如《宪法》规定,"夫妻双方有实行计划生育的义务","父母有抚养教育未成年子女的义务,成年子女有赡养扶助父母的义务",公民有"依照法律纳税的义务"等。

公民履行基本义务是国家存在、政府运行、社会发展以及保证公民安居乐业的基本条件。如果没有国家统一,广大人民如何能够安定生活?如果公民不依法纳税,政府如何济贫扶弱?如果大家都不遵守公共秩序,正常生活从何谈起?因此,公民的基本义务是每个公民必须履行的义务,不能拒绝。作为公民,要正确认识个人行为和国家的关系,养成自觉履行基本义务的良好习惯。

三、刑法

《刑法》是国家统治阶级为了维护其阶级利益和统治秩序,以国家的名义制定的规定什么行为是犯罪和应负刑事责任,并给犯罪人以何种处罚的法律。

(一) 刑法的特点

刑法是法律体系的重要组成部分,在整个法律体系中占有重要地位。与其他法律相比较,刑法的特点是:

(1) 刑法所具有的国家强制力是最严厉的。刑法的强制手段是刑罚,它可以剥夺一个人的自由,甚至生命,像这样严厉的国家强制力,是任何其他法律所不具有的。

(2) 刑法所调整的社会关系极其广泛。刑法是其他法律得以实行的后盾。任何人只要越过了其他部门法所规定的行为限度构成犯罪,就可以适用刑法加以处罚。

（二）刑法的基本原则

我国《刑法》规定："法律明文规定为犯罪行为的，依照法律定罪处罚，法律没有明文规定为犯罪行为的，不得定罪处罚。""对任何人犯罪，在适用法律上一律平等。不允许任何人有超越法律的特权。""刑罚的轻重，应当与罪徒所犯罪行和承担的刑事责任相适应。"也就是说，罪徒承担的刑罚轻重，应与犯罪行为的轻重相一致，重罪重判，轻罪轻判，不得轻罪重判或者重罪轻判。

（三）犯罪及其构成要件

1. 犯罪及其特征

犯罪是阶级社会中的一种社会政治现象。《刑法》规定："一切危害国家主权、领土完整和安全，分裂国家、颠覆人民民主专政的政权和推翻社会主义制度，破坏社会秩序和经济秩序，侵犯国有财产或者劳动群众集体所有的财产，侵犯公民私人所有财产，侵犯公民人身权利、民主权利和其他权利，以及其他危害社会的行为，依照法律应当受刑罚处罚的都是犯罪。"

犯罪是指违反国家法律规定的具有严重社会危害性，并且应当受到刑罚处罚的行为。可见，犯罪的特征是：

（1）犯罪是危害社会的行为

社会危害性是犯罪最关键的具有决定意义的特征，是犯罪的实质特征。没有社会危害性的行为不能视为犯罪；行为的情节显著轻微，危害不大的，也不能认为是犯罪。比如，普通的交通事故，虽然造成了社会危害，但是情节显著轻微，不认为是犯罪。

（2）犯罪是触犯刑法的行为，即具有刑事违法性

犯罪是危害社会的行为，但不是说所有的危害社会的行为都是犯罪。只有当危害社会的行为达到触犯刑法的程度，才构成犯罪。另外，根据罪刑法定的原则，即使具有社会危害性，但缺乏相应的刑事法律规定的，也不能认为是犯罪。比如，破坏环境资源的行为，明显具有社会危害性，但是，在我国没有将这一罪名写入刑法之前，破坏环境资源的行为不能被认定为犯罪。

（3）犯罪是应受刑罚处罚的行为

应受刑罚处罚是由犯罪的前两个特征派生出来的，它是犯罪行为不可缺少的法律后果。这也是犯罪同其他违法行为的重要区别所在。

2. 犯罪的构成要件

我国刑法规定，构成犯罪必须具备四个构成要件，即犯罪的客体、犯罪的客观方面、犯罪的主体和犯罪的主观方面。犯罪构成是确定某种行为是否构成犯罪，区分此罪与彼罪的基本标准。

（1）犯罪客体。犯罪客体是指刑法所保护的、为犯罪所侵犯的社会主义社会

关系。如盗窃罪侵犯的是社会主义的公私财产关系；伤害罪侵犯的是他人的健康权。

（2）犯罪的客观方面。犯罪的客观方面是指犯罪活动的客观外在表现，即危害行为、危害结果、因果关系、犯罪的时间、地点和方法、工具等。

（3）犯罪主体。犯罪主体是指达到法定刑事责任年龄、具备刑事责任能力、实施危害行为的自然人。单位也可以成为犯罪主体实施犯罪。有的犯罪构成还要求主体具有特殊的身份，如渎职罪的主体要求必须是国家工作人员。

刑事责任年龄是法律规定自然人对自己的犯罪行为负刑事责任所必须达到的年龄，也就是法律规定自然人对自己的犯罪行为负刑事责任所必须达到的年龄。我国现行《刑法》对刑事责任年龄的规定分为以下几种：

① 已满16周岁的人犯罪，应当负刑事责任。

② 已满14周岁不满16周岁的人，犯故意杀人、故意伤害致人重伤或者死亡、强奸、抢劫、贩卖毒品、放火、爆炸、投毒罪的，应当负刑事责任。

③ 已满14周岁不满18周岁的人犯罪，应当从轻或者减轻处罚。

④ 因不满16周岁不予刑事处罚的，责令其家长或监护人加以管教，在必要的时候，也可以由政府收容教养。

（4）犯罪的主观方面

任何犯罪都不仅仅表现为客观上危害社会的行为，还要受到行为人内在的主观心理活动的支配，表现出人的一定的心理内容。犯罪的主观方面，就是指行为人对于犯罪行为所造成的危害结果所持的心理态度以及实施犯罪的动机和目的。犯罪人的心理态度是犯罪的主观方面的主要内容，包括故意和过失两种情况。

① 犯罪故意。犯罪故意是指明知自己的行为会发生危害社会的结果，而对危害结果的发生抱有希望或者放任的心理态度。犯罪故意是故意犯罪的主观心理态度，是故意犯罪构成要件中的主观方面。缺少了犯罪故意，就不能构成故意犯罪。

② 犯罪过失。犯罪过失是指应当预见自己的行为可能发生危害社会的结果，但是因为疏忽大意而没有预见，或者已经预见而轻信能够避免，以致发生这种结果。根据这一规定，犯罪过失可分为两种，一种是疏忽大意的过失，另一种是过分自信的过失。

以上构成犯罪的四个要件，是确定任何一种行为犯罪成立所必须具备的缺一不可的。否则，犯罪就不成立。

例如，甲看到同学乙有一部手机，自己也想要，心里就盘算趁乙不注意的时候把它偷了。如果甲只是心里这么想，却一直没有真正付诸行动，那么，因为不具备犯罪的客观方面，我们就不能认定甲的行为为犯罪；如果甲实施了盗窃手机的行为，行为的性质就发生了变化。但是，如果甲是一个不满14周岁的未成年人，那么甲的行为也因为不符合犯罪主体要件，不构成犯罪。所以，判断一种行为是否为犯罪行为,必须同时具备犯罪的四个构成要件,缺一不可。当然,这是构成犯罪的一般原理和它的共同要件。对于各种各样的犯罪,还有构成犯罪的各种具体要件,这些具体要件分散规定在刑法分则里。

（四）排除犯罪性的行为

排除犯罪性的行为是指在形式上似乎构成某种犯罪,但其目的在于排除现实的具有社会危害的行为,并不具备社会危害性,因而不认为是犯罪的行为。排除犯罪性的行为主要有正当防卫、紧急避险、法令行为、正当业务行为、自救行为、经被害人承诺的行为等,这里只介绍刑法明文规定的防卫和紧急避险两种排除犯罪性的行为。

1. 正当防卫

正当防卫是指为了保护国家、公共利益、本人或者他人的人身、财产和其他权利免受正在进行的不法侵害而采取的必要的防卫行为。正当防卫是公民的一项合法权利,但是这种权利的行使会给侵害者造成某种损害,因此,这种权利的行使必须受到限制,必须符合以下法律要求的条件,否则也可能构成违法或者犯罪。

（1）必须有正当的防卫意图

正当防卫以正当为必要,因此正当防卫首先要具有正当的防卫意图。某些行为虽然从形式上看符合正当防卫的条件,但是不具有正当的防卫意图,就不能认为是正当防卫。比如,黑社会组织之间的清洗与反清洗,或以故意伤害为目的,激怒、诱使对方实施不法行为,然后自己借正当防卫之名对其进行加害等,都因为具有不正当的目的,而不能认为是正当防卫。

（2）必须有不法侵害发生

不法侵害包括违法行为和犯罪行为。当国家、集体和公民的合法权益受到不法侵害时,任何公民都有权进行正当防卫,但对合法的行为不能实施正当防卫。比如公安机关抓捕犯罪嫌疑人时,犯罪嫌疑人的反抗是针对依法进行的抓捕行为的,这不仅不是正当防卫,还可能构成妨害公务罪。

（3）必须不法侵害正在进行

"正在进行"是指不法侵害已经开始且尚未结束,也就是说,不法侵害行为正处于实施阶段,防卫人只能对这段时间内的不法行为进行防卫。如果说不法侵害还没有发生,或者不法侵害行为已经实施完毕,防卫人进行"事先防卫"和"事后防卫",不仅不是正当防卫,还可能会构成犯罪。比如甲和乙发生争执,乙生气离去,过了一会儿,甲看见乙气势汹汹拿着菜刀跑过来,认为乙要砍自己,就拿砖头朝乙的头上砸去,致乙死亡。这个案件中,虽然乙拿着菜刀,但并没有实施不法行为,乙是否会用菜刀袭击甲并不确定,有可能乙只是吓唬甲,因此甲不是正当防卫,而构成故意伤害致人死亡罪。甲如果担心乙袭击自己,正确的做法应该是尽早远离乙,或者做好躲避的准备,并向公安机关求救,而不能将乙打死。

（4）必须针对不法侵害者本人实施

正当防卫只能通过给不法侵害者造成损害的方法进行,而不能对第三者实施。例如甲和乙发生殴斗,甲身强体壮,乙瘦弱矮小,乙被打得鼻青脸肿,此时,刚好甲的小弟丙从旁走过,乙挣脱了甲,冲过去向丙的脸上一顿猛揍,造成丙一耳失聪。这个案例中,乙的防卫行为只能针对甲进行,针对丙的殴打行为只能算为泄愤,不是正当防卫,乙构成了故意伤害罪。

（5）防卫行为不能超过"必要限度"

一般认为,这个"必要限度"应理解为以能够制止住不法侵害行为所必需为限度。只要防卫行为是制止不法侵害所必需,而防卫和侵害的双方行为的性质、手段、程度和后果基本相适应,就可以认为是正当防卫。正当防卫明显超过必要限度就构成了防卫过当,防卫过当应当承担刑事责任。比如甲是一个14周岁的未成年人,到某工厂偷东西,被乙发现,甲就拿着棍子打成年男子乙,妄图逃跑,乙恼怒之下,拿起凳子朝甲猛砸,将甲左腿打断。本案中,甲尚未成年,体力明显弱于成年男子乙,乙完全可以不借用任何外力将甲控制住,制止甲正在对其实施的侵害行为,可是乙却用凳子将甲打残,明显超出了防卫的限度,因此,乙构成故意伤害罪。

同时,我国《刑法》规定,"对正在进行行凶、杀人、抢劫、强奸、绑架以及其他严重危及人身安全的暴力犯罪,采取防卫行为,造成不法侵害人伤亡,不属于防卫过当,不负刑事责任"。这意味着对于正在进行的行凶、杀人、抢劫、强奸等严重危及人身安全的暴力犯罪,不存在防卫过当的问题。

2. 紧急避险

紧急避险是指为了国家、公共利益、本人或他人的人身和其他权利免受正在发生的危险,不得已而采取另一损害较小的合法权益的行为。紧急避险行为造成损害的,不负刑事责任。紧急避让和正当防卫一样,也是为了排除具有社会危害性的行为而采取的,是法律允许的正当行为。紧急避险需要符合以下条件：

（1）必须基于正当的避险意图,即出于保护国家利益、公共利益、本人或他人的人身和其他权利。

（2）必须是合法利益受到危险的威胁,没有危险的发生则不能实施紧急避险。

（3）危险必须是正在发生的,既不是过去的,也不是未来的,更不是行为人主观推测或臆想的。

（4）必须是无其他方法可以排除危险。由于紧急避险是损害一种合法利益来保全另一种合法利益,因此只有在不得已的情况下才能实施,在有其他方法能够避免危险时,就不允许采取紧急避险。否则,造成损失就应当承担责任。

（5）紧急避险行为不能超过必要限度。具体来讲,就是造成的损害要比所避免的损害小。紧急避险超过必要限度造成不应有的损害时,应当负刑事责任,但是应当减轻或者免除处罚。

保安服务的性质决定了保安员在遇到有关法定情形时,必须谨慎实施正当防卫或紧急避险。

（五）刑罚的含义及种类

刑罚是指《刑法》规定的,由人民法院依法对犯罪人适用的一种惩罚措施。刑罚与犯罪有着密切联系,犯罪是刑罚的前提,而刑罚是犯罪的必然结果。刑罚作为一种强制手段,必然给犯罪分子造成一定的身心痛苦。对犯罪分子判处一定的刑罚,表现了社会对这种犯罪行为的谴责和否定。然而,我们适用刑罚的目的并非单纯是为了给犯罪人造成一定的痛苦,而是通过一定的刑罚处罚,达到教育罪犯、预防犯罪的目的。

我国刑罚分为主刑和附加刑两大类。主刑是对犯罪分子适用的主要刑罚,只能单独适用,不能附加适用,即对犯一种罪行的犯罪分子只能适用一个主刑,不能同时适用两个或两个以上的主刑。附加刑又称从刑,是补充主刑适用的刑罚,既可以单独适用,又可以附加在主刑之后适用。根据我国刑法规定,主刑包括管制、拘役、有期徒刑、无期徒刑和死刑五种;附加刑包括罚金、剥夺政治权利和没收财产三种。对于外国人或者无国籍人犯罪,我国刑法规定了驱逐出境,既可以单独适用,也可以附加适用。

（六）常见的犯罪

1. 盗窃罪

盗窃罪是指以非法占有为目的,秘密窃取数额较大的公私财物或者多次秘密窃取公私财物的行为。盗窃罪最显著的特征表现在客观方面,即秘密窃取的公私财物数额较大的行为或者多次盗窃的行为。窃取的方式既有翻墙入院、撬门破锁、扒窃拎包,也有复印、拍照、抄写、拷贝别人的技术秘密,还有盗接他人通信线路,盗用长途电话账号、码号偷打电话等。凡达到刑事责任年龄（16 周岁）且具备刑事责任能力的自然人,均能构成盗窃罪主体。犯盗窃罪,数额较大的处 3 年以下有期徒刑、拘役或者管制,并处或者单处罚金;数额巨大或者其他情节严重的,处 3 年以上 10 年以下有期徒刑,并处罚金;情节特别严重的,处 10 年以上有期徒刑或者无期徒刑,并处罚金或者没收财产;盗窃金融机构数额特别巨大或者盗窃珍贵文物情节严重的,处无期徒刑或者死刑,并处没收财产。

2. 抢劫罪

抢劫罪是指以非法占有为目的,对财物的所有人、保管人当场使用暴力、胁迫或其他方法,强行将公私财物抢走的行为。抢劫罪在客观方面表现为行为人对公私财物的所有人、保管人或者守护人当场使用暴力、胁迫或者其他对人身实施强制的方法,强行劫取公私财物的行为。

暴力是指对财物的所有人、保管人、占有人的人身实施不法的打击或强制,致使被害人不能或不敢反抗的行为,如殴打、捆绑、伤害、禁闭等。胁迫是指对被害人以当场实施暴力相威胁,进行精神强制,从而使其产生恐惧而不敢反抗,任其抢走财物或者被迫交出财物的行为。胁迫的内容是当场对被害人施以暴力。其他方法是指使用暴力、胁迫以外的方法,使得被害人不知反抗或无法反抗,而当场劫取财物的行为。如让被害人服用麻醉剂,使其失去知觉(昏迷),而抢走被害人的财物。

依照《刑法》规定,年满14周岁且具备刑事责任能力的自然人,均能构成该罪主体。

抢劫罪在主观方面表现为直接故意,并具有将公私财物非法占有的目的。如果没有这样的故意内容,就不构成本罪。

犯抢劫罪的,处3年以上10年以下有期徒刑,并处罚金;有入户抢劫,在公共交通工具上抢劫,抢劫银行或者其他金融机构,多次抢劫或者抢劫数额巨大,抢劫致人重伤或死亡,冒充军警人员抢劫,持枪抢劫,抢劫军用物资或者抢险、救灾、救济物资等情形之一的,处10年以上有期徒刑、无期徒刑或者死刑,并处罚金或者没收财产。

3. 抢夺罪

抢夺罪是指以非法占有为目的,乘人不备,公开夺取数额较大的公私财物的行为。

抢夺罪的犯罪对象是一般财物,如金钱、物品等,不包括枪支、弹药、公文、证件、印章等特殊物品,否则不构成本罪。

年满16周岁且具备刑事责任能力的自然人均能够成抢夺罪主体。

犯抢夺罪的,处3年以下有期徒刑、拘役或者管制,并处或者单处罚金;数额巨大或者有其他严重情节的,处3年以上10年以下有期徒刑,并处罚金;数额特别巨大或者有其他特别严重情节的,处10年以上有期徒刑或者无期徒刑,并处罚金或者没收财产。

4. 诈骗罪

诈骗罪是指以非法占有为目的,用虚构事实或者隐瞒真相的方法,骗取数额较大的公私财物的行为。

诈骗罪在客观方面表现为使用欺诈方法骗取数额较大的公私财物。欺诈行为从形式上说,包括虚构事实和隐瞒真相两类;从实质上说,是使被害人陷入错误认识的行为。凡达到法定刑事责任年龄且具备刑事责任能力的自然人,均能构成诈骗罪主体。

犯诈骗罪的,处3年以下有期徒刑、拘役或者管制,并处或者单处罚金;数额巨大或者有其他严重情节的,处3年以上10年以下有期徒刑,并处罚金;数额特别巨大或者有其他特别严重情节的,处10年以上有期徒刑或者无期徒刑,并处罚金或者没收财产。

5. 招摇撞骗罪

招摇撞骗罪是指以骗取各种非法利益为目的,冒充国家工作人员进行招摇撞骗的行为。招摇撞骗是指以假冒的身份(如职务、地位、荣誉、资格等),进行炫耀、欺骗的行为。招摇撞骗罪损害的是国家机关的威信、公共利益或者公民的合法权益。

犯招摇撞骗罪的,处3年以下有期徒刑、拘役、管制或者剥夺政治权利;情节严重的,处3年以上10年以下有期徒刑。冒充人民警察招摇撞骗的,从重处罚。

6. 寻衅滋事罪

寻衅滋事罪是指在公共场所无事生非、起哄闹事、殴打伤害无辜、肆意挑衅、横行霸道、毁坏财物、破坏公共秩序,情节严重的行为。

寻衅滋事罪侵犯的是公共秩序。所谓公共秩序,包括公共场所秩序和生活中人们应当遵守的共同准则。寻衅滋事犯罪多发生在公共场所,常常给公民的人身、人格或公私财产造成损害。但是,寻衅滋事罪一般侵犯的并不是特定的人身、人格或公私财产,而主要是指向公共秩序,向整个社会挑战,蔑视社会主义道德和法制。

寻衅滋事罪在客观方面表现为随意殴打他人、追逐拦截辱骂他人、强拿硬要或者任意损毁占用公私财物、在公共场所起哄闹事,造成公共场所秩序严重混乱等情节恶劣的行为。刑法关于寻衅滋事罪的规定具有补充性,凡是故意造成他人伤害的,以暴力、胁迫手段取得财物的行为达到抢劫、敲诈勒索程度的,应分别认定为相应犯罪。

凡年满16周岁且具备刑事责任能力的自然人,均能构成寻衅滋事罪主体。犯寻衅滋事罪的,处5年以下有期徒刑、拘役或者管制。

7. 非法拘禁罪

非法拘禁罪是指以拘押、禁闭或者其他强制方法,非法剥夺他人人身自由的行为。

非法拘禁罪侵犯的客体是他人的身体自由权。所谓身体自由权,是指以身体的动静、举止不受非法干预为内容的人格权,亦即在法律范围内,按照自己的意志,决定自己身体行动的自由权利。非法拘禁罪侵害的对象是依法享有人身权利的任何自然人,包括无辜公民、犯错误的人、有一般违法行为的人和犯罪嫌疑人。

非法拘禁罪在客观方面表现为非法剥夺他人身体自由的行为。行为的特征是非法拘禁他人,或者以其他方法非法剥夺他人的身体自由,如非法逮捕、拘留、监禁、扣押、绑架、办封闭式"学习班"、隔离审查、强制写检查等,均是非法剥夺人身自由的行为。非法剥夺人身自由是一种持续行为,即该行为在一定时间内处于持续状态,使他人在一定时间内失去身体自由,不具有间断性。时间持续的长短不影响非法拘禁罪的成立,只影响量刑。犯非法拘禁罪的,处3年以下有期徒刑、拘役、管制或者剥夺政治权利;具有殴打、侮辱情节的,从重处罚。犯非法拘禁罪致人重伤的,处3年以上10年以下有期徒刑;致人死亡的,处10年以上有期徒刑。国家机关工作人员利用职权犯非法拘禁罪的,从重处罚。

8. 妨害公务罪

妨害公务罪是指以暴力、威胁方法阻碍国家机关工作人员依法执行职务,或者以暴力、威胁方法阻碍人大代表依法执行代表职务,或者在自然灾害和突发事件中以暴力、威胁方法阻碍红十字会工作人员依法履行职责的行为;或者故意阻碍国家安全机关、公安机关工作人员依法执行国家安全工作任务,虽未使用暴力、威胁方法,但造成严重后果的行为。

公务的范围包括国家机关工作人员依法执行的职务,人大代表依法执行的代表职务,红十字会工作人员依法履行的职责,国家安全机关、公安机关依法执行的国家安全工作任务。犯妨害公务罪的,处3年以下有期徒刑、拘役或者管制。保安员在履行职责过程中,有时会受服务单位的指使,或由于保安员自身认识问题而阻挠国家工作人员等依法执行公务,从而构成妨害公务行为,后果严重的则构成妨害公务罪。

9. 故意伤害罪

故意伤害罪是指故意非法损害他人身体健康的行为。故意伤害罪侵犯的客体是他人的身体权。所谓身体权,是指自然人以保持其肢体、器官和其他组织的完整性为内容的人格权。

故意伤害罪在客观方面表现为实施了非法损害他人身体的行为。损害他人身体行为的方式较多,既有积极的作为(如拳打脚踢、刀砍枪击、棒打石砸、火烧水烫等),又有消极的不作为(如负有保护责任的人不负责任,致被看护人受伤的行为);既可以由自己实施,又可以利用他人(如未成年人、精神病人等)实施,还可以利用驯养的动物(如毒蛇、狼犬等)实施;既可以针对人身的外表,造成其外部组织的残缺或容貌的毁坏,又可以针对人体的内部,造成内部组织、器官的破坏,妨碍其正常的功能活动。

损害他人身体的行为,必须已造成了他人人身一定程度的损害,才能构成本罪。伤害结果有三种形态,即轻伤、重伤、死亡。如果没有造成轻伤以上的伤害,如没有达到伤害等级或虽达到等级却属轻微伤,则不能以本罪论处。故意伤害罪的主体为一般主体,凡达到刑事责任年龄且具备刑事责任能力的自然人,均能够成本罪主体。其中已满14周岁未满16周岁的自然人有故意伤害致人重伤或死亡行为的,应当负刑事责任。

故意伤害罪在主观方面表现为故意,即行为人明知自己的行为会造成损害他人身体健康的结果,而希望或放任这种结果的发生。一般情况下,行为人事先对于自己的伤害行为能给被害人造成何种程度的伤害,不一定有明确的认识和追求,但无论造成何种程度的结果都在其主观故意之内,所以一般可按实际伤害结果来确定是故意轻伤还是故意重伤。

10. 职务侵占罪

职务侵占罪是指公司、企业或者其他单位的人员利用职务上的便利,将本单位财物非法占为己有,数额较大的行为。职务侵占罪的犯罪客体是公司、企业或者其他单位的财产所有权。职务侵占罪在客观方面表现为利用职务上的便利,非法侵占本单位财物,并且数额较大的行为。职务侵占罪主体为特殊主体,包括公司、企业或者其他单位的人员。职务侵占罪在主观方面表现为直接故意,且具有非法占有公司、企业或其他单位财物的目的。至于是否已经取得或行使了这些权利,并不影响犯罪的构成。

犯职务侵占罪数额较大的,处5年以下有期徒刑或者拘役;数额巨大的,处5年以上有期徒刑,可以并处没收财产。

11. 侮辱罪

侮辱罪是指使用暴力或者以其他方法,公然贬低他人人格、破坏他人名誉,情节严重的行为。侮辱罪侵犯的客体是他人的人格尊严和名誉权。本罪的犯罪对象只能是自然人,而非单位。本罪在客观方面表现为以暴力或其他方法公然贬低他人人格、破坏他人名誉,情节严重的行为,不管受害人是否在场。侮辱方式包括四种:一是暴力侮辱(如使用强力使他人做难堪的动作,强行将粪便塞入他人口中等);二是非暴力的动作侮辱;三是语言侮辱(如戏弄、诋毁、谩骂他人);四是文字侮辱(如书写、张贴有损他人名誉的小字报、漫画、标语等)。侮辱罪主体是一般主体,凡达到刑事责任年龄且具备刑事责任年龄的自然人,均能构成本罪主体。本罪在主观方面表现为直接故意,并且具有贬低他人人格、破坏他人名誉的目的。间接故意、过失不构成本罪。犯侮辱罪的,处3年以下有期徒刑、拘役、管制或者剥夺政治权利。

12. 以危险方法危害公共安全罪

以危险方法危害公共安全罪是指使用放火、决水、爆炸、投放危险物质以外的其他方法故意危害不特定多数人的生命、身体安全以及公共生活的平稳和安宁的行为。

危害公共安全的行为,是针对不特定多数人的生命和安全,往往会造成社会恐慌,导致公共生活混乱,对社会的危害极大。刑法规定了放火罪、失火罪、决水罪、爆炸罪、投放危险物质罪等,以危险的方法危害公共安全的行为则与放火、决水、爆炸、投放危险物质在危险性质上具有相当性,一旦实施足以危害公共安全,比如驾车撞人、私拉电网、故意传播突发传染病病原体等行为。

本罪的主观要件是故意,即明知实施危险的方法会危害公共安全,造成他人人身伤亡、公私财产损失的后果,并且希望或者放任这种结果发生的主观心理状态。过失则构成过失以危险方法危害公共安全罪。

构成以危险方法危害公共安全罪,尚未造成严重后果的,处3年以上10年以下有期徒刑;致人重伤、死亡或者公私财产遭受重大损失的,处10年以上有期徒刑、无期徒刑或者死刑。

四、刑事诉讼法

诉讼就是平时所讲的"打官司",诉讼法就是关于如何打官司方面的法律规定。日常生活中常碰到的诉讼,主要有民事诉讼(即民事纠纷方面的官司)、行政诉讼(即公民与有关国家机关之间的纠纷方面的官司)和刑事诉讼(即有关犯罪方面的官司)。刑事诉讼法是一部确保刑法实施的诉讼程序方面的法律。有了刑事诉讼法的规定,受害当事人如何告状,犯罪嫌疑人、被告人及其所聘请的律师和辩护人如何行使诉讼权利、履行义务,司法机关如何办理案件,就有了行为规范,整个刑事诉讼过程就有章可循。

(一) 刑事诉讼概述

刑事诉讼是指由国家法律所确定的专门机关为惩罚犯罪、保障人权而开展的侦查、起诉、审判等一系列活动的总称。刑事诉讼的目的是指立法者预先设定的进行刑事诉讼所要达到的具体目标。我国刑事诉讼的目的是惩罚犯罪与保障人权。

刑事诉讼法是指国家制定或认可的调整刑事诉讼活动的法律规范的总称。它调整的对象是公、检、法机关在当事人和其他诉讼参与人的参与下揭露、证实、惩罚犯罪的活动。它的内容主要包括刑事诉讼的任务、基本原则与制度,公、检、法机关在刑事诉讼中的职权和相互关系,当事人及其他诉讼参与人的权利、义务,以及进行刑事诉讼的具体程序等。

(二) 刑事强制措施

刑事强制措施是指公安机关、人民检察院、人民法院为了保证侦查和审判工作的顺利进行,依法对犯罪嫌疑人、被告人、现行犯或重大嫌疑分子的人身自由加以限制的方法。如公安机关把抓获的犯罪嫌疑人关进看守所,就是公安机关采取的刑事强制措施。刑事强制措施共有五种:拘传、取保候审、监视居住、拘留、逮捕。

(三) 刑事诉讼程序

1. 立案

立案是指公安、检察机关发现犯罪事实或犯罪嫌疑人,或者公安机关、人民检察院、人民法院对于报案、控告、举报、自首的材料以及自诉人起诉的材料,按照各自的管辖范围进行审查后,认为确有犯罪事实,并且依法应当追究刑事责任,决定作为刑事案件予以受理的诉讼活动。立案是刑事诉讼的开始。

2. 侦查

侦查是指公安机关(包括国家安全机关)、人民检察院在办理案件的过程中,依法进行专门调查工作和采取有关强制性措施的诉讼活动。它的任务是依照法律程序收集、审查各种证据材料,证实犯罪行为,确定犯罪嫌疑人,并对犯罪嫌疑人采取必要的强制措施,以保证刑事诉讼程序继续进行,使犯罪分子受到应有的审判和惩罚,并使无罪的人不受刑事追究。

刑事案件经过侦查,认为取得的证据确实、充分,案件事实已经查清,犯罪嫌疑人已经查获,可以对案件作出起诉、不起诉或者撤销案件的处理结论时,侦查即可终结。公安机关侦查案件终结后,对于应当起诉的,写出起诉意见书,连同案卷材料、证据,一并移送同级人民检察院审查决定。人民检察院侦查刑事案件终结后,应当作出起诉、不起诉或者撤销案件的决定。

3. 起诉

起诉是指享有控诉权的国家机关和公民,依法向人民法院提出诉讼,请求法院对指控的内容进行审判,以确定被告人刑事责任并依法予以刑事制裁的诉讼活动。

我国的《刑事诉讼法》规定,刑事诉讼有公诉和自诉两种控告犯罪的形式。公诉是指人民检察院代表国家向人民法院提起诉讼,要求追究被告人刑事责任的诉讼活动;自诉是指被害人本人或者其法定代理人进行的诉讼。

4. 审判

刑事诉讼的审判,是人民法院依法对刑事案件进行审理和作出判决或裁定的诉讼活动。我国的审判权由人民法院行使,其他机关、团体和个人都无权行使这项权力。我国对刑事案件实行两审终审制。

在决定起诉之前,人民检察院需对公安机关侦查终结需要提起公诉的案件进行审查,决定是否向人民法院提起公诉。这一活动称为审查起诉。审查起诉的结果有两种可能性:提起公诉和不公诉。

《刑事诉讼法》第141条规定:"人民检察院认为犯罪嫌疑人的犯罪事实已经查清,证据确实、充分,依法应当追究刑事责任的,应当作出起诉决定,按照审判管辖的规定,向人民法院提出公诉。"

不起诉是指人民检察院对公安机关终结移送起诉或者自行侦查的案件,经过审查,认为犯罪嫌疑人的行为不构成犯罪,或者依法不应当追究刑事责任,而作出不向人民法院提起公诉的决定。

五、民法通则

《民法通则》共9章156条,经1986年4月12日第六届全国人名代表大会第四次会议通过,并于1987年1月1日起施行。主要内容包括:公民(自然人)、法人、民事法律行为和代理、民事权利、民事责任、诉讼时效、涉外民事关系的法律适用等。

1. 关于公民(自然人)和法人的有关规定

《民法通则》第2条规定:"中华人民共和国民法调整平等主体的公民之间、法人之间、公民和法人之间的财产关系和人身关系。"上述关系,说到底是一种民事法律关系,即为民法所确认和保护的,符合民事法律规范的,而且是以权利、义务为内容的社会关系。民事法律关系的要素包括三个方面:其一,民事法律关系的主体,简称民事主体。民事主体是指在民事法律关系中享有权利或者承担义务的人。民事主体主要是指公民、法人。其二,民事法律关系的内容,即民事权利和民事义务。其三,民事法律的客体,即民事权利、义务所指向的对象。可以作为民事法律关系客体物的有:物、行为、智力成果、特定的人身利益以及特定的权利。

在民事法律关系中,所有公民的民事权利一律平等。公民以出生时起到死亡时止,具有民事权利能力,依法享有民事权利,同时也要承担民事义务。民事行为能力分为三种:① 完全民事行为能力。18周岁以上公民,具有完全民事行为能力,可以独立进行民事活动,是完全民事行为能力人。16周岁以上不满18周岁的公民,以自己的劳动收入为主要生活来源的,视为完全民事行为能力人。当然,这还要求当事人精神健康、智力健全。② 限制民事行为能力。10周岁以上的未成年人,可以进行与他的年龄、智力相适应的民事活动;其他民事活动由他的法定代理人代理,或征得他的法定代理人的同意。③ 无民事行为能力。不满10周岁的未成年人是无民事行为能力人,由他的法定代理人代理民事活动。无民事行为能力人的法定代理人由其监护人担任。精神病人的利害关系人可以向人民法院申请宣告精神病人为无民事行为能力人或限制民事行为能力人。

2. 民事法律行为和代理

民事法律行为是公民或者法人设立、变更、终止民事权利和义务的合法行为。民事行为是指民事主体以发生一定法律后果为目的而进行的行为。

代理,是指代理人在代理权限范围内,以被代理人的名义进行民事法律行为,所产生的法律后果直接归属于被代理人。所有的民事主体都可以成为被代理人,包括无行为能力人和限制民事行为能力人。但就具体的代理行为而言,被代理人必须具有相应的民事权利能力。此外,只有具备完全民事行为能力的人,才可以成为代理人。

3. 民事权利和民事责任

民事权利包括财产所有权和债权。财产所有权是指所有人依法对自己的财产享有占有、使用、收益和处分的权利。而债权则是基于"债"而产生的一种权利、义务关系。债是按照合同的约定或者依照法律的规定,在当事人之间产生的特定的权利和义务关系。享有权利的人是债权人,负有义务的人是债务人。债权人有权要求债务人按照合同的约定或者依照法律的规定履行义务。

《民法通则》规定:"公民、法人违反合同或者不履行其他义务的,应当承担民事责任。公民、法人由于过错侵害国家的集体财产,侵害他人财产、人身的,应当承担民事责任。没有过错,但法律规定应当承担民事责任的,应当承担民事责任。"

"因不可抗力不履行合同或者造成他人损害的,不承担民事责任,法律另有规定的除外。"

民事责任主要包括违反合同的民事责任、侵权的民事责任两个方面。承担民事责任的方式主要有:停止侵害、排除妨碍、消除危险、返还财产、恢复原状、修理、重作、更换、赔偿损失、支付违约金、消除影响、恢复名誉、赔礼道歉。以上承担民事责任的方式,可以单独适用,也可以合并适用。人民法院审理民事案件,除适用上述规定外,还可以予以训诫、责令具结悔过、收缴进行非法活动的财产和非法所得,并可以依照法律规定处以罚款、拘留。

4. 诉讼时效

诉讼时效是指权利人在法定期间内不行使权力即丧失请求人民法院予以保护的权力。《民法通则》第135条规定,向人民法院请求保护民事权利的诉讼时效期间为2年,法律另有规定的除外。在下列情况下,诉讼时效期间为1年:身体受到伤害要求赔偿的,出售质量不合格的商品未声明的,延付或者拒付资金的,寄存财物被丢失或者损毁的。

六、民事诉讼法

《民事诉讼法》于1991年4月9日经第七届全国人民代表大会第四次会议通过并颁布实施。该法共29章270条,内容包括:管辖、审判组织、回避、诉讼参加人、证据、期间、送达、调解、财产保全和先予执行、对妨害民事诉讼的强制措施、诉讼费用、第一审普通程序、简易程序、第二审程序、特别程序、审判监督程序、督促程序、公示催告程序、企业法人破产还债程序、执行程序、执行的申请和移送、执行措施、执行中止和终结、涉外民事诉讼程序的特别规定、财产保全、仲裁、司法协助等。

(一) 民事诉讼法的任务和基本原则

广义的民事诉讼法是指人民法院审理民事案件,当事人进行诉讼活动过程中,人民法院、当事人和其他诉讼参与人为解决民事纠纷,保护合法权益而依法进行的全部诉讼活动,以及在这些活动中所产生的各种诉讼法律关系的总和。而狭义的民事诉讼法就是国家制定的规范民事诉讼活动并调整民事诉讼法律关系的法律规范的总和。

1. **民事诉讼法的任务**

《民事诉讼法》第2条明确规定了民事诉讼法的任务,即保护当事人行使诉讼权利,保证人民法院查明事实,分清是非,正确适用法律,及时审理民事案件,确认民事权利、义务关系,制裁民事违法行为,保护当事人的合法权益,教育公民自觉遵守法律,维护社会秩序、经济秩序,保证社会主义建设事业顺利进行。

2. **民事诉讼法的基本原则**

(1) 当事人诉讼权利平等的原则。即在诉讼过程中,双方当事人的诉讼权利是相同的。因双方当事人诉讼地位的不同而使其享有的诉讼权利不能同等时,需对应。如原告有起诉权,被告就得有应诉答辩权;原告可以提出放弃,变更请求,被告就可以承认或者反驳诉讼请求等。

(2)辩论原则。《民事诉讼法》第12条明确规定:"人民法院审理案件时,当事人有权进行辩论。"

(3)处分的原则。《民事诉讼法》第13条明确规定:"当事人有权在法律规定的范围内,处分自己的民事权利和诉讼权利。"

此外,还有独立审判原则;以事实为依据,以法律为准绳原则;法院调解原则;使用本民族语言、文字原则;支持起诉原则;法律监督原则等。

(二)民事诉讼中的一些重要概念

1. 管辖

管辖涉及的问题很多,从大的方面来说,是指哪些公民诉讼案件由人民法院管辖,哪些、哪类案件由哪一级人民法院管辖。具体地说,管辖包括以下内容:

(1)级别管辖。级别管辖是指各级人民法院受理第一审民事案件的分工与权限,主要是指基层人民法院管辖第一审民事案件,民事诉讼法另有规定的除外。在这里,除外的情况主要是指有些一审民事案件是非基层人民法院管辖的。根据民事诉讼法的规定,中级人民法院管辖以下第一审民事案件:重大涉外案件;在本辖区有重大影响的案件;高级人民法院确定由中级人民法院管辖的案件。高级人民法院管辖在本辖区内有重大影响的第一审民事案件。最高人民法院管辖在全国有重大影响的案件和认为应当由最高人民法院审理的案件。

(2)地域管辖。对于一个具体的民事案件,在确定级别管辖的基础上,应当进一步确定该案件的地域管辖。所谓地域管辖,是指同级人民法院之间受理第一审民事案件的分工与权限。地域管辖的标准,对于法人而言,确定一般地域管辖的标准是法人的住所地,即法人的主要办事机构或者主要营业场所所在地。对于公民个人而言,确定一般地域管辖有两个标准:一是住所地及公民的户口所在地;二是经常居住地,即公民起诉时连续居住满1年的地方。

(3)裁定管辖。裁定管辖是指人民法院以裁定形式所确定的管辖。裁定管辖主要包括移送管辖、管辖权转移与指定管辖制度。移送管辖是指人民法院受理民事案件后,发现自己对案件无管辖权,依法将案件移送给有管辖权的人民法院审理的制度。管辖权转移是指经上级人民法院确定或者同意,将某个案件的管辖权由上级人民法院转交给下级人民法院,或者由下级人民法院转交给上级人民法院。指定管辖是指人民法院之间因管辖权发生争议的,由争议双方协商解决;协商解决不了,报请它们的共同上级人民法院指定管辖。

2. 回避

民事诉讼法规定,回避适用的对象包括审判人员、书记员、翻译人员、鉴定人、勘验人。其中,审判人员既包括审判员,也包括陪审员。上述人员遇有下列情形时,应予回避:是本案当事人或者当事人、诉讼代理人的近亲属;与本案有利害关系;与本案当事人有其他关系,可能影响对案件公正审理。回避有两种方式:一是当事人申请回避;二是自行回避。

3. 公开审理制度

公开审理制度是指人民法院审判民事案件,除法律规定的情况外,审判过程应当允许群众旁听法院民事案件审理活动,允许新闻媒体对民事案件的审理过程进行采访并报道。但下列案件不公开审理:涉及国家机密的案件、涉及个人隐私案件、离婚案件,以及涉及商业秘密,当事人申请不公开审理的案件。

4. 两审终审制度

两审终审制度是指一个民事案件经过两级法院审理就宣告终结的制度。

5. 民事诉讼中的当事人

民事诉讼中的当事人是指因民事权利、义务发生争议,以自己的名义进行诉讼,并受法院裁判约束的人。民事诉讼中的当事人,又有狭义和广义之分。狭义的当事人是指民事诉讼中的原告与被告。而广义的民事诉讼中的当事人,则既包括原告与被告,也包括共同诉讼人、诉讼代表人、有独立请求权的第三人、无独立请求的第三人。

6. 共同诉讼

共同诉讼是指当事人一方或者双方为2人以上,其诉讼的是共同的或者同一种类,人民法院合并审理的诉讼。

7. 民事诉讼证据

民事诉讼证据是指能够证明案件真实情况的事实资料,是法院依照法定程序收集的、能够认定案件真实情况的所有材料。民事诉讼法规定的7种证据,包括书证、物证、视听资料、证人证言、当事人陈诉、鉴定结论与勘验笔录。

8. 期间、送达

期间是指人民法院或者诉讼参与人进行或者完成某种诉讼行为应遵守的期限和日期。

送达是指人民法院以法定程序和方式,向当事人及其他参与诉讼人送交诉讼文书的行为。例如,人民法院向原告送达传票的行为,向证人送达出庭作证通知的行为等。送达行为的主体只能是人民法院。送达有六种方式:直接送达、留置送达、委托送达、邮寄送达、转交送达、公告送达。

9. 法院调解

法院调解即在人民法院的主持下,双方当事人在自愿协商的基础上,就双方争议的权利义务关系达成协议,以解决争议的活动及结案方式。在我国,除婚姻案件可以由法院依职权开展调解以外,其他案件只能基于当事人的自愿进行调解。

10. 财产保全与先予执行

在民事诉讼中，从人民法院受理当事人的起诉开始，到作出生效法律文书并实现生效法律文书所确定的实体权利，往往是一个较长的时间周期。在这一过程中，如果出现当事人恶意转移财产或者其他可能导致财产灭失的客观原因，则会导致将来作出的生效文书难以执行。因此，适用财产保全制度的目的就在于通过保全被申请人的财产或者与本案有关的财产，防止当事人转移财产或者使财产灭失。财产保全的措施，有查封、扣押、冻结或者法律规定的其他方式。

在民事诉讼中，如果权利人出现生产经营或者生活的特殊困难状态，可以向人民法院申请采取先予执行措施，即在人民法院作出判决前预先责令义务人履行一定给付义务。根据民事诉讼法的规定，对下列案件可以使用先予执行制度：追索赡养费、抚养费、抚育费、抚恤金、医疗费用的案件；追索劳动报酬的案件；因情况紧急需要先予执行的案件。

11. 对妨害民事诉讼行为的强制措施

在民事诉讼中，经常出现一些妨碍诉讼秩序的行为，如当事人制作虚假证据，殴打、辱骂审判人员和对方当事人，扰乱法庭秩序等行为。为排除妨碍诉讼的行为，人民法院可以针对妨害行为采取强制措施。民事诉讼法规定了五种强制措施：拘传、训诫、责令退出法庭、罚款和拘留。

12. 诉讼费用

诉讼费用的种类通常包括：一是案件受理费，其中，财产案件受理费按比例征收，非财产案件的受理费按件征收。二是其他诉讼费用，包括勘验费，鉴定费，公告费，翻译费，证人、鉴定人、翻译人员出庭的交通费、食宿费、务工补贴费，采取诉讼保全措施的申请费和实际支出费用，人民法院认为应当由当事人负担的其他费用。但是，上述其他诉讼费用仅对财产案件征收。诉讼费用的负担应遵守一定原则，如败诉人负担、按比例分担、协商负担、原告或者起诉人负担、法院决定负担、当事人自行负担等。

（三）审判程序

1. 普通程序

普通程序是人民法院审理第一审民事案件通常所适用的程序，也是民事诉讼中的基础性程序。

（1）起诉与受理。起诉，即公民、法人和其他组织的合法权益受到侵犯或者发生争议时，向人民法院提起诉讼，请求人民法院通过审判给予司法保护的行为。人民法院接到当事人的起诉后，应当在7日之内进行审查。经过审查，对于符合法定条件的，予以受理；对于不符合起诉条件的，裁定不予受理。对该裁定，当事人可以在接到裁定之次日起10日内上诉。

（2）不予受理、驳回起诉与驳回诉讼请求。在民事案件的一审程序中，人民法院经常对争议案件作出不予受理、驳回起诉与驳回诉讼请求的处理。

（3）审理前准备。人民法院受理争议案件后,在开庭审理之前,需做好以下准备工作:送达起诉状副本,被告提交答辩状并送达答辩状副本,告知当事人诉讼权利义务及合议庭的组成人员;审阅诉讼材料,调查收集必要的证据;追加当事人;解决管辖权问题,如移送管辖、管辖权转移、指定管辖等问题;预收诉讼费用。

（4）开庭。开庭审理应当按照下列顺序进行:开庭开始阶段;法庭调查阶段;法庭辩论阶段;评议与裁判阶段。裁判作出后,可以采取两种方式宣判:一是定期宣判,并在宣判的同时发送裁判文书;二是当庭宣判,并在宣判后10日内发送裁判文书。

（5）撤诉与缺席判决。撤诉是指法院受理争议案件后,宣告判决前当事人撤回诉讼的行为。撤诉可以分为申请撤诉与按撤诉处理。缺席判决是指人民法院仅在一方当事人参与陈述与辩论,并在对另一方当事人提供的书面材料进行审查的基础上,对争议案件作出的判决。

（6）延期审理,诉讼中止与诉讼终结。延期审理,即人民法院确定开庭审理时间后,或者在进行开庭审理的过程中,由于发生某种特殊情况,使开庭审理无法按期或者继续进行,从而推延审理的诉讼制度。诉讼中止,即在诉讼进行过程中,如果出现一些法定特殊原因,使诉讼程序无法继续进行时,法院裁定暂停诉讼程序,等特殊原因消失以后再行恢复诉讼程序的法律制度。诉讼终结,即在诉讼进行过程中,因发生某种法定的特殊原因,使诉讼程序无法继续进行或者继续进行已无必要时,由人民法院裁定终结诉讼程序的法律制度。

2. 简易程序

简易程序就是普通程序的简化,即将普通程序中一些繁琐的程予以简化或者合并,使诉讼程序更加简洁适用。简易程序的适用范围是:(1)适用简易程序的人民法院,只能是基层人民法院和它的派出法庭。(2)适用简易程序的审级,只能适用于一审。(3)适用简易程序的案件,只能是事实清楚、权利义务关系明确、争议不大的简单民事案件。采取简易程序,审限是3个月并且不得延长。

3. 第二审程序

人民法院适用普通程序或者简易程序对争议案件经过审理作出裁判后,如果当事人不服,即可行使上诉权提起上诉,要求上级人民法院对案件进行二审。二审人民法院审理上诉案件所适用的程序就是二审程序。

（1）上诉的提起与受理。上诉应具备如下条件:允许上诉的判决,即地方各级人民法院适用普通程序与简易程序审理后作出的判决,以及人民法院对发回重审与按照一审程序对案件进行再审后作出的判决;允许上诉的裁定,即管辖权异议裁定、不予受理裁定、驳回起诉裁定和驳回破产申请的裁定。民事诉讼法规定,对一审判决的上诉期为15天,对一审裁定的上诉期为10天。

当事人提起上诉,原则上应当将上诉状交给原审法院,当然也可以直接将上诉状交给上级人民法院。

(2)上诉案件的裁判。上述案件的裁判分为三种情况:一是驳回上诉,维持原判;二是依法判决;三是裁定撤销原判,发回重审。

(3)二审裁判的法律效力。我国实行两审终审制度,第二审法院对上诉案件作出二审判决或者裁定后,该裁判即产生相应的法律效力:一是当事人不得再行上诉。二是不得就同一诉讼标的,以同一事实和理由再行起诉。三是具有强制执行的法律效力,即对于有给付内容的生效裁判,如果义务人不履行法律文书所确定的实体义务,则权利人可以依法在法定期限内申请人民法院强制执行。

(4)执行程序。执行程序是指相关人民法院对发生法律效力的民事判决、裁定,以及刑事判决、裁定中的财产部分进行执行的程序。关于执行的一般情况是,发生法律效力的民事判决裁定,以及刑事判决、裁定中的财产部分,由第一审人民法院执行。法律规定由人民法院执行的其他法律文书,由被执行人住所地或者被执行的财产所在地人民法院执行。

七、劳动法

《劳动法》是调整劳动关系以及与劳动关系有密切联系的其他社会关系的法律规范的总和。保护劳动者的合法权益是《劳动法》的立法目的所在,也是《劳动法》的主旨之一。《劳动法》的主要作用是:保护劳动者合法权益,调动劳动者积极性;建立和谐、稳定的劳动关系,促进生产力的发展;建立和维护适应社会主义市场经济的劳动制度。

(一)劳动法律关系

劳动法律关系是指劳动者与用人单位之间,依据我国劳动法律、法规所形成的权利义务关系。这种权利义务关系,不仅贯穿于劳动过程始终,而且向前延伸到劳动开始前的劳动培训阶段,向后延伸到劳动行为终止后的疾病治疗以及退休养老阶段。劳动法律关系不仅仅是劳动者提供劳动、获取报酬这样一个简单的经济关系,还关系到公民权利的实现和基本人权的保障,乃至社会的稳定和发展。

(二)劳动者的基本权利和基本义务

1. 劳动者的基本权利

保护劳动者的合法权益是劳动法的立法目的所在,也是劳动法的主旨之一。我国《宪法》和《劳动法》规定的劳动者的权利,包括劳动权、劳动报酬权、休息休假权、获得劳动安全卫生保护的权利、接受职业技能培训的权利、享受社会保险和福利权、平等就业和自主择业的权利、提请劳动争议处理的权利等。对于劳动者的保护应当是平等和全面的,不论劳动者的民族、种族、性别、年龄、文化程度、财产状况、宗教信仰、职业等,其合法权益都平等地受到劳动法的保护,不应有任何歧视或差异。劳动者依法享有平等就业和自主择业的权利。劳动者就业不因民族、种族、性别、宗教信仰等不同而受歧视。国家保障妇女享有与男子平等的劳动权利。用人单位招用人员，除国家规定的不适合妇女的工作或者岗位外，不得以性别为由拒绝录用妇女或者提高对妇女的录用标准。用人单位录用女职工，不得在劳动合同中规定限制女职工结婚、生育的内容。

2. 劳动者的基本义务

劳动者应履行的义务和享有的权利是统一的。享有劳动权利和履行劳动义务是对等的、互为条件的，不允许只享有权利而不履行义务，也不允许只履行义务而不享受应有的权利。劳动法规定的劳动者的基本义务主要有：

（1）劳动者有完成劳动任务的义务。

（2）劳动者有遵守劳动纪律和职业道德的义务。劳动纪律包括各种规章制度以及服从管理、听从指挥等。

（3）劳动者有执行劳动安全卫生规程的义务。

（4）法律、法规规定的其他义务。如忠实履行劳动合同、为用人单位保守商业秘密、发生事故后接受检查、提高职业技能等义务。

（三）劳动合同

劳动合同是劳动者与用人单位之间确立劳动关系、明确各自权利和义务的书面协议。劳动合同依据劳动法律规范而制定，签订劳动合同后，劳动关系即成立。劳动者将根据合同的规定提供劳动，用人单位也将根据合同的约定为劳动者提供劳动报酬、劳动安全卫生条件，依法缴纳社会保险费和改善福利待遇。

1. 劳动合同的订立

劳动合同的订立是指劳动者与用人单位之间建立劳动关系，明确权利义务的法律行为。我国《劳动法》规定，订立和变更劳动合同，应当遵循平等自愿，协商一致的原则，不得违反法律、行政法规的规定。因此，双方当事人订立劳动合同时应遵守合法原则，具体包括以下几个方面：

（1）双方当事人具有合法主体资格。作为用人单位，必须是依法成立的各类企业、个体经济组织、国家机关、事业单位和社会组织；劳动者必须是年满16周岁且具备劳动能力的公民。我国用人单位禁止招用未满16周岁的未成年人。法律准许的特殊单位（如体育、文艺单位）招收未成年人的，须依照有关规定，履行审批手续，并保障其接受义务教育的权利。

（2）双方自愿平等，协商一致。双方当事人以平等的身份签订劳动合同，合同内容完全出自双方当事人自己的意志，并经充分协商达成一致意见。任何一方不得以地位、权势、经济实力等因素，把自己的意志强加给对方或强制对方接受某种条件，任何第三人也不得干涉劳动合同的订立。当今社会处于变革时期，劳动就业竞争激烈，因此，有些用人单位在招聘时会提出附加条款，如果这些条款违反了法律、法规的规定(如强制扣押身份证、收取担保金等),劳动者可以要求劳动行政部门提供法律保护。

(3) 劳动内容合法。劳动合同的内容是对劳动合同双方当事人劳动权利义务的具体规定,它必须符合法律、行政法规的规定,既包括国家的劳动法律、法规,也包括其他法律、法规。

2. 劳动合同的内容

劳动合同的主要条款包括:① 劳动合同的主体(即当事人)。② 劳动合同的期限。劳动合同期限分为固定期限、无固定期限和以完成一定工作为期限三种。③ 工作内容和工作地点。④ 工作时间和休息休假。⑤ 劳动报酬。⑥ 社会保险。⑦ 劳动保护、劳动条件和职业危害防护。⑧ 法律、法规规定应当纳入劳动合同的其他事项。

3. 劳动合同的解除

已经合法成立的劳动合同可以在期限届满前解除,合同的解除意味着劳动合同效力的提前终止。合同的解除有两种方式:一种是双方协商解除合同,即劳动者和用人单位双方协商解除劳动合同;另一种是单方解除劳动合同,单方解除劳动合同又可以分为劳动者单方解除劳动合同和用人单位单方解除劳动合同。

单方解除劳动合同可能会违背合同另一方的意愿,给对方造成损失,特别是在劳动合同中处于强势地位的用人单位单方解除劳动合同,会造成劳动者的失业,导致其丧失劳动收入,进而影响其本人或者家庭的正常生活,乃至社会的稳定。因此,法律对单方解除劳动合同作了必要的规定。

(1) 如果劳动者有以下情形之一的,用人单位可以解除劳动合同:

① 在试用期间被证明不符合录用条件的;

② 严重违反用人单位的规章制度的;

③ 严重失职,营私舞弊,给用人单位造成重大损害的;

④ 劳动者同时与其他用人单位建立劳动关系,对完成本单位的工作任务造成严重影响,或者经用人单位提出,拒不改正的;

⑤ 因欺诈、胁迫的手段或者乘人之危,使对方在违背真实意思的情况下订立或者变更劳动合同,致使劳动合同无效的;

⑥ 被依法追究刑事责任的。

(2) 有下列情形之一的,用人单位提前 30 日以书面形式通知劳动者本人或者额外支付劳动者 1 个月工资后,可以解除劳动合同:

① 劳动者患病或者非因工负伤,在规定的医疗期满后不能从事原工作,也不能从事由用人单位另行安排的工作的;

② 劳动者不能胜任工作,经过培训或者调整工作岗位,仍不能胜任工作的;

③ 劳动合同订立时所依据的客观情况发生重大变化,致使劳动合同无法履

行,经用人单位与劳动者协商,未能就变更劳动合同内容达成协议的。

(3) 用人单位因经营需要裁减人员的,即处于破产整顿期内,或生产经营状况发生严重困难的时候,也可以单方解除劳动合同,但是合同的解除需要依据下述法定程序进行。

用人单位应做到:① 须提前30日向工会或全体职工说明情况,提供有关生产经营状况的资料;② 提出裁减方案,包括被裁减人员名单、裁减时间和实施步骤及经济补偿办法;③ 就裁减方案征求工会或者全体职工的意见;④ 向劳动行政部门报告,并听取意见;⑤ 由用人单位正式公布裁减方案,与被裁人员解除劳动合同等。

另外,为了保护劳动者的利益,法律还对用人单位单方解除劳动合同作了特别限制。也就是说,禁止用人单位解雇处于特殊时期的劳动者,具体包括:从事接触职业病危害作业的劳动者未进行离岗前职业健康检查,或者疑似职业病病人在诊断或者医学观察期限的;在本单位患职业病或者因工负伤并被确认丧失或者部分丧失劳动能力的;患病或者非因工负伤,在规定的医疗期内的;女职工在孕期、产期、哺乳期的;在本单位连续工作满15年,且距法定退休年龄不足五年的;法律、法规规定的其他情形。

(4) 劳动者单方解除劳动合同。

我国法律赋予劳动者较为自由的单方解除劳动合同的权利,也就是说不需要任何原因,劳动者只要提前30日书面通知用人单位自己想要解除劳动合同,即可解除合同。另外,如果劳动者处于特殊或不利环境时,也可以立即单方解除劳动合同,而不需要提前通知用人单位。这里的特殊环境是指处在试用期内;不利环境是指用人单位以暴力、威胁或非法限制人身自由的手段强迫劳动,或者用人单位未按约定支付劳动报酬或提供劳动条件等情况。

另外,用人单位为劳动者提供专项培训费用,对其进行专业技术培训的,可以与该劳动者订立协议,约定服务期。劳动者违反服务期约定的,应当按照约定向用人单位支付违约金。违约金数额不得超过用人单位提供的培训费用。用人单位要求劳动者支付的违约金,不得超过服务期尚未履行部分所应分摊的培训费用。

(四)劳动争议

劳动争议是指劳动关系当事人之间因执行劳动法规、履行劳动合同及其他劳动问题发生的劳动权利、义务方面的纠纷。用人单位与劳动者发生劳动争议,当事人可以依法申请调解、仲裁、提起诉讼,也可以协商解决。

劳动争议发生后,当事人可以向本单位劳动争议调解委员会、依法设立的基层人民调解组织、在乡镇或街道设立的具有劳动争议调解职能的组织申请调解。调解不成,当事人一方要求仲裁的,可以向劳动部门设立的由劳动行政部门代表、同级工会代表、用人单位代表组成的劳动争议仲裁委员会申请仲裁。当事人一方也可以直接向劳动争议仲裁委员会申请仲裁。对仲裁裁决不服的,可以自收到仲裁裁决书之日起 15 日内,向人民法院提起诉讼。但是下列劳动争议,除法律另有规定的外,仲裁裁决为终极裁决,裁决书自作出之日起发生法律效力:① 追索劳动报酬、工伤医疗费、经济补偿或者赔偿金,不超过当地月最低工资标准 12 个月金额的争议;② 因执行国家规定的劳动标准,在工作时间、休息休假、社会保险等方面发生的争议。

（五）社会保险

社会保险是指由国家通过颁布法律强制实施的,针对全体社会公民或一定范围内劳动者的生、老、病、死、伤残、失业,以及在生活中出现的其他困难,依法给予一定的物资帮助,保证公民或劳动者的基本生活需要的一种社会制度。

我国的社会保险主要包括养老保险、医疗保险、失业保险、工伤保险和生育保险五种。

养老保险是指国家和社会依据法律规定,为保障依法退休的劳动者,或因病、因工伤残而丧失劳动能力的劳动者离开工作岗位后的基本生活而建立的一种养老保障制度。

医疗保险是指政府通过必要的手段组织低成本的基本医疗保障制度,在劳动者因疾病、负伤或生育需要治疗时,由国家或用人单位为其提供必要的经济补贴和医疗保障服务的社会保险制度。

失业保险是指国家和社会为保证有劳动能力的劳动者,因非本人原因而暂时失去工作,等待重新就业期间的基本生活而给予帮助的一种生活保障制度。

工伤保险是指职工因工作发生受伤、残疾、职业病或死亡,本人及其家属丧失收入来源,生活无保障时,从社会获得必要物资帮助的一种社会保障制度。

生育保险是指妇女劳动者因生育而暂时丧失劳动能力,从社会获得必要物质帮助的一种保险制度。

八、治安管理处罚法

治安是通过国家法律法规及行政管理规范建立起来的正常社会秩序。治安管理则是公安机关为了维护正常社会秩序、保障社会生活正常运行而依法从事的行政管理活动。如公安机关进行的户口身份证管理、管制刀具管理、危险物品管理、治安巡逻、对小偷进行治安拘留、对吸食毒品者予以劳动教养等,都属于治安管理行为。有一些人违反了法律法规,严重危害社会秩序、情节严重的,就是犯罪行为,要受到刑事处罚;情节不严重的给予治安处罚。治安管理处罚法就是解决违反法律法规、危害社会秩序、情节不严重的违法问题的,它是规定哪些行为属于违法、对违法行为人如何处罚、由谁来实施治安处罚的法律。

（一）违反治安管理行为的概念及其特征

违反治安管理行为是指违反治安管理法律法规，应受治安管理处罚的具有社会危害性的行为。如把别人打成轻微伤、偷他人自行车、私拆他人信件等都是违反治安管理行为，要受到一定的治安处罚。

违反治安管理行为必须具备的特征：一是具有社会危害性；二是具有违反治安管理法律法规性，即违反了治安管理的法律法规；三是不够刑事处罚性，即该行为不构成犯罪；四是应受行政处罚性，即该行为应该受到行政处罚。

（二）常见违反治安管理行为的种类及其表现

常见违反治安管理的行为有四类：扰乱公共秩序的行为，妨害公共安全的行为，侵犯人身权利、财产权利的行为，妨害社会管理的行为。具体的违反治安管理行为有100多种。

1. 扰乱公共秩序的行为

公共秩序是人们在长期的社会生活中所形成的公共生活有条不紊的状态。扰乱公共秩序的行为是指故意扰乱由法律所确立并受法律保护的公共生活准则和公共行为规范的行为。主要表现为：扰乱机关、团体、企业、事业单位秩序；扰乱公共场所秩序；扰乱公共交通工具秩序；破坏依法进行的选举秩序；扰乱文化、体育等大型群众性活动的秩序；散布谣言及谎报险情、疫情、警情或者以其他方法故意扰乱公共秩序；投放虚假的危险物质，扬言实施放火、爆炸、投放危险物质扰乱公共秩序的行为；组织、教唆、胁迫、诱骗、煽动他人从事邪教、会道门活动，利用邪教、会道门、迷信活动，冒用宗教、气功名义扰乱社会秩序、损害他人身体健康的行为；故意干扰无线电业务正常进行，对正常运行的无线电台（站）产生有害干扰的行为；非法侵入、破坏计算机信息系统等。

2. 妨害公共安全的行为

公共安全是指不特定多数人的生命、健康、重大公私财产以及社会生产、工作和公共生活的安全。妨害公共安全的行为是指违反治安管理法律法规，故意或过失地实施了妨害或者可能妨害不特定多数人的人身和重大公私财产安全，尚不够刑事处罚，应受治安管理处罚的行为。妨害公共安全行为主要有：非法制造、买卖、储存、运输、邮寄、携带、使用、提供、处置危险物质的行为；危险物质被盗、被抢不报的行为；非法携带管制器具的行为；盗窃、损坏、擅自移动使用中的航空设施或强行进入航空器驾驶舱的行为；危害铁路安全的行为；违法安装、使用电网规定或安装、使用电网不符合安全规定的行为；盗窃、损毁路面井盖、照明等公共设施的行为；举办大型群众性活动违反有关规定有发生安全事故危险的行为；提供社会公众活动场所的经营管理人员违反安全规定，致使该场所有发生安全事故危险，经公安机关责令改正而拒不改正的行为。

3. 侵犯人身权利、财产权利的行为

侵犯人身权利的行为是指故意侵犯他人人身和与人身有关的权利,造成他人生理或精神损害以及其他损失,尚不够刑事处罚,依法应当给予治安管理处罚的行为。侵犯财产权利的行为是指行为人侵犯了所有人依法对自己的财产享有占有、使用、收益和处分权利的行为,尚不够刑事处罚,依法应当给予治安管理处罚的行为。侵犯财产权的行为主要有盗窃、诈骗、哄抢、抢夺、敲诈勒索或者故意损毁公私财物的行为。侵犯公民人身权利的行为主要有:侵犯他人人格、名誉的行为;侵犯他人隐私的行为;赌博的行为;猥亵他人的行为;虐待、遗弃家庭成员的行为;强买强卖、强迫服务的行为;侵犯他人通信自由的行为。

4. 妨害社会管理的行为

妨害社会管理的行为是指违反国家有关行政管理法规,妨害国家行政机关的社会管理活动,破坏社会管理秩序,尚不够刑事处罚,依法应当给予治安管理处罚的行为。妨害社会管理的行为主要有:阻碍国家机关工作人员依法执行职务的行为;冒充国家工作人员招摇撞骗的行为;伪造、变造公文、证件、印章的行为;隐藏、转移、变卖或者损毁行政机关依法扣押、查封、冻结的财物的行为;伪造、隐匿、毁灭证据或者提供虚假证明、谎报案情,影响行政执法机关依法办案的行为;卖淫、嫖娼的行为;吸食毒品的行为;明知是赃物而窝藏、转移或者代为销售的行为。

(三) 治安管理处罚及其种类

治安管理处罚是指公安机关以国家的名义,依法强制剥夺违反治安管理行为人的人身自由、名誉、财产或其他权利的行政法律制裁。治安管理处罚的种类有:警告、罚款、行政拘留、吊销公安机关发放的许可证等四种。对违反治安管理的外国人,可以附加适用限期出境或者驱逐出境。

1. 警告

警告是指公安机关对违反治安管理行为人依法实施的一种书面形式的谴责和告诫。它既具有教育性质,又具有制裁性质,目的是向违法者发出警戒,声明行为人的行为已经违法,避免其再犯。它适用于违法情节轻微或没有造成实际危害后果的违法行为。

2. 罚款

罚款是指公安机关依法强制违反治安管理行为人,在一定期限内向国家交纳一定数额金钱的处罚形式。根据《治安管理处罚法》的规定,罚款的最高金额为5 000元。具体适用时,要根据不同的违法行为和情节,给予不同数额的罚款处罚。可以以自己的名义独立作出罚款处罚决定的公安行政执法主体,有县级以上公安机关、县级以上公安机关交通管理部门、县级以上公安消防管理机关、公安派出所、公安边防派出所以及铁路、交通、民航、森林、航运公安机关。

3. 行政拘留

行政拘留也称治安拘留,是指县级以上公安机关依法给予严重违反治安管理行为的人在短期内剥夺其人身自由的处罚形式。行政拘留处罚决定由县级以上公安机关作出。公安机关内部机构,不能以自己的名义作出行政拘留决定。其他任何行政机关,也无权作出行政拘留决定。行政拘留的期限为5日以下、5日以上10日以下、10日以上15日以下三个档次。对于一人有数种违反治安管理的行为,均需给予治安拘留的,分别裁决,合并执行,但拘留期限最长不得超过20日。

4. 吊销公安机关发放的许可证

吊销公安机关发放的许可证是指公安机关依法撤销其原先核发给相对人的许可证,终止其继续从事该许可证允许范围内活动的资格。许可证是指行政机关根据行政相对人的申请而依法核发的批准书。吊销许可证的处罚决定,必须由县级以上公安机关作出,适用于严重的违反治安管理行为。

(四) 公安机关在治安管理中经常采取的其他法律措施

《治安管理处罚法》规定了公安机关在治安管理中可以采取的其他法律措施有以下11种：

1. 没收违法所得、没收非法财物

没收是公安机关将生产、保管、加工、运输、销售的违禁物品或者实施其他营利性违法行为的所得以及与违法行为相关的财物收归国有的制裁形式。它只适用于存在违法所得(如赌资)和非法财物(如管制刀具和私藏枪支)的案件。

违法所得是指违法者通过非法手段获取的财产,如赌博获取的财产。非法财物是指用于从事违法活动的物品、违法工具、违法用具和违禁品等。

2. 责令赔偿

责令赔偿是指公安机关在违法嫌疑人给受害人造成实际损失的情况下,责令其赔偿受害人损失的一种救济行为。

3. 责令改正或限期改正

责令改正或限期改正是指公安机关对违法嫌疑人进行行政处罚时,口头或书面作出的命令违法嫌疑人改正或限期改正违法行为的措施。

4. 收缴

收缴是指公安机关依法将违法嫌疑人所有或用于违法行为的工具、物品予以没收的行政行为。

5. 依法取缔

依法取缔是指公安机关依法取缔非法设立或者有行政违法行为的社会组织的行政行为。

6. 责令管教

责令管教是公安机关对不满14周岁违反治安管理行为人的监护人进行批评

教育,责令其履行管教义务所采取的措施。

7. 责令看管和治疗

责令看管和治疗是公安机关对违反治安管理的精神病人的监护人所采取的要求其严加看管和治疗被监护人的教育措施。

8. 责令停止活动、立即疏散

责令停止活动、立即疏散是公安机关的人民警察在出现法定情形时,为避免发生更大的危险或者危害社会治安的后果而采取的即时处置措施。

9. 强行带离现场

强行带离现场是公安机关的人民警察强制将严重危害社会治安秩序或有可能威胁公共安全的人带离现场,以作进一步审查、处理的强制措施。

10. 约束

约束是公安机关的人民警察为了避免发生或继续发生对本人有危险或者对他人的人身、财产或者公共安全有威胁的情形,而对醉酒人或精神病人所采取的保护性措施。

11. 扣押

扣押是公安机关暂时限制持有人对涉案物品进行掌控的一种强制措施。

九、消防法

《消防法》于1998年4月29日经第九届全国人民代表大会常务委员会第二次会议通过,并于1998年9月1日起正式实施。该法全文共6章54条。

1. 消防法的宗旨、工作方针和基本原则

消防法的宗旨体现在三个方面:一是预防火灾和减少火灾危害。二是保护公民人身、公共财产和公民财产的安全,维护公共安全。三是保障社会主义现代化建设的顺利进行。

消防法规定的工作方针是"预防为主,防消结合"。

消防工作的基本原则是:坚持专门机关与群众相结合;实行防火安全责任制。消防安全渗透在人们生产、生活的各个方面,各级政府、政府各部门、各行各业以及每个人在消防安全方面各尽其责,是我国做好消防工作的经验总结,也是从无数火灾中得出的教训。

2. 火灾预防

根据我国消防工作"预防为主、防消结合"的方针,火灾预防是消防工作的重点,也是基础。火灾预防涉及全社会每个单位、每个公民,具有广泛的社会性。消防法对火灾预防的规定,包括对城市消防规划、消防装备的要求,建筑工程的消防监督管理制度,公众聚集场所和举办群众性活动的消防安全要求,易燃易爆危险物品的消防安全要求,政府、政府有关部门、机关、团体、企事业单位应当履行的消防

安全职责,消防产品、电器产品、燃气用具的质量要求,重点季节防火要求,公安消防机构的监督管理职责等。

在火灾预防中,我们应该重点了解的内容主要有两个方面。第一个方面的内容是6项单位的消防安全职责:

(1)制定消防安全制度、消防安全操作规程。例如,制定用火用电制度、易燃易爆危险物品管理制度、消防安全检查制度、消防设施维护保养制度、消防控制室值班制度、员工消防教育培训制度等。同时,要结合实际,制定生产、经营、储运、科研过程中预防火灾的操作规程,确保消防安全。

(2)实行防火安全责任制。防火安全责任制包括单位法定代表人或主要负责人的消防安全责任制、各部门(车间、班组)逐级消防安全责任制和消防安全重点岗位防火责任制。每个单位都应当有一名防火安全责任人,具体负责抓好本单位的各项防火安全工作。

(3)结合本单位防火工作的特点,有重点地进行消防安全知识的宣传教育,增强职工的消防安全意识,使职工了解本岗位的火灾特点,会使用灭火器材扑救初期火灾,会报火警,会自救逃生。

(4)组织防火检查,及时消除火灾隐患。防火检查是指单位组织的对本单位防火工作情况进行的检查,是单位在消防安全方面进行自我管理、自我约束的一种主要形式。这种检查应当渗透到生产、经营和各项活动中,不仅要有检查制度,还要责任到人,有检查、有记录,抓好落实。对消防安全检查中发现的不安全问题,要及时解决;本岗位或个人无力解决的,要立即采取措施,并报告上一级消防安全责任人解决。

(5)按照国家有关规定配置消防设施和器材,设置消防安全标志,并定期组织检验、维修。

(6)保障疏散通道、安全出口畅通。疏散通道,是指走道、楼梯、连廊等;安全出口,是指符合国家工程建筑消防技术标准要求的疏散楼梯或直通室外的门。疏散走道和安全出口在火灾时,是建筑物内人员逃生的关口。如果平时管理不善,在通道内堆放物品,将出口上锁或封堵,一旦发生火灾,往往造成群死群伤的恶性事故。

应该重点了解的第二个方面的内容是居民住宅区的管理单位,履行对居民住宅区的消防安全管理职责。管理单位是指房产管理单位、物业管理企业等。管理单位应履行的职责,与上述单位的消防职责相同。

3. 消防组织

消防法规定了建立多种形式的消防组织的原则,建立公安消防队、专职消防队和义务消防队的要求和责任,消防队的基本任务,公安消防机构与专职消防队、义务消防队的法律关系等,以保证一旦发生火灾时,能够迅速有效地施救,增强扑救火灾的能力。

目前,我国已形成了以公安消防队伍为主体的多种消防队伍并存的消防组织体制。多种消防队伍指的是:

(1) 公安消防队伍。公安消防队伍包括兵役制公安消防部队和职业制公安消防队伍。

(2) 专职消防队。目前,专职消防队主要有以下几种形式:一是县、市、区组建的专职消防队。二是政企合一的专职消防队。三是企业、事业单位专职消防队。四是乡镇专职消防队。五是保安服务型的消防组织。近年来,上海、江苏、天津等地方已开始试办消防保安服务组织。

(3) 城乡义务消防队(团)。城乡义务消防队(团)是我国传统的群众性义务消防组织,全国近1000万人。这是一种单位、群众自防自救的组织形式,是预防火灾和扑救初期火灾的一支最基本的力量,并且发挥着越来越重要的作用。

4. 法律责任

消防法规定了违反本法规定的具体行为及其应受何种处罚、处罚的对象、处罚的裁决机构等内容。公民、法人或者其他组织违反本法规定的法定义务,就要承担相应的法律责任。对于违反消防法规定的行为,公安消防机构必须首先"责令限期改正"。对尚不构成犯罪的行为,消防法分别设定了警告,罚款,没收非法财物和没收违法所得,责令停止施工、停止使用、停产停业,拘留等5类行政处罚。

十、道路交通安全法

《道路交通安全法》是2003年10月28日经第十届全国人大常委会第五次会议通过,并于2004年5月1日起开始实施的。道路交通安全法作为我国出台的第一部专门调整道路交通安全问题的基础性法律,具有十分重要的作用。《道路交通安全法》共8章124条,具体地规定了车辆和驾驶人、道路通行条件、道路通行规定、交通事故处理、执法监督、法律责任等内容。

1. 道路交通管理的原则

开展道路交通安全管理,必须严格遵循法律设定的基本原则。

(1) 依法管理的原则。依法管理原则,即对道路交通安全的各项管理活动,必须贯彻依法行政的原则,严格依照法律、法规、规章所规定的程序和实体要求进行。

(2) 保障道路交通有序、安全、畅通的原则。

(3) 保护人身安全的原则。《道路交通安全法》第1条规定:"为了维护护道路交通秩序,预防和减少交通事故,保护人身安全,保护公民、法人和其他组织的财产安全及其他合法权益,提高通行效率,制定本法。"这就是说,该法将保护人身安全作为立法的主要目的之一,突出了尊重生命,以人为本的精神。

(4) 重视交通安全宣传的原则。《道路交通安全法》第6条规定:"各级人民政府应当经常进行道路交通安全教育,提高公民的道路交通安全意识。公安机关交通管理部门及其交通警察执行职务时,应当加强道路交通安全法律、法规的宣传,并模范地遵守道路交通安全法律、法规。机关、部队、企业事业单位、社会团体以及其他组织,应当对本单位的人员进行道路交通安全教育;教育行政部门、学校应当将道路交通安全教育纳入法制教育内容;新闻、出版、广播、电视等有关单位,有进行道路交通安全教育的义务。"

2. 道路交通安全的主管机关及道路交通参与者

《道路交通安全法》第5条规定:"国务院公安部门负责全国道路交通安全管理工作。县级以上地方各级人民政府公安机关交通管理部门负责本行政区域内的道路交通安全管理工作。县级以上各级人民政府交通、建设管理部门依据各自职责,负责有关的道路交通工作。"这就是说,公安机关交通管理部门是道路交通安全的行政执法主体。道路交通安全管理活动的参与者很多,除了公安机关交通管理部门作为道路交通管理活动的主管机关外,还包括车辆驾驶人、乘车人以及与道路交通活动有关的单位和个人。这些参与者都必须遵守道路交通管理的各项规定。

3. 道路交通安全管理的主要内容

道路交通安全管理的内容比较丰富,包括:对车辆和驾驶人的管理(如机动车与非机动车的登记、转让管理,驾驶员获得驾驶证的管理);对道路交通通行条件的管理(如道路交通信号的规定,道路、停车场和道路配套设施的规划、设计与建设管理,道路施工管理等);对道路通行规定的管理(如机动车通行管理、非机动车通行管理、行人或乘车人通行管理、高速公路通行管理等);交通事故处理(如发生事故后各方的责任、义务,事故的责任分配,公安机关交通管理部门处理交通事故的实体和程序要求等)。

4. 机动车与非机动车管理

机动车管理的内容主要包括:机动车登记、初次检验和定期检验、牌证的颁发与使用;机动车物权变动管理;机动车报废、特种车辆管理、机动车所有人或使用人有关行为的管理;机动车第三者责任保险和道路交通事故救助基金管理等内容。

非机动车辆管理的内容,主要是指对自行车、电动自行车、残疾人电动轮椅车等的管理。对于自行车等是否需要登记的问题,道路交通安全法规定,由省、自治区、直辖市人民政府根据当地的实际情况决定。

5. 道路通行的有关规定

在我国,道路通行的原则是右侧通行。根据道路条件和通行的需要,规定道路划分为机动车道、非机动车道和人行道的,机动车、非机动车、行人实行分道通行。没有划分机动车道、非机动车道和人行道的,机动车在道路中间通行,非机动车和行人在道路两侧通行。

6. 道路交通事故处理

道路交通事故是指车辆在道路上因过错或者意外造成的人身伤亡或者财产损失的事件。在交通事故中,与交通事故的发生及损害后果有直接因果关系的人,包括因违法行为引发事故的行为人、肇事各方的驾驶人、事故死伤人员、物损受害人等。

对于在道路上发生的交通事故,车辆驾驶人应当立即停车,保护现场;造成人身伤亡的,车辆驾驶人应当立即抢救受伤人员,并迅速报告执勤的交通警察或者公安机关交通管理部门。因抢救受伤人员变动现场的,应当标明位置。乘车人、过往车辆驾驶人、过往行人应当予以协助。在道路上发生交通事故,未造成人身伤亡,当事人对事实及成因无争议的,可以即行撤离现场,恢复交通,自行协商处理损害赔偿事宜;不即行撤离现场的,应当迅速报告执勤的交通警察或者公安机关交通管理部门。在道路上发生交通事故,仅造成轻微财产损失,并且基本事实清楚的,当事人应当先撤离现场再进行协商处理。车辆发生交通事故后逃逸的,事故现场目击人员和其他知情人员,应当向公安机关交通管理部门或者交通警察举报;举报属实的,公安机关交通管理部门应当给予奖励。

第二节 保安工作的相关行政法规

行政法规是由国务院根据宪法和法律制定的有关行政管理的规范性文件的总称。行政法规内容很多,我们这里只就与保安服务密切相关的行政法规作一简单介绍。

一、保安服务管理条例

国务院颁布的《保安服务管理条例》自2010年1月1日起施行,其目的是为了规范保安服务活动,加强对从事保安服务的单位和保安员的管理,保护人身安全和财产安全,维护社会治安。该条例总共9章52条,对保安服务的范围、保安从业单位和保安培训单位的设立、保安员的职业资格、保安员的福利待遇以及保安服务的法律责任都作出了明确规定。《保安服务管理条例》是我国社会主义建设新时期开展保安服务工作20多年来,颁布实施的第一个全国性的关于保安服务管理的行政法规,具有里程碑的意义。

(一)保安员

《保安服务管理条例》规定,保安员是年满18周岁,身体健康,品行良好,具有初中以上学历,经设区的市级人民政府公安机关考试、审查合格并留存指纹等人体生物信息,依法取得保安员证的中国公民。提取、留存保安员指纹等人体生物信息的具体办法,由国务院公安部门规定。

《保安服务管理条例》施行前已经从事保安服务的保安员,自该条例实施之日起1年内,必须经过组织培训和设区的市级人民政府公安机关考试、审查合格并留存指纹等人体生物信息,发给保安员证,方可继续从事保安服务工作。

本条例还规定了不可以担任保安员的四种情形:① 曾被收容教育、强制隔离戒毒、劳动教养或者3次以上行政拘留的;② 曾因故意犯罪被刑事处罚的;③ 被吊销保安员证未满3年的;④ 曾两次被吊销保安员证的。

保安员上岗应当着保安员服装,佩戴全国统一的保安服务标志。保安员服装由全国保安服务行业协会推荐式样,由保安服务从业单位在推荐式样范围内选用。保安服务标志式样由全国保安服务行业协会确定。

对在保护公共财产和人民群众生命财产、预防和制止违法犯罪活动中有突出贡献的保安从业单位和保安员,公安机关和其他有关部门应当给予表彰、奖励。

(二)保安服务

1. 保安服务概念

保安服务包括三种情形:一是保安服务公司根据保安服务合同,派出保安员为客户单位提供的门卫、巡逻、守护、押运、随身护卫、安全检查以及安全技术防范、安全风险评估等服务;二是机关、团体、企事业单位自行招用保安的单位,招用人员从事的本单位门卫、巡逻、守护等安全防范工作;三是物业服务企业招用人员在物业管理区域内开展的门卫、巡逻、秩序维护等服务。实施后两种保安服务情形的单位,统称为自行招用保安员单位。

2. 保安服务规范

在保安服务中,为履行保安服务职责,保安员可以采取下列措施:查验出入服务区域的人员的证件,登记出入的车辆和物品;在服务区域内进行巡逻、守护、安全检查、报警监控;在机场、车站、码头等公共场所对人员及其所携带的物品进行安全检查,维护公共秩序;执行武装守护押运任务,可以根据任务需要设立临时隔离区,但应当尽可能减少对公民正常活动的妨碍。保安员执行武装守护押运任务使用枪支,依照《专职守护押运人员枪支使用管理条例》的规定执行。

保安服务中使用的技术防范产品,应当符合有关的产品质量要求。保安服务中安装监控设备,应当遵守国家有关技术规范,使用监控设备不得侵犯他人合法权益或者个人隐私。保安服务中形成的监控影像资料、报警记录,应当至少留存30日备查,保安从业单位和客户单位不得删改或者扩散。

保安员依法从事保安服务活动,受法律保护。保安员应当及时制止发生在服务区域内的违法犯罪行为,对制止无效的违法犯罪行为应当立即报警。同时,采取措施保护现场。

保安服务活动应当文明、合法,不得损害社会公共利益或者侵犯他人的合法权益。保安员不得有下列行为：限制他人人身自由、搜查他人身体或者侮辱、殴打他人；扣押、没收他人证件、财物；阻碍依法执行公务；参与追索债务，采用暴力或者以暴力相威胁的手段处置纠纷；删改或者扩散保安服务中形成的监控影像资料、报警记录；侵犯个人隐私或者泄露在保安服务中获知的国家秘密、商业秘密以及客户单位明确要求保密的信息；违反法律、行政法规的其他行为。

保安服务公司提供保安服务，应当与客户单位签订保安服务合同，明确规定服务项目、内容以及双方权利、义务。保安服务公司应当按照保安服务业服务标准提供规范的保安服务，保安服务公司派出的保安员应当遵守客户单位的有关规章制度。客户单位应当为保安员从事保安服务提供必要的条件和保障。

保安员有权拒绝执行保安从业单位或者客户单位的违法指令，并报告公安机关。保安从业单位不得因保安员不执行违法指令而解除与保安员的劳动合同，降低其劳动报酬和其他待遇，或者停缴、少缴依法应当为其缴纳的社会保险费。

3. 保安服务监督管理

国务院公安部门负责全国保安服务活动的监督管理工作，规定全国统一的保安服务许可证、保安培训许可证、保安员证的式样；县级以上地方人民政府公安机关负责本行政区域内保安服务活动的监督管理工作。

公安机关应当指导保安从业单位建立健全保安服务管理制度、岗位责任制度、保安员管理制度和紧急情况应急预案，督促保安从业单位落实相关管理制度。保安从业单位、保安培训单位和保安员应当接受公安机关的监督检查。

公安机关建立保安服务监督管理信息系统，记录保安从业单位、保安培训单位和保安员的相关信息。公安机关应当对提取、留存的保安员指纹等人体生物信息予以保密。

公安机关的人民警察对保安从业单位、保安培训单位实施监督检查应当出示证件，对监督检查中发现的问题，应当督促其整改。监督检查的情况和处理结果应当如实记录，并由公安机关的监督检查人员和保安从业单位、保安培训单位的有关负责人签字。

县级以上人民政府公安机关应当公布投诉方式，受理社会公众对保安从业单位、保安培训单位和保安员的投诉。接到投诉的公安机关应当及时调查处理，并反馈查处结果。国家机关及其工作人员不得设立保安服务公司，不得参与或者变相参与保安服务公司的经营活动。

（三）保安从业单位

保安从业单位包括保安服务公司和自行招用保安员的单位。自行招用保安员单位是指自行招用人员从事本单位门卫、巡逻、守护等安全防范工作的机关、团体、企事业单位，以及招用人员在自己的物业管理区域内开展门卫、巡逻、秩序维护等服务的物业服务企业。

1. 保安从业单位条件

(1) 保安服务公司的设立

申请设立保安服务公司应当具备下列条件:有不低于人民币 100 万元的注册资本;拟任的保安服务公司法定代表人和主要管理人员应当具备任职所需的专业知识和有关业务工作经验,无被刑事处罚、劳动教养、收容教育、强制隔离戒毒或者被开除公职、开除军籍等不良记录;有与所提供的保安服务相适应的专业技术人员,其中法律、行政法规有资格要求的专业技术人员,应当取得相应的资格;有住所和提供保安服务所需的设施、装备;有健全的组织机构和保安服务管理制度、岗位责任制度、保安员管理制度。

申请设立保安服务公司,应当向所在地设区的市级人民政府公安机关提交申请书以及能够证明其具备设立一般保安服务公司条件的材料。受理的公安机关应当自收到申请材料之日起 15 日内进行审核,并将审核意见报所在地的省、自治区、直辖市人民政府公安机关。省、自治区、直辖市人民政府公安机关应当自收到审核意见之日起 15 日内作出决定,对符合条件的,核发保安服务许可证;对不符合条件的,书面通知申请人并说明理由。

申请设立从事武装守护押运服务的保安服务公司,应当符合国务院公安部门对武装守护押运服务的规划、布局要求,除具备申请设立一般保安服务公司的条件外,还要符合下列条件:有不低于人民币 1 000 万元的注册资本;国有独资或者国有资本占注册资本总额的 51% 以上;有符合《专职守护押运人员枪支使用管理条例》规定条件的守护押运人员;有符合国家标准或者行业标准的专用运输车辆以及通信、报警设备。保安服务公司申请增设武装守护押运业务时,无需再次提交证明其符合保安服务公司规定条件的材料。对符合条件的,核发从事武装守护押运业务的保安服务许可证或者在已有的保安服务许可证上增注武装守护押运服务;对不符合条件的,书面通知申请人并说明理由。

取得保安服务许可证的申请人,凭保安服务许可证到工商行政管理机关办理工商登记。取得保安服务许可证后超过 6 个月未办理工商登记的,取得的保安服务许可证失效。保安服务公司设立分公司的,应当向分公司所在地设区的市级人民政府公安机关备案。备案应当提供总公司的保安服务许可证和工商营业执照,总公司法定代表人、分公司负责人和保安员的基本情况。保安服务公司的法定代表人变更的,应当经原审批公安机关审核,持审核文件到工商行政管理机关办理变更登记。

此外,《保安服务管理条例》施行前已经设立的保安服务公司,应当自该条例施行之日起 6 个月内重新申请保安服务许可证。

(2) 自行招用保安员单位的设立

自行招用保安员的单位应当具有法人资格,有符合本条例规定条件的保安员,有健全的保安服务管理制度、岗位责任制度和保安员管理制度。娱乐场所应当依照《娱乐场所管理条例》的规定，从保安服务公司聘用保安员，不得自行招用保安员。

自行招用保安员的单位，应当自开始保安服务之日起，30日内向所在地设区的市公安机关备案。备案应提供下列材料：① 法人资格证明；② 法定代表人（主要负责人）、分管负责人和保安员的基本情况；③ 保安服务区域的基本情况；④ 建立保安服务管理制度、岗位责任制度、保安员管理制度的情况。

此外，《保安服务管理条例》施行前自行招用保安员的单位，应当自该条例施行之日起3个月内向所在地设区的市公安机关备案。

自行招用保安员的单位不得在本单位以外或者物业管理区域以外提供保安服务。自行招用保安员的单位不再招用保安员进行保安服务的，应当自停止保安服务之日起30日内到备案的公安机关撤销备案。

2. 保安从业单位职责

保安服务公司和自行招用保安员的单位（统称保安从业单位）应当建立健全保安服务管理制度、岗位责任制度和保安员管理制度，加强对保安员的管理、教育和培训，提高保安员的职业道德水平、业务素质和责任意识。

保安从业单位应当依法保障保安员在社会保险、劳动用工、劳动保护、工资福利、教育培训等方面的合法权益。应当招用符合保安员条件的人员担任保安员，并与被招用的保安员依法签订劳动合同。保安从业单位及其保安员应当依法参加社会保险。保安从业单位应当根据保安服务岗位需要，定期对保安员进行法律、保安专业知识和技能培训。应当定期对保安员进行考核，发现保安员不合格或者严重违反管理制度，需要解除劳动合同的，应当依法办理。应当根据保安服务岗位的风险程度为保安员投保意外伤害保险。保安员因工伤亡的，依照国家有关工伤保险的规定享受工伤保险待遇；保安员牺牲被批准为烈士的，依照国家有关烈士褒扬的规定享受抚恤优待。

保安服务中使用的技术防范产品，应当符合有关的产品质量要求。保安服务中安装监控设备应当遵守国家有关技术规范，使用监控设备不得侵犯他人合法权益或者个人隐私。保安服务中形成的监控影像资料、报警记录，应当至少留存30日备查，保安从业单位和客户单位不得删改或者扩散。

保安从业单位对保安服务中获知的国家秘密、商业秘密以及客户单位明确要求保密的信息，应当予以保密。保安从业单位不得指使、纵容保安员阻碍依法执行公务、参与追索债务、采用暴力或者以暴力相威胁的手段处置纠纷。

保安从业单位应当根据保安服务岗位的需要，为保安员配备所需的装备。保安服务岗位装备配备标准由国务院公安部门规定。

（四）保安培训单位

申请设立保安培训单位应当具备下列条件：申请单位是依法设立的保安服务公司或者依法设立的具有法人资格的学校、职业培训机构；有保安培训所需的师资力量，其中保安专业师资人员应当具有大学本科以上学历或者10年以上治安保卫管理工作经历；有保安培训所需的场所、设施等教学条件。

申请从事保安培训的单位，应当向所在地设区的市级人民政府公安机关提交申请书以及能够证明其符合上述条件的材料。受理的公安机关应当自收到申请材料之日起15日内进行审核，并将审核意见报所在地的省、自治区、直辖市人民政府公安机关。省、自治区、直辖市人民政府公安机关应当自收到审核意见之日起15日内作出决定，对符合条件的，核发保安培训许可证；对不符合条件的，书面通知申请人并说明理由。

此外，《保安服务管理条例》施行前已经设立的保安培训单位，应当自该条例施行之日起6个月内重新申请保安培训许可证。

保安培训单位应当按照保安员培训教学大纲制订教学计划，对接受培训的人员进行法律、保安专业知识和技能培训以及职业道德教育。保安员培训教学大纲由国务院公安部门审定。从事武装守护押运服务的保安员的枪支使用培训，应当由人民警察院校、人民警察培训机构负责。承担培训工作的人民警察院校、人民警察培训机构应当向所在地的省、自治区、直辖市人民政府公安机关备案。

（五）法律责任

1. 任何组织或者个人

任何组织或者个人未经许可，擅自从事保安服务、保安培训的，依法给予治安管理处罚，并没收违法所得；构成犯罪的，依法追究刑事责任。

2. 保安从业单位

保安从业单位有下列情形之一的，责令限期改正，给予警告；情节严重的，并处1万元以上5万元以下的罚款；有违法所得的，没收违法所得：① 保安服务公司法定代表人变更未经公安机关审核的；② 未按照本条例的规定进行备案或者撤销备案的；③ 自行招用保安员的单位在本单位以外或者物业管理区域以外开展保安服务的；④ 招用不符合《保安服务管理条例》规定条件的人员担任保安员的；⑤ 保安服务公司未对客户单位要求提供的保安服务的合法性进行核查的，或者未将违法的保安服务要求向公安机关报告的；⑥ 保安服务公司未按照本条例的规定签订、留存保安服务合同的；⑦ 未按照本条例的规定留存保安服务中形成的监控影像资料、报警记录的。

保安从业单位有下列情形之一的，责令限期改正，并处2万元以上10万元以下的罚款；违反治安管理的，依法给予治安管理处罚；构成犯罪的，依法追究直接负责的主管人员和其他直接责任人员的刑事责任：① 泄露在保安服务中获知的国家秘密、商业秘密以及客户单位明确要求保密的信息的;② 使用监控设备侵犯他人合法权益或者个人隐私的;③ 删改或者扩散保安服务中形成的监控影像资料、报警记录的;④ 指使、纵容保安员阻碍依法执行公务、参与追索债务、采用暴力或者以暴力相威胁的手段处置纠纷的;⑤保安员疏于管理、教育和培训,发生保安员违法犯罪案件,造成严重后果的。

保安从业单位因保安员不执行违法指令而解除与保安员的劳动合同,降低其劳动报酬和其他待遇,或者停缴、少缴依法应当为其缴纳的社会保险费的,对保安从业单位的处罚和对保安员的赔偿,依照有关劳动合同和社会保险的法律、行政法规的规定执行。

保安从业单位不得指使、纵容保安员阻碍执行公务、参与追索债务、采用暴力或以暴力相威胁的手段处置纠纷。否则,依法予以惩处。

3. 客户单位

客户单位未按照本条例规定留存保安服务中形成的监控影像资料、报警记录的,以及删改或者扩散保安服务形成的监控影像资料、报警记录的,与保安从业单位违反这些规定同样处罚。

4. 保安员

保安员有下列行为之一的,由公安机关予以训诫;情节严重的,吊销其保安员证;违反治安管理的,依法给予治安管理处罚;构成犯罪的,依法追究刑事责任:① 限制他人人身自由、搜查他人身体或者侮辱、殴打他人的;② 扣押、没收他人证件、财物的;③ 阻碍依法执行公务的;④ 参与追索债务、采用暴力或者以暴力相威胁的手段处置纠纷的;⑤ 删改或者扩散保安服务中形成的监控影像资料、报警记录的;⑥ 侵犯个人隐私或者泄露在保安服务中获知的国家秘密、商业秘密以及客户单位明确要求保密的信息的;⑦ 有违反法律、行政法规的其他行为的。

从事武装守护押运的保安员违反规定使用枪支的,依照《专职守护押运人员枪支使用管理条例》的规定处罚。

保安员在保安服务中造成他人人身伤亡、财产损失的,由保安从业单位赔付;保安员有故意或者重大过失的,保安从业单位可以依法向保安员追偿。

5. 保安培训单位

保安培训单位未按照保安员培训教学大纲的规定进行培训的,责令限期改正,给予警告;情节严重的,并处1万元以上5万元以下的罚款;以保安培训为名进行诈骗活动的,依法给予治安管理处罚;构成犯罪的,依法追究刑事责任。

6. 国家机关及其工作人员

国家机关及其工作人员设立保安服务公司,参与或者变相参与保安服务公司经营活动的,对直接负责的主管人员和其他直接责任人员依法给予处分。

公安机关的人民警察在保安服务活动监督管理工作中滥用职权、玩忽职守、徇私舞弊的,依法给予处分;构成犯罪的,依法追究刑事责任。

二、企业事业单位内部治安保卫条例

《企业事业单位内部治安保卫条例》是由国务院制定颁布的专门规范各单位内部治安保卫工作的一个重要行政法规。其目的在于推动各级人民政府依法有效加强对单位内部治安保卫工作的领导,加强单位内部治安保卫工作,维护单位内部治安秩序稳定,促进经济社会建设事业健康发展。该条例规定,单位内部治安保卫工作的方针是"预防为主,单位负责,突出重点,保障安全"。单位内部治安保卫工作,应当突出保护单位内人员的人身安全。任何单位都不得以经济效益、财产安全或其他为借口而忽视人身安全。

1. 单位内部治安保卫工作的要求

单位内部治安保卫工作的要求是:① 有适应单位具体情况的内部治安保卫制度、措施和必要的治安防范设施;② 单位范围内的治安保卫情况有人检查,重要部位得到重点保护,治安隐患及时得到排查;③ 单位范围内的治安隐患和问题及时得到处理,发生治安案件、涉嫌刑事犯罪的案件及时得到处置。

2. 单位制定的内部治安保卫制度

单位应当建立的内部治安保卫制度有:① 门卫、值班、巡查制度;② 工作、生产、经营、教学、科研等场所的安全管理制度;③ 现金、票据、印鉴、有价证券等重要物品使用、保管、储存、运输的安全管理制度;④ 单位内部的消防、交通安全管理制度;⑤ 治安防范教育培训制度;⑥ 单位内部发生治安案件、涉嫌刑事犯罪案件的报告制度;⑦ 治安保卫工作检查、考核及奖惩制度;⑧ 存放有爆炸性、易燃性、放射性、毒害性、传染性、腐蚀性菌种、毒种以及武器弹药的单位,还应当有相应的安全管理制度;⑨ 其他有关的治安保卫制度。单位制定的内部治安保卫制度,不得与法律、法规、规章的规定相抵触。

3. 单位内部治安保卫人员职责

单位内部治安保卫机构、治安保卫人员应当履行下列职责:① 开展治安防范宣传教育,并落实本单位的内部治安保卫制度和治安防范措施;② 根据需要,检查进入本单位人员的证件,登记出入的物品和车辆;③ 在单位范围内进行治安防范巡逻和检查,建立巡逻、检查和治安隐患整改记录;④ 维护单位内部的治安秩序,制止发生在本单位的违法行为,对难以制止的违法行为以及发生治安案件、涉嫌刑事犯罪案件应当立即报警,并采取措施保护现场,配合公安机关的侦查、处置工作;⑤ 督促落实单位内部治安防范设施的建设和维护。

4. 治安保卫重点单位

治安保卫重点单位是指关系全国或者所在地区国计民生、国家安全和公共安全,由县级以上地方各级人民政府公安机关提出并报本级人民政府确定的单位。

治安保卫重点单位主要包括：广播电台、电视台、通讯社等重要新闻单位；机场、港口、大型车站等重要交通枢纽；国防科技工业重要产品的研制、生产单位；电信、邮政、金融单位；大型能源动力设施、水利设施和城市水、电、燃气、热力供应设施；大型物资储备单位和大型商贸中心；教育、科研、医疗单位和大型文化、体育场所；博物馆、档案馆和重点文物保护单位；研制、生产、销售、储存危险物品或者实验、保藏传染性菌种、毒种的单位；国家重点建设工程单位；其他需要列为治安保卫重点的单位。

5. 治安保卫重要部位

治安保卫重要部位是指由治安保卫单位确定的、关系本单位生产业务全局的部位和生产环节。

治安保卫重要部位主要包括：掌握重要的国家秘密的部位；生产、科研等业务活动中的关键部位；生产、使用、储存危险物品的部位以及实验和保藏有害菌种、毒种的部位；重要的供电、供气、供油、供热部位；贵重、稀有、关键设备；集中储存钱财物资的部位；存放珍贵文物、档案、资料的部位。

6. 单位内部治安保卫人员的法律责任

单位内部治安保卫人员的法律责任包括：民事责任（赔礼道歉、赔偿损失）、行政处分、刑事责任。

单位治安保卫人员在履行职责时侵害他人合法权益的，应当赔礼道歉，给他人造成损害的，单位应当承担赔偿责任。单位赔偿后，有权责令因故意或者重大过失造成侵权的治安保卫人员承担部分或者全部赔偿的费用；对在履行职责时因故意或者重大过失造成侵权的治安保卫人员，单位应当依法给予行政处分。治安保卫人员侵害他人合法权益的行为属于受单位负责人指使、胁迫的，对单位负责人依法给予行政处分，并由其承担赔偿责任；情节严重，构成犯罪的，依法追究刑事责任。

三、信访条例

信访工作是维护人民群众合法权益、密切党和政府与人民群众血肉联系的重要途径。过去，由于信访渠道不够畅通，有的地方或者部门对信访人反映的问题推诿塞责；信访问题处理层层转送，只转不办，责任不清，效率低下；对处理信访事项的机关监督力度不够；对侵犯群众利益引发信访问题的违法行政行为缺乏明确的责任追究机制。为了解决这些问题，2005年1月10日，温家宝总理签署第431号国务院令，公布了新修订的《信访条例》（以下简称《条例》），该《条例》自2005年5月1日起正式施行。《条例》共7章51条。

（一）信访工作原则

《条例》把保护信访人合法权益、维护信访秩序、维护社会稳定作为信访工作的指导原则。为了落实这一指导原则，充分发挥信访制度在解决人民内部矛盾中的作用,确立了信访工作应当遵循的五项具体原则。

1. 方便信访人的原则

方便信访人的原则,就是各级行政机关要为信访人了解信访事项的受理、办理信息等方面提供各种便利条件,促进信访人反映的情况、意见、建议和投诉请求得到迅速反馈和处理。

2. 属地管理、分级负责,谁主管、谁负责的原则

属地管理、分级负责,就是信访事项原则上由事发地政府解决,事发地政府解决不了的,也可以由其上一级政府解决,下级政府不能将矛盾直接推给上级政府。"谁主管、谁负责"就是在明确信访事项归哪一级政府负责后,主管此项工作的政府部门应当承担具体办理的责任。

3. 依法、及时、就地解决问题与疏导教育相结合

依法解决问题,是指要依照法律、法规、规章和有关政策的规定,解决信访人提出的投诉请求。解决问题,纠正错误,都必须依法办事。同时,要提高处理信访问题的效率,依法迅速、快捷地在当地解决群众信访反映的问题,不能让小事酿成大事,小矛盾酿成大矛盾。疏导教育,就是要做好说服、解释和思想政治工作,疏导群众情绪,并对群众进行法制宣传、教育,引导其知法、守法,依法信访,以理性的、合法的方式表达利益诉求。

4. 治标与治本相结合的原则

治标,就是采取认真负责的态度,及时解决已经发生的信访问题,化解已经产生的矛盾和纠纷。治本,就是严格依法行政,从源头上减少和防止侵害群众利益行为的发生。治标与治本相结合,重在治本。

5. 责任原则

责任原则,是指处理人民来信来访是各级政府和政府部门的法定职责,如果不积极履行职责,不认真处理信访事项,造成严重后果的,要承担相应的法律责任。责任原则的核心是通过强化责任,建立"事要解决"的长效机制。为此,《条例》规定各级人民政府应当建立健全信访工作责任制,对信访工作中的失职、渎职行为,严格依照有关法律、行政法规和本条例的规定,追究有关责任人员的责任,并在一定范围内通报;各级人民政府应当将信访工作绩效纳入公务员考核体系;在信访事项的受理、办理、督办等环节中,强化有关行政机关和政府信访工作机构的责任。

(二) 信访渠道

《条例》专门设立了"信访渠道"一章,对畅通信访渠道和创新工作机制作了规定。

(1) 行政机关要公开有关方便信访群众进行信访的信息。规定各级人民政府、县级以上人民政府工作部门应当向社会公布信访工作机构的通信地址、电子信箱、投诉电话、信访接待的时间和地点、查询信访事项处理进展及结果的方式等相

关事项。各级人民政府及其工作部门应当在其信访接待场所或者网站公布与信访工作有关的法律、法规、规章，信访事项的处理程序，以及为信访人提供便利的有关事项。

（2）建立信访信息系统。《条例》规定，国家信访工作机构充分利用现有政务信息网络资源，建立全国信访信息系统；县级以上地方人民政府应当充分利用现有政务信息网络资源，建立或者确定本行政区域的信访信息系统，并与上级人民政府、政府有关部门、下级人民政府的信访信息系统实现互联互通。县级以上各级人民政府的信访工作机构或者有关部门，应当及时将信访人的投诉请求输入信访信息系统，信访人可以持行政机关出具的投诉请求受理凭证，到当地人民政府信访工作机构或者有关部门的接待场所查询其所提出的投诉请求的办理情况。

（3）设区的市级以下人民政府及其工作部门，应当建立行政机关负责人信访接待日制度，由行政机关负责人协调处理信访事项；县级以上人民政府及其工作部门的负责人或其指定的人员，可以就信访人反映突出的问题，到信访人居住地与信访人面谈沟通。

（三）信访人提出信访事项的对象和范围

信访人就是采用书信、电子邮件、传真、电话、走访等形式反映情况、意见或者投诉请求的公民、法人或者其他组织。

《条例》规定，信访人可以对下列五类组织、人员的职务行为，或者不服下列五类组织、人员的职务行为，向有关行政机关提出信访事项。

（1）行政机关及其工作人员，即各级人民政府、各级人民政府的工作部门及其工作人员。

（2）法律、法规授权的具有管理公共事务职能的组织及其工作人员。法律、法规授权的具有管理公共事务职能的组织，是指法律、行政法规、地方性法规授权管理公共事务职能的非行政机关，主要是一些事业单位。

（3）提供公共服务的企业、事业单位及其工作人员。

（4）社会团体或者其他企业、事业单位中由国家行政机关任命、派出的人员。

（5）村民委员会、居民委员会及其成员。

对依法应当通过诉讼、仲裁、行政复议等法定途径解决的投诉请求，信访人应当依照有关法律、行政法规规定的程序向有关机关提出。

（四）维护信访秩序的相关规定

公民的提出建议权和申诉权受宪法保护，但宪法同时规定公民在行使自己权利的同时，有遵守法律法规的义务，不得损害国家、社会、集体的利益和其他公民的合法权利。《条例》规定，信访人在信访过程中应当遵守法律、法规，不得损害国家、社会、集体的利益和其他公民的合法权利，自觉维护社会公共秩序和信访秩序，不得有下列行为：

（1）在国家机关办公场所周围、公共场所非法聚集，围堵、冲击国家机关，拦截公务车辆，或者堵塞、阻断交通；

（2）携带危险物品、管制器具；

（3）侮辱、殴打、威胁国家机关工作人员，或者非法限制他人人身自由；

（4）在信访接待场所滞留、滋事，或者将生活不能自理的人弃留在信访接待场所；

（5）煽动、串联、胁迫、以财物诱使、幕后操纵他人信访或者以信访为名借机敛财；

（6）扰乱公共秩序、妨害国家和公共安全的其他行为。

对于信访人违反上述规定的，可以进行如下处理：第一，由接待信访的有关国家机关工作人员进行劝阻、批评和教育；第二，经劝阻、批评和教育无效的，由公安机关予以警告、训诫或者制止；第三，违反集会游行示威法律、行政法规，或者构成违反治安管理行为的，由公安机关依法采取必要的现场处置措施，给予治安管理处罚，构成犯罪的，依法追究刑事责任。

（五）信访人在信访过程中应当遵守的规则

《条例》对信访人依法享有的权利给予了充分保护。同时，根据有关法律的规定，重申了信访人在行使权利的同时应当履行相应的义务。

（1）信访人提出信访事项，一般应当采取书信、电子邮件、传真等书面形式；信访人提出投诉请求的，还应当载明信访人的姓名（名称）、住址和请求、事实、理由。

（2）信访人采取走访形式提出信访事项，应当向依法有权处理的本级或者上一级机关提出；信访事项已经受理或者正在办理的，信访人在规定期限内向受理、办理机关的上级机关再提出同一信访事项的，该上级机关不予受理。信访人采取走访形式提出信访事项的，应当到有关机关设立或者指定的接待场所提出；多人采用走访形式提出共同信访事项的，应当推选代表，代表人数不得超过5人。

（3）信访人提出信访事项，应当客观真实，对其所提供材料内容的真实性负责，不得捏造、歪曲事实，不得诬告、陷害他人。

（4）信访人对各级人民代表大会及其常委会、人民法院、人民检察院职权范围内的信访事项，应当分别向有关的人民代表大会及其常委会、人民法院、人民检察院提出，但应当同时遵守《条例》的相关规定。

（六）信访事项的办理

对信访事项有权处理的行政机关办理信访事项，应当听取信访人陈述事实和理由；必要时可以要求信访人、有关组织和人员说明情况；需要进一步核实有关情况的，可以向其他组织和人员调查。对重大、复杂、疑难的信访事项，可以举行听证。听证应当公开举行，通过质询、辩论、评议、合议等方式，查明事实，分清责任。听证范围、主持人、参加人、程序等由省、自治区、直辖市人民政府规定。

（七）对信访事项的处理方式及时限要求

《条例》第32条规定，对信访事项有权处理的行政机关经调查核实，应当依照有关法律、法规、规章及其他有关规定，分别作出以下处理，并书面答复信访人：

（1）请求事实清楚，符合法律、法规、规章或者其他有关规定的，予以支持；

（2）请求事由合理但缺乏法律依据的，应当对信访人做好解释工作；

（3）请求缺乏事实根据或者不符合法律、法规、规章或者其他有关规定的，不予支持。

关于办理信访事项的时限要求，《条例》第34条规定："信访事项应当自受理之日起60日内办结；情况复杂的，经本行政机关负责人批准，可以适当延长办理期限，但延长期限不得超过30日，并告知信访人延期理由。法律、行政法规另有规定的，从其规定。"信访人对行政机关作出的信访事项处理意见不服的，可以收到书面答复之日起30日内请求原办理行政机关的上一级行机关复查。收到复查请求的行政机关应当自收到复查请求之日30日内提出复查意见，并予以书面答复。信访人对复查意见不服的，可以自收到书面答复之日起30日内向复查机关的上一级行政机关请求复核。收到复核请求的政机关应当自收到复核请求之日30日内提出复核意见。

（八）法律责任

《条例》第40条至第48条区别不同情况，规定了信访工作机构人员以及信访人员的法律责任。

关于信访机构工作人员的法律责任，《条例》规定，对因超越或者滥用职权，应当作为而不作为，适用法律、法规错误或者违反法定程序，拒不执行有权处理的行政机关作出的支持性意见，以及其他一些问题，造成严重后果的，要对直接主管人员和其他直接责任人员，依照有关法律、行政法规给予行政处分；构成犯罪的，依法追究刑事责任。对信访人员的法律责任，《条例》规定，对违反《条例》规定的信访人员，有关国家机关工作人员应当进行劝阻、批评或者教育；经劝阻、批评和教育无效的，由公安机关予以警告、训诫或者制止。违反集会游行示威的法律、行政法规，或者构成违反治安管理行为的，由公安机关依法采取必要的现场处置措施、给予治安管理处罚；构成犯罪的，依法追究刑事责任。信访人捏造、歪曲事实、诬告陷害他人构成犯罪的，依法追究刑事责任；尚不构成犯罪的，由公安机关依法给予治安管理处罚。

四、专职守护押运人员枪支使用管理条例

《专职守护押运人员枪支使用管理条例》（以下简称《条例》）于2002年7月27日由中华人民共和国国务院颁布施行，共18条。本条例所称专职守护、押运人员，是指依法配备公务用枪的军工、金融、国家重要仓储及大型水利、电力、通讯工程和

机要交通系统的专职守护、押运人员,以及经省、自治区、直辖市人民政府公安机关批准从事武装守护、押运服务的保安服务公司的专职守护、押运人员。

(一)《条例》制定的依据和目的

《条例》第1条指出:"为了加强对守护、押运公务用枪的管理,保障专职守护、押运人员正确使用枪支,根据《中华人民共和国枪支管理法》(以下简称枪支管理法),并参照《中华人民共和国人民警察使用警械和武器条例》,制定本条例。"

(二)配备公务用枪的专职守护、押运人员的条件

根据《条例》规定,配备公务用枪人员的条件是:年满20周岁的中国公民,身心健康,品行良好;没有精神病等不能控制自己行为能力的疾病病史;没有行政拘留、收容教育、强制戒毒、收容教养、劳动教养和刑事处罚记录;经过专业培训,熟悉有关枪支使用、管理法律法规和规章的规定;熟练掌握枪支使用、保养技能。

对于符合配备公务用枪的专职守护、押运人员,由所在单位审查后,报所在地设区的市级人民政府公安机关审查、考核;审查、考核合格的,依照枪支管理法的规定,报省、自治区、直辖市人民政府公安机关审查批准,由省、自治区、直辖市人民政府公安机关发给持枪证件。

(三)枪支的使用

专职守护、押运人员执行守护、押运任务时,方可携带、使用枪支。携带枪支、弹药,必须妥善保管,严防丢失、被盗、被抢或者发生其他事故;任务执行完毕,必须立即将枪支、弹药交还。

严禁非执行守护、押运任务时携带枪支、弹药,严禁携带枪支、弹药饮酒或者酒后携带枪支、弹药。

专职守护、押运人员依法携带、使用枪支的行为,受法律保护;违法携带、使用枪支的,依法承担法律责任。

1. 使用枪支的原则

专职守护、押运人员执行守护、押运任务时,能够以其他手段保护守护目标、押运物品安全的,不得使用枪支;确有必要使用枪支的,应当以保护守护目标、押运物品不被侵害为目的,并尽量避免或者减少人员伤亡、财产损失。

2. 使用枪支的情形

专职守护、押运人员执行守护、押运任务时,遇有下列紧急情形之一,不使用枪支不足以制止暴力犯罪行为的,可以使用枪支:

(1)守护目标、押运物品受到暴力袭击或者有受到暴力袭击的紧迫危险的。

(2)专职守护、押运人员受到暴力袭击危及生命安全或者所携带的枪支弹药受到抢夺、抢劫的。

(3)在存放大量易燃、易爆、剧毒、放射性等危险物品的场所,不得使用枪支;但是,不使用枪支制止犯罪行为将会直接导致严重危害后果发生的除外。

3. 停止用枪的情形

专职守护、押运人员遇有下列情形之一的，应当立即停止使用枪支：

（1）有关行为人停止实施暴力犯罪行为的。

（2）有关行为人失去继续实施暴力犯罪行为能力的。

专职守护、押运人员使用枪支后，应当立即向所在单位和案发地公安机关报告；所在单位和案发地公安机关接到报告后，应当立即派人抵达现场。

专职守护、押运人员的所在单位接到专职守护、押运人员使用枪支的报告后，应当立即报告所在地公安机关，并在事后向所在地公安机关报送枪支使用情况的书面报告。

（四）枪支的管理

依法配备守护、押运公务用枪的单位，应当建立健全持枪人员管理责任制度、枪支弹药保管、领用制度和枪支安全责任制度；对依照本条例第三条的规定批准的持枪人员加强法制和安全教育，定期组织培训，经常检查枪支的保管和使用情况。

依法配备守护、押运公务用枪的单位应当设立专门的枪支保管库（室）或者使用专用保险柜，将配备的枪支、弹药集中统一保管。枪支与弹药必须分开存放，实行双人双锁，并且24小时有人值班。存放枪支、弹药的库（室）门窗必须坚固并安装防盗报警设施。

专职守护、押运人员有下列情形之一的，所在单位应当停止其执行武装守护、押运任务，收回其持枪证件，并及时将持枪证件上缴公安机关：

（1）拟调离专职守护、押运工作岗位的；

（2）理论和实弹射击考核不合格的；

（3）因刑事案件或者其他违法违纪案件被立案侦查、调查的；

（4）擅自改动枪支、更换枪支零部件的；

（5）违反规定携带、使用枪支或者将枪支交给他人，对枪支失去控制的；

（6）丢失枪支或者在枪支被盗、被抢事故中负有责任的。

（五）违反规定的法律责任

1. 个人违规的法律责任

专职守护押运人员违反规定携带、使用枪支的或者将枪支交给他人，对枪支失去控制的；擅自改动枪支、更换枪支零部件的；丢失枪支或者在枪支被盗、被抢事故中负有责任，并且造成严重后果的，依照刑法关于非法持有私藏枪支弹药罪、非法携带枪支弹药危及公共安全罪、非法出租出借枪支罪或者丢失枪支不报罪的规定，依法追究刑事责任；尚不够刑事处罚的，依照枪支管理法的规定，给予行政处罚。

专职守护、押运人员违反本条例的规定使用枪支，造成人员伤亡或者财产损失的，除依法受到刑事处罚或者行政处罚外，还应当依法承担赔偿责任。

2. 单位违规的法律责任

依法配备守护、押运公务用枪的单位违反枪支管理规定,有下列情形之一的,对直接负责的主管人员和其他直接责任人员依法给予记大过、降级或者撤职的行政处分或者相应的纪律处分;造成严重后果的,依照刑法关于玩忽职守罪、滥用职权罪、丢失枪支不报罪或者其他罪的规定,依法追究刑事责任:

(1)未建立或者未能有效执行持枪人员管理责任制度的;

(2)将不符合法定条件的专职守护、押运人员报送公安机关审批或者允许没有持枪证件的人员携带、使用枪支的;

(3)使用枪支后,不报告公安机关的;

(4)未建立或者未能有效执行枪支、弹药管理制度,造成枪支、弹药被盗、被抢或者丢失的;

(5)枪支、弹药被盗、被抢或者丢失,未及时报告公安机关的;

(6)不按照规定审验枪支的;

(7)不上缴报废枪支的;

(8)发生其他涉枪违法违纪案件的。

(六)使用枪支造成损失的处置

专职守护、押运人员依法使用枪支,造成无辜人员伤亡或者财产损失的,由其所在单位依法补偿受害人的损失。

此外,《条例》还对公安机关管理专职守护押运人员枪支的职责和违反规定应承担的法律责任作出了明确规定。

五、大型群众性活动安全管理条例

大型群众性活动是指法人或者其他组织面向社会公众举办的每场次预计参加人数达到1 000人以上的活动。《大型群众性活动安全管理条例》是规定大型群众性活动的安全责任制度和安全监督管理措施,保证大型群众性活动安全举办的一部行政法规。

1. 大型群众性活动的类型

(1)体育比赛活动。

(2)演唱会、音乐会等文艺演出活动。

(3)展览、展销等活动。

(4)游园、灯会、庙会、花会、焰火晚会等活动。

(5)人才招聘会、现场开奖的彩票销售等活动。

2. 大型群众性活动的特点

(1)规模大,参加人员多。

(2)危险系数高,安全问题突出。在各类大型群众性活动中,安全事故、治安和刑事案件时有发生,有的甚至酿成群体性事件,给人民群众的生命、财产安全以及社会治安秩序和公共安全带来较为严重的危害。

3. 大型群众性活动的安全工作方案

大型群众性活动的安全工作方案包括以下内容:

(1) 活动的时间、地点、内容及组织方式。
(2) 安全工作人员的数量、任务分配和识别标志。
(3) 活动场所消防安全措施。
(4) 活动场所可容纳的人员数量以及活动预计参加人数。
(5) 治安缓冲区域的设定及其标志。
(6) 入场人员的票证查验和安全检查措施。
(7) 车辆停放、疏导措施。
(8) 现场秩序维护、人员疏导措施。
(9) 应急救援预案。

4. 大型群众性活动承办者的安全责任

大型群众性活动承办者,是指大型群众性活动的组织实施单位,其对活动安全承担法律责任,应当具体负责做好下列安全事项:

(1) 落实大型群众性活动安全工作方案和安全责任制度,明确安全措施、安全工作人员岗位职责,开展大型群众性活动安全宣传教育。
(2) 保障临时搭建的设施、建筑物的安全,消除安全隐患。
(3) 按照负责许可的公安机关的要求,配备必要的安全检查设备,对参加活动的人员进行安全检查,对拒不接受安全检查的,承办者有权拒绝其进入。
(4) 按照核准的活动场所容纳人员数量、划定的区域,发放或者出售门票。
(5) 落实医疗救护、灭火、应急疏散等应急救援措施,并组织演练。
(6) 及时制止妨碍大型群众性活动安全的行为,发现违法犯罪行为及时向公安机关报告。
(7) 配备与大型群众性活动安全工作需要相适应的专业保安人员以及其他安全工作人员。
(8) 为大型群众性活动的安全工作提供必要的保障。

5. 大型群众性活动的场所管理者的安全责任

大型群众性活动的场所管理者具体负责下列安全事项:

(1) 保障活动场所、设施符合国家安全标准和安全规定。
(2) 保障疏散通道、安全出口、消防车通道、应急广播、应急照明、疏散指示标志符合法律、法规、技术标准的规定。
(3) 保障监控设备和消防设施、器材配置齐全,完好有效。
(4) 提供必要的停车场地,并维护安全秩序。

6. 大型群众性活动中公安机关的职责

（1）审核承办者提交的大型群众性活动申请材料，实施安全许可。

（2）制订大型群众性活动安全监督方案和突发事件处置预案。

（3）指导对安全工作人员的教育培训。

（4）大型群众性活动举办前，对活动场所组织安全检查，发现安全隐患及时责令改正。

（5）大型群众性活动举办过程中，对安全工作的落实情况实施监督检查，发现安全隐患及时责令改正。

（6）依法查处大型群众性活动中的违法犯罪行为，处置危害公共安全的突发事件。

7. 参加大型群众性活动的人员的义务

参加大型群众性活动的人员应当遵守下列规定：

（1）遵守法律、法规和社会公德，不得妨碍社会治安、影响社会秩序。

（2）遵守大型群众性活动场所治安、消防等管理制度，接受安全检查。不得携带爆炸性、易燃性、放射性、毒害性、腐蚀性等危险物质或者非法携带枪支、弹药、管制器具。

（3）服从安全管理。不得展示侮辱性标语、条幅等物品，不得围攻裁判员、运动员或者其他工作人员，不得投掷杂物。

六、民用爆炸物品安全管理条例

为了加强对民用爆炸物品的安全管理，预防爆炸事故发生，保障公民生命、财产安全和公共安全，国务院颁布了《民用爆炸物品安全管理条例》（以下简称《条例》），自2006年9月1日起施行。

民用爆炸物品是指用于非军事目的、列入民用爆炸物品品名表的各类火药、炸药及其制品和雷管、导火索等点火、起爆器材。《条例》规定，国家对民用爆炸物品的生产、销售、购买、运输和爆破作业实行许可证制度。未经许可，任何单位或者个人不得生产、销售、购买、运输民用爆炸物品，不得从事爆破作业。无民事行为能力人、限制民事行为能力人或者曾因犯罪受过刑事处罚的人，不得从事民用爆炸物品的生产、销售、购买、运输和爆破作业。严禁转让、出借、转借、抵押、赠送、私藏或者非法持有民用爆炸物品。

1. 民用爆炸物品从业单位的安全责任

民用爆炸物品从业单位包括民用爆炸物品生产、销售、购买、运输和爆破作业单位。民用爆炸物品从业单位的主要负责人是本单位民用爆炸物品安全管理责任人，对本单位的民用爆炸物品安全管理工作全面负责。

民用爆炸物品从业单位是治安保卫工作的重点单位，应当依法设置治安保卫机构或者配备治安保卫人员,设置技术防范设施,防止民用爆炸物品丢失、被盗、被抢。民用爆炸物品从业单位应当建立安全管理制度、岗位安全责任制度,制订安全防范措施和事故应急预案,设置安全管理机构或者配备专职安全管理人员;应当加强对本单位从业人员的安全教育、法制教育和岗位技术培训,从业人员经考核合格的,方可上岗作业;对有资格要求的岗位,应当配备具有相应资格的人员。

民用爆炸物品生产企业、销售企业和爆破作业单位应当建立民用爆炸物品登记制度,如实将本单位生产、销售、购买、运输、储存、使用民用爆炸物品的品种、数量和流向信息输入计算机系统。

2. 民用爆炸物品生产

民用爆炸物品的生产,首先应当依照规定申请办理《民用爆炸物品生产许可证》,然后向国务院国防科技工业主管部门申请安全生产许可,再持经标注安全生产许可的《民用爆炸物品生产许可证》到工商行政管理部门办理工商登记,并向所在地县级人民政府公安机关备案,方可严格按照《民用爆炸物品生产许可证》核定的品种和产量生产民用爆炸物品。

试验或者试制民用爆炸物品,必须在专门场地或者专门的试验室进行。严禁在生产车间或者仓库内试验或者试制民用爆炸物品。

3. 民用爆炸物品的销售

申请从事民用爆炸物品销售的企业,应当依法申领《民用爆炸物品销售许可证》,再持《民用爆炸物品销售许可证》到工商行政管理部门办理工商登记,向所在地县级人民政府公安机关备案,然后方可销售民用爆炸物品。

4. 民用爆炸物品的购买

民用爆炸物品使用单位申请购买民用爆炸物品的,应当向所在地县级人民政府公安机关提出购买申请,并提交有关材料,申领《民用爆炸物品购买许可证》;《民用爆炸物品购买许可证》载明许可购买的品种、数量、购买单位以及许可的有效期限。民用爆炸物品使用单位凭《民用爆炸物品购买许可证》购买民用爆炸物品,还应当提供经办人的身份证明。

民用爆炸物品生产企业凭《民用爆炸物品生产许可证》购买属于民用爆炸物品的原料;民用爆炸物品销售企业凭《民用爆炸物品销售许可证》向民用爆炸物品生产企业购买民用爆炸物品。

销售、购买民用爆炸物品,应当通过银行账户进行交易,不得使用现金或者实物进行交易。

销售民用爆炸物品的企业,应当将购买单位的许可证、银行账户转账凭证、经办人的身份证明复印件保存2年备查;并且,应当自民用爆炸物品买卖成交之日起3日内,将销售的品种、数量和购买单位向所在地省、自治区、直辖市人民政府国防科技工业主管部门和所在地县级人民政府公安机关备案。

购买民用爆炸物品的单位,应当自民用爆炸物品买卖成交之日起3日内,将购买的品种、数量向所在地县级人民政府公安机关备案。

5. 民用爆炸物品的运输

运输民用爆炸物品,应当遵守《条例》的以下规定:

(1)依法申领《民用爆炸物品运输许可证》。收货单位应当向运达地县级人民政府公安机关提出申请,并提交包括下列内容的材料:

① 民用爆炸物品生产企业、销售企业、使用单位以及进出口单位分别提供的《民用爆炸物品生产许可证》《民用爆炸物品销售许可证》《民用爆炸物品购买许可证》或者进出口批准证明;

② 运输民用爆炸物品的品种、数量、包装材料和包装方式;

③ 运输民用爆炸物品的特性、出现险情的应急处置方法;

④ 运输时间、起始地点、运输路线、经停地点。

受理申请的公安机关依法核发的《民用爆炸物品运输许可证》,载明收货单位、销售企业、承运人、一次性运输有效期限、起始地点、运输路线、经停地点,民用爆炸物品的品种、数量。

(2)按照《民用爆炸物品运输许可证》许可的品种、数量运输。

(3)经由道路运输民用爆炸物品的,应当遵守下列规定:

① 携带《民用爆炸物品运输许可证》;

② 民用爆炸物品的装载符合国家有关标准和规范,车厢内不得载人;

③ 运输车辆安全技术状况应当符合国家有关安全技术标准的要求,并按照规定悬挂或者安装符合国家标准的易燃易爆危险物品警示标志;

④ 运输民用爆炸物品的车辆应当保持安全车速;

⑤ 按照规定的路线行驶,途中经停应当有专人看守,并远离建筑设施和人口稠密的地方,不得在许可以外的地点经停;

⑥ 按照安全操作规程装卸民用爆炸物品,并在装卸现场设置警戒,禁止无关人员进入;

⑦ 出现危险情况立即采取必要的应急处置措施,并报告当地公安机关。

(4)民用爆炸物品运达目的地,收货单位应当进行验收后在《民用爆炸物品运输许可证》上签注,并在3日内将《民用爆炸物品运输许可证》交回发证机关核销。

另外,《条例》规定,禁止携带民用爆炸物品搭乘公共交通工具或者进入公共场所;禁止邮寄民用爆炸物品;禁止在托运的货物、行李、包裹、邮件中夹带民用爆炸物品。

6. 民用爆炸物品的爆破作业

(1)申请从事爆破作业的单位,应当按照国务院公安部门的规定,向有关人民政府公安机关提出申请,并提供能够证明其符合规定条件的有关材料,申领《爆破作业单位许可证》,持证从事爆破作业。

(2)营业性爆破作业单位持《爆破作业单位许可证》到工商行政管理部门办理工商登记后,方可从事营业性爆破作业活动;并且,应当在办理工商登记后3日内,向所在地县级人民政府公安机关备案。

(3)爆破作业单位跨省、自治区、直辖市行政区域从事爆破作业的,应当事先将爆破作业项目的有关情况向爆破作业所在地县级人民政府公安机关报告。

(4)实施爆破作业,应当遵守国家有关标准和规范,在安全距离以外设置警示标志并安排警戒人员,防止无关人员进入;爆破作业结束后应当及时检查、排除未引爆的民用爆炸物品。

(5)在爆破作业现场临时存放民用爆炸物品的,应当具备临时存放民用爆炸物品的条件,并设专人管理、看护,不得在不具备安全存放条件的场所存放民用爆炸物品。

7. 民用爆炸物品的储存

民用爆炸物品应当储存在专用仓库内,并按照国家规定设置技术防范设施。储存民用爆炸物品应当遵守下列规定:

(1)建立出入库检查、登记制度,收存和发放民用爆炸物品必须进行登记,做到账目清楚,账物相符;

(2)储存的民用爆炸物品数量不得超过储存设计容量,对性质相抵触的民用爆炸物品必须分库储存,严禁在库房内存放其他物品;

(3)专用仓库应当指定专人管理、看护,严禁无关人员进入仓库区内,严禁在仓库区内吸烟和用火,严禁把其他容易引起燃烧、爆炸的物品带入仓库区内,严禁在库房内住宿和进行其他活动;

(4)民用爆炸物品丢失、被盗、被抢,应当立即报告当地公安机关。

非法制造、买卖、运输、储存民用爆炸物品,构成犯罪的,依法追究刑事责任;尚不构成犯罪,有违反治安管理行为的,依法给予治安管理处罚。违反本《条例》规定,在生产、储存、运输、使用民用爆炸物品中发生重大事故,造成严重后果或者后果特别严重,构成犯罪的,依法追究刑事责任。违规携带民用爆炸物品搭乘公共交通工具或者进入公共场所,邮寄或者在托运的货物、行李、包裹、邮件中夹带民用爆炸物品,构成犯罪的,依法追究刑事责任;尚不构成犯罪的,由公安机关依法给予治安管理处罚,没收非法的民用爆炸物品,处1 000元以上1万元以下的罚款。

七、娱乐场所管理条例

娱乐场所是指以营利为目的,向公众开放,供消费者自娱自乐的歌舞、游艺等场所。娱乐场所容易发生色情、赌博等违法犯罪活动,必须加强治安管理。《娱乐场所管理条例》正是公安部颁布实施的对娱乐场所日常经营及安全状况进行监管的一部行政法规。

1. 娱乐场所的类型

（1）以人际交谊为主的歌厅、舞厅、卡拉OK场所等。

（2）依靠游艺器械经营的场所，如电子游戏厅、游艺厅、台球厅等。

2. 娱乐场所及其从业人员的禁止行为

娱乐场所及其从业人员不得实施下列行为，也不得为进入娱乐场所的人员实施下列行为提供条件：

（1）贩卖、提供毒品，或者组织、强迫、教唆、引诱、欺骗、容留他人吸食、注射毒品。

（2）组织、强迫、引诱、容留、介绍他人卖淫、嫖娼。

（3）制作、贩卖、传播淫秽物品。

（4）提供或者从事以营利为目的的陪侍。

（5）赌博。

（6）从事邪教、迷信活动。

（7）其他违法犯罪行为。

3. 娱乐场所内禁止的活动

国家倡导弘扬民族优秀文化，禁止娱乐场所内的娱乐活动含有下列内容：

（1）违反宪法确定的基本原则的。

（2）危害国家统一、主权或者领土完整的。

（3）危害国家安全，或者损害国家荣誉、利益的。

（4）煽动民族仇恨、民族歧视，伤害民族感情或者侵害民族风俗、习惯，破坏民族团结的。

（5）违反国家宗教政策，宣扬邪教、迷信的。

（6）宣扬淫秽、赌博、暴力以及与毒品有关的违法犯罪活动，或者教唆犯罪的。

（7）违背社会公德或者民族优秀文化传统的。

（8）侮辱、诽谤他人，侵害他人合法权益的。

（9）法律、行政法规禁止的其他内容。

4. 娱乐场所安全管理要求

（1）法定代表人负责制。娱乐场所的法定代表人或者主要负责人应当对娱乐场所的消防安全和其他安全负责。

（2）安全设施符合要求。娱乐场所应当确保其建筑、设施符合国家安全标准和消防技术规范，定期检查消防设施状况，并及时维护、更新。

（3）制订安全工作方案。娱乐场所应当制订安全工作方案，包括应急疏散预案等。

（4）疏散通道畅通。营业期间，娱乐场所应当保证疏散通道和安全出口畅通，不得封堵、锁闭疏散通道和安全出口,不得在疏散通道和安全出口设置栅栏等影响疏散的障碍物。娱乐场所应当在疏散通道和安全出口设置明显指示标志,不得遮挡、覆盖指示标志。

(5) 禁止危险品入内。任何人不得非法携带枪支、弹药、管制器具或者携带爆炸性、易燃性、毒害性、放射性、腐蚀性等危险物品和传染病病原体进入娱乐场所。

(6) 配备安全检查设备。迪斯科舞厅应当配备安全检查设备,对进入营业场所的人员进行安全检查。

(7) 悬挂警示标志。娱乐场所应当在营业场所的大厅、包厢、包间内的显著位置,悬挂含有禁毒、禁赌、禁止卖淫嫖娼等内容的警示标志和未成年人禁入或者限入标志。标志应当注明公安部门、文化主管部门的举报电话。

(8) 建立巡查制度。娱乐场所应当建立巡查制度,发现娱乐场所内有违法犯罪活动的,应当立即向所在地的公安机关、文化主管部门报告。

(9) 聘用正规保安。娱乐场所必须从保安服务公司聘请保安员,并签订保安服务合同;不得自行招用保安员。

(10) 统一着装。营业期间,娱乐场所的从业人员应当统一着工作服,佩戴工作标志并携带居民身份证或者外国人就业许可证。

八、物业管理条例

物业管理是指业主通过选聘物业服务企业,由业主和物业服务企业按照物业服务合同约定,对房屋及配套的设施设备和相关场地进行维修、养护、管理,维护物业管理区域内的环境卫生和相关秩序的活动。《物业管理条例》是国家为规范物业管理活动、维护业主和物业服务企业的合法权益、改善人民群众的生活和工作环境而由国务院制定颁布的一部行政法规。

(一) 业主的权利与义务

1. 业主在物业管理活动中享有的权利

业主是指房屋的所有权人。业主在物业管理活动中享有下列权利:① 按照物业服务合同的约定,接受物业管理企业提供的服务;② 提议召开业主大会会议,并就物业管理的有关事项提出建议;③ 提出制订和修改管理规约、业主大会议事规则的建议;④ 参加业主大会会议,行使投票权;⑤ 选举业主委员会委员,并享有被选举权;⑥ 监督业主委员会的工作;⑦ 监督物业服务企业履行物业服务合同;⑧ 对物业共用部位、共用设施设备和相关场地使用情况享有知情权和监督权;⑨ 监督物业共用部位、共用设施设备专项维修资金的管理和使用;⑩ 法律、法规规定的其他权利。

2. 业主在物业管理活动中应当履行的义务

业主在物业管理中履行下列义务:① 遵守管理规约、业主大会议事规则;② 遵守物业管理区域内物业共用部位和共用设施设备的使用、公共秩序和环境卫生的维护等方面的规章制度;③ 执行业主大会的决定和业主大会授权业主委员会作出的决定;④ 按照国家有关规定交纳专项维修资金;⑤ 按时交纳物业服务费用;⑥ 法律、法规规定的其他义务。

(二) 物业服务企业在安全管理方面的职责

物业服务企业应当协助做好物业管理区域内的安全防范工作。如果发生安全事故,物业服务企业在采取应急措施的同时,应当及时向有关行政管理部门报告,协助做好救助工作。物业服务企业雇请保安员的,应当遵守国家有关规定。保安员在维护物业管理区域内的公共秩序时,应当履行职责,不得侵害公民的合法权益。

物业使用人(承租人)在物业管理活动中的权利、义务由业主和物业使用人约定,但不得违反法律、法规和管理规约的有关规定。

第三节　保安工作的相关部门规章

一、对部分刀具实行管制的暂行规定

管制刀具是指未经许可不得随意携带、使用的刀具。公安部于1983年8月颁布的《对部分刀具实行管制的暂行规定》明确规定,公安机关的管制刀具包括:匕首、三棱刀、带有自锁装置的弹簧刀(跳刀)及其他类似的单刃、双刃、三棱尖刀等。其主要类别是:

(1) 匕首、三棱刀、三棱刮刀、半圆刮刀、侵刀、扒皮刀、羊骨刀、猎刀、弹簧刀。

(2) 刀体8厘米以上,带自锁装置或非折叠式的单刃、双刃尖刀。

(3) 武术用刀(能开刃的)、剑等器械。

(4) 少数民族用的藏刀、腰刀、靴刀。

(5) 其他可能危害社会治安的刀具。

管制刀具的生产、经销、购买、佩带、使用、携带,都要依法批准或许可。任何人不得非法携带管制刀具进入车站、码头、机场、公园、商场、影剧院、展览馆或其他公共场所和乘坐火车、汽车、轮船、飞机。非法销售、携带管制刀具的,由公安机关予以取缔,没收其刀具,并按照有关法律、法规给予治安处罚。

二、公安机关实施保安服务管理条例办法

为了规范公安机关对保安服务的监督管理工作,公安部根据《保安服务管理条例》和有关法律、行政法规规定,制定了《公安机关实施保安服务管理条例办法》

（以下简称《办法》），于2010年2月3日公布施行。《办法》共分8章51条，内容包括总则、保安从业单位许可与备案、保安员证申领与保安员招用、保安服务、保安培训单位许可与备案、监督检查、法律责任、附则等。

（一）公安机关监督管理保安服务活动的分工

公安部负责全国保安服务活动的监督管理工作。地方各级公安机关应当按照属地管理、分级负责的原则，对保安服务活动依法进行监督管理。《办法》对省级公安机关、设区市的公安机关、县级公安机关和铁路、交通、民航、森业公安机关、新疆生产建设兵团公安机关以及公安派出所负责的保安服务监督管理工作内容作了明确规定，并且要求各级公安机关明确保安服务主管机构，归口负责保安服务监督管理工作；对在保护公共财产和人民群众生命财产安全、预防和制止违法犯罪活动中有突出贡献的保安从业单位和保安员，公安机关应当按照国家有关规定给予表彰奖励。保安员因工伤亡的，依照国家有关工伤保险的规定享受工伤保险待遇，公安机关应当协助落实工伤保险待遇；保安员因公牺牲的，公安机关应当按照国家有关规定，做好烈士推荐工作。

另外，《办法》还要求保安服务行业协会在公安机关指导下，依法开展提供服务、规范行为、反映诉求等保安服务行业自律工作；要求全国性保安服务行业协会在公安部指导下，开展推荐保安员服装式样、设计全国统一的保安服务标志、制定保安服务标准、开展保安服务企业资质认证以及协助组织保安员考试等工作。

（二）保安从业单位许可与备案的办理

对于申请设立不同类型不同服务内容的保安服务公司，应当向设区市的公安机关提交的材料和履行的手续，《办法》作出了具体的明确规定。

1. 申请设立一般保安服务公司应当提交的材料

（1）设立申请书（应当载明拟设立保安服务公司的名称、住所、注册资本、股东及出资额、经营范围等内容）；

（2）具有法定资格的验资机构出具的100万元以上注册资本验资证明，属于国有资产的，应当依照有关法律、行政法规的规定进行资产评估，并提供有关文件；

（3）拟任的保安服务公司法定代表人和总经理、副总经理等主要管理人员的有效身份证件、简历，保安师资格证书复印件，5年以上军队、公安、安全、审判、检察、司法行政或者治安保卫、保安经营管理工作经验证明，县级公安机关开具的无被刑事处罚、劳动教养、收容教育、强制隔离戒毒证明；

（4）拟设保安服务公司住所的所有权或者使用权的有效证明文件和提供保安服务所需的有关设备、交通工具等材料；

（5）专业技术人员名单和法律、行政法规有资格要求的资格证明；

（6）组织机构和保安服务管理制度、岗位责任制度、保安员管理制度材料；

（7）工商行政管理部门核发的企业名称预先核准通知书。

2. 申请设立提供武装守护押运服务的保安服务公司应当提交的材料

已经设立的一般保安服务公司申请增设武装守护押运业务的应当提交下列材料：

（1）1 000万元以上注册资本的有效证明文件；

（2）出资属国有独资或者国有资本占注册资本总额51%以上的有效证明文件；

（3）符合《专职守护押运人员枪支使用管理条例》规定条件的守护押运人员的材料；

（4）符合国家或者行业标准的专用运输车辆以及通信、报警设备的材料；

（5）枪支安全管理制度和保管设施情况的材料。

申请新设立提供武装守护押运服务的保安服务公司，除了应提交上述材料外，还应当提交设立一般保安服务公司的7类材料。省级公安机关依法批准设立提供武装守护押运服务的保安服务公司后，向申请人核发保安服务许可证或在已有的保安服务许可证上增注武装守护押运服务。

3. 申请设立中外合资经营、中外合作经营或者外资独资经营的保安服务公司应提交的材料

除了向公安机关提交申请设立提供武装守护押运服务的保安服务公司规定的材料外，还应当提交下列材料：

（1）中外合资、中外合作合同；

（2）外方的资信证明和注册登记文件；

（3）拟任的保安服务公司法定代表人和总经理、副总经理等主要管理人员为外国人的，须提供在所属国家或者地区无被刑事处罚记录证明（原居住地警察机构出具并经公证机关公证）、5年以上保安经营管理工作经验证明、在华取得的保安师资格证书复印件。

本办法施行前已经设立的保安服务公司重新申请保安服务许可证，拟任的法定代表人和总经理、副总经理等主要管理人员为外国人的，除需提交前款第3项规定的材料外，还应当提交外国人就业证复印件。

4. 保安服务许可证的使用

取得保安服务许可证的申请人，应当在办理工商登记后30个工作日内，将工商营业执照复印件报送核发保安服务许可证的省级公安机关。取得保安服务许可证后超过6个月未办理工商登记的，保安服务许可证失效，发证公安机关应当收回保安服务许可证。

5. 公安机关的备案管理

保安服务公司设立分公司的，应当自分公司设立之日起15个工作日内，向分公司所在地设区市的公安机关备案，并接受备案地公安机关监督管理。备案应当

提交下列材料：

(1) 保安服务许可证、工商营业执照复印件；

(2) 保安服务公司法定代表人、分公司负责人和保安员基本情况；

(3) 拟开展的保安服务项目。

自行招用保安员从事本单位安全防范工作的机关、团体、企事业单位以及在物业管理区域内开展秩序维护等服务的物业服务企业，应当自开始保安服务之日起30个工作日内向所在地设区市的公安机关备案。备案应当提交下列材料：

(1) 单位法人资格证明；

(2) 法定代表人（主要负责人）、保安服务分管负责人和保安员的基本情况；

(3) 保安服务区域的基本情况；

(4) 建立保安服务管理制度、岗位责任制度、保安员管理制度的情况；

(5) 保安员在岗培训法律、保安专业知识和技能的情况。

另外，《办法》规定，保安服务公司拟变更法定代表人的，应当向所在地设区市的公安机关提出申请。设区市的公安机关应当在收到申请后15个工作日内进行审核并报所在地省级公安机关。省级公安机关应当在收到申报材料后15个工作日内审核并予以回复。

（三）保安员证的申领、考试与保安员招用

1. 申领保安员证的条件

(1) 年满18周岁的中国公民；

(2) 身体健康，品行良好；

(3) 初中以上学历；

(4) 参加保安员考试，成绩合格；

(5) 没有《保安服务管理条例》规定的不可以担任保安员的情形。

2. 申领保安员证的考试

参加保安员考试，由本人或者保安从业单位、保安培训单位组织到现住地县级公安机关报名，填报报名表（可以到当地公安机关政府网站上下载），并按照国家有关规定交纳考试费。报名应当提交有效身份证件、县级以上医院出具的体检证明、初中以上学历证明等。

县级公安机关应当在接受报名时留取考试申请人的指纹，采集数码照片，并现场告知领取准考证时间。

县级公安机关对申请人的报名材料进行审核，符合规定条件的，上报设区市的公安机关发给准考证，通知申请人领取。

申请人考试成绩合格的，设区市的公安机关核发保安员证，由县级公安机关通知申请人领取。

3. 保安员的招用

保安从业单位直接从事保安服务的人员,应当持有保安员证。保安从业单位应当招用持有保安员证的人员从事保安服务工作,并与被招用的保安员依法签订劳动合同。

(四) 保安服务管理

1. 保安服务合同签订前的核查

保安服务公司与客户签订保安服务合同前,应当依法对客户的下列事项进行核查:① 客户单位是否依法设立;② 被保护财物是否合法;③ 被保护人员的活动是否合法;④ 要求提供保安服务的活动依法需经批准的,是否已经批准;⑤ 维护秩序的区域是否经业主或者所属单位明确授权;⑥ 其他应当核查的事项。

2. 跨省(自治区、直辖市)的经营活动管理

保安服务公司派出保安员提供保安服务,保安服务合同履行地与保安服务公司所在地不在同一省、自治区、直辖市的,应当依照《保安服务管理条例》的规定,在开始提供保安服务之前30个工作日内,向保安服务合同履行地设区市的公安机关备案,并接受备案地公安机关监督管理。备案应当提交下列材料:① 保安服务许可证和工商营业执照复印件;② 保安服务公司法定代表人、服务项目负责人有效身份证件和保安员的基本情况;③ 跨区域经营服务的保安服务合同;④ 其他需要提供的材料。

3. 重点单位的保安服务管理

经设区的市级以上地方人民政府确定的关系国家安全、涉及国家秘密等治安保卫重点单位不得聘请外资保安服务公司提供保安服务。为上述单位提供保安服务的保安服务公司不得招用境外人员。

4. 保安技防产品管理

保安服务中使用的技术防范产品,应当符合国家或者行业质量标准。保安服务中安装报警监控设备,应当遵守国家有关安全技术规范。

5. 保安员的着装管理

保安员上岗服务应当穿着全国性保安服务行业协会推荐式样的保安员服装,佩带全国统一的保安服务标志。

提供随身护卫、安全技术防范和安全风险评估服务的保安员上岗服务可以穿着便服,但应当佩带全国统一的保安服务标志。

6. 保安服务装备管理

保安从业单位应当根据保安服务和保安员安全需要,为保安员配备保安服务岗位所需的防护、救生等器材和交通、通讯等装备。保安服务岗位装备配备标准由公安部制定。

(五）保安培训单位许可与备案的办理

1. 申请设立保安培训单位应当提交的材料

（1）设立申请书（应当载明申请人基本情况、拟设立培训单位名称、培训目标、培训规模、培训内容、培训条件和内部管理制度等）；

（2）符合《保安服务管理条例》规定条件的证明文件；

（3）申请人、法定代表人的有效身份证件，主要管理人员和师资人员的相关资格证明文件。

2. 保安员枪支使用培训

对从事武装守护押运服务保安员进行枪支使用培训的人民警察院校、人民警察培训机构，应当在开展培训工作前30个工作日内，向所在地省级公安机关备案。备案应当提交的材料：① 法人资格证明或者批准成立文件；② 法定代表人、分管负责人的基本情况；③ 与培训规模相适应的师资和教学设施情况；④ 枪支安全管理制度和保管设施建设情况。

3. 保安培训的要求

保安培训单位，应当按照公安部审定的保安员培训教学大纲进行培训；不得对外提供或者变相提供保安服务。

（六）保安服务的监督检查

公安机关应当加强对保安从业单位、保安培训单位的日常监督检查，督促落实各项管理制度。并且，应当根据《保安服务管理条例》规定，建立保安服务监督管理信息系统和保安员指纹等人体生物信息管理制度。保安服务监督管理信息系统建设标准由公安部制定。

1. 监督检查内容

（1）公安机关对保安服务公司检查的内容包括：保安服务公司基本情况；设立分公司和跨省、自治区、直辖市开展保安服务经营活动情况；保安服务合同和监控影像资料、报警记录留存制度落实情况；保安服务中涉及的安全技术防范产品、设备安装、变更、使用情况；保安服务管理制度、岗位责任制度、保安员管理制度和紧急情况应急预案建立落实情况；从事武装守护押运服务的保安服务公司公务用枪安全管理制度和保管设施建设情况；保安员及其服装、保安服务标志与装备管理情况；保安员在岗培训和权益保障工作落实情况；被投诉举报事项纠正情况；其他需要检查的事项。

（2）公安机关对自行招用保安员单位检查的内容包括：备案情况；监控影像资料、报警记录留存制度落实情况；保安服务中涉及的安全技术防范产品、设备安装、变更、使用情况；保安服务管理制度、岗位责任制度、保安员管理制度和紧急情况应急预案建立落实情况；依法配备的公务用枪安全管理制度和保管设施建设情况；自行招用的保安员及其服装、保安服务标志与装备管理情况；保安员在岗培训和权益保障工作落实情况；被投诉举报事项纠正情况；其他需要检查的事项。

(3) 公安机关对保安培训单位检查的内容包括：保安培训单位基本情况；保安培训教学情况；枪支使用培训单位备案情况和枪支安全管理制度与保管设施建设管理情况；其他需要检查的事项。

2. 监督检查要求

(1) 公安机关有关工作人员对保安从业单位和保安培训单位实施监督检查时不得少于2人，并应当出示执法身份证件。

(2) 对监督检查情况和处理意见应当如实记录，并由公安机关检查人员和被检查单位的有关负责人签字；被检查单位负责人不在场或者拒绝签字的，公安机关工作人员应当在检查记录上注明。

(3) 公安机关在监督检查时，发现依法应当责令限期改正的违法行为，应当制作责令限期改正通知书，送达被检查单位。责令限期改正通知书中应当注明改正期限。

(4) 公安机关应当在责令改正期限届满或者收到当事人的复查申请之日起3个工作日内进行复查。对逾期不改正的，依法予以行政处罚。

3. 信息公开透明

公安机关应当在办公场所和政府网站上公布保安服务的相关信息，接受社会监督。这些信息内容包括：

(1) 保安服务监督管理有关法律、行政法规、部门规章和地方性法规、政府规章等规范性文件；

(2) 保安服务许可证、保安培训许可证、保安员证的申领条件和程序；

(3) 保安服务公司设立分公司与跨省、自治区、直辖市经营服务和自行招用保安员单位以及从事武装守护押运服务的保安员枪支使用培训单位的备案材料和程序；

(4) 保安服务监督检查工作要求和程序；

(5) 举报投诉方式；

(6) 其他应当公开的信息。

4. 行政许可的撤销

发证公安机关经查证属实有下列情形之一的，应当撤销行政许可：① 以欺骗、贿赂等不正当手段取得保安服务或者保安培训许可的；② 公安机关及其工作人员滥用职权、玩忽职守、违反法定程序准予保安服务或者保安培训许可的；③ 不具备申请资格、不符合法定条件的申请人获取的保安服务或者保安培训许可。

撤销保安服务、保安培训许可的程序：① 经省、自治区、直辖市人民政府公安机关批准，制作撤销决定书送达当事人；② 收缴许可证书；③ 公告许可证书作废。

5. 行政许可的注销

保安服务公司、保安培训单位依法破产、解散、终止的,发证公安机关应当依法及时办理许可注销手续,收回许可证件。

(七)法律责任

1. 保安从业单位的法律责任

保安服务公司泄露在保安服务中获知的国家秘密,或者指使、纵容保安员阻碍依法执行公务、参与追索债务、采用暴力或者以暴力相威胁的手段处置纠纷,或者有其他严重违法犯罪行为等造成严重后果的,除依照《条例》第43条规定处罚外,发证公安机关可以依据《中华人民共和国治安管理处罚法》第54条第三款的规定,吊销保安服务许可证。

保安培训单位以培训为名进行诈骗等违法犯罪活动,情节严重的,公安机关可以吊销保安培训许可证。

为重点单位提供保安服务的保安服务公司违反规定招用境外人员的,依照《企业事业单位内部治安保卫条例》第19条的前款规定处罚。

保安培训单位以实习为名,派出学员变相开展保安服务的,依照《保安服务管理条例》第41条规定,依法给予治安管理处罚,并没收违法所得;构成犯罪的,依法追究刑事责任。

2. 重点单位的法律责任

设区的市级以上人民政府确定的关系国家安全、涉及国家秘密等治安保卫重点单位聘请外商独资、中外合资、中外合作的保安服务公司提供保安服务的,依照《企业事业单位内部治安保卫条例》第19条的规定处罚。

3. 公安机关工作人员的法律责任

公安机关工作人员在保安服务监督管理中有下列情形的,对直接负责的主管人员和其他直接责任人员依法给予处分;构成犯罪的,依法追究刑事责任:

(1)明知不符合设立保安服务公司、保安培训单位的设立条件却许可的;符合《条例》和本办法规定,应当许可却不予许可的;

(2)违反《条例》规定,应当接受保安从业单位、保安培训单位的备案而拒绝接受的;

(3)接到举报投诉,不依法查处的;

(4)发现保安从业单位和保安培训单位违反《条例》规定,不依法查处的;

(5)利用职权指定安全技术防范产品的生产厂家、销售单位或者指定保安服务提供企业的;

(6)接受被检查单位、个人财物或者其他不正当利益的;

(7)参与或者变相参与保安服务公司经营活动的;

(8)其他滥用职权、玩忽职守、徇私舞弊的行为。

(八) 其他规定

《办法》对保安服务的证件式样、制作、使用以及涉及港、澳、台投资的保安服务公司的管理,也分别作出明确规定。

(1) 保安服务许可证和保安培训许可证包括正本和副本,正本应当悬挂在保安服务公司或者保安培训单位主要办公场所的醒目位置。

(2) 保安服务许可证、保安培训许可证、保安员证式样由公安部规定,省级公安机关制作;其他文书式样由省级公安机关自行制定。

(3) 对香港特别行政区、澳门特别行政区和台湾地区投资者设立合资、合作或者独资经营的保安服务公司的管理,参照适用外资保安服务公司的相关规定。

三、公安机关执行保安服务管理条例若干问题的解释

2010年9月16日,公安部印发《公安机关执行保安服务管理条例若干问题的解释》,其内容如下:

根据《保安服务管理条例》(以下简称《条例》)和《公安机关实施保安服务管理条例办法》(以下简称《办法》)规定及保安服务监管工作需要,现对公安机关执行《条例》的若干问题解释如下。

(1) 关于保安服务公司主要管理人员范围问题。《条例》第八条第二项规定,拟任的保安服务公司法定代表人和主要管理人员应当具备任职所需的专业知识和有关业务工作经验。这里的"主要管理人员"是指拟任的保安服务公司总经理、副总经理。

(2) 关于保安服务公司法定代表人和主要管理人员保安师资格证问题。《条例》第八条第二项规定,拟任保安服务公司法定代表人和主要管理人员应当具备任职所需的专业知识。《办法》第九条进一步明确规定,拟任保安服务公司法定代表人和总经理、副总经理等主要管理人员应当具有保安师资格。在全国保安职业技能鉴定工作开始后,将对在任的保安服务公司的法定代表人和总经理、副总经理等主要管理人员进行全国统一的职业技能鉴定,核发保安师资格证书。

(3) 关于拟任保安服务公司法定代表人和主要管理人员治安保卫或者保安经营管理经验问题。《条例》第八条第二项规定,拟任的保安服务公司法定代表人和主要管理人员应当具备有关业务工作经验。《办法》第九条规定,拟任的保安服务公司法定代表人和主要管理人员应当具有5年以上军队、公安、安全、审判、检察、司法行政或者治安保卫、保安经营管理工作经验。这里的"治安保卫"工作经验是指曾在县级以上人民政府确定的治安保卫重点单位从事治安保卫管理工作经历;"保安经营管理"工作经验是指在保安服务公司中曾担任经营管理领导职务的工作经历。

(4) 关于直辖市公安机关直接受理设立保安服务公司或者保安培训单位申请

的审核审批时间问题。根据《行政许可法》第四十二条、《条例》第九条和《办法》第三条规定,直辖市公安机关直接受理设立保安服务公司或者保安培训单位申请的,应当在20日内审核完毕并作出决定;在20日内不能作出决定的,经本行政机关负责人批准,可以延长10日,并应将延长期限的理由告知申请人。

(5)关于提供武装守护押运服务的保安服务公司国有投资主体数量问题。《条例》第十条规定,提供武装守护押运服务的保安服务公司应当由国有资本独资设立,或者国有资本占注册资本总额51%以上。这里所称的国有资本可以由多个国有投资主体持有,但其中一个国有投资主体持有的股份应当占该公司注册资本总额的51%以上。

(6)关于公安机关所属院校、社团和现役部队设立保安服务公司问题。根据1998年中央对军队、武警和政法机关进行清商的文件精神和公安部有关规定要求,公安机关所属院校、社团和现役部队不得设立保安服务公司,不得参与或者变相参与保安服务公司的经营活动。

(7)关于自行招用保安员单位跨区域开展保安服务活动的备案问题。《条例》第十四条第一款规定,自行招用保安员的单位,应当向所在地设区的市级人民政府公安机关备案。自行招用保安员的单位因本单位生产经营工作的需要而跨市(地、州、盟)开展保安服务活动的,应当将保安服务情况向当地市(地、州、盟)公安机关备案,当地公安机关应当接受备案,并纳入监管。

(8)关于单位自行招用保安员的备案范围问题。根据《条例》第十四条规定,对具有法人资格的单位自行招用的直接从事本单位门卫、巡逻、守护和秩序维护等安全防范工作并与本单位签订劳动合同或用工协议的人员,应当纳入公安机关备案范围。

(9)关于达到法定退休年龄人员申领保安员证问题。根据《劳动法》等法律、法规规定和保安服务工作要求,对于达到法定退休年龄的人员不再发给保安员证。

(10)关于安全技术防范服务认定问题。根据《条例》第二条规定,保安服务包括安全技术防范服务。这里的"安全技术防范服务"主要是指利用安全技术防范设备和技术手段,为公民、法人和其他组织提供入侵报警、视频监控,以及报警运营等服务。

四、国家保安员资格考试大纲

《国家保安员资格考试大纲》(以下简称《大纲》)是公安部根据《国家保安员资格考试培训教材》内容和保安服务业对保安员的基本要求,为满足国家保安员资格考试的需要而编写的。《大纲》规定了考试内容和考核要求。考试内容确定了考试的范围。考核要求分为了解、熟悉和掌握三个层次。其中要求"了解"的内容是一般重要部分,试题量相对较少;要求"熟悉"的内容是比较重要的部分,试题量适中;要求"掌握"的内容是最重要的部分,也是试题量最多的部分。

《大纲》公布了考试方式、合格成绩和考试题型。考试可采取机考或卷考两种方式,一律为闭卷。试卷总分为100分,60分及以上为合格。考试题型为选择题(单项选择题、多项选择题)和判断题。《大纲》还就各类考试题型分别举例公示。

【单项选择题举例】

1. 保安员证由(　　)负责颁发。
　A. 人力资源和社会保障部　　　　B. 公安部
　C. 设区的市级公安机关　　　　　D. 省级人力资源和社会保障部门
正确答案:C

2. 室内消火栓系统由消防水池、消防给水设施、(　　)、消火栓箱等组成。
　A. 消防排水设施　　　　　　　　B. 消防给水管网
　C. 消火栓手轮　　　　　　　　　D. 干粉灭火系统
正确答案:B

3. 根据《保安员国家职业标准(试行)》,保安员国家职业的分级情况是(　　)。
　A. 初级保安员、中级保安员、高级保安员
　B. 初级保安员、中级保安员、高级保安员、保安师、高级保安师
　C. 初级保安员、中级保安员、高级保安员、保安师
　D. 初级保安员、中级保安员、高级保安员、初级保安师、保安师
正确答案:B

【多项选择题举例】

1. 保安服务具有(　　)的特点。
　A. 特许性　　　B. 有偿性　　　C. 防范性　　　D. 契约性
　E. 风险性
正确答案:ABCDE

2. 使用止血带止血法止血时,如果现场找不到表带式止血带等专用止血带,可用(　　)等代替。
　A. 绳索　　　　B. 布条　　　　C. 领带　　　　D. 电线
　E. 铁丝
正确答案:BC

3. 出入口守卫主要通过(　　)来实施。
　A. 报告　　　　B. 验证　　　　C. 疏导　　　　D. 登记
　E. 观察
正确答案:BCDE

【判断题举例】

1. 曾被收容教育、强制隔离戒毒、劳动教养或者三次以上行政拘留的人员不得担任保安员。（   ）

正确答案：√

2. 保安员徒步巡逻一般以组队形式进行，主要有单线巡逻、往返巡逻、交叉巡逻和点线巡逻等形式。（   ）

正确答案：√

3. 保安员在提供保安服务时发现有盗窃等违法犯罪嫌疑的，可以报请服务单位领导同意，限制其人身自由并搜查其身体。（   ）

正确答案：×

另外，《大纲》还对《国家保安员资格考试培训教材》中每一章的考试内容和考核要求分别进行了表述。其实，考试内容与考核要求是相对应的，大同小异。为了便于学习掌握，本教程将这些考核要求分别归到了有关章节的末尾"本章保安员证考核要求"中，故不在此重复。

本章保安员证考核要求

一、一般了解内容

法的诞生；法的本质及特征；法律的实施；我国的法律体系。

刑法的特点；犯罪与犯罪特征；犯罪的构成要件；排除犯罪性行为的含义及类型；正当防卫的含义及条件；紧急避险的含义及条件；刑罚的含义及种类；常见犯罪的概念、构成要件及认定与应用。

刑事诉讼的含义与目的；刑事诉讼法的含义与主要内容；刑事强制措施的含义与措施；刑事诉讼程序的含义与要求。

违反治安管理行为及其特征；常见违反治安管理行为的含义及主要表现；公安机关在治安管理中经常采取的其他法律措施的含义。

劳动法律关系的含义；劳动合同的含义及订立、解除；劳动合同的内容；劳动争议解决的途径；社会保险知识。

单位内部治安保卫工作要求；单位制定的内部治安保卫制度；单位内部治安保卫人员职责；治安保卫重要部位的含义与范围；单位内部治安保卫人员的法律责任。

物业管理的含义；业主的权利与义务；物业服务企业在安全管理方面的职责。

大型群众性活动的含义和特点；大型群众性活动安全工作方案的内容；大型群众性活动承办者的安全责任；大型群众性活动的场所管理者的安全责任；大型群众

性活动中公安机关的职责;参加大型群众性活动的人员的义务。

娱乐场所的含义;娱乐场所安全管理要求。

管制刀具的含义和类型。

二、需要熟悉内容

公民的基本权利;公民的基本义务;正当防卫与紧急避险;治安管理处罚及其种类;劳动者的基本权利和基本义务;治安保卫重点单位的含义与范围;娱乐场所及其从业人员的禁止行为;娱乐场所内禁止的活动。

三、重点掌握内容

《保安服务管理条例》;保安服务公司设立的条件;自行招用保安员单位的条件。

第六章

保安员礼仪常识

我国是一个有着5000多年悠久历史的文明古国，素以"礼仪之邦"著称于世。作为龙的传人——中华儿女，应当在日常的生活、工作中，时时处处讲究礼仪，以实际行动弘扬民族优良传统，为"礼仪之邦"的祖国增光添彩。保安员自然也不例外。

第一节 保安员礼仪概述

一、礼仪的概念

由"礼"和"仪"二字组成的"礼仪"一词，内涵丰富。礼，表示敬意的通称，它既可指为表示敬意而隆重举行的仪式，也可泛指社会交往中的礼貌礼节，是人们在长期的生活实践中约定俗成的行为规范。礼，包含礼节、礼貌和礼仪等内容。"礼仪，行礼之仪式。"（《辞源》中的解释）可见，"礼仪"是为了表示敬意而举行的仪式。语言、行为表情、服饰器物是构成礼仪的三大要素。

礼貌是指人们言语、动作谦虚恭敬的表现。礼节是礼仪的节度，是表示尊敬、祝颂、哀悼的惯用形式，如敬礼、鞠躬等。一个人有礼貌的标志主要体现在语言、态度和行为方面。语言文明、态度亲和、举止端庄是与人友好交往的必备素养。

二、礼仪的基本原则

不同职业、不同场合、不同活动有着内容不尽相同的礼仪规范，但礼仪的基本原则是相同的。礼仪的基本原则，是指人们在日常生活、工作中实施礼貌、礼节、礼仪时，必须掌握和遵循的行为准则。这种行为准则，可以概括为：尊重、平等、得体、适度、真诚、相容、自律、自觉。

1. 尊重、平等的原则

在社会生活中，尽管人们的社会身份、职业分工、经济收入、生活水平有所不同，但是每个人的人格和法律地位都是平等的，没有高低贵贱之别，因此，人们应当彼此尊重。所谓人格平等,指的是人的尊严都应当受到尊重。所谓法律地位平等,指的是人的合法权益都受到法律保护,在法律面前人人平等。平等待人是建立良好的人际关系、构建和谐社会的前提和条件,尊重他人与相互平等是一致的。

2. **得体、适度的原则**

人际交往中,应当把握与特定环境相适宜的人们彼此之间的情感距离,注意分寸,既彬彬有礼,又不低三下四;既热情服务,又不自我作践;既服从领导,又不阿谀奉承。无论对待什么人,都应做到得体适度、不卑不亢。

3. **真诚、相容的原则**

人与人之间,建立真正友谊、树立良好信誉的基础是真诚。真诚,能够在与人交往时,缩短与对方的心理距离而达到心理相容、和睦相处。真诚,就是要善解人意,体谅别人,就是要严于律己,宽以待人,就是要不猜忌别人,求同存异,就是要以诚相见,讲究礼仪。

4. **自律、自觉的原则**

通过礼仪的实践活动,人们会逐步形成一种内心的道德信念和行为修养准则,以及自我约束、自我克制的心理机制,在与他人的交往中,就会自觉地按照礼仪规范去做。依靠别人的提示、监督,礼仪往往不会完全到位。

三、保安员礼仪的含义

保安员礼仪是保安从业人员文明行为的道德规范和标准,是保安员的生活行为规范和为人处世的准则,是保安员仪表仪容、言谈举止、待人接物等方面的具体规定。保安员礼仪包括保安员的仪表礼仪、交谈礼仪、公共礼仪等内容。

保安员的个人礼仪是保安员个人道德品质、文化素养、教育良知等精神内涵的外在表现。它既是衡量保安员个人精神风貌和素质修养的尺度,又是衡量保安队伍精神文明建设的重要标志。因此,保安员礼仪不仅代表保安员的个人形象,也代表保安队伍的整体形象,是保安服务业赢得声誉和客户信赖的基本条件之一。

第二节 保安员礼仪的特点和作用

一、保安员礼仪的特点

保安从业人员的礼仪是整个社会众多礼仪中的一个分支,与其他礼仪相比较,有其独特之处,从而构成了保安员礼仪的特点。

1. **保安员礼仪以个人为支点**

保安员礼仪是针对保安员个人自身行为的规定。虽然它不是保安服务组织行为的限定,但是保安员必须顾全大局,从树立良好形象、维护整体利益出发,在日常生活、工作中自觉地遵守执行,否则就不是一个完全合格的保安员。

2. 保安员礼仪以修养为基础

保安员礼仪属于个人行为的个人礼仪。个人礼仪是个人的公共道德修养在社会活动中的体现,它反映的是一个人的内在品格和文化修养。对于保安员个体而言,保安员礼仪做得如何,取决于个人修养的高低,因而,保安员必须加强个人修养,夯实保安员礼仪基础。

3. 保安员礼仪以尊重为原则

尊重,就是表示尊敬、敬意。保安员礼仪的具体表现形式尽管多种多样,但都体现了对他人的尊重。尊重的保安员礼仪,就是建立人与人之间的相互尊重和友好合作的新型关系,有利于避免、缓解一些不必要的冲突。

4. 保安员礼仪以美好为目标

保安员礼仪要求保安员着装整洁、举止优雅、谈吐礼貌,处处符合礼仪规定,其目的是引导保安员走向文明,实现真、善、美,从而树立保安员及其职业的美好社会形象。

5. 保安员礼仪以长远为方针

俗话说,习惯成自然。对于任何人,无论是好的习惯还是坏的习惯,都有一个长时间的形成过程。同样道理,保安员要想把保安礼仪变成自己的优良品质(好习惯),需要长期坚持不懈的刻苦训练和努力,克服自身原有的不符合保安员礼仪的坏习惯,不断地完善良好的自我行为。否则,保安员礼仪就是纸上谈兵,无法成为保安员的自觉行为。

二、保安员礼仪的作用

在社会交往和保安工作中,礼仪具有调整和处理人们相互关系的诸多功能。也就是说,保安员礼仪能够约束保安员的言行举止,有益于人们的交流和愉悦身心,有利于增进彼此的友谊,构建保安工作的和谐环境,提高保安服务质量,赢得社会的赞许。

1. 尊重功能

保安员礼仪的基本原则之一是尊重。尊重就是尊敬人,向对方表示敬意。彼此相互尊重,礼尚往来,保安员礼仪的作用就显而易见。当然,尊重不仅仅表现在礼貌、礼节上,更表现在保安工作中的相互支持、配合,尊重他人意见,协调行动,做好工作等方面。

2. 约束功能

保安员礼仪是保安员的行为方式,是保安从业人员在长期的保安服务实践中逐步形成的习俗,受到社会的认可,并且成为保安职业的行为规范。既然是行为规范,那么,任何参加保安工作的人,都自觉或者不自觉地受到保安礼仪的约束(即对不规范行为的约束),在日常生活和工作中,必须依照保安员礼仪规范活动;否则,社会就会以道德和舆论的手段来对其加以约束。保安组织也会采取措施,促使其"改邪归正",将其行为约束到保安礼仪框架内。

3. 教育功能

礼仪作为一种道德习俗,对社会中每一个人都有教育作用。礼仪是社会传统文化的重要组成部分,借助"传统"的教育力量,礼仪必然代代相传,世世相习。同样,保安员礼仪是保安职业道德的重要内容,是保安员道德素质的外在表现形式,它对每一个保安员都具有无形和有形的影响作用。一方面,保安员在勤务中彼此的传、帮、带,势必让保安员礼仪在保安队伍中得到发扬光大。另一方面,保安队伍整体的优良礼仪,又能对社会其他成员起到示范教育作用,推动社会礼仪的提升。

4. 调节功能

保安员礼仪的调节功能,主要是指保安员礼仪具有调节社会人际关系的作用。人际关系在社会生活中十分重要,在保安工作中尤为重要。作为保安员,没有良好的人际关系,就不能合群,容易成为"孤家寡人",严重的甚至会行为变异、失常,成为"另类"。就保安组织而言,倘若人际关系紧张、反常,就会导致队伍散乱,形不成合力,完成不了保安工作任务。这就需要保安员礼仪加以调节,以改变现状。

保安员礼仪是人际关系和谐相处的调节器。彼此交往、相互交流、以礼相待,能够避免矛盾、增进团结。保安服务工作中,坚持一切按保安员礼仪办,既有助于协调与客户、群众的关系,得到服务对象的首肯,也有助于协调同事之间的行动,提高工作效率。

第三节 保安员礼仪的基本内容

保安员礼仪的具体内容较多,如果将之分门别类,可以归纳为保安员的仪表礼仪、交谈礼仪和公共礼仪三大类。

一、仪表礼仪

仪表礼仪是指保安员在人际交往中外在的可见礼仪。仪表礼仪具体地表现在服饰礼仪、体姿礼仪(行为举止)两个方面。

(一)服饰礼仪

广义的服饰,是指服装穿着、饰品佩戴、美容化妆三者的统一。保安服饰礼仪是保安员在服装穿着、饰品佩戴和美容化妆等方面的行为规范。保安员的服装,包括腰带、领带、帽徽、领饰、肩饰、臂章等饰品,经全国保安服务行业协会推荐式样,由保安服务从业单位在推荐式样范围内选用。保安服务标志式样统一由全国保安服务行业协会确定。

保安服饰礼仪要求保安员着装规范，在工作期间，应当着全国保安服务行业协会推荐式样的保安服装，佩戴全国统一的保安服务标志，注意清洁、整齐、挺直，保持仪容严整。一般情况下，保安员应做到下列几点：

（1）执勤期间，必须着保安制服。不宜或者不需要着装勤务除外。

（2）按照不同季节配套穿着保安制服，不同制式的保安服不得混穿。

（3）着装时，规范缀钉、佩戴保安服务标志等，不得佩戴与保安员身份无关的其他标志。

（4）爱护和妥善保管保安制服、保安服务标志等，保持其干净、卫生、整洁。

（二）体姿礼仪（行为举止）

体姿礼仪是指保安员的形体姿态礼仪，即保安员的行为举止礼仪。它是通过保安员的站姿、坐姿、行姿以及人际交往中的手动、头动、鞠躬、致意、敬礼、递物、接物等动作体现出来的礼仪。保安员的行为举止要求，包括举止端庄、仪容整洁、举止规范等内容。

1. 举止端庄

举止端庄是一个人具有良好素养的表现形式，举止端庄能够反映一个人的高雅气质、道德素养和文明程度。举止主要指坐姿、站姿、走姿和手势等。

（1）站姿

站姿即站立的姿势，是保安员执勤时常见的一种基本的体姿。优美、典雅的站姿是表现人的良好气质与风度的起点和基础。

保安员的基本站姿有两种：一是身体立直，挺胸抬头，下颌微收，双目平视，两膝并严，脚跟靠紧，双脚分开呈"V"字形，提髋立腰，吸腹收臀，双手置于身体两侧自然下垂；二是身体立直，挺胸抬头，下颌微收，两腿分开，两脚平行比肩宽略窄些，双手在身后交叉，右手搭在左手上，贴于臀部。

（2）坐姿

坐姿即落座后的姿势。坐姿要大方、文雅。坐得端庄是展现自己气质与风范的重要形式。

保安员的基本坐姿是：就座时不要慌张、用力、前倾后仰或歪歪扭扭。走到座位前，转身后应当轻稳坐下；坐在椅子上至少坐满椅子的三分之二，脊背轻靠椅背，上体挺直，面带微笑，双目平视，嘴唇微闭，微收下颌；双肩平稳放松，两臂自然弯曲放在膝上，亦可放在椅子或沙发的扶手上；两腿分开，不超过肩宽；两脚与地面呈垂直状。

（3）走姿

走姿即行走的姿势。走姿往往最能表现一个人的风度与气质。有良好走姿的人,会更显青春活力。

保安员稳健走姿的规范是:上身挺直,双肩平稳,目光平视,下颌微收,面带微笑;手臂伸直放松,手指自然弯曲,摆动时以肩关节为轴,上臂带动前臂,双臂向前后自然摆动,摆幅以30度到35度为宜,肘关节略弯曲,前臂不要向上甩动;上体前屈,提髋屈大腿带动小腿向前迈;脚尖略抬,脚跟先接触地面,依靠后腿将身体重心推送到前脚脚掌,使身体前移;行走线路要成一条直线;步幅适当,一般应该是前脚的脚后跟与后脚的脚尖相距为一脚长,但因性别和身高不同会有一定差异。

(4) 手势

手势是一种"体态语言",不同的手势具有不同的含义。恰当地运用手势来表情达意,能够为交际形象增辉。保安员日常打招呼、介绍、敬礼、致意、告别、欢迎等一般都会伴随手势。应当注意的是力度的大小、速度的快慢、时间的长短,不可过度。

例如,在介绍别人或者为别人指方向、请别人做某件事情时,应当掌心向上指向对方、指示方向,上身稍向前倾,以示敬重,这种手势被认为是诚恳、恭敬、有礼貌。说到自己时,可用手掌轻按自己的左胸,这样会显得端庄、大方、可信。在任何情况下,都不要用拇指指自己的鼻尖和用手指指点他人,这些都是在交际中禁忌的手势。

2. 举止规范

(1) 保安员身穿保安制服时,不得边走边吃东西、扇扇子;不得在公共场所或者其他禁止吸烟的场所吸烟;不得袖手、插兜、搭肩、挽臂、揽腰;不得嬉笑打闹、高声喧哗;不得席地坐卧。

(2) 不得酗酒、赌博、打架斗殴;不得参加封建迷信活动。

(3) 两人以上着装徒步巡逻执勤或外出时,应当两人成行、三人成列,行为庄重,威严有序。

此外,保安员在日常生活中与他人交往时,还应注意握手、致意、介绍、递物、接物等行为举止的规范。

(1) 握手

握手是一种沟通思想、交流感情、增进友谊的重要方式。在彼此见面、相互介绍、离别的时候,用握手方法来表达热情、礼貌、致意的礼节。保安员握手的具体要求是:

① 行握手礼时,上身应稍许前倾,两足立正,伸出右手距离对方一步,四指并拢,拇指张开。握手时,双目注视对方,面带微笑。握手的时间,一般在3秒钟内。初次相见,握手时间可短一些;老友相见,握手时间可长一些。

② 保安员与主人、年长者、身份地位高者、女性见面时,应先问候对方,等到对方伸手后再去握手,否则显得不礼貌。

③ 保安员着装戴帽时与对方握手,应先敬礼后握手。

④ 男保安员与女士握手时,一般应当握住对方的手指,用力要轻一些,握手时间要短一些。

⑤ 戴手套的保安员握手时,应当先摘下手套,再行握手礼。

⑥ 既有熟人又有陌生人在场时,握手应当不分彼此,均要一一握手,不可顾此失彼,以示平等相待。

握手的方式方法不当,有失礼仪。握手时,应当避免精力分散、东张西望、漫不经心,或者双手交叉与对方二人握手,或者中间隔着别人与对方握手,或者握手用力过大、握手抓住不放,等等。

(2) 致意

致意是相识的人之间表示问候之意的常用礼节。致意的方式有:

① 举手致意。适用向距离较远的熟人打招呼。举手致意,就是将右臂伸直,掌心朝向对方,轻轻地摆动一下手便可,不要反复动作。

② 点头致意。适用于不宜交谈、走动的场合。点头致意,就是面带微笑,头微微向下一动,幅度不要太大。

③ 欠身致意。适用于对方身份、地位较高,保安员未穿制服的情况。欠身致意,就是全身或者身体上半部微微向前一躬,以表示对他人的恭敬之意。

④ 敬礼。适用于保安员身穿制服、戴着帽子,受礼者距离 5~7 步的时候致意。敬礼分两种:举手礼和注目礼。保安员在交接班时,应当彼此敬举手礼,其动作要领:上体正直,右手迅速抬起,五指并拢,自然伸直,中指位于帽檐右角约 2 厘米处(无帽檐的,微接太阳穴上方、帽墙下沿),手心向下,微向内,手腕不得弯曲,右大臂略平,与两臂略成一线。同时注视受礼者。注目礼的动作要领:面向受礼者,成立正姿势,同时注视受礼者,并且目迎目送(右、左转头角度不超过 45 度)。

致意的原则:一是先后有序。男士应先向女士致意;年轻者先向年长者致意;学生先向老师致意;下级先向上级致意。二是女士致意有别。女士不论在何种场合,不论年龄大小,不论是否戴帽,只需点头致意或微笑致意。只有遇到上级、长辈、老师、特别钦佩的人、一群朋友的时候,女士才率先向他们致意。三是致意要注意文雅。一般情况下,致意时,不得向对方叫喊,以免妨碍他人。

(3) 介绍

人们在日常交往中,初次见面,彼此不熟,就需要介绍。介绍是相互了解的基本方式,主要包括自我介绍、介绍他人。

① 自我介绍。自我介绍时,应当面带微笑,先说一声"您好"或者"大家好"(多人在场)。然后,介绍自己姓名、身份、单位等情况。若有名片,同时递给对方。自我介绍时的举止要端正、大方。讲到自己时,可将右手轻轻地按放在自己的左胸上,表情坦然、亲切,眼睛应当注视对方(大家),切不可表现出随便、不在乎的样

子。自我介绍的语速要适度、口齿要清楚,尽量讲普通话。

② 介绍他人。一般情况下,介绍他人的内容与自我介绍的内容相同。介绍时力求讲普通话,口齿清楚,语速适中,手掌伸出去,手心向上,朝着被介绍人。在被介绍人较多的时候,先后介绍顺序应视不同情况而定。一是通常根据被介绍人和受听介绍人的年龄、身份、地位、性别不同,先把晚辈介绍给长辈,把身份地位低者介绍给身份地位高者,把男士介绍给女士,把未婚女子介绍给已婚女子。二是在社交场合负责介绍客人时,一般先把来客介绍给主人。来客定位后介绍时,应由职位高的开始介绍。

③ 被他人介绍。如果自己是被介绍者,当别人介绍到自己时,要微笑点头致意;如果坐着,应当站起身来。待介绍完自己情况后,应当向受听介绍者说一声"您好!""幸会!"之类的礼貌语。如果受听介绍人靠近自己,应当主动握手,表示结识对方的热情。

(4) 递物

保安员向别人递交物品时,应当使用双手,以示对别人的尊重。如果递交名片、文件,应当将正面朝着对方。如果递交刀、笔之类的尖利物品,应当将尖头朝向自己。

(5) 接物

保安员接受他人双手递交的物品时,均应当双手捧接,并点头示意或者说声"谢谢",以示相互尊重。如果对方递过来的是名片,应当仔细看一下,以示重视。

3. 仪容整洁

保安员应当保持仪容整洁。非特殊任务需要,不得染彩发。男性保安员不得留长发、大鬓角、卷发(自然卷除外),不得剃光头或者蓄胡须;女性保安员发辫不得过肩。此外,保安员还不得文身,不得染指甲、留长指甲,不得化浓妆,不得戴耳环。

二、交谈礼仪

保安员在与别人交谈时,应当本着诚恳、大方、朴实、平等的原则,选择合适的话题和准确的语言进行沟通,以体现文明礼貌。

交谈的礼貌语言,要求保安员对别人的称呼恰当,使用的语言适合交流的内容,符合表达的要求,遵循约定俗成的准则,给人心情愉悦的感觉。即使履行保安职责,制止对方不轨行为,也能让对方心悦诚服,不伤和气。

(一)恰当的称谓

称谓即称呼,比较复杂。不同的对象、不同的场合、不同的情况下,对于同样一个人,称呼也应有所不同。许多过去专一的称呼,现在都扩大了含义,变成了多种对象的称呼。这里只对通常称呼作一介绍。

1. 同志

志同道合者为"同志",这是同志的本义。"同志"没有年龄、职业、地位的区分。现在以"同志"称呼别人的不多。但是,对于保安员来说,对于从事公务员工作或者身份不清、仪容整洁的人员,适宜称其为"同志"。

2. 师傅

原本是学徒的工人称呼那些向其传授技术的、技术水平比自己高一筹的人为"师傅"。现在的"师傅"称谓扩大化了,成了人民群众用得最多的称呼之一。在企业单位和社区物业从事保安工作的人员,对于年龄较大、不宜使用"同志"称呼的男性,均可以"师傅"相称。

3. 先生

"先生"原是年龄小的人对于比自己年龄大的男性的称呼。后来,"先生"延伸为妻子对丈夫、学生对老师、社会人对有知识者的男士的尊敬称呼。现在,"先生"的称呼使用更广泛。在事业单位和社团组织以及社交场所执勤的保安员,对于身份不清、仪容端庄的男性,适宜称呼"先生"。

4. 夫人

在社交场所,对于有一定身份、地位和仪表整洁的已婚女性,可以称其为"夫人"。年纪轻、不明婚否的女性,可称为"小姐"。但某些地区把从事色情服务的青年女性称为"小姐",这些地区的保安员,应当避免使用"小姐"称呼。

5. 老师

学生与老师原来是相对而言的,即学生称在学校传授知识于己的人为"老师"。现在则把"老师"作为一种尊称,对于学历、阅历、知识等方面胜于自己的人,甚至年长者,均称其为"老师"。

6. 其他常用称呼

一是在熟人、同事之间,对年龄大于自己的或者自己尊重的人,在其姓之前,加一个"老"字相称,如"老张""老李"等。反之,对年龄小于自己的人,则在其姓之前加一个"小"字相称,如"小王""小赵"等。二是对敬重的长辈,在其姓之后加一个"老"字相称,如"刘老""陈老"等。三是对于身份明确的有职位或职称的人,可在其姓之后,加上其职位或职称相称,如"孙局长""周工程师"或"周工"等。四是只用"您"来笼统地称呼老师、长者。

(二)礼貌用语

礼貌是处理人与人之间关系的一种规范,是人们在日常交往中应当共同遵守的道德准则。礼貌用语是尊重他人的具体表现,是友好关系的敲门砖。在待人接物中,语言有明显的高下、美丑之别,其产生的心理效应也有天壤之别。"良言一句三冬暖,恶语伤人六月寒"。礼貌用语要求说话和气,不强词夺理,不恶语伤人;谈吐文雅,不讲脏话粗话;与人交流时,谦逊、尊重对方,多用商量的口吻,不要盛气凌人,也不要说大话。保安员日常礼貌用语大体分为见面语、感谢语、致歉语、告别语等几类。

1. 见面语

见面语也称问候语。人们在工作、生活中见面时,应根据彼此的关系问候"您好!""你好!""早上好!""晚上好!"等。问候时,表情应当自然、和蔼、亲切,面带笑容。不论何人以何种方式问候自己,只要是出自善意,均应作答,绝不可毫无表示。

2. 感谢语

感谢语是对他人表示谢意的用语。别人帮了自己哪怕一点小忙,保安员都应当说声"谢谢!""非常感谢!"或者"麻烦您了!"在接受别人的款待或赠与时,应该说"好,谢谢!"当别人向你致谢时,应该说"不用谢!"或"不谢!"

3. 致歉语

致歉语是向别人表示歉意的用语。自己做了不当的事或者失礼时,应当及时向对方道歉说"对不起!""实在抱歉!""失礼了!""请原谅!"如果不经意打扰了别人或需要打断别人的话,应该说"对不起,请原谅!"不管在谁面前,无论是上级、下级、同级、客户单位人员,还是陌生人,该道歉时就应及时道歉。被道歉者也应说一声"没关系",不要羞于启齿。

4. 告别语

告别语是与别人告别时的用语。一般说"再见!"。

5. 其他常用礼貌用语

保安员在日常工作中常用的礼貌用语还有征询语、应答语、慰问语、赞美语、敬语等。

(1)征询语

征询语是保安员在征询来访者时常用的礼貌语言,如"您需要帮忙吗?""您有什么事吗?""这样会不会打扰您?""需要帮您做点什么吗?""伤了没有?要不要到医院去看一下?""快点走好吗?""请让个路好吗?"等,都是表示征询的话。保安员应在日常工作中主动关心他人,显得既热情又有礼貌。

(2)应答语

应答语是保安员在回答来访者、客户单位人员的询问及其他人的问题时的用语。如"不必客气!""不谢!""不用!""没关系,这是我应该做的。""不要紧!""客气啦!""应该的!"等。这些话是在特定的语言环境中,或回答对方的谢意,或回答对方的歉意,或回答对方的要求等,都是一种礼貌的应答之词,对方听了会感到愉快。

(3)慰问语

慰问语是对他人的情感给予抚慰的用语。如"您辛苦了!""让您受累了!""给您添麻烦了!""劳驾您了!"慰问语通俗、实在、简洁、明了,听起来虽然很简单,却能让对方感到温暖,认为你是个热心关心他人的人,也能换来对方的好感。

(4) 赞美语

赞美语是对他人发自内心的奖赏和肯定的用语。赞美语言丰富多彩,往往与被赞美的对象及其表现密切相关。常用赞美语有"真不错!""了不起!""不简单!""非常好!""太棒了!""很好!""太好了!"等。使用赞美语言时,要热情、坦诚,发自内心,切忌言不由衷。

(5) 敬语

敬语是说话者向对方表示尊敬的礼貌用语。敬语包括尊敬语、谦让语和郑重语等。说话者直接表示自己对听话者敬意的语言称为尊敬语,如见面时称"某先生""某女士""老人家"等;告别时说"您走好!""再见!"等。说话者通过自谦或谦让,表示自己对听话者敬意的语言称为谦让语,如"做得不够""请多包涵"等。说话者客气、礼貌地向听话者间接表示敬意的语言称为郑重语,如"麻烦您!""让您费心了!""请不必客气!"等。

(三)勤务文明用语

保安服务的情况比较复杂,遇到的人员和需要处理的事项形形色色、五花八门。对于什么人什么事,使用什么样的语言才算文明礼貌,无法在教材中完全表达清楚。结合保安服务工作实际,我们用表格式对于相同情况下常用勤务语言是否文明作一对比,以便保安员在执勤时正确选用。

文明勤务用语举例	欠文明勤务用语举例
请问,您找谁?	站住,找谁?
出示您的证件,谢谢!	你的证件呢?给我看看。
您尊姓大名?	你叫什么名字?
请稍等,我联系一下。	等一下,我来查一下。
请登记一下。	那边去,填个表。
对不起,这是内部电话,不借用。	这个电话不好打。
对不起,我在执勤,不能去帮您忙。	你看到没有,我在执勤,怎么能脱岗!
很抱歉,我们这里不能代为保管(转交)财物。	不行,自己的东西自己拿好。
请您明天再来,今天已经下班了。	他不在,早下班了。
今天休息日,请您下周一再来。	今天不办公,下周再说。
对不起,这里禁止吸烟。	看见没有,这里不准吸烟!
请问,您这东西有出门条吗?	你的出门条拿来看看。
请您不要误会,这是单位的规定。	你说啥?有意见找领导去,别啰嗦。

续表

文明勤务用语举例	欠文明勤务用语举例
对不起,谢谢合作。	完了,走吧!
请问您找谁?请稍等,我给您找。	找谁呀?怎么随便进去?
对不起,您找的人不在,有事可以转告吗?	他不在,出去了。
怎么称呼您?留个电话可以,一定转告他回电。	他人不在,留电话有啥用?
对不起,请让我解释一下,好吗?	我不对就不对,走吧!
我是新来的保安,不认识您,请原谅!	我是保安,问问你不可以?
对不起,我不清楚,请问问他们。	不清楚,问别人去!
谢谢合作,请把车子放好。	怎么停的,车子乱放!
对不起,您不要这样,免得伤了和气。	你怎么啦?吵架?
请问,您到哪里去?	站住,不许进去!
很抱歉,这事我管不着,帮不了您的忙。	这事不归我管,你要帮忙找别人去。
请您等一会再来,还没上班呢!	现在没到上班时间,你急什么?
这是单位规定,请出示一下证件,不要让我为难。	甭废话,拿证件来,否则不要想进去。
请您自重,有话好好说,不要起哄。	你起什么哄呀,想闹事?
对不起,我有什么不当,请您不要发火。	我怕你?找错人了,有意见到法院告去。

(四)交谈表情

保安员在与他人交谈时,要显得亲切、温馨、自然、大方,保持目光接触,关注听话人。别人讲话时,要表现注意倾听的样子,目光注视讲话人,必要时,要点头应和,切不可精神分散,左顾右盼,更不能没精打采,打哈欠、看手表,这是不尊重别人的表现。

(五)电话礼仪

电话联系是现代人常用的交际方式,也是保安员执勤中常用的工作联系方式。为了正确使用电话,树立良好礼仪形象,保安员在接听电话时,应当声音谦和,内容简洁,语言恭敬,把握好打电话与接电话的礼仪。

接电话,一要及时接听,二要文明用语,三要做好记录。及时接听,就是电话铃声一响,迅速接起电话,不可慢慢腾腾。文明用语,就是接起电话后,首先向对方问候"您好!"并且自报单位或工作岗位。随后,询问对方"请问,您找哪位?"或者"请问,您有什么事情?"一般情况下,不宜讲"你是谁?""你找谁?""什么事?"对方讲话时,要耐心听,若有不明白的地方,要等对方讲完后再询问,不宜随便插问。对方询问情况时,要一一作答,口齿清楚,语速适中。涉及工作的通话内容,要做好笔录,力求准确完整。需要处理的事项,应当及时去做。通话结束时,应及时道别"再见!"

打电话前要核准对方电话号码,免得打错电话。如果通话内容多,则要考虑好先后顺序及通话要点,必要时写下来,以便通话时有条不紊,快捷省时,效果好。拨通电话后,应先向对方问候"您好!"接着,询问"您是×××(单位名称)吗?"或者"您是×××(接电话人)吗?"得到明确无误答复后,再告知自己的单位名称或者自己姓名。如果找对方单位某人接电话,则告知其姓名、职务,请其接听。如果该人不在,有简单的不保密的事项需要告知,可以请接电话的人转告对方;否则,问清对方何时人在,届时再打电话。如果拨错电话,则要向对方表示歉意"对不起,打错电话了!"通话的过程中,要直奔主题,简单扼要,长话短说,语言文明,切不可东扯西拉、聊天。

三、公共礼仪

公共礼仪是指保安员在公共场所的活动中应该遵守的社会公德和礼仪规范,保安员在对外交往中必须遵循的惯用礼貌、礼节形式,以及举行各种活动和庆典仪式的规范准则。初级、中级保安员应当学习和掌握的公共礼仪,主要指是在公共场所活动中应该遵守的社会公德和礼仪规范。

(一)社会公德

社会公德是指人们在社会生活中应该遵守的公共道德。保安员肩负着协助公安机关维护社会治安秩序、保护公私财产及人民群众生命安全的任务,理应成为遵守社会公德的模范。

一般来说,社会公德的内容包括:平等待人,礼遇于人,和睦相处,助人为乐,尊老爱幼,尊重妇女和民俗,爱护公物。

(二)公共场所的礼仪规范

公共场所的礼仪规范,指人们在公共场所的活动中待人接物、仪容举止的行为准则。其内容十分丰富,概括起来说,主要包括以下几个方面:

1. 途中礼仪

室外行走,自觉地遵守交通规则,礼让他人,保障安全。讲究卫生,不随地吐痰,不乱扔果壳等杂物。路人跌倒受伤,尽力相助。路遇熟人,主动招手,热情问候。询址问路,注意语言行为礼貌。他人问路,热情指点。乘车、购物,遵守现场秩序,礼让老弱病残。若有群众纠纷,善意劝解。路见不平,主持正义,维护真理。

2. 场馆礼仪

准时参加会议,严守会议纪律,不交头接耳,不大声喧哗,保持会场肃静,不看与会议无关的书报、资料,一心一意开好会。在图书馆、阅览室内,保持安静和整洁,不高声谈话,不违规吸烟,不吃带壳食物,爱护图书、公物。

3. 食宿礼仪

在饭店、食堂用餐,自觉排队,尊重他人劳动,礼貌对待职工,注意维护公共卫生,爱惜食物,反对铺张浪费。在集体宿舍,自觉遵守作息时间,按时起床和就寝,绝不自行其是。保持室内整洁卫生,衣服、被褥勤换洗,床铺和生活用品收拾整齐,爱护集体荣誉。尊重室友,和睦相处,不随便动用他人的生活用品,不随便翻阅他人的书信和日记,不侵犯他人的隐私。

本章保安员证考核要求

一、一般了解内容

礼的含义和内容。

二、需要熟悉内容

礼仪的基本要素;保安员日常礼貌用语的类型及要求;保安员行为举止的内容与要求。

三、重点掌握内容

保安员服装标志的要求。

第七章

保安出入口守卫服务

保安出入口守卫也叫保安门卫,是保安守护服务的一种形式。守护是指保安员以门卫、守护等方式对服务单位特定目标进行看护和守卫的一种形式。保安守护,主要通过出入口守卫(门卫)和目标部位守护为服务单位提供安全保障。

保安业务中,门卫是一项十分重要的保安工作,它不仅涉及面广,而且在保安业务中所占比例较大,可以说是保安业务工作的窗口。保安门卫不仅直接影响到一个单位或部门的工作安全,而且涉及整体保安业务及其形象,其重要性可见一斑。

第一节 保安出入口守卫概述

一、出入口的含义及类型

出入口是指单位的一定区域内人员、车辆、物资等进出的通道口。这里讲的单位,包括机关、社团、企事业单位和居民住宅小区、写字楼等。

根据出入口用途不同,出入口主要有以下几类:

(1) 根据出入对象不同,分为人员出入口、车辆出入口、物资出入口;

(2) 根据出入人员身份、车辆归属不同,分为内部人员出入口、来访人员出入口、内部车辆出入口、来访车辆出入口;

(3) 根据出入时间不同,分为工作时间出入口、非工作时间出入口、流量高峰时间出入口;

(4) 根据出入口位置不同,分为大门出入口、工作区出入口、生活区出入口、仓储区出入口、停车区出入口等。

二、保安出入口守卫的含义

出入口守卫,人们通常称为门卫。门卫由保安员担任的,称为保安出入口守卫,简称保安门卫。保安出入口守卫是指保安员依据法律法规和单位内部规章制度及其要求,在服务单位出入口值守,对出入人员、车辆、物资进行验证、登记、疏导,维护秩序的一种保安服务活动。

三、保安出入口守卫的岗位类型

根据出入口守卫的勤务人员值守姿势及其职责来划分,出入口守卫的岗位可分为站岗、坐岗、礼宾岗、专用设施控制岗等类型。

(1)站岗。站岗是保安员以立正姿势值勤的岗位。站岗一般适用于门卫等执行查验任务的保安员。

(2)坐岗。坐岗是保安员在固定座位值勤的岗位。坐岗一般适用于执行登记任务的保安员。

(3)礼宾岗。礼宾岗是保安员着礼宾服,以立正姿势值勤的岗位。礼宾岗一般在重要岗位或举行重大活动时设立。

(4)专用设施控制岗。专用设施控制岗是对出入口专用设施设备或电子系统进行控制的岗位,如消防监控岗、报警监控岗、出入口控制系统操作岗等。现实情况是为数较多的门卫已兼管出入口控制系统的操作。

第二节 保安出入口守卫的特点和任务

一、保安出入口守卫的特点

出入口守卫是在固定岗位进行检查、警戒的活动,是服务区域安全的第一道防线,其特点如下:

(1)位置独立。出入口是所有人员和车辆、物资出入的通道,设置相对独立。也只有这样,才能从根本上起到关口和控制人、财、物随意流动的功能与作用。

(2)岗位固定。因为出入口位置是固定的,所以出入口守卫的岗位设置也只能是固定的。

(3)工作连续。服务单位的出入口需要随时保证安全通行,因此,出入口守卫工作不能断档,需要连续不断地工作,每班次上岗的保安员在出入口岗位值班时,都是连续上一班的工作。所以,出入口守卫具有连续性。

(4)人员较少。由于出入口岗位固定,职责任务比较明确、简单。因此,出入口守卫的执勤人员相对较少,多数由保安员独自履行岗位职责。

(5)对象复杂。出入口的进出人员、车辆较多,人员成分复杂,物资出入手续严格,一旦处置不当,容易产生各种矛盾纠纷。

二、保安出入口守卫的任务

出入口守卫的目的在于维护服务单位正常的工作秩序,确保单位人身及财产安全。为此,出入口守卫的主要任务是:

(1)查验出入人员、车辆的证件,阻止无关人员和车辆进入。这不仅保障了单位人、财、物的安全,而且有利于维护出入口及其单位内部的正常秩序。

(2)登记外来人员和携带的物品、出入车辆和运输的物品,防止危险品、违禁品入内及服务区域内物品被盗。服务区域内一旦发生安全问题,也可以根据这些登记内容进行排查和协助案件调查。

(3)疏导出入口车辆和人员,确保出入口畅通有序。查验和登记出入车辆时,一定要尽可能减少对出入口通行秩序和正常工作秩序的影响。

(4)做好出入口安全防范工作。出入口的防范是极其重要的,尤其是防止他人对出入口的袭击,以及出入口围堵和突发事件的发生。

(5)完成与服务单位约定的其他任务。如协助接待来访人员,临时举办活动的礼宾迎送任务,特殊物资的运送任务,配合公安机关查验个别涉案人员证件等特殊任务。

第三节 保安出入口守卫的操作规程

一、制订出入口守卫方案

出入口守卫方案即出入口守卫执勤方案,是出入口守卫的依据和勤务指南。方案是否符合服务单位实际情况,方案内容是否严密周全,直接关系到出入口守卫任务能否圆满完成。因此,出入口守卫方案要在对服务单位及周边环境进行实地调查的基础上,根据服务单位的特点和要求来制订。

出入口守卫方案的主要内容包括:

(1)出入口守卫的职责、任务和方法。

(2)上岗保安员的人数、具体岗位和要求、交接班时间。

(3)出入口守卫工作重点,包括重点时段、重点控制对象等。

(4)保安装备及应急措施等。

二、熟悉出入口守卫方案

为了不折不扣地执行出入口的守卫方案,履行门卫保安职责,保安员初次到出入口上岗前,必须充分做好下列相关工作:

（1）熟悉出入口守卫方案的内容。

（2）熟悉服务单位领导及相关人员的情况。

（3）熟记服务单位内部安全规章制度，以便在执勤中自觉遵守和监督服务单位员工严格遵照执行。

（4）了解服务单位使用的各种出入证件以及相关车辆的颜色、车型和号牌等情况。

（5）掌握出入口区域内的安全防范措施、安全设施（控制设备）的使用方法及注意事项等。

三、做好上岗前的准备

上岗前，保安员必须根据岗位任务和工作要求做好如下准备：

（1）按规定着装，佩戴保安标志。

（2）携带必要的通信、照明、自卫等保安装备，并确保其性能良好。

（3）备好守卫勤务登记簿等用品。

四、出入口守卫的实施

保安员上岗时，要按照出入口守卫方案设定的内容和要求执勤。具体实施措施包括：

（1）按规定的时间到达指定的出入口岗位执行守卫任务。出入口守卫是一个单位安全的关键岗位，上班要求提前到岗，做好执勤准备工作，办理接班手续，严禁上岗迟到和旷岗。

（2）严格遵守出入口守卫相关制度，按规定做好验证、登记、报告、交接班等工作。出入口守卫有严格的工作职能和具体规定，上岗人员要熟悉并且严格执行与遵守，否则即为失职，就会给服务单位的安全造成隐患甚至直接危害。

（3）塑造保安员的良好形象，做到语言文明、手势规范、站姿端正、精神饱满。出入口守卫的保安员，既是单位安全的卫士，又是单位窗口和形象的标志。保安人员执行出入口守卫任务，一定要规范服务，文明执勤。

（4）协助接待来访人员。来访人员是指前来服务单位联系工作、洽谈业务或者办理其他事项的人。门卫保安员协助接待来访人员时，应当以礼相待、不亢不卑、热情周到并按照服务单位的要求，因人而异做好相应的工作。

① 询问来访者的有关情况，并正确予以应答。询问内容主要是来访事由、寻访对象。如果来访事由不当或者寻访对象外出的，应向来访者作出解释、说明，拒绝其入内。如果来访者无理取闹，应报告服务单位处置。

② 查验来访者的身份证件，并履行登记手续。在满足来访条件、准予来访人进入服务单位前，保安员应按规定对来访者进行验证。在此基础上，将来访人的姓

名、证件名称及号码、工作单位、联系电话和寻访对象姓名或工作部门等信息,记录在执勤登记簿上或会客单上。如果是来访人登记的,保安员应核对准确。

③ 将会客凭证复印联交给来访者,并为其进入服务单位会见寻访对象指路。

④ 来访人办完有关事项离去时,向其收回由寻访对象签字的会客凭证复印联,作为门卫档案资料留存备查。若会客凭证复印联上未见签字的,保安员应让来访人返回补签。

服务单位对接待来访有特别规定的,应按特殊情况应作特殊处置。例如,服务单位规定接待来访需先征得寻访对象同意的,保安员应在查明来访人身份后,电话征求寻访对象意见。同意接访的,再履行登记等相关手续;若不同意接访的,应婉言拒绝对方入内。如果服务单位规定在会客室会客的,在确认来访人正常的情况下,应将其领进会客室等候寻访对象来会见。

(5) 正确操作出入口控制设备。正确操作出入口控制设备是履行门卫职责的基本要求。出入口控制设备主要有电动移动(伸缩)门或道闸(道杆)、遥控器、电闸、按钮、闸机口等。门卫保安员应在上岗前掌握这些出入口控制设备的使用方法及其故障排除方法,以保障执勤中正确、熟练地操作,既能有效地控制出入人员、车辆,又能保持出入口畅通。

出入口控制设备应注意日常维护,保持其性能良好,在出入口控制设备发生故障时,门卫保安员应及时设法排除,以发挥其对出入口实施控制的作用。

常见的出入口控制设备的故障及排除方法是:如遇电动门开启反应慢,进出车辆等候时间长,应在电动门关闭时不要闭合太严,留出一定空隙。如遇遥控器开关失灵,电动门打不开了,应用人力打开电动门,并更换遥控器的电池。如遇电动门偏轨或开启噪音大,应请专业维护人员进行电动门保养。如果道杆放不下来,可能是遥控器失灵(应换电池),也可能是地面上掉了磁性物质(应予排除)。门禁卡控制的闸机口刷卡无效时,可能是磁卡的磁性不足或失效。

第四节 保安出入口守卫的主要方法

出入口守卫主要通过验证、检查、登记、观察、疏导等方法来实施。发现可疑的情况应当及时报告。

一、验证

验证,就是查验出入人员、车辆及物资的证件和凭证。验证是出入口守卫的重要工作方法,保安员要做好门卫验证工作,必须了解证件类型,掌握验证的具体方法。

（一）常见证件的类型

常见证件主要有工作证、单位出入证、货物出入单、居民身份证等。

工作证是一些单位自制的用以证明单位员工身份的证件。工作证没有统一的格式，由本单位或本部门根据需要自行设计。工作证一般记载有持证人的姓名、性别、出生年月、工作单位与职务、照片等信息。

单位出入证是由服务单位制作并发放使用的允许持证人或有证车辆出入特定区域的证件，没有固定的格式和内容。有的可能是木头或塑料等材质制作的，有的可能是电子感应卡片等。

货物出入单一般是服务单位根据工作需要自行设计制作的货物出入凭据，其内容主要有货物名称、型号规格、数量、出入时间、运货人、批准人等。

居民身份证是我国政府依法颁发给居住在中国境内的公民的具有证明公民身份效力的法定证件。居民身份证是由公民常住户口所在地的县（区、市）级公安机关制作发放的。全国规定了统一格式，公民身份证号码（身份证编号）是每个公民唯一的终身不变的身份代码。根据居民身份证制作的规定，持证人的出生年月日 8 位数字与其身份证编号的第 7 位至 14 位的 8 位数字相一致。

（二）验证的方法

验证一般分为逐个验证、重点查验和免检放行三种情形。

1. 逐个验证

逐个验证是保安员逐个查验从出入口通行的所有人员、车辆及物资的证件和凭证的行为。验证时，需要注意做到：

（1）提高警惕，与来人保持必要的安全距离，注意自身安全。特别是在夜间，当来人距门卫 2 米至 3 米时，保安员就应请其止步并出示证件。

（2）保安员接过证件后，先看证件的封面，再翻看主页的身份情况。着重查验照片与持证人的相貌是否相符，印鉴单位与签发证件单位是否相符，是否过期。

（3）在查验货物出入单时，要先查看出入单内容填写是否完整、准确，再核对单据与出入货物的数量和品名是否相符。

（4）对经过查验可以放行的，进行登记，归还证件，示意放行。

（5）发生不符合出入规定、拒不交验证件而又无理取闹的纠纷时，要及时向服务单位报告，请有关人员前来处置。

（6）对未带身份证件前来办事或探亲会友的外来人员，要与服务单位有关部门、人员联系确认无疑后，方可准予放行。

2. 重点查验

重点查验是在人员、车辆出入比较集中而无法逐个验证或者无需逐个验证时，保安员站在出入口一侧密切观察出入情况，仔细查验可疑人员、车辆的证件的方法。对无证件人员、车辆，待高峰过后经检查再决定是否放行。

3. 免检放行

免检放行是对于服务单位事先通知的具有特殊标志或固定车号的人员及车辆直接放行的方法。保安员应根据车号和特殊的免检标志，免验放行。

（三）异常证件的特征

异常证件是指进出服务单位（区域）人员使用的涂改的证件、伪造的证件、过期无效的证件和冒用他人的证件。由此可见，异常证件的特征在于涂改、伪造、冒用。

1. 涂改的证件

接受验证者出示的证件有涂改痕迹的，谓之涂改的证件。此为持证人把自己身份证件上的某些项目内容进行修改，使之满足其使用条件的需要，如将过期作废了的工作证、单位出入证上的有效期限作延长时间的改动。

2. 伪造的证件

接受验证者出示的证件是擅自制作的信息不真实的假证件，如假居民身份证、假工作证、假出入证、假货物单据等等。这些证件上使用的发证单位印章往往是伪造的，而伪造的单位印章一般是不规范的，它在规格、字体、排布等方面，与真实的单位印章存在差异，保安员仔细辨识是能够识别出来的。

3. 过期无效的证件

接受验证者出示的证件是过期无效的证件，就是对方在使用该证件时，已经超过了证件上注明的有效期限的最后时间。这种证件不能证明持证人的真实身份。

4. 冒用的证件

接受验证者出示的他人证件，就是冒用的证件。如冒用他人的居民身份证、工作证、单位出入证等等。识别冒用他人证件的方法，一是观察识别法。即把持证人面部特征与证件上照片比对，并注视持证人神态，从中发现异常现象。二是询问识别法。即询问持证人的姓名、出生年月、住址、工作单位名称等情况，将其回答内容与证件上的信息进行比对，从中发现问题。

二、检查

检查就是对出入人员携带物品和出入车辆载人载物情况进行查验核对，以防止服务单位的财物受到不法侵害，或者无关人员、易燃易爆等危险物品违规进入服务单位，造成安全隐患。

（一）检查内容

对携物进入服务单位的人员，重点检查是否带有违禁物品。

对进入服务单位的车辆，应检查是否装有危险物品，是否载有无关人员。

对携物外出的人员和车辆，应检查携物证件或出库单据，重点查验物品的名称、规格、数量与证件是否相符。

（二）检查方法

检查出入车辆时，应在车辆距离出入口十米左右时示意停车接受检查，让驾驶员在出入口的合适位置停车，等驾驶员或车上的人下车后，请对方出示有关证件，再检查车上载人载物情况。

物品检查时，在一般情况下，保安员应让被检查人自己动手打开车门、后备箱和包装物，然后进行逐件清点或重点抽查。

发现携带可疑物品的人员，应先礼貌地要求其说出物品的名称、数量、来源及用途，并让其自行拿出物品，出示有关证件或由有关部门开具的证明，进行查验核对。保安员不能对可疑人员进行搜身。

检查物品时，保安员应保持警惕性，注意自身安全。既要与对方保持一定安全距离，又要注意观察其神态表情，防止其弃物逃跑、突然驾车逃跑或持物行凶。

（三）情况处置

保安员在检查进入服务单位车辆时发现无关人员的，应劝其下车，在门外等候。

对于违规携带违禁物品、易燃易爆等危险物品和没有办理携物、载物手续或者携物、载物与证件、证明不符，以及拒绝接受保安员检查的，应移交服务单位有关部门处理。

（四）异常现象

异常现象是指保安员在检查出入服务单位的人员、车辆携带物品时，发现的不正常车辆和不正常物品的表现特征。门卫保安员掌握这些异常现象，有利于准确地控制出入车辆、物品。

1. 车辆的异常现象

车辆的异常现象是指进出服务单位的异常车辆的表现特征。所谓异常车辆，就是不符合服务单位规定允许出入的车辆。这些车辆包括：

（1）没有获准进入服务单位凭证的。获准进入服务单位凭证，一般有服务单位签发的通行证、送货单，或者服务单位领导口头、书面通知。

（2）获准进入服务单位的外来车辆载有无关人员的，即车上有不该搭乘的人员。

（3）获准进入服务单位的外来车辆载物没有相关凭证的。

（4）获准进入服务单位的外来车辆载物与货物出入单所列物品不相一致的。

2. 物品的异常现象

物品的异常现象是指进出服务单位的异常物品的表现特征。所谓异常物品，就是不允许进出服务单位的不正常物品。这些物品包括：

（1）无服务单位同意进入凭证的外来物品。外来物品同意进入凭证，指的是服务单位的物品购买、运输、准入、通行等凭证。

（2）与服务单位准入凭证不相符的外来物品。

（3）服务单位规定禁止入内的外来物品。这些物品一般是指对服务单位安全构成威胁的违禁品、易燃易爆等危险物品。持有这些物品的人即使出示准入凭证，保安员也应先行报告服务单位领导，不能直接放行。

（4）未经批准（无凭证）携带外出的服务单位物品。批准携带物品外出的凭证，一般有服务单位开具的出门、通行、运输等凭证。

（5）与服务单位准予携带外出凭证不相符的物品，即携带外出物品的名称、数量、质量与准予携带外出凭证上的记载不一致。

三、登记

登记是按照服务单位的要求，对出入人员、车辆及物品在指定的记录簿或登记表（本）上书面予以记载的行为。现在越来越多的单位使用专用设备复印出入人员身份证件予以登记。登记的通行对象，既有出入的人员，也有出入的车辆，还有出入的物品。

1. 对人员的登记

对人员的登记要与查验证件一并进行。有的单位要求外来人员必须得到接待人（部门）准许后方可入内的，应在验证后首先取得接待人（部门）的许可后再登记放行。有的服务单位不要求对外来人员进行登记的，在验证确定后直接予以放行。

在来访人员登记中，目前使用较多的是花名册式的登记本和单页形式的登记表。登记的主要内容有：来访人姓名、性别、工作单位、证件名称及号码、出入时间、人数、接待单位或人员、是否预约、登记人签名等。登记的方法一般是由来访人自己登记，保安员对照来访人证件审查核对登记的内容。也有的单位规定由保安员查验来访人证件并登记。

2. 对车辆的登记

登记车辆时，要先请驾驶员在出入口固定合适的位置停车，驾驶员或乘车人下车后，请对方出示工作证或身份证等有效证件，保安员查验后准予通行的，要认真登记；如需来访人员填写的，在其填写后，保安员要查验其证件并认真核对。对出入车辆主要登记驾驶员或乘车人的姓名、所在单位、证件号码、车辆号牌、车型、颜色，以及被访部门与人员等内容。

3. 对物品的登记

登记出入物品时，对填写的内容要与实物认真核对，无疑后放行。登记内容主要包括携带物品人员的姓名、工作单位、证件名称、物品的名称、数量、类别，货物出入单或物品证明、出入时间、接待单位或人员等。如发现来人携带物品是易燃易爆或放射性危险品，立即报告服务单位有关部门按要求进行处置。

对载有物品的出入车辆，要请驾驶员或随车人员自行打开车辆后备箱，清点携带物品并予以登记,登记内容包括车辆及随行人员、运送物品的情况及物品证明、货物出入单或运输单等。登记的重点是看所携带物品是否有货物出入单(货物运输单)、是否为违禁品等。必要时,应核对所携带物品与出入手续是否相符,要根据服务单位的规定,请其出示货物出入单,认真核对出入单内容与物品是否相符。车上允许载人入内的,对车上人员要一并进行验证登记。外来车辆离去时,也要查问载物并核实情况,不能不管不问就放行。

4. 登记时的注意事项

保安员在登记、核对时,要与对方保持安全距离,注意自身安全。要防止携物人弃物逃跑、突然驾车逃窜或持物行凶。发现可疑人员和可疑物品,要及时报告服务单位或移交公安机关处置,保安员不能自行搜身、搜车及处理可疑人员和可疑物品,应避免越权操作和违法侵权。

四、观察

观察是保安员在出入口守卫中,注意查看进出人员的身份、陈述、行为、表情、携物等情况,以便发现可疑情况,进行重点查验或防范。观察要求保安员具有敏锐的洞察力、准确的判断力和快速反应能力,需要学习并积累经验。

五、疏导

疏导是保安员对于在出入口逗留、取闹、围观、停留的人员或车辆予以劝止、请其离开的行为,以及在出入口出现交通拥堵时,予以疏散通行的行为。

保安员在出入口守卫中,发现出入的人员、车辆较多时,要按照先出后进、靠右通行、指挥分流的原则进行疏导,以确保有序进出;如遇不法分子有意冲闯出入口、聚集围堵时,应先将大门关闭,立即报告服务单位,同时报上级领导,组织人员赶到出入口,协助维护秩序,疏散无关人员。

六、情况报告

保安员在验证、登记、观察和疏导过程中,发现可疑人员、可疑情况要及时报告服务单位。必要时,应立即报警。报告、报警都必须规范。

报警是向公安机关、消防部门报告匪警、火警和其他与安全相关事项的行为。匪警是指发生的侵害公民、法人和其他组织合法权益的不法行为。火警是指发生的火灾、爆炸等治安灾害事故。其他与安全相关事项是指发现的有违法犯罪可疑、可能的人员及情况和发生的中毒、交通肇事、放射性等治安灾害事故。

报警的内容不同,拨打电话也有所不同。报告匪警拨打110;报告火警拨打119;报告伤患者警情拨打112。在"三网合一"的地区,报警统一拨打110。

拨打报警电话时,应当保持清醒冷静,用普通话向接警人员讲清报警的内容,并注意听清对方提出的问题,给予认真回答。同时,告诉对方自己的姓名和电话号码,以便联系。当对方挂断电话后,自己方可中断通话。详细的报警要求参见本书"警情报告规范"一节的内容。

保安员值勤中常用的报告形式是口头报告,即保安员使用对讲机、手机或固定电话等向服务单位或有关单位报告有关情况。报告要及时、具体、客观,应当有时间、地点、人物、事由、结果,已经处置的要说明处置效果,尚未处置的要说明处置意见及可能产生的效果,随时听从单位指令。

第五节 保安出入口守卫中常见紧急情况的处置

紧急情况是指突然发生的危及人的生命、财产安全及社会治安秩序而需要紧急处理的事件。出入口紧急情况是指出入口守卫责任区内突然发生的危及客户安全及治安秩序而需要紧急处理的事件。出入口紧急情况出现时,保安员应当沉着冷静、机智果断地予以处置,避免造成损失和产生影响。

一、对寻衅滋事的处置

遇有寻衅滋事的,保安员要立即制止,控制事态的发展;对人数较多难以制止或事态有可能扩大的,保安员要立即报告,并通知其他保安员到达现场,协助疏散围观群众,疏导交通,尽快恢复正常秩序。必要时,应当报警。

二、对不服从管理人员的处置

(1)对拒不交验出入证件或拒不办理出入手续的,应以理服人,告知其有关规定,要求其协助做好门卫工作,并坚持原则,无入门证的不予入内,无出门凭证的物资不予放行。

(2)遇有无关人员违反规定强行进入或围堵出入口的,要先行劝阻;对不听劝阻的,应通过关闭出入口等方式坚决制止并立即报告或报警。

(3)一旦发生纠纷,切勿急躁。一方面,坚决按照门卫制度办事;另一方面,及时报告服务单位的有关部门,请求派人前来解决。

三、对不服从管理车辆的处置

(1)遇有无证车辆欲通过出入口的,应告知有关规定并予以制止;欲强行出入的,应立即报告,并记下车型、号牌、颜色以及车上司乘人员的体貌特征及数量。如有录像和照相设备,要充分利用,进行拍摄。

(2)车辆强行闯入的,应当尽快报告服务单位的领导,并通知要害部位与目标,加强戒备,防止意外事件发生。

（3）车辆强行闯出的,立即报告服务单位的有关部门和领导,以便作出相应处置。必要时,报告公安机关交通管理部门,提请帮助,设法追堵,防止危害公共安全事件与事故的发生。

四、对出入口不法侵害行为的处置

（1）坚决、果断地立即采取措施予以制止,在确保出入口安全的情况下,把不法之徒送交服务单位相关部门或公安机关处理。有违法犯罪现场的,要做好现场保护工作。

（2）制止无效时,立即报警或者报告服务单位。

（3）歹徒行凶作恶的,实施正当防卫,将其制服。

五、服务单位发生火灾、爆炸事故的处置

（1）立即报警,报警方法、内容规范。

（2）及时通知服务单位的领导或有关部门。

（3）疏散围观群众,为消防车辆进入火场打开通道。

（4）采取必要措施防止事态扩大。如积极进行火灾扑救,抢救受伤人员,将易燃、易爆、危险物品撤离现场,防止火灾蔓延。

（5）做好现场保护工作,协助做好善后工作和火灾事故调查工作。

六、对群体性冲击事件的处置

当遇到众多人员冲击服务单位时,应采取如下措施:

（1）迅速关闭大门,严禁不明身份的人进入,必要时封闭所有出入通道。

（2）立即报告服务单位的有关部门及领导。同时,向公安机关报警求助,以便不失时机地处置群体性事件。

（3）努力做好劝阻、说服、疏导工作,尽量缓和矛盾,防止群体性事件的升级和扩大。

（4）密切注意群体性事件为首分子的动向,尽量记住他们的体貌特征,以便事后调查和采取有针对性的措施。

（5）人民警察到场后,如实报告相关情况,协助做好处置工作。

（6）夜间,应当打开全部出入口的灯光,以便于观察和掌握事态发展及整体情况。这样,一方面有利于预防别有用心者趁机捣乱,另一方面防止踩踏挤压伤人事件的发生。

七、对出入人员携带可疑物品的处置

出入人员携带的可疑物品是指通常情况下出入人员不该持有的异常物品。携带异常物品的出入人员,有的是违法犯罪行为人,也有的是特殊情况下的正常人(即能说明携带物品的特殊情况)。所以,当遇到出入人员随身携带可疑物品时,应采取如下措施:

(1)礼貌地要求其说出携带物品名称、数量,并请对方自行拿出物品,出示有关携物凭证,一一核查。不得搜身,不得要求异性解开衣服察看。

(2)如果属于正常携带的物品,应礼貌地说声"谢谢您的合作",并予以放行;如果携带的物品违反规定,应立即报告服务单位有关部门处理,不得扣押物品。

(3)若携物者拒绝接受检查,可礼貌地请其稍候,并立即报告服务单位,请求有关部门出面处理。其间,应当注意监视对方行动,防止其逃跑或行凶。

八、对外国人闯入大门的处置

外国人闯入大门是指外国人未主动出示通行证件,直接进入服务区域大门的行为。门卫保安员遇到这种情况时,应态度和蔼地上前问明情况,分别采取相应措施进行妥善处置。当遇到外国人闯入大门时,应采取如下措施:

(1)迅速问明情况,若无出入许可证件,应当说明规章制度,劝其离去,但要注意方式和礼节。

(2)国家重要机关和要害部位发现外国人闯入,应当提高警惕,立即报告单位相关部门,必要时可报告公安机关处置。

九、对夜间停电或灯光突然熄灭的处置

夜间出入口灯光突然熄灭,可能有多方面的原因。若是供电部门因故停止供电,一般事先会告知。执勤的保安员应在开始停电时间之前,打开备用的照明器具,保障门卫勤务正常进行。若是不明原因造成出入口灯光突然熄灭的,应提高警惕,采取如下措施处置:

(1)关闭大门,暂停人员进出,防止坏人乘机潜入或逃离服务单位。

(2)立即报告单位的有关部门或领导,以便查明情况,尽快恢复照明。

(3)密切监控出入口的动静,防止不法分子趁机进行破坏。

十、对服务单位发生盗抢案件的处置

当遇到服务单位发生盗抢案件时,应采取如下措施:

(1)从严控制出入人员,必要时关闭大门,防止作案人员逃跑或者外面歹徒驾驶车辆闯入。尤其要防止坏人调虎离山,混入或通过出入口进入服务单位内为非

作歹。

（2）严格查验出入人员的身份证件及其携带物品，努力从中发现盗抢作案可疑对象或线索。尤其要详细登记来往人员的身份及其证件等详细信息，以便日后调查。

（3）高度戒备，加强自我保护，严防作案人狗急跳墙，行凶伤人或强行夺路逃窜。

十一、对他人前来报告紧急情况的处置

当遇到有人前来报告紧急情况时，应采取如下措施：

（1）保持警惕。特别是在夜深人静之时，应对紧急情况报告人保持戒备心理，避免受到歹徒伤害。

（2）问明情况。在对方没有疑点的前提下，详细询问紧急情况的有关内容及报告人的姓名、单位、住址、联系电话等信息，当场做好记录。

（3）判断真伪。根据报告人提供的有关情况进行认真分析，有条件的话迅速做些佐证性了解，以判断紧急情况的真实程度。对于确认与服务单位安全相关的紧急情况，应当立即报告单位领导，并采取必要的防范措施。

（4）如果紧急情况与服务单位无直接利害关系，应当立即报告公安机关处置。

（5）若是涉及人身安全的紧急情况，应当在出入口安全有保障的基础上，以最快的速度抢救伤员。

本章保安员证考核要求

重点掌握内容

出入口的含义和类型；出入口守卫的含义、特点、任务；出入口守卫的岗位类型；出入口守卫的程序、要求；出入口守卫的主要方法、要求；出入口常见紧急情况的处置与要求。

第八章

保安目标部位守护服务

目标部位守护服务是保安守护服务的一种形式,根据守护的目标部位的重要程度不同,守护服务的做法也有所区别。对于特别重要的目标部位,经过依法批准,采取保安武装守护,即特殊的目标部位守护;对于其他一般重要的目标部位,则采取非武装保安守护,即一般的目标部位守护。本章所述目标部位守护服务属于后者。

对于有别于一般目标部位守护服务的保安武装守护服务,以及目标部位守护服务中的案件、事故现场保护和常用灭火器的使用方法等知识,我们将在后面有关章节中加以阐述。

第一节 保安目标部位守护概述

一、守护和目标部位的含义

守护是针对特定的目标进行看护和守卫的服务形式。保安守护是指保安员以门卫、守护等方式对服务单位特定目标进行看护和守卫的一种服务形式。保安守护,主要通过出入口守卫(门卫)和目标部位守护为服务单位提供安全保障。根据保安守护服务中是否使用武器装备来区分,保安守护又可分为一般守护(即非武装守护)和武装守护两种类型。

目标部位是指服务单位内需要重点看护和守卫的特定区域或位置。如果某单位是依法批准的治安保卫重点单位,整体需要重点看护和守卫,那么,该单位就是保安守护的目标。如果单位内的部分特定区域或位置是该单位领导确定的治安保卫重点部位,需要重点看护和守卫,那么,该部位就是保安守护的部位。

二、守护的目标部位类型

一般情况下,服务单位的重点守护目标部位有:

（1）掌管国家秘密的部位。
（2）生产业务活动中的关键部位。
（3）生产、使用、储存危险物品的部位。
（4）实验和保存有害菌种、毒种的部位。
（5）重要的供电、供水、供气、供油、供热等部位。
（6）存放贵重、稀有物资的仓库；集中储存钱财物资的部位。
（7）存放珍贵文物、档案资料的部位。
（8）人员高度密集部位。
（9）服务单位要求守护的其他重点部位。

三、目标部位的特点

总体而言，目标部位具有性质特殊、地位重要的特点。它既是违法犯罪分子盗窃、破坏的对象，也是恐怖袭击的重要目标；同时，也极易发生火灾、爆炸等治安灾害事故。这些部位一旦发生问题，就可能给经济社会发展造成重大影响。因此，目标部位的守护责任重大，不能出现差错。

具体地讲，保安守护的目标部位，具有治安保卫重点单位和重点部位的下列基本特征：

（1）重要性。无论是国家级还是地方级的重点单位，都关系着全国或者所在地区的国计民生、国家安全和公共安全。

（2）法定性。重点单位和重要部位，都是根据国务院颁布实施的《企业事业单位内部治安保卫条例》的规定，报经县级以上人民政府或本单位党政领导批准的。

（3）相对性。重点单位也好，主要部位也好，都是在某一特定时间和某一特定地域中确定的，并非一成不变的。

（4）责任性。与一般单位、一般部位相比较，国家法律法规赋予了重点单位和重要部位更多的法定治安保卫责任和义务。

（5）秘密性。重点部位中的一些秘密部位、生产关键部位，往往涉及国家秘密或本单位重要商业秘密、生产技术秘密或其他重要的不宜公开的内部秘密事项。

（6）价值性。以重要设备和财物集中部位为代表的一些重要部位，集中了价值昂贵或者国内稀有或者其他在生产业务活动中起关键作用的机器、仪表设备，集中储存了大量货币、金银、重要备份证券或者年代久远、品级高、数量少的珍奇文物，或者其他贵重物资。

（7）危险性。重要部位中的危险部位，涉及化学危险物品、枪支、管制刀具，甚至使用核反应、热核反应等危险技术，一旦发生不安全问题，会给社会治安带来潜在的威胁。

（8）核心性。重要党政机关是社会主义现代化建设事业的领导核心机构，集中了党政高级领导、社会知名人士;重要科研机构集中了大批重要科研人员;还有一些重要部位的工作人员,掌握重大机密,属单位要员甚至国家要员等等。上述这些对象的安全,关系到国家的安全和利益,是国家的宝贵财富,是民族的精华。

(9)连锁性。重要部位一旦发生事故或者遭到破坏,整个单位或者所在地区甚至全国的生产、科研、国计民生、国家安全和公共安全,都会发生明显的连锁反应,带来负面影响。

四、目标部位的守护

(一)目标部位守护的含义

目标部位守护是指保安员依据法律法规和服务单位内部的规章制度,按照保安服务合同要求,对目标部位进行检查、看护、守卫,保护目标部位安全的一种保安服务。显然,目标部位守护是保安守护服务的一种形式。

(二)目标部位守护的形式

根据目标部位的特点和服务单位的安全需要,在目标部位守护中,一般设置一个或多个守护岗位,把守护的目标部位始终置于保安员的视线之内。在目标部位守护中,可采取设置固定岗、流动岗、瞭望岗和安全技术防范等形式,对目标部位进行守护。

1. 固定岗

固定岗指安排适量的保安员在固定的位置执勤。固定岗一般设置在目标部位的出入口、重要地段或便于控制的位置。对在固定岗执行守护任务的保安员的要求是:必须全面了解、熟悉服务单位各种安全规章制度及出入手续和证件;了解电闸、灭火器、消火栓等安全设备的位置、性能和使用方法;了解岗位上的电铃、电话等通信、报警设备的位置及使用方法;注意观察岗位周围的地形、地物及设施等情况;严格执行出入制度,维持好秩序,确保目标安全。

2. 流动岗

流动岗一般设在防范工作薄弱环节或易于出问题的部位、区域,按照一定的巡回路线和范围进行巡视、查看、守护。对在该岗位守护的保安员的要求是:必须注意活动区域的地形、地物及守护设施的情况;掌握岗位之间的联络信号和口令;按指定的路线、规定的巡回频次和区域进行巡查,尤其是要加强对重点要害部位的巡查;在节假日、夜间和天气状况不好、社会治安情况复杂的时候,要增加巡查频次,及时消除不安全因素;发现可疑情况,及时报告;发现违法犯罪行为,应当坚决予以制止,并将行为人送交公安机关处理。

3. 瞭望岗

瞭望岗一般在区域较大、分布面较广、地形复杂、视线障碍多、能见度低的守护目标的最高处设置,便于居高临下监控整个目标区域。担负瞭望任务的保安员,必须掌握与固定岗、流动岗等方面人员的联系方法与信号,发现可疑情况及时给流动岗、固定岗的保安员通报，迅速采取措施。切不可自己离开岗位前往处置。

4. 安全技术防范

根据重要部位的不同特点，安装、配置相应的安全技术防范设施设备，对这些重要部位进行监控守护。安全技术防范具有不间断连续工作、不受环境气候影响、隐蔽性强、人力成本低等优势，可以有效地提高目标部位的安全度。

第二节 保安目标部位守护的程序和要求

一、制订目标部位守护方案

目标部位守护方案是完成目标部位守护任务的依据和指南。目标部位守护方案应在实地调查了解目标部位基本情况、安全要求、危险因素、周边环境等基础上，针对影响目标部位安全的人的因素、物的因素、自然因素和技术因素来制订。

制订目标部位守护方案，是实施目标部位守护的重要基础工作。守护方案总体要求是，明确保安守护的范围、责任，保安员的组成和分工，守护的形式，采取的主要措施，紧急情况处置的方法和要求。方案内容应全面、细致，操作性强。

二、熟悉目标部位守护方案

负责目标部位守护的保安员，要熟悉目标部位守护方案的主要内容，包括目标部位的特点和基本情况，守护工作的组织领导、具体工作任务、岗位与人员部署及岗位职责，常见紧急情况的处置和工作要求等。这是保安员完成守护任务的基础。而熟悉允许出入守护区域人员、车辆使用的证件和需要办理的手续以及查验这些证件和手续的方法，是保安守护工作对保安守护人员的基本要求。

三、部署岗位，落实力量

要按照目标部位守护方案确定的岗位设置要求，在目标部位周边及固定位置设置相应的固定岗、流动岗、瞭望岗；并根据实际需要，确定是否采取安全技术防范措施进行守护。保安员要明确各岗位的具体位置、职责任务、交接班时间和工作要求，以及可能发生的紧急情况的处置程序等。

四、做好上岗前准备

保安员在上岗前要按照规定着装，携带守护所需的通信工具、防护器材、勤务登记簿等。按时到岗办理交接班手续。交接班时，要按规定做好记录，交班人员应按照交接班制度的要求，在记录本指定位置记录当班情况并签名，接班人员查看无误后签字接班。

五、执行目标部位守护方案

1. 对出入目标部位人员、车辆及所携带或装运的物品,进行验证、登记,严禁外部无关人员进入

固定岗执勤的保安守护人员应当严格执行客户单位有关安全规章制度和准予出入守护区域的手续、证件,认真检查进出人员和车辆及所携带或装运物品,严防歹徒混入守护区域内作案和客户单位财物被盗。携带、装运物资离开守护区域的,应当查验出门凭证,手续不符的报告单位保卫部门处理。

外来人员、车辆进入守护区域的,应当一一查验证件,办理手续。当来人距岗位二至三米时,口头提请其出示证件。查验证件时,应当先看证件的封面,再翻看内页的姓名、身份、单位等内容。注意辨别证件上的照片与其面貌是否相符,印鉴单位与签发证件单位是否一致。特别要当心证件是否在有效期内,有无涂改、伪造或是变造。对于装载货物驶出的车辆,应当在十米外就使用手势示意司机停车。待司机停稳车后,再询问车上装载的货物名称、数量,查看客户单位签发的货物运输单或出库单,确定无疑并登记后,予以放行。

对于来访者要礼貌接待,及时与被访部门联系,在取得被访者的同意之后做好来访登记,再予以放行。如果单位有会客室的,应当安排在会客室接待。

遇有无关人员违反规定欲强行进入目标部位的,如系本单位的人员,应婉言劝阻;如系外来人员,要坚决制止。对不听劝阻、制止强行闯入的,要迅速报告服务单位主管部门。

2. 指挥、疏导出入目标部位的车辆,清理无关人员,维护目标部位出入口的正常秩序

遇有外来车辆、无证车辆强行进入目标部位的,固定岗执勤的保安守护人员应当首先示意停车,对不听指挥强行闯入的,应记下车型、号牌、颜色等特征,迅速报告服务单位主管部门;必要时,应跟踪其去向。如果目标部位出入口处有人寻衅滋事、打架斗殴、惹是生非、损毁财物,保安员应当迅速制止,以维护守护区域的正常秩序。制止不了时,立即报警。

3. 按照指定的路线在目标部位巡回检查

流动岗执勤的保安员发现正在实施违法犯罪的行为人时,应当立即依法采取措施予以制止,必要时可将其扭送服务单位或公安机关;发现纠纷,保安员要立即劝解、制止,并及时报告服务单位主管部门,请有关人员到场处置;发生火灾、爆炸等治安灾害事故,应立即报警,并在向服务单位报告的同时,注意保护好现场。

4. 协助服务单位发现并消除治安隐患

保安员在流动岗执行巡逻任务的过程中,应协助服务单位认真进行安全检查,

以便及时发现并消除治安隐患。安全检查的情况以及安全隐患整改的情况,都应当如实记载,以备日后查考。安全检查的内容,主要是目标部位的物防设施(门窗、围墙、隔离网等)、技防设施(报警、监控、门禁等)、消防设施(灭火器、消火栓、消防栓等)、危险物品存放、明火使用、电器操作、贵重物品保管等情况。安全检查的方法,既要有勤务中对责任区的安全检查,又要有整个守护目标统一组织的安全检查;既要有平时的全面安全检查,又要有重点、要害部位的临时突击抽查。

保安员在巡逻过程中发现目标区域内存在的治安隐患,要报告服务单位及时采取有效措施,堵塞漏洞,消除隐患。

5. 严密监控,及时通报可疑情况

瞭望岗执勤的保安守护人员,事先应当掌握与固定岗、流动岗和服务单位有关部门、人员的联系方法和联络信号;执勤中必须始终提高警惕,保持充沛精力,居高临下,严密监控整个守护的目标部位。一旦发现可疑情况,及时通报信息,迅速采取相应措施,以保障守护的目标部位的安全。

此外,守护的目标部位设置安全技术防范设备的,应当规范地安排技防值班人员。值守保安员要熟悉这些技防设施设备的性能、使用和维护方法,忠于职守,定期检查、保养,及时发现和排除故障,正确操作并妥善处置报警等勤务事项,充分发挥技术手段在目标部位守护中的作用。

第三节 保安目标部位守护中可疑情况的处置

保安员在目标部位守护服务的过程中,应当始终以高度的警惕性,认真做好出入守护区域人员、车辆的证件查验、物品登记工作,加强守护区域的巡回检查,仔细观察守护区域的动态变化,及时发现、妥善处置各种可疑情况,保卫守护的目标部位的安全。

目标部位守护中的可疑情况,是指守护区域内出现的有危害守护目标安全的可能、可疑的不正常人员、物品。守护执勤的保安人员应掌握这些不正常的可疑人员、可疑物品的特征,能够识别并加以恰当处置,保障守护目标的安全。

一、可疑情况的识别

1. 可疑人员的识别

守护执勤中的保安员应从对方的身份证件、携带物品、体貌特征、言语举止和出现时间、位置等方面注意发现疑点,加以识别。

身份证件可疑的人,是指企图进入守护区域却没有符合规定的证件的人和持有的证件与身份不符或有涂改、伪造痕迹的人。

携带物品可疑的人,是指获准进入守护区域的人员中持有禁止携带物品的人。禁止携带物品包括服务单位明令禁带的物品和易燃、易爆、剧毒、放射性危险物品、管制刀具,以及没有准予出入凭证的其他物品。

体貌特征可疑的人,是指与公安机关通缉在逃作案人的体貌特征相似或者身体外表有伤痕或者衣着不合身体、不合时宜和有血迹、污物的人。

言语举止可疑的人,是指言行与正常人有别的人,如神色慌张、鬼鬼祟祟、指手画脚、东张西望、窃窃私语,或者言语晦涩难懂,甚至话语中有切口暗语的人。

出现的时间、位置可疑的人,是指在守护区域内或守护区域内的特定位置不该有人出现时而出现的人。特定位置包括守护区域内的禁止入内处、隐蔽处、围墙和屋面上,以及无人上班的车间、仓库和办公室内等等。

2. 可疑物品的识别

守护执勤中的保安员应在检查进出守护区域人员、车辆携带的物品中和巡查、观察守护区域内及周围情况的过程中注意发现疑点,加以识别。

保安员检查进出守护区域人员、车辆携带物品中的可疑物品有:可供歹徒进行违法犯罪活动的工具和服务单位规定禁带物品。可供歹徒用作违法犯罪活动的工具,较为多见的有易燃易爆化学物品、剧毒物品、放射性物品、管制刀具和铁棒(棍)、大力钳、辣椒粉等物品。服务单位禁带物品,包括未经批准持有服务单位的产品及其用于生产、生活、工作的物品。

保安员在巡查、观察守护区域内及其周围情况的过程中,时有所见的可疑物品有:突然出现的不明装置;无人看护的箱包、物品;停放露天的无主车辆;梯子、长凳等来源不明的攀登工具等等。实践证明,这些可疑物品中,不明装置有的是爆炸物品;无人看护物品有的是歹徒逃跑时丢弃的赃物,有的是歹徒放置的爆炸物品或有毒有害物品;无主车辆往往是正在附近作案的或已逃脱的歹徒使用的交通工具;来源不明的梯子、长凳等攀登物品,一般是歹徒准备用于攀爬围墙、窗户入内作案的用具等等。

二、可疑情况的处置

对于识别出来的可疑人员、可疑物品,执勤的保安员应立即采取措施,妥善予以处置,化险为夷,保卫守护目标的安全。可疑人员和可疑物品的情况不尽相同,对其处置的方法应有的放矢,做到因人而异、因物而异。

1. 可疑人员的处置方法

可疑人员不等于就是违法犯罪人员,他们是有违法犯罪疑点的人。这些疑点,有的是因特殊情况所致,有的是因为非作歹所致。因此,前者可疑人就是正常人;后者可疑人就是违法犯罪分子。所以,守护执勤的保安员发现可疑人员后,不能简单化处理。正确的处置方法是:

（1）针对疑点进行盘问。盘问一般在现场进行。盘问时，应内紧外松，心平气和；应针对疑点而发问，允许对方辩解。通过盘问，分别对待。

（2）放行释疑者并致谢。盘问后，对方若能就疑点作出令人信服的说明、解释，保安员应改变看法，视对方为正常人，准予放行。并且，感谢对方配合自己的保安工作。

（3）不能释疑者报告服务单位。盘问后，若对方不能就疑点作出客观说明、解释，保安员应向服务单位有关领导报告可疑人的情况，请予处置。

（4）有违法犯罪证据者报警。盘问过程中，若对方被迫交待或者心慌意乱讲漏了嘴，泄露了违法犯罪有关信息，此时，保安员不必细究，应立即报告公安机关或将对方送交公安机关处理。同时，向服务单位报告相关情况。

2. 可疑物品的处置方法

对可疑人携带的可疑物品，应随可疑人一并处置。即放行可疑人的，发还其携带的可疑物品；报告、报警处置的可疑人，其携带的可疑物品，分别移交服务单位或公安机关处理。守护执勤中的保安员在巡查、观察时发现可疑物品，一般不要去接触、转移可疑物品，应向其他守护执勤保安员通报信息，以便相互协作，加强防范，应对不测。至于对可疑物品的处置，应因物而异，根据不同情况，采取不同的方法对待。

保安员怀疑是爆炸物品装置或者爆炸物品的可疑物品，切不可随便接触或转移，也不准他人靠近，应立即向公安机关报告。同时，报告服务单位，让专业技术人员前来处置。

保安员发现了怀疑是歹徒逃跑时丢弃的无人看护物品，以及可能是歹徒使用的交通工具、攀登用具等可疑物品后，应先采取"守株待兔"方法对待。即隐蔽在附近，对可疑物品实行监视，如果歹徒回来取物或者作案时，将其缉拿归案。如果经过一段时间对可疑物品监视无结果，应报告服务单位派人前来处理。必要时，将可疑物品送交公安机关，或许人民警察能从这些可疑物品上，获取歹徒的痕迹及其所作案件的相关信息，为打击违法犯罪活动提供帮助。

此外，如果守护目标部位发生了案件或者火灾、爆炸、危险物品泄漏、车辆强行闯岗等问题，参照本教材中第九章第六节内相关紧急情况处置的方法应对。

本章保安员证考核要求

重点掌握内容

保安守护的含义与类型；目标部位的含义、类型与特点；目标部位守护的含义与形式；影响目标部位安全的因素；目标部位守护的程序和要求。

第九章

保安武装守护服务

保安武装守护服务是目标部位守护服务的一种类型,它区别于其他目标部位守护服务的主要表现是守护的目标部位特别重要,执勤保安员配备武器装备。因此,保安武装守护服务是一种特殊的保安守护服务,它在保安守护乃至整个保安服务中的地位显得十分重要。

第一节 保安武装守护概述

一、保安武装守护的含义

保安武装守护是指经省、自治区、直辖市人民政府公安机关批准从事武装守护、押运服务的保安服务公司和自行招用保安员的单位,依法为保安员配备公务用枪,为军工、金融系统、国家重要仓储及大型水利、电力、通信工程等单位提供专职守护服务的形式。显然,保安武装守护是依法批准为保安员配备公务用枪(即防暴枪),为特定单位(部位)提供专职守护的一种保安服务形式。

二、保安武装守护目标的特点

保安武装守护的对象和目标,主要是关系国计民生、国家安全、涉及国家秘密的军工、金融、国家重要仓储及大型水利、电力、通信工程等治安保卫重点单位和要害部位。这些单位和部位,具有目标固定、部署分散、隶属关系多、不便联系协同、情况复杂、技术性强、安全要求高、责任重大、难以控制、任务繁重等特点。

三、保安武装守护的任务

1. 确保守护目标的安全,防止违法犯罪分子的破坏活动

保安武装守护目标的特殊地位,使之成为包括敌对势力、恐怖分子在内的各种刑事歹徒袭击破坏的重要对象。保安员在武装守护勤务中,既要防止发生盗窃、抢

劫等涉及经济方面的违法犯罪活动，又要防止发生窃密、破坏等刑事案件；既要防止外来人员作案，又要防止守护目标内部人员的不法行为，全面地做好各种违法犯罪活动的预防工作，保障守护目标的安全。

2. 协助服务单位维护守护区域的秩序

守护目标区域内的正常秩序，是守护目标安全的基本保障，也是服务单位顺利进行生产、科研、工作的重要条件。保安武装守护人员应当及时发现和协助服务单位妥善处置守护目标区域内的各种扰乱、妨碍和影响正常秩序的不良行为，包括单位职工对问题处理不满的过激行为和单位内的群体性事件等等。

3. 预防和处置可能危害守护目标安全的灾害事故

保安武装守护的一些重点单位，往往存有爆炸性、易燃性、放射性、毒素性、腐蚀性等危险物品和传染性菌种、毒种以及武器弹药。这些单位平时如果安全管理缺失，就会引发火灾、爆炸、中毒、放射性等治安灾害事故，危及服务目标甚至社会的安全，导致人身伤亡、财物损毁。保安武装守护人员应当在日常执勤中，监督服务单位的领导、职工严格遵守危险物品管理制度，落实各项预防事故的措施。并且，坚持人防、物防、技防相结合，通过技术防范手段和对危险物品存放场地进行必要的安全检查，及时发现和消除事故隐患或不安全因素。

守护区域一旦发生治安灾害事故，保安武装守护人员应当按照紧急情况应急预案的要求，积极应对，控制灾害事故的发展和蔓延，以减少其危害。

四、保安武装守护的原则

保安武装守护的原则是保安守护人员在勤务中必须遵循的基本准则，是保安武装守护长期实践经验的总结概括。保安员在执行武装守护勤务时，应当遵循下列原则：

1. 重点防守，严密控制

重点防守，就是指保安武装守护要抓住重点开展安全防范工作，把保护服务单位领导、职工的人身安全放在首位，把容易发生案件和灾害事故的场所、部位，以及可能危害守护目标安全的人员作为防范的重点，加以密切关注，实施严密控制，以保障安全。

2. 灵活机动，方便群众

保安武装守护既要坚持原则，严格执行服务单位的各项安全管理规章制度，严格依法办事，又要灵活机动地对待和处理一些非原则性的事项，以方便群众的生活和工作，做到原则性与灵活性相结合。只有这样，守护工作才能得到群众的支持和配合，增加服务单位的安全系数。

3. 执行政策，区别对待

从目前的实际情况来看，保安武装守护目标基本上都是国有企事业单位和国家行政机关,这些单位的情况不尽相同。为了规范管理,国家根据这些单位的不同性质、不同情况,分别制定了一些相应政策。保安武装守护必须严格执行涉及服务单位的有关政策规定,在对待和处理有关安全事项时,应当分别不同情况,予以区别对待。切不可简单粗暴或者感情用事,眉毛、胡子一把抓,置相关政策规定于不顾。

4. 依法用枪,确保安全

保安员在执行武装守护勤务时,依据《专职守护押运人员枪支使用管理条例》和《中华人民共和国枪支管理法》的规定,必要时可以使用武器。执行武装守护任务中,遇有以下情形,不使用枪支不足以制止暴力犯罪行为的,可以使用枪支:守护目标受到暴力袭击或有受到暴力袭击的紧迫危险的;专职守护人员受到暴力袭击危及生命安全或者所携带的枪支弹药受到抢夺、抢劫的。保安员使用武器必须做到依法用枪,安全用枪。

第二节 保安武装守护的操作规程

保安武装守护的操作规程,包括武装守护任务实施前的准备工作和武装守护任务的具体实施。任务实施前的准备工作,指的是对武装守护目标的勘察和制订武装守护方案以及上岗前的其他各项准备工作。如武装守护人员的岗前培训、熟悉武装守护流程(方案)、制定相关的武装守护台账、领取相关证件(如持枪证)、武器装备(防暴枪支弹药)等。任务的具体实施,指的是保安员上岗后的武装守护勤务工作。

一、对武装守护目标的勘察

承接武装守护任务的保安公司(组织),应当对武装守护目标进行现场勘察。勘察工作应当由主管武装守护的勤务、业务、安全等相关人员及武装守护工作实施负责人参加;勘察的内容,包括武装守护目标的性质、特征、类型、范围和物防、技防设施及周边治安环境状况等。

二、制订武装守护方案

保安武装守护方案,应在勘察的基础上,根据武装守护工作规范要求和可能危害守护目标安全的情况来制订。保安武装守护方案应当切实可行,具有针对性。

保安武装守护方案的内容,应包括执行方案、安全检查方案、通讯和消防方案、应急方案。保安武装守护方案应当明确守护重点部位、守护范围、守护责任、守护方法、保安力量及分工、保安措施、紧急情况处置、应急预案等等。

保安武装守护方案须送客户单位审查,并经其上级主管部门批准,方可实施。

三、熟悉武装守护方案

熟悉武装守护方案的内容,明确武装守护任务,是武装守护执勤人员履行职责的前提条件之一。为此,保安员应在初次到岗执勤之前,认真阅读、正确理解武装守护方案,熟悉有关制度、规定及准许出入守护区域的手续和证件;熟悉岗位周围地形、地物及设施;熟悉应急设备的位置、性能和使用方法;熟记与有关部门、人员的联系方式;熟练掌握处置紧急情况的方法。

四、做好上岗前的准备

（1）按照规定着装,佩戴统一的保安服务标志。
（2）领取、检验执勤装备防暴枪支,保障其性能良好、子弹足数。
（3）携带勤务需要的通讯工具、照明器材、防护用具等。
（4）备好武装守护勤务登记簿等其他勤务用品。

五、实施武装守护勤务

武装守护是对特别重要的目标部位进行的守护服务,守护岗位的设置及其勤务的实施要求,应执行前一章目标部位守护服务中关于固定岗、流动岗、瞭望岗、安全技术防范的规定,特别要严格门卫、巡逻勤务的实施。

（一）出入口守卫勤务的实施

配备防暴枪支在守护目标出入口执勤的保安员,应当严格检查进出守护区域的人员和车辆,维护秩序,保卫目标的安全。

1. 验证、登记

服务单位如果另外安排专人负责对出入人员、车辆、物品进行验证、登记的话,保安员则负责维护出入口的正常秩序,保护验证、登记人员安全。如果武装守护的保安员履行验证、登记职责的,要不折不扣地执行服务单位有关规章制度,认真查验进出人员车辆及携带物品的凭证,严格按照服务单位规定的准予出入守护区域的手续、证件办理,严禁无关人员、车辆和物品进入守护区域,严防服务单位财物非法外流,保障守护范围内的安全。查验证件的具体方法见本书《保安目标部位守护服务》一章中的相关内容。

对于出入守护区域的财物,保安员查验凭证并与实物核对准确之后,应在勤务登记簿或者服务单位印制的专用表册上如实记载财物的名称、规格、数量等相关信息,不得有误。对于无凭证财物或者财物名称、数量与凭证不符的,应报告服务单位安保部门进行处置。

武装守护的保安员在履行验证、登记职责时,应关注出入口的安全,并要切实保护好佩带的防暴枪支。

2. 维护秩序

维护出入口的正常秩序是出入口武装守卫人员的一项重要任务。维护出入口正常秩序的工作内容，主要是指挥、疏导过往出入口的车辆和清理出入口的无关、肇事人员，保持出入口的安全、畅通。

出入口人员、车辆较多时，保安员应按照先出后进、靠右通行、指挥分流的原则进行疏导，确保出入口的人、车有序通行。必要时，执勤保安员可向上级报告，求助支援力量，以免出入口秩序混乱而危及守护区域的安全。

对于出入口附近出现的异常情况，保安员应谨慎处置，以防不测。如陌生人员长时间在出入口外逗留或发生争吵打架；不明车辆驶至出入口外附近，迟迟不肯离去等等。对此，保安员应远距离喝令他们离去，不宜走近拒赶或制止，谨防突然袭击。如果对方不予理睬，应报告领导，派人前来驱离。再如，出入口的电灯突然熄灭，保安员应迅速打开临时照明器材，并报告服务单位。同时，加强警戒，暂停人员、车辆进出。必要时，临时关闭出入口，等到查明电灯熄灭原因后，恢复正常出入通行。

（二）守护区域巡逻勤务的实施

从事守护区域巡逻的保安员，应按照武装守护方案的有关规定，在守护范围内进行巡视察看，开展安全检查，妥善处置巡查过程中发现的各种涉及安全的问题，维护守护区域的正常秩序，保障安全。

1. 巡视察看

巡逻执勤的保安员应按规定的时间、路线和频次进行巡逻，仔细地巡视察看巡逻沿线的动静，及时发现和处置各种治安隐患，预防违法犯罪活动和治安灾害事故的发生。

巡逻执勤应突出重点，兼顾一般，对于容易发生案件、事故的重点部位、重要目标，要增加往返巡逻频次，强化警戒措施，堵塞防范漏洞，不给歹徒作恶的可乘之机。一旦发现不法分子，坚决予以制止。必要时，依法用枪保卫守护区域的安全。如果发现火警、火灾，立即报告消防部门和服务单位，并尽力投入扑救行动。

2. 安全检查

保安员在守护区域巡逻时，应对沿途的一些重要设施、设备的运行性能及安全状况进行检查，做到"巡查结合"，以便及时发现并妥善处置异常情况，消除其对保护目标安全构成的威胁，避免造成危害。

安全检查的主要对象是服务单位的安全防范设施、重要机械设备和危险物品存放、贵重财物保管等情况。安全防范设施是指围墙、隔离网、报警监控装置、灭火器具等。重要机械设备是指生产、科研贵重机器、仪器、仪表等。危险物品存放是指危险物品的储存状况。贵重财物保管是指放置现金、有价票证、贵重金属、金银及其制品的地方。这些安全检查的对象,是武装守护保安服务重点保护的目标,必须确保安全。

六、保安武装守护勤务中的注意事项

保安武装守护勤务中的注意事项,就是保安员在武装守护执勤期间的日常工作要点。执勤保安员认真做好这些日常工作事项,是履行保安服务职责、完成武装守护任务的重要保障。

1. 严格武装守护勤务的交接工作

武装守护勤务交接的内容主要是:当班情况记录,枪支弹药及相关装备、守库室进出人员登记记录,安全检查记录等。接班人员未全部到岗时,守库人员不得擅自下班;接班人员全部到岗后,方可按规定要求进行交接。如果接班保安员长时间不到岗,应向领导报告。交接时,交班守库保安员应将未处理完毕、需下一班继续处理的事项告知接班保安员,并在交接班情况记录上详细记载。

2. 认真验证、登记,严禁无关人员、车辆及其携带或装运的物品进入或靠近守护目标

武装守护固定岗的保安员应对进出守护区域的人员、车辆、物资进行安全检查,登记相关证件和物品。不符合规定的,严禁进入、靠近守护目标,以防不测。对于银行金库等守护目标,非经服务单位保卫部门同意,并查验相关证件,不得随意打开守护室门锁。保安服务公司领导前往保安守护单位检查执勤保安员工作情况时,也必须报经执勤队(班)长和服务单位保卫部门同意,方可打开守库室门让其入内,但不得查看武装守护目标的有关场地、仓库等设施情况。

3. 强化安全巡回检查

武装守护流动岗的保安员,应当按规定的时间、路线和频次进行巡回检查,及时堵塞安全漏洞,有效制止违法犯罪活动,积极劝解民事纠纷,维护守护区域的正常秩序,保障其安全。

4. 努力发现、消除安全隐患

武装守护保安员在执行武装守护任务中,要认真开展安全检查,及时发现、排除安全隐患。安全检查的内容,主要包括目标部位的物防设施、技防设施、消防设施、贵重物品及危险物品存放情况、枪支弹药的保管和使用情况等。应当如实、准确、及时记载安全检查的人员和时间,以及发现的问题及整改情况等内容。

监控设施设备发生故障,应记录有关情况,并报告服务单位的保卫部门。

5. 加强枪支弹药安全管理

武装守护保安员应加强枪支弹药的安全管理,其内容包含枪支弹药的登记、交接、清点、保管和验枪检查等。保安公司安全部门和武装守护负责人,应当采取定期检查和临时检查相结合的方式,对武装守护枪支弹药进行安全检查,并做好登

记,坚决堵塞枪支弹药安全管理漏洞。武装守护保安员发现枪支故障时,当班负责人应当立即向保安公司(组织)报告,以便及时修理或更换枪支。

6. 处置紧急情况坚持原则

武装守护的目标部位不论发生什么样的紧急情况,执勤的保安员及其保安组织在处置时,都应当坚持合法性、安全性、抢救生命第一、减少损失和依法用枪的原则。具体要求详见本教材第十二章第五节保安押运中紧急情况处置的相关内容。

第三节 保安武装守护的勤务管理制度

武装守护的勤务管理制度是武装守护执勤保安员的行为规则,是提供武装守护保安服务的组织检查和评价派出上岗保安员执勤情况的重要依据。武装守护勤务管理制度,对于武装守护勤务工作具有控制、调整作用,对于值勤保安人员具有监督、约束和制约作用。因此,无论从事出入口武装守卫工作的保安员还是执行武装守护巡逻的保安员,都应严格遵照执行武装守护的各项勤务管理制度,这是规范勤务中保安员的行为、履行武装守护职责的重要保障。

武装守护的勤务管理制度,是保安服务勤务管理制度的重要组成部分,其内容如下。

一、交接班制度

(1)交接班应在规定的时间进行,无特殊情况、未经组织批准,不得提前或推迟。

(2)交接班在组织安排的保安员之间进行,因故不能执勤的,必须提前办理请假手续。

(3)办理交接班事项时,双方应注意观察周围动静,保障安全。

(4)接班保安员应提前做好上岗准备,按规定着装,佩戴全国统一的保安标志,领取执勤枪支弹药,携带规定的执勤用品,准时到岗。

(5)若有保安执勤装备交接的,接班的保安员应检查其有无损坏及性能是否良好。若有异常情况,应如实记录并报告领导。

(6)交班保安员尚未处理完毕的勤务事项,应交待接班保安员继续办理,并仔细记录在册。

(7)移交勤务登记簿时,接班保安员应查看记录,并与交班保安员告知的本班处理勤务事项的有关情况核对,确认后双方签字。

(8)接班保安员到岗和交班保安员离岗之际,双方应先行敬举手礼。

二、请示报告制度

（1）上级领导、服务单位、公安机关规定要求请示报告的勤务事项，执勤保安员应严格遵照执行。

（2）执勤中发生的案件、治安事件、治安灾害事故以及其他紧急情况和重大问题，应及时、准确、如实地请示报告。

（3）涉及勤务用枪事项，依照法律规定请示报告。

（4）超出勤务职权和不明确、不清楚处置方法的勤务事项，应向有关领导、单位、部门请示报告。

（5）公安机关和保安服务组织的勤务工作指示，应坚决执行，并及时反馈结果。

（6）请示报告的事项和工作指示执行结果，均应做好详细记录。

三、勤务检查制度

（1）驻勤单位保安组织负责人和指定的专职人员，负责检查保安员的勤务情况。

（2）勤务检查应做好明查暗访、定时检查与不定时检查相结合，并做好勤务检查记录；重要节日或遇特殊情况，应加强勤务检查。

（3）勤务检查的内容，应以保安员的枪支使用和履行岗位职责情况为主，兼顾岗位安全状况。

（4）勤务检查中发现的问题，应及时纠正，并报告上级领导。

（5）驻勤单位保安组织的上一级领导，应通过检查交接班记录、枪弹装备保管使用情况、进出人员登记等方法，对基层的勤务检查工作进行督促，并抽查岗位保安员的执勤情况，登记当班保安员姓名等信息，并让其在记录上签名。

（6）保安武装守护服务组织的领导和业务主管部门，应对驻勤单位的勤务检查情况实施监督。

四、勤务登记制度

（1）执勤保安员负责在指定的勤务登记簿上记录勤务登记事项。

（2）执勤保安员的上一级领导负责督促、检查勤务登记。

（3）保安服务组织对勤务登记实行监督，及时纠正勤务登记存在的问题。

（4）勤务登记主要记载上级指示、通知、交办事项及执勤中处置事项的有关情况。

（5）勤务记录应及时、准确、清晰，不得随意涂改，并妥善保管。

五、勤务保密制度

（1）提供武装守护服务的保安组织，应对从事武装守护执勤的保安员进行保密教育，开展保密检查，做好保密工作。

（2）武装守护的保安员及其管理人员，不得向无关人员泄露武装守护服务的有关信息。

（3）保安武装守护组织和保安员，应妥善保管记载武装守护服务信息的笔记本、工作手册、勤务登记簿以及其他有关资料，不得随身携带进入公共场所或交与无关人员看阅。

（4）一旦发生武装守护信息资料遗失、泄露、被窃等涉密问题，应立即报告，并采取相应防范措施，以避免造成安全危害。

第四节　保安武装守护中的安全隐患及防范

武装守护中的安全隐患，指的是武装守护区域存在的一种危险状态。这种危险状态如果不能及时发现和排除，很可能会转化为案件或治安灾害事故，危害武装守护目标的安全。所以，从事武装守护的保安组织和保安人员，应当掌握安全隐患的相关知识，努力提高化险为夷保平安的能力。

一、影响武装守护目标部位安全的因素

影响武装守护目标部位安全的因素，是指对目标部位安全构成威胁的各种隐患。影响武装守护目标部位安全的因素主要有：人的因素、物的因素、自然因素和技术因素。

1. 人的因素

人的因素是指内部人员在非工作时间停留在目标部位，或者擅自强行进入不应进入的目标部位，外部人员以不正当方法进入目标部位，由此而造成的安全隐患。人的因素是影响安全的主要因素。

2. 物的因素

物的因素是指以物质为条件构成的安全隐患。物的因素包括目标部位用电、用火或存放物品自燃、分解以及周围环境危及目标部位安全等形成的安全隐患。

3. 自然因素

自然因素是因目标部位自身物理、化学变化或自然界不可抗力引发的雷击、洪涝灾害等安全隐患。

4. 技术因素

技术因素是因目标部位技术设备缺陷引发的安全隐患。

二、武装守护中常见的安全隐患

安全隐患是由物质危险因素和管理缺陷共同存在的一种不安全状态,武装守护中常见的安全隐患主要表现是:

1. 危险物品存在的安全隐患

(1) 武装守护区域内的生产、科研、生活中应用的危险物品的储存、运输、使用违反安全规定;

(2) 不该存放的危险物品出现在武装守护区域内。

2. 安全防范设施存在的安全隐患

(1) 安全标志残缺不全或被掩盖;

(2) 安全防范设备、设施移位或挪作他用;

(3) 发生故障的技防设备未得到及时修理,性能不良;

(4) 疏散安全出口通道不畅。

3. 武装守护服务中存在的安全隐患

(1) 执勤人员不能严格遵守安全守护规章制度;

(2) 进出守护目标的人、车、物管控不严;

(3) 武装守护中的枪支使用、保管不当。

三、武装守护中常见安全隐患的检查、排除方法

1. 安全检查

安全检查是发现安全隐患行之有效的方法。安全检查的要求是:

(1) 内容全面,重点突出。重点检查部位是人、财、物集中处所,涉及危险物品的场所,涉密和水电气供给等要害部位。重点检查内容是安全管理制度的建立健全和执行情况,技防设施性能、使用情况以及防火措施落实情况。

(2) 方法得当,程序规范。检查方法应切合实际,注重实效,坚持"三结合",即普查与抽查相结合、全面检查与重点检查相结合、专项检查与综合检查相结合。检查前应制订工作方案,做好充分准备;检查中应把握好听、看、问、测(测试技防设备性能)四个环节;检查后应有实事求是的评估,不能只"栽花"不"挑刺"。该发《整改通知书》的要发,该通报批评的要通报,该报上级和主管部门的情况要报。

2. 整改排患方法

如果说安全检查是发现问题,那么,整改排患就是解决问题。整改排患即采取整改措施排除安全隐患,其方法是:

（1）检查中发现的安全隐患，现场能整改的当场改。

（2）现场不能整改的发《整改通知书》的安全隐患，应按整改要求和限定的整改时间进行，整改情况要督促检查，确保整改到位。险情大的应采取临时安全措施。

（3）检查中发现重大安全隐患，应严肃处置。立刻建议主管领导（部门）批准停业整改或停止使用（安全技防设施设备），并要查验整改结果，合格后方可准予恢复正常生产、使用。

（4）枪支使用、保管中的安全隐患，依照《枪支管理法》和《武装守护押运人员枪支管理办法》的规定处置。

四、目标部位武装守护中的安全防范措施

1. 防范目标部位的人员遭受不法伤害

保护目标部位的人身安全，使其避免遭受不法分子和安全事故的伤害，是保安守护服务的首要任务。保安员应当牢记守护服务操作规程，一方面，坚持人防与技防相结合，积极采取各种有效防范措施，使不法分子无可乘之机；另一方面，要坚持在服务区域内开展经常性的安全检查，及时消除可能发生的火灾、爆炸及危险物品泄漏、辐射等治安灾害事故的隐患。平时，应当加强调查研究，收集安全信息，一旦发生侵害目标部位人身安全的紧急情况，迅速启动应急预案，控制危害结果。如果有受伤人员，应当积极救助，并向公安、消防等部门报告求助。

2. 防范目标部位的财物遭受盗窃、抢劫

盗窃、抢劫作案是保安守护勤务中容易遇到的两种情况。保安守护人员应当掌握盗窃、抢劫案件发生的特点和规律，有针对性地采取各种防盗、防抢措施，健全制度，堵塞漏洞，确保客户的财产安全。在加强人力防范的同时，应当充分发挥技防设施的作用，提高发现和处置盗、抢案件的能力。平时，保安守护人员在执勤中，应当努力发现和消除安全隐患，如目标部位的门窗没有关锁好、报警装置发生故障运行不正常、内部人员和外来人员利用出入目标部位的机会行窃等。

3. 防范守护目标部位发生火灾

火灾是多发性的危害很大的治安灾害事故，它不但会给公私财产造成损失，甚至会夺去人的生命。保安守护人员应当认真做好火灾预防工作，加强安全用火、用电的监督检查，对违章用火、用电、乱搭乱接电线等违反安全规定的行为，应当坚决纠正，从根本上消除火灾隐患。万一发生火警，应当及时扑救，避免形成火灾，危害目标部位的安全。

4. 防范危险物品爆炸、泄漏、辐射

危险物品具有燃烧、爆炸、腐蚀、毒害或者放射等特性，在生产、储存、使用过程中稍有不慎，就会形成灾害事故，导致人身伤亡、财产损失。保安员守护的目标部

位涉及危险物品的,应当引起高度警惕,切实做好危险物品安全管理工作。特别是在危险物品存放处出现怪异气味、彩色(黄色、蓝色等)烟雾,或者附近有人感觉异常时,更加应当引起警觉,必须寻根溯源,找出原因,堵塞漏洞,消除隐患,严防危险物品的泄漏、辐射和爆炸。

第五节 保安武装守护中制止不法侵害的手段

武装守护中制止不法侵害的手段,是指武装守护人员为了履行武装守护的职责,达到保卫武装守护区域安全的目的,依法对不法侵害武装守护目标的行为实行阻止、控制所采取的各种措施和方法的总称。武装守护中制止不法侵害的手段,是国家依法赋予武装守护人员的职责和权力的具体体现,也是武装守护中的保安人员完成任务、制止违法犯罪的重要保证。武装守护人员要履行保卫武装守护区域安全的职能,就必须充分利用和发挥各种制止不法侵害手段的功能和作用。如果武装护卫人员离开或者放弃这些手段,就难以完成武装守护的任务,也就难以达到制止犯罪和保障安全的目的。

武装守护中制止不法侵害的手段,既是根据国家有关法律、法规的规定,也是根据不法侵害者的具体行为来采取的。现实中,不法侵害的手段形形色色,因此,制止不法侵害的手段也多种多样。

一、制止不法侵害手段的特征

武装守护中制止不法侵害的手段,是执勤的保安人员依法使用的。它与其他人员和组织制止不法侵害的手段相比较,有其自身的特征。

1. 权威性

武装守护中制止不法侵害手段的权威性源于国家法律、法规的权威性。因为,武装守护人员制止不法侵害的手段,是国家和《刑法》根据保安服务活动的客观规律提出,并以国家法规的形式加以固定的,是保安员在法律规定的职权范围内选择和适用的,是不以实施不法侵害行为人的意志为转移的。所以,武装守护人员依法制止不法侵害的手段具有权威性。

2. 强制性

武装守护中制止不法侵害手段是以保安权为依托的,保安员是在保安服务中为公民、法人和其他组织提供人身、财产、信息等安全防范服务的人员,保安权是国家依法赋予保安员履行职责进行保安服务的权力。而且,武装守护中制止不法侵害手段的强制性,是由武装守护服务的实际需要所决定的,对于危及武装守护区域安全的不法侵害行为采取的包括使用防暴枪支在内的一些处置手段具有强制性是显而易见的。如果没有保安权作后盾，缺少必要的强制性，就不可能迅速处置武装守护中的紧急情况，有效地威慑侵害守护目标安全的不法分子，履行保安服务职责。

3. 制止性

武装守护中制止不法侵害手段的目的是，阻止发生不法侵害行为给守护目标安全造成危害的后果，而不是对不法侵害者的惩罚，更不涉及对不法侵害者的处理。这是武装守护保安人员在制止不法侵害时的行为准则。制止性的特征要求制止不法侵害的武装守护人员采取行动时，既要起到阻止不法侵害行为继续进行的作用，又不要超出制止的限度，两者不可偏废。否则，就是制止不力，达不到制止不法侵害手段之目的，或者制止过当构成武装守护人员违法甚至犯罪。例如，遭遇歹徒暴力袭击时，武装守护人员采取正当防卫手段，在迫使其停止暴力行凶后，就应当停止正当防卫，将其扭送公安机关处理。不然的话，就是防卫过当。

二、制止不法侵害手段的类型

武装守护中制止不法侵害的手段有多种类型，不同类型的手段适合制止不同的不法侵害行为。按照一定标准对制止手段分类，有助于武装守护人员在实践中选择采用有效、适宜的制止不法侵害手段。

1. 强制手段

强制手段是武装守护人员为了制止正在实施的盗窃守护目标财物和可能导致守护目标财物损毁或者发生火灾、爆炸等治安灾害事故的危险行为而采取的强制方法。实施强制手段制止不法侵害时，应注意自我保护。

（1）发现歹徒正在盗窃守护目标财物时，武装守护人员应采取抓（追）捕、扭送公安机关处理等强制手段，制止其不法侵害行为。如果歹徒人多势众或持有凶器，武装守护人员应在不惊动歹徒的情况下发出报警信号，待援助力量到达后实施抓捕、扭送行动。如果发现歹徒作案后逃跑，武装守护人员应在守护目标安全有保障的前提下，实施单独或合伙追捕的强制手段。同时，注意保护盗窃案件现场。

（2）发现有人故意损毁守护目标财物时，武装守护人员应采取阻止、抓获、扭送服务单位保卫部门处理的强制手段，制止其不法侵害行为。

（3）发现歹徒对守护目标实施纵火时，武装守护人员应首先设法扑灭火种（火警），然后实施抓捕纵火者的强制手段。

2. 技术手段

武装守护中制止不法侵害的技术手段，是执勤保安员运用现代科学技术同违法犯罪作斗争的一种重要手段。采取技术手段制止不法侵害，不仅具有快速、高效

的优势,而且能为认定歹徒的不法侵害行为提供依据。目前,武装守护人员在制止不法侵害中能够使用的技术手段主要有:

(1) 现代通信技术。为了迅速、准确、秘密地传递信息,采取紧急有效的措施,提高保安服务的快速反应能力,以制约、打击犯罪,保安服务组织和武装守护目标普遍采用了对讲机、移动通讯电台、治安通信网络等现代通信手段。武装守护人员在制止不法侵害的过程中,应正确使用这些现代通信工具,及时快速地向主管领导、服务单位有关部门报告警情或求助,提高制止不法侵害的成效。

(2) 电视监控技术。在条件允许和情况需要的前提下,武装守护中发现不法侵害行为时,执勤保安员应迅速将监控设施设备对准不法侵害现场,以传递和记录现场情况,准确获取证据,有利于整合力量制止不法侵害行为和依法惩处违法犯罪行为人。

(3) 报警技术。报警技术是利用报警器防止入侵者和火灾、爆炸、破坏等危险情况发生的技术。无论武装守护中发生什么样的不法侵害行为,执勤保安人员都应当在制止无效时立即报警。这既是处警程序的要求,也有利于更加有效地制止不法侵害行为。

(4) 灭火技术。灭火技术是消防管理的重要组成部分,是武装守护中制止涉火不法侵害行为必须采用的行之有效的手段。武装守护人员发现歹徒对守护目标实施纵火时,应在报警后以最快速度拿到适宜的灭火器具到达现场灭火。

3. 法律手段

武装守护服务是保安员依法为服务单位提供安全保障的活动,法律手段是武装守护中制止不法侵害最重要的手段。对于保安人员而言,在制止不法侵害中的法律手段主要是依法使用枪支和正当防卫。

(1) 依法用枪。依法用枪制止的不法侵害,指的是不使用枪支不足以制止暴力犯罪行为的下列紧急情形之一,可以使用武器:

① 武装守护目标受到暴力袭击或者受到暴力袭击危险的。

② 武装守护人员受到暴力袭击危及生命安全或者所带枪支弹药受到抢夺、抢劫的。

③ 武装守护人员在存放大量易燃、易爆、剧毒、放射性等危险物品的场所,不得使用枪支;但是,不使用枪支制止犯罪行为将会直接导致严重危险后果发生的除外。

依法用枪后,武装守护人员遇有下列情形之一的,应立即停止开枪:一是有关行为人停止实施暴力犯罪行为的;二是有关行为人失去继续实施暴力犯罪能力的。

另外,武装守护人员使用枪支后,应立即向所在单位和案发地公安机关报告;单位接到使用枪支的报告后,应立即报告所在地公安机关,并在事后向所在地公安机关和上级保卫部门报送枪支使用情况的书面报告。

（2）正当防卫。根据保安服务的特点和我国《刑法》规定，保安员在保安服务中有行使正当防卫的权利。保安员在履行职责过程中制止不法侵害行为进行正当防卫不负刑事责任。但要避免防卫过当。武装守护中制止不法侵害采用正当防卫的具体要求，见本书中保安工作相关法律法规的有关内容。

第六节　保安武装守护中紧急情况的处置

保安武装守护中紧急情况的处置，应当遵循的原则是合法性、安全性、抢救生命第一、减少损失和依法用枪。具体内容我们将在本教材第十二章第五节中作了阐述。

一、发生案件的处置

1. 盗窃目标部位财物的处置

（1）歹徒正在实施盗窃作案时，保安守护人员应当坚决制止，将其扭送到公安机关惩处（途中应当防止歹徒逃跑、行凶），或者将歹徒控制住并及时报警。

（2）歹徒盗窃作案后正在逃离现场的，在守护目标安全有保障的前提下，应当立即追捕。必要时，及时通知门卫、附近的群众围堵歹徒。如果未能抓获歹徒，应当马上报警，并提供歹徒的体貌特征，协助破案，同时保护好案件现场。

（3）发现目标部位的财物已被盗走时，保安守护人员应当立即报警，并且保护好现场，禁止无关人员入内。同时，加强出入口的控制，注意发现作案可疑人员、可疑物品。

2. 抢劫目标部位财物的处置

歹徒抢劫守护目标财物时，保安守护人员应当坚决予以制止，尽力将其制服，并报告公安机关处理。如果抢劫作案的歹徒正在逃离现场的，采取与盗窃作案后逃离现场相同的处置方法。如果歹徒结伙作案或是持枪、持凶器、持爆炸物实施抢劫，保安守护人员不要轻易抓捕，以防受到不法伤害，而应当固守出入口等待援助。同时，向公安机关、服务单位保卫部门和保安公司领导报告歹徒的人数、方位、有无武器等情况。有监控设施设备的，应充分运用，及时向公安机关报告歹徒位置等情况。如果与附近单位有联防协作关系的，应向他们发出求助信号，请求支援。必要时，依法用枪制止犯罪。

3. 袭击保安员抢夺枪支的处置

歹徒采取袭击等暴力行为抢夺值班保安武装守护人员的枪支时，应当依法用枪制止犯罪。条件许可情况下，首先朝天鸣枪示警予以制止。情况紧急时，直接射击行凶歹徒，实施正当防卫。但要谨防伤及无辜。

二、治安灾害事故的处置

1. 目标部位发生火灾、爆炸的处置

（1）迅速报警。报警时，应当向消防部门讲清楚发生火灾的单位、地点、着火物品等情况。单位位置偏僻的，应当派人在路口引导消防车进入现场灭火。同时，向服务单位的保卫部门和保安公司报告火警。

（2）奋力灭火，消除灾害。迅速切断电源，关闭可燃气体开关，将易燃易爆物品撤离起火现场。如果火场内有人群，应组织疏散。若有人被困火场内，应当首先引导他们撤离火场。附近有群众的，应当大声呼喊，求助扑灭火灾。

（3）严格控制目标部位出入口通道，维护好火场秩序，防止坏人趁火打劫。

（4）协助消防部门开展灭火和火灾调查工作。积极向消防部门反映有关情况，为查明火灾的原因提供信息。

2. 对危险物品泄漏、辐射事故的处置

（1）迅速报告相关部门。发生危险物品泄漏、辐射事故时，保安员应当迅速报告公安机关、环保和安全生产管理等部门，请求公安机关和专业人员到现场进行处置。如果保安守护人员具备相关知识和能力，应当根据现场具体情况，尽可能采取排险措施，阻止灾害的发展蔓延。

（2）注意自我保护。处置毒气、毒液泄漏或放射性物质辐射事故时，现场的保安守护人员应当穿着隔离服，戴上防毒面具或者按要求采取防毒害、防辐射措施。同时，应当提醒进入现场的其他人员采取防毒害、防辐射措施。

（3）维护好现场秩序。保安守护人员应当加强目标部位出入口通道的控制，必要时，可以封闭现场、疏散群众，努力维护好现场秩序，加强对目标部位的安全保卫，防止歹徒趁机打劫、制造事端。

（4）积极抢救伤者。对于现场受伤的人员，应当及时采取有效急救措施，尽量减轻伤害后果。

三、其他紧急情况的处置

1. 强行越过警戒线的处置

警戒线内的守护区域，任何人未经许可不得入内。如果有人擅自越过警戒线进入守护区域，执勤的保安员应高度戒备，立即制止，责令其离去。如果对方拒不离去，保安执勤人员应当立即报告领导和服务单位。必要时，强制对方离去。

2. 车辆强行闯岗的处置

当保安守护人员发现进出目标部位的车辆拒不服从停车检查管理时，切不可上前强行阻拦，以防人身受到伤害。应当根据不同情况采用相应的处置办法。

（1）当有车辆拒不接受门卫检查，直接驶入目标部位时，保安守护人员应当记

住其车型、牌号、颜色,然后,立即报告客户单位有关领导设法查找,弄清情况,以防止发生意外。

(2) 如果车辆从守护区域内驶出,拒绝停车接受检查,应当立刻报警,讲清车型、颜色、牌号等情况,请求公安机关交警部门协助查控。同时,迅速报告客户单位领导。

本章保安员证考核要求

一般了解内容

保安武装守护的含义;保安武装守护的任务;保安武装守护目标的特点;保安武装守护的原则。

第十章
保安区域巡逻服务

　　巡逻就是巡查、警戒。保安巡逻是保安员对特定区域、地段和目标进行巡视、检查、警戒的一种服务形式，其目的是为了预防、遏制和威慑违法犯罪，保障一定区域内的人身、财产及有关目标的安全。保安巡逻服务的内容包括：一是保安员通过对特定区域、地段和目标进行的巡视检查、警戒，保护客户安全。二是通过巡逻，震慑不法分子，有效地防范对客户可能造成的不法侵害。三是通过巡逻，发现可疑人员，对有违法犯罪嫌疑的，依法扭送有关部门处理。四是对正在发生的不法侵害行为，应采取相应措施予以制止，将不法行为人及时扭送公安机关或有关部门处理。五是检查、发现、报告并及时消除各种安全隐患，防止火灾、爆炸等事故或抢劫、盗窃等不法侵害。六是在巡逻过程中，对已经发生的不法侵害案件或治安灾害事故，应及时报告客户和公安机关或有关部门，并采取相应措施保护现场。

　　根据不同的分类方法，保安巡逻可以分为不同的类型。原来颁布实施的《保安员国家职业标准（试行）》把保安巡逻分为区域巡逻和人员密集场所巡逻两种，2013年下发的《保安员国家职业标准（修订）》（征求意见稿）又把保安巡逻分为公共区域巡逻和非公共区域巡逻两种。其实，上述两种分类法有其相互对应性：公共区域巡逻即人员密集场所巡逻，非公共区域巡逻即区域巡逻。鉴于此，在2013年本教材修改时按照《保安员国家职业标准（修订）》征求意见稿的分类方法，对初版教材作了修订。考虑到初版教材中关于保安巡逻分类的合理性和实用性，这次三版教材保留了初版的体例，未按照2014年7月15日实施的《保安员国家职业技能标准》中把两类巡逻合二为一统称为保安巡逻。这就是说，本章所述的保安区域巡逻指的是保安巡逻中的非公共区域巡逻。

第一节　保安区域巡逻概述

一、区域巡逻的含义

区域巡逻是指保安员按照服务单位的要求，对非公共的特定区域、地段、目标进行的巡视、检查、警戒活动。也就是说，区域巡逻是保安员在非公共区域进行的一种运动式守卫，其目的主要是预防、遏制和威慑违法犯罪活动。它与保安守护中的流动哨有相似之处，但比流动哨更具独立性和专业性。保安区域巡逻可以步行，也可以配备自行车、电动车甚至摩托车等交通工具。

保安区域巡逻与公安机关的巡逻不一样。首先，巡逻的主体不同。公安机关巡逻的主体是人民警察，保安区域巡逻的主体是保安员。其次，巡逻的装备不同。保安区域巡逻人员只能佩带保安器材和防卫工具，不能配备人民警察的警械和武器。第三，职权不同。保安区域巡逻人员没有巡逻警察的执法权。

二、区域巡逻的特点

1. 流动性大

这是区域巡逻最显著的特点和最基本的属性。为了保证服务单位的安全，巡逻人员必须不停地围绕非公共的特定区域、地段、目标进行巡回游动，以便及时发现和排除不安全因素。保安员如果不巡回流动察看和进行责任区内的安全检查，就无法及时了解和全面掌握服务区域内的安全状况，就不能发现和消除各种安全隐患，也就不能及时地对突发事件采取应急措施并妥善处置，无法保障服务区域的安全。

2. 主动性强

相对于门卫、护送、押运等被动式保安业务而言，区域巡逻是一种具有进攻性的主动防护。它要求保安员通过对区域目标的巡查、观察和警戒，结合实际工作经验，主动发现可疑情况，及时消除安全隐患。只有保安员充分发挥工作的主动性和积极性，才能取得良好的区域巡逻成效。

3. 风险度高

巡逻区域情况复杂，不确定因素多。保安员巡逻时，既可能遭遇歹徒的袭击，也可能遭遇治安灾害事故，在巡逻中不同的时间、地点，都可能发生难以预料的各种案件和事故，特别是财富集中的要害部位和易燃易爆危险物品的集中部位，更容易发生不安全问题。因此，保安员在巡逻过程中，受到伤害的可能性和危险性较高。

4. 对象固定

区域巡逻的对象是指服务单位的特定区域、地段和目标。它是由服务单位根据安全要求来确定的。显而易见,区域巡逻的对象在保安服务期限内是固定不变的。

但是,区域巡逻不是简单、机械的重复运动,而是要结合巡逻区域的实际情况,突出重点地对环境复杂和人、财、物集中的部位进行高频次的巡查、警戒。巡逻的实施应当灵活多样,不拘一格。根据巡逻力量的多少和巡逻区域的大小,可选择采用三人巡、双人巡、单人巡、步巡、车巡(骑车、驾车)、昼巡、夜巡、全天候巡等方式,以适应巡逻工作的实际需要,确保服务对象的安全,圆满完成巡逻任务。

第二节 保安区域巡逻的任务

一、维护巡逻区域内的秩序

良好的秩序是确保巡逻区域安全的前提。保安员在巡逻中,应当根据不同区域的特点,采用不同的方法和手段,维护巡逻区域内人、财、物的正常流动,保持巡逻区域内良好的生活、生产、教学、科研、医疗等秩序。

为此,保安员巡逻时,遇到所有妨碍巡逻区域内正常秩序的人员和行为,都应该及时制止和妥善处理。比如,发现四处游荡的闲杂人员,要及时过问,查明情况,防止扰乱巡逻区域的秩序。尤其是对结伙成帮的闲散人员更要警惕,及时进行清理。发现打架斗殴或聚众闹事的人员,要予以劝阻、制止。如果当事人是服务单位内部人员,应当通知相关部门予以处理;如果是单位外部人员,要报告公安机关处理。发现私自进入巡逻区域的摊贩,要按服务单位的相关规定处置。

二、发现可疑情况,制止不法侵害

保安员在区域巡逻中,要保持高度警惕,加强观察和巡查,及时发现可疑人、可疑物、可疑现象等各种可疑情况。遇有正在实施的不法侵害时,要依法采取必要措施予以制止,同时报告服务单位和公安机关。对于抓获的违法犯罪嫌疑人,严禁关押、殴打、辱骂。

1. 可疑人

可疑人是指擅自进入巡逻区域内的不明身份人员和行为鬼祟可疑人员。保安员应当对可疑人进行必要的盘问,弄清其身份,查明其为何进入巡逻区域以及是怎样进入巡逻区域的有关情况,按规定处置。

2. 可疑物

可疑物是指保安员巡逻中发现的来源不明物体或者情形异常物品。保安员应当及时设法查明可疑物有无危害性，如果发现其有可能燃烧、爆炸，或者有可能是歹徒的作案工具，应当立即报告。

3. 可疑现象

可疑事有多种多样，如巡逻区域内的保护目标或周边环境的某些突然变化，不正常的声响，异常开启的门窗，围墙或隔离网的破损，水、电、气等突然停供，尤其是夜间突然停电等。保安员发现这些反常情况后，要查明原因，防止发生安全问题。

三、排除各种不安全因素，防止治安灾害事故发生

保安员要通过巡逻中的安全检查活动，发现服务区域内一切可能引发火灾、爆炸等治安灾害事故的安全漏洞、苗头、征兆等安全隐患，并及时采取相应措施，堵塞漏洞，消除隐患。如在工程施工现场、重要仓库和高层建筑的楼梯、门口等主要通道巡逻时，应重点检查消防器材是否完备，安全照明是否有效，电线和电器设备有无漏电、断线、滋火，施工现场有无违章使用明火现象或使用明火与使用易燃易爆物品同步作业等现象。一经发现，立即报告，及时消除。

四、协助处置区域内的自然灾害事故

保安员在巡逻中，如果遇到巡逻区域内发生的地震、雷击、洪涝等自然灾害和由此引发的火灾、爆炸等意外事故，应当立即报告和报警，并积极采取措施抢险救灾，协助有关部门做好各项应急处置工作，保护好现场，防止歹徒趁火打劫。

五、做好保护现场工作

保安员在执行区域巡逻任务时，如果发现巡逻区域内发生违法犯罪案件、治安灾害事故和治安事件，在报告服务单位和公安机关的同时，应立即采取相应措施进行先期处置，并对现场进行保护。这既是保安员的责任，也是保安员的义务。保护现场的方法是划定现场保护范围，并实施封闭，设置警戒，不准无关人员进入。同时，抢救现场受伤人员，保护好与案件、事故（件）有关的证据，注意发现各种可疑情况，关注现场周围群众的各种议论和反映等。

第三节　保安区域巡逻的操作规程

一、保安区域巡逻的程序

保安员进行区域巡逻时，要按照区域巡逻方案确定的内容和程序进行。

1. 制订区域巡逻方案

区域巡逻方案是对区域巡逻的设计、计划,是实施区域巡逻的依据。区域巡逻方案制订前,要实地调查了解巡逻区域的特点、要求及周边环境、治安状况,在勘察的基础上,合理确定巡逻岗位、巡逻方式、巡逻要求等一系列内容。区域巡逻方案应送交客户单位审定,使之更加符合实际情况和服务单位的要求。

2. 熟悉区域巡逻方案

事先熟悉区域巡逻方案,是执行区域巡逻的保安员做好区域巡逻工作的前提,也是有效地实施区域巡逻的基本保证。熟悉的内容主要包括:服务单位的基本情况;区域巡逻的组织指挥;区域巡逻的原则;区域巡逻的规划;区域巡逻的任务;区域巡逻中的通讯联络和紧急情况处置;区域巡逻的注意事项以及各种勤务制度等。

熟悉区域巡逻方案,不仅是研读区域巡逻方案的文字内容,而且,执勤的保安员应当亲临巡逻区域,实地察看地形、地貌,巡逻线路,以及巡逻保护的重点部位、重要目标等情况,做到心中有数。

3. 接班(上岗)

保安员接班时,应当按规定着装和携带保安器材装备,准时到岗,认真听取交班人员的情况报告和特别交待的事项,全面了解上一班巡逻的各类信息,尤其是没有处理完毕的事项和其他需要交待的有关情况,以保持巡逻工作的完整性和连续性。同时,要认真查阅交班人员的巡逻记录,与实际情况核对无误后接班。

如有上一班巡逻的保安装备移交下来的,接班保安员应当查验其性能,确保其完好无损。

4. 填写接班记录

保安员接班后,应当及时填写接班记录,完整、准确地记载接班人员姓名、接班时间、领导和交班人员交代的有关事项等。若有保安巡逻装备交接的,应在接班记录中一并注明其名称、数量、性能状况等。

5. 按方案要求巡逻

保安员巡逻时,应当严格按照区域巡逻方案要求的方式、频次、班次进行巡逻,不得擅自作出改变。对于前一班次交代的需要注意的问题和需要继续处理的事项,接班保安员在巡逻中,应当根据实际需要,积极采取相应的措施予以处置。

巡逻时,不得影响服务区域内的单位员工、居民群众的正常工作、生活。

6. 填写巡逻记录

巡逻记录是保安员执行巡逻任务中的真实情况记载。巡逻中的沿线情况,应当随时填写在巡逻记录本中。发现问题应当及时向领导和服务单位请示报告。

巡逻记录的主要内容是:

(1) 巡逻时间,即巡逻的起止时间。

(2) 巡逻地点,即巡逻的区域方位,包括重点目标、要害部位。

(3) 巡逻人员，即参加巡逻的保安员姓名，包括应该上岗而没有上岗的人员及其原因。

(4) 巡逻经过，主要记录：① 巡逻执勤前的仪容检查(保安员的着装、精神状态等)，装备检查(对讲机、手电筒、警棍、定位仪等)，巡逻车辆检查(车况、油电气水是否足够等)情况；② 巡逻中各类情况的处置情况，包括对各类案件和突发事件的处置，对民事纠纷的劝解、制止以及救危济困、盘问检查等方面的内容；③ 巡逻结束时的检查情况，包括装备有无损坏、缺失，车辆行驶里程及有无故障等。

最后，参加巡逻的人员在记录本上签字认可，并写明情况记录人姓名。

7. 填写交班记录

巡逻结束交班时，保安员应当在巡逻记录本上如实填写本班巡逻的整体情况(巡逻途中已作记录的情况除外)。对于巡逻中已经发现但未能及时处理的或者未能处理完结的问题，也应当填写在交班记录中，并在交班时特别提醒接班人员注意。

8. 巡逻中特殊情况的处理

保安员在巡逻中发现可疑情况，应当认真观察、严密监视，根据不同情况，分别采取守候、跟踪等方法，将其控制在视线内。必要时，对可疑人进行询问、盘查。不能排除疑点的，及时送交服务单位或有关部门处理。

巡逻中遇到突发的自然灾害事故(如洪水袭击)，保安员应立即报警，迅速通知安全受到威胁的民众避难，并且尽力抢险救灾，减少自然灾害对民众安全的危害。救助触电者时，应当先用绝缘体拨开电线(源)后施救，以免自身触电受害。

二、保安区域巡逻的岗位要求

1. 熟悉巡逻区域的有关制度、规定

保安员熟悉巡逻区域的各种安全规章制度及其相关的规定，一方面是为了自身在巡逻执勤中遵照执行，另一方面也是监督检查服务区域内的单位员工、居民群众遵照执行的需要。因而，保安巡逻人员应当熟练掌握守护目标的这些制度、规定的具体内容，并付诸行动。

2. 熟悉巡逻区域的地形、地物及设施

保安巡逻人员应当熟悉巡逻区域的地形、地物及设施情况，包括建筑物的特征及其分布情形、道路连接走向、贵重设备和重点设施的位置。对于巡逻区域的基本情况，保安巡逻人员应当事先调查了解清楚，如巡逻区域的性质、特点，周围治安状况，安全防范的薄弱环节，巡逻区域内的部门、车间的分布及人员、车辆、物资的进出规律等等。对于这些地形、地物、设施和内部情况的熟悉，有利于保安巡逻勤务的顺利、有效进行。

3. 熟悉应急设备的位置、性能和使用方法

应急设备是指发生违法犯罪活动或者治安灾害事故等紧急情况时,用来对付歹徒和扑救灾害事故的设施、装备。应急设备的种类较多,主要包括消防器材、报警设备、保安器械、应急灯具、应急水源、应急通讯工具等。保安巡逻人员熟悉这些应急设备的位置、性能,并能熟练地使用,对于有效地处置巡逻中遇到的紧急情况,保护巡逻目标的安全,有着重要的作用。

4. 熟记与有关部门、人员的联系方式

为了便于在发生问题时迅速有效地与外界取得联系,得到应有的支持和援助,保安巡逻人员应当熟记有关部门、人员的联系方式。如值班室、领导办公室、相邻单位、当地公安机关、安全生产管理部门、联防治保组织的位置和电话号码。尤其需要注意的是,对于火警、盗警等报警电话更应牢记于心。

5. 掌握处置一般问题和紧急情况的方法

保安巡逻人员作为职业化的安全保卫人员,必须学会处置勤务中发生的一般问题和紧急情况的各种方法。这既是保安员的职业要求,也是维护客户人身、财产安全的必备条件。总的来说,保安巡逻人员应当掌握处置盗窃、抢劫、行凶伤人、火灾、爆炸、危险物品泄漏和辐射等案件、事故的基本操作规范,对于不同类型的案件或事故,能够采用不同的方法处置,既灵活机动,又不随心所欲。

如果遇到自身解决不了的问题,能够及时、准确地报告。

第四节 保安区域巡逻的方式和路线

保安区域巡逻常采用步巡、骑巡、车巡和舟巡等四种方式。采用步巡的区域巡逻的线路,一般有单线巡逻、往返巡逻、交叉巡逻、点线巡逻等。

一、区域巡逻方式

1. 步巡

徒步巡逻简称步巡。步巡是最传统、最经济、最简捷、最常用的一种巡逻方式,通常适用于范围较小的区域。步巡应2人以上进行,巡逻人员之间应保持能目视联系和相应支援的距离。夜间巡逻可用约定的方法做联系信号。

步巡一般不受天气、时间、地形、地物的限制和影响,便于巡逻人员集中精力观察周边情况,及时发现各种反常迹象,也方便巡逻的保安员直接与巡逻区域内的群众交流和沟通。但是,步巡速度慢、效率低、快速反应能力差。

2. 骑巡

骑巡是指骑自行车、电动车或者骑马巡逻。骑马巡逻适用于道路崎岖不平、范

围较大的区域。

骑巡较步巡速度快、巡查范围大，行动敏捷、效率高，便于及时发现和抓获违法犯罪嫌疑人。

3. 车巡

车巡是指巡逻人员驾驶机动车辆（汽车、摩托车）执行巡逻任务。车巡具有速度快、行程长、范围大、机动性强等特点，但是存在难以细致观察情况、隐蔽性不强等不足，且受道路、地形等条件限制。

4. 舟巡

舟巡是巡逻人员驾驶船、艇等水上交通工具在水域进行巡逻。舟巡适用于江河、海域、湖泊等巡逻区域，主要是维护水域的治安秩序。舟巡技术要求高，且受区域限制。

无论是步巡还是其他方式的巡逻，都要求执行巡逻任务的保安人员如果遇到自身解决不了的问题，能够及时、准确地报告、报警，有效地预防巡逻区域内可能出现的各种事故、事件、案件，维护正常的治安秩序，协助公安机关预防和打击违法犯罪活动，保障巡逻区域的安全。

二、徒步巡逻路线

徒步巡逻的路线，应当根据巡逻区域的大小、建筑物的分布，以及重点目标、重要部位的情况来确定，做到点、线、面结合，突出重点，兼顾一般。徒步巡逻的线路有单线巡逻、往返巡逻、交叉巡逻和点线巡逻四种。

1. 单线巡逻

单线巡逻又称定线巡逻，是保安员按照事先确定的环形巡逻路线单向行进，进行巡视、检查的一种形式。

单线巡逻的路线、巡视范围和看护对象等都比较固定，具有一定的规律性，巡逻间隙容易被不法分子利用，乘机作案。因而，单线巡逻适用区域巡逻范围不大、巡逻中能够将区域全部纳入视线的情况。单线巡逻时，要不规则地变换巡逻的行进方向，充分发挥巡逻的机动灵活性。

2. 往返巡逻

往返巡逻是保安员按照事先确定的巡逻路线，由起点巡逻到终点，再由终点原路返回的一种巡逻形式。往返巡逻适用于两组以上的保安员相向进行巡逻，这样可以彼此呼应，最大限度地发现可疑情况，可以确保区域安全和保安员自身安全。

3. 交叉巡逻

交叉巡逻是两组以上的保安员分别从不同的方位，沿着相互交叉的路线进行巡逻的一种方式。交叉巡逻既可以使保安员最大限度地扩大巡视、检查的范围，减少巡逻死角，也可以使保安员互相呼应，相互支援，从而确保安全。

4. 点线巡逻

点线巡逻是根据区域特点,既部署固定的警戒点进行警戒,又安排一定的保安员按照一定的路线进行巡逻,是定点警戒与线路巡逻相结合的一种区域巡逻形式。这种点线巡逻的形式,既可以确保重要部位、薄弱环节的安全,又可以机动灵活地对整个区域进行巡视、检查,还可以使保安员相互呼应,形成一个点线互动的巡逻整体,提高巡逻效率,保证巡逻区域的安全。

无论是区域巡逻方式的选择,还是区域巡逻路线的选择,都应当根据巡逻力量和巡逻区域的实际情况来决定。必要时,应当对各种巡逻方式和巡逻路线进行优化组合,实施综合性的区域巡逻,并在重点部位和重要目标周围增加巡逻的频次,以取得最佳的巡逻效果。

第五节 保安区域巡逻的实施

一、单位内部的巡逻

保安员应当明确客户单位的各项安全规章制度及安全防范措施、消防管理规定。这些安全方面的规章制度和措施、规定,不但巡逻的保安员应当遵守,而且应当在巡逻中监督服务单位的干部、群众和外来人员遵照执行,防止案件、事故的发生。

保安区域巡逻中,要坚持点面结合的原则,即既要顾及全面,不留巡逻的死角,又要突出重点,保障单位重点部门、要害部位安全。

巡逻的保安员应当把单位的成品车间、财务室、仓库、配电间、电话机房、监控室等部位作为巡逻重点,加大巡逻频次,及时发现、制止各种违法犯罪行为。

做好巡逻中的安全检查工作。保安员巡逻时,不仅要注意观察区域内有无可疑的情况,而且应当检查单位内的电线和电器设备有无漏电、断电、滋火现象,施工现场有无违章使用明火或者使用明火与使用易燃品同步作业现象;检查危险物品存放是否安全,消防设备、设施(包括消防栓、烟感器、报警按钮、应急灯、疏散指示灯开关等)是否完好,消防通道是否畅通无阻,供电、供暖、供水设备运行是否正常,禁烟、禁火区有无人违规吸烟和用火,下班后门窗有没有关锁好,办公场所、化验室、车间内有无异常动静,电源、水源是否关闭,值班人员到位与否等。

二、居民区的巡逻

居民生活区域巡逻包括楼宇巡逻和停车场(车库)巡逻以及小区范围内的路面巡逻。巡逻的方式通常是徒步或骑(驾)车。居民住宅区内人员聚集,安全防范工作显得特别重要。保安员应当加大巡逻的密度和频率,以震慑混入居民区内图谋偷盗作案的人员,增强辖区居民的安全感。

1. 楼宇巡逻

（1）楼宇巡逻的线路,应当从单元楼门进入楼内,沿楼梯到顶层,然后由上而下依次巡视到地面一层。

（2）巡逻楼宇要有侧重点,即对防范设施薄弱、防范条件缺失的楼宇、楼层,保安员应当多巡视、多查看,尤其是未装防盗门或防盗门已损坏的楼座、白天家里没人的楼层、没有安装防盗网防盗窗的低楼层或楼宇等。

（3）巡查工作要仔细。重点关注住户的门窗及玻璃是否完好。楼宇内的公共设施（声控灯、消防栓、报警器、灭火器等）如有损坏,应当做好记录,及时报告。

（4）加强对正在装修的住户的巡查,防止发生安全问题。一查装修人员有无办理出入证件。二查明火使用（包括使用燃气、电炉、电气焊作业、吸烟等）是否安全。三查电气设备使用有无违反用电安全行为,如私拉、乱接电线（包括从公共区域偷接电）,电源取用不合乎规范（主要是插头、接线板）。四查施工噪音有无扰民。五查有无私自拆改水、电、气管线或计量表,有无私自拆改承重墙,有无乱倒垃圾或在公共区域堆放材料、垃圾等。

2. 停车场（车库）巡逻

（1）检查机动车和非机动车存放处的车辆是否摆放整齐有序。发现车辆漏油或门、窗未锁好等现象,应立刻设法与车主联系,解决问题。

（2）检查停车场地的消防设备、设施（烟感器、温感器、报警按钮、消防栓、应急灯、疏散指示灯开关等）是否完好,如果发现问题,应当向上级或有关部门报告,并做好相关记录。

（3）检查安全出入口有无锁闭,消防通道是否畅通。

（4）巡逻发现安全防范漏洞,既要及时处理,采取临时性防范措施,又要做好记录,及时报告,督促有关部门予以整改和落实。

3. 小区内巡逻

（1）检查所有公建部位的门窗是否关锁好、安全出入口是否畅通,巡视楼宇外墙、玻璃和技防设备、消防器材、物防设施是否完好。

（2）检查小区内的水、电、气供给部位等重要目标及周边环境和设施状况,做好巡逻登记。

（3）夜间要加强隐蔽地方的巡视检查,注意观察住户阳台、室外管道有无人员攀爬,树丛中、墙角边是否有人躲藏。

（4）巡查小区环境卫生、绿化情况,劝阻业主（用户）或行人损坏花草、树木、卫生保洁设施的行为。

（5）在区内巡查中发现可疑人员要进行查问,必要时检查其身份证件和携带物品。如属"三无"(无身份证、无居住证、无用工证明)人员,或有违法犯罪嫌疑的,应当立即报告当地派出所处理。如是推销员等闲杂人员,应劝其离开小区。

(6)巡逻中,接到居民报警求助时,应当迅速赶到现场,了解情况,采取相应的方法处置,提供力所能及的帮助。

4. 情况记载的方法

(1)巡逻开始前,查看保安员的到岗情况,如实进行记录。记录的内容包括巡逻到岗的时间,巡逻队员的人数,请假、缺岗人员及其原因。

(2)准备出发巡逻时,检查巡逻人员是否按照规定着装、戴帽、佩戴胸卡等仪表仪容情况;检查车辆性能是否良好,油料是否充足;认真查看 GPS 定位仪、对讲机、强光电筒、警棍等装备是否齐全,能否使用。检查结束后,由组长如实记录在案。

(3)巡逻情况记载的方法分为两种:一种是当场记录,即保安员及时记录巡逻中的沿线情况,包括查问、检查有关人员的情况。记载内容主要是当事人的姓名、性别、年龄、身份证号、工作单位、家庭住址等基本情况以及随身携带的物品名称、数量、特征、来源等情况。另一种是事后记载,即保安员的巡逻工作(如巡逻路线、巡逻中紧急情况的处置等),可以在事后记录有关情况。

(4)巡逻执勤结束后,组长查验车辆、装备情况,做好相应记录,并将巡逻记录本交给下一班的巡逻组长,双方在交接情况一栏中分别签名。如果巡逻装备、车辆需要移交的,一并完成。

三、秩序维护的手段

1. 秩序维护的含义

秩序维护是指保安员为保持服务区域内正常的工作、生活、教学、科研、文体等活动有条不紊地进行,避免出现秩序混乱所提供的一系列保安服务活动。秩序维护应当根据保安服务区域的不同特点、不同情况,因地制宜地采取相应的方法和措施,维护好服务区域内的正常秩序。秩序维护是区域巡逻和人员密集场所巡逻的一项共同任务。

2. 秩序维护的手段

不同性质的保安服务区域的情况不尽相同,秩序维护的手段也有所区别。通常情况下,秩序维护通过采用巡视察看、安全检查、报警监控、纠正和制止不良行为、人群和车辆疏导等手段来实现。

(1)巡视查看。巡视查看即保安员在服务区域分班按时轮流进行巡查,及时发现和消除影响正常秩序的各种危害因素。

(2)安全检查。安全检查即保安员对服务区域内的消防器材、物防设施、技防设备以及安全通道、重点保卫目标和部位等是否正常的情况,按规定的时间和方法进行巡视查看,及时消除安全隐患,以确保安全设施、设备的完好和保护对象的安全。

(3) 报警监控。报警监控即保安员充分利用服务区域内设置的电子监控和自动报警等现代技术防范装置,预防并及时处置各种险情,打击各种危害服务区域治安秩序的不法行为。

(4) 纠正和制止不良行为。纠正和制止不良行为即保安员在执勤中,对大声喧哗、琐碎争执、违规违纪等各种不良行为进行纠正、制止,避免其对服务区域正常秩序造成危害扩大和蔓延。

(5) 人群和车辆疏导。人群和车辆疏导即在服务区内出现人群拥挤、车辆拥堵、秩序混乱时,保安员及时采取限制、分流等措施,尽快恢复正常秩序,避免人员挤压、踩踏伤亡、车辆肇事等治安灾害事故的发生。

出入口车辆疏导的方法是先出后进、靠右通行、指挥分流、有序进出。

第六节　保安区域巡逻中异常情况的处置

异常情况有广义和狭义之分。广义的异常情况是包括违法犯罪行为和各种灾害事故在内的一切不正常现象;狭义的异常情况是除违法犯罪行为和各种灾害事故之外的其他不正常现象。保安区域巡逻中的异常情况用的是狭义,指保安员在执行区域巡逻过程中,根据观察、分析发现的违反常规的不正常的人、物和气味、设施设备等不正常现象。常见的异常情况包括异常的人、异常物品、异常现象。

保安员在区域巡逻中发现异常情况,要及时进行仔细的巡视、检查,弄清楚异常情况所在的具体位置及具体原因,采取必要措施及时解决所存在的问题。不能解决或无法解决的问题,要立即报告服务单位,有可能发生重大灾害事故的要立即报警,并在力所能及的范围内采取预防措施。

一、异常的人

异常的人包括异常的个人和异常的群集。

(一) 异常人的识别

1. 异常的个人

(1) 在不该有人的时间、区域内行走的人、说话的人和发出呻吟、惊叫、求助声的人。

(2) 神态异常、衣貌异常、携带物品可疑的人。如体貌特征与公安机关通缉、协查的在逃作案人、犯罪嫌疑人有相似之处的人;身体外表有伤痕的人;神情恍惚、紧张,面色难看,显得困顿、疲惫不堪,躲在角落里打盹、睡觉的人;表情异常,行为鬼祟的人；对周围的人和事物特别警觉、敏感、多疑的人；行色匆匆、慌慌张张、东张西望、时走时停、举棋不定的人；同行者之间窃窃私语，或者使用眼神、手势传递信息的人；衣服上沾有泥土、脏水、脏物或者血迹的人；衣不合体（过于肥大或紧身）的人；衣着不合时宜（夏穿秋服，冬着单装）的人；身带刀、剪、匕首、铁棒、木棍、易燃易爆危险品的人。

（3）驾乘交通工具与身份不符的人。

（4）公共场合横卧不动的人。

（5）行进中突然倒地不起的人。

（6）独自哭泣的小孩或者大人牵领着却拒不跟行的小孩等。

2. 异常的群集

异常的群集是指在不该有多人同时出现的地方，短时间内出现多人并且行为异常的情形，如发生静坐、吵闹等。

（二）对于异常人的处置

对于不同的异常人，应当区别不同情况，分别采取相应措施进行处置。

1. 对处境困难者提供必要的帮助

保安员遇到处在困境中（如发病、受到了伤害等）的人，应当及时予以力所能及的帮助或者拨打110、120电话紧急救助。

2. 对违法犯罪嫌疑人依法盘查

凡是有侵害保护目标安全嫌疑的人，保安员应当在职权范围内进行盘问，查看可疑物品。盘查中，应当注意以下三点：

（1）盘查的技巧

保安员盘查的对象是有违法犯罪嫌疑的人和可疑的物品，而不是说被盘查者肯定就是违法犯罪作案人，其携带的物品就是非法所得。因此，盘查中务必注意方式方法，掌握盘查的技巧。如果对方拒不接受盘查，应当报告服务单位处理，不得强迫对方。如果对方接受盘查，则应当做到：

① 保安员发问时，态度要和蔼，口气不要生硬，更不能像审问犯人那样说话，应当绵里藏针，以柔克刚。

② 保安员提出的问题要有针对性，即要针对疑点发问，不要信口开河，漫无目的地发问。而且，对方回答的内容应认真判别是非，必要时应当进行核实。

③ 在对方回答问话的时候，保安员既要集中思想注意听，从中判别有无谎言，又要仔细观察其脸部表情及回话神态，努力发现新疑点。如果对方表情惊慌、说话语无伦次或者言语不符合逻辑，不能清楚地解释疑点，则证明其疑点更大。必要时，保安员应当检查其身份证件，若所持证件与本人身份不符（用他人证件），或者是伪造的证件，或者没有身份证件，那么，这个人就不能放行，应当报告公安机关审查处理。

④ 检查可疑物品时不得搜身,一定要让对方自己取出身上或者包裹里的物品,让保安员查验。如果不能证明这些物品是对方的合法财物,保安员应当立即报告公安机关,同时严格控制住可疑人员,不让其逃跑。

(2) 注意自我保护

盘查时,保安员应当始终处于警惕状态,不仅要防止被盘查对象逃跑,而且要防止其行凶。盘问时,保安员应当与被盘查人保持1.5米左右的距离;如有可能,应当尽量让被盘查人背对建筑物,由一人主问,另一人负责监控其动向。要留心周围的动静,防止隐藏在附近的被盘查人的同伙突然袭击。夜间盘查,应当在光线明亮处,便于对其观察和监控。有条件的,应当尽量把可疑人带到室内进行盘查。

(3) 妥善处置

经过盘查,疑点排除的可疑人员必须立即放行,并感谢被盘查人的配合;如果经过盘查,疑点没有排除,甚至疑点更大或者发现其有违法犯罪证据,保安员应当立即报告服务单位或将其送交公安机关处理。途中务必提高警惕,防止其逃跑或者行凶。

二、异常物品

(一) 异常物品的识别

这里讲的异常物品,不包括违法犯罪嫌疑人随身携带的可疑物品,而是指保安员在区域巡逻时于室外发现的情况异常的无主物品,主要包括:

(1) 无人看护的贵重物品、无人认领的箱包。如居民小区内室外无主的包裹、箱子等物;在禁止停放车辆的地方停放的自行车、摩托车或者汽车;企事业单位内的室外堆放着的铜、铁等工业原材料或产品等等。

(2) 疑似血衣、疑似凶器等作案工具等涉及案件的物品,如棍棒、刀具、大力钳等物。

(3) 疑似爆炸物品的装置。

(4) 发出异常声音(如滴答声、嗞嗞声、呜呜声等)的物品。

(5) 其他可疑物,如服务单位围墙上靠着的梯子等。

(二) 异常物品的处置

保安员巡逻时发现异常物品后,应当根据初步判断异常物品的不同类型,采取相应的处置方法。

1. 报告服务单位处置

对于疑似巡逻区域内的干部、职工或者居民群众遗失、遗忘的无主物品,先把物品名称、数量、特征等情况记载在巡逻执勤记录本上,代为保管在保安值班室。然后,迅速报告服务单位的有关领导,设法寻找物主予以归还。

2. 向公安机关报警

对于疑似与违法犯罪活动有关的异常物品(如赃物、作案工具等),应当立即报告公安机关。特别是疑似爆炸物品,在报警的同时,要做好警戒工作,不让他人靠近异常物品。

3. 设法抓捕歹徒

对于疑似歹徒潜入巡逻区域作案使用的交通工具或者作案工具,应当在对这些物品实施控制(守株待兔)的同时,加强区域的巡视、查看,尽力捕获歹徒。如果执勤区域有门卫的,应当及时通报情况,协同行动,严格控制出门人员,阻止歹徒逃跑。如果没有当场抓获违法犯罪嫌疑人,保安员应当将可疑的交通工具、作案工具及时送交公安机关调查处理。

三、其他异常现象

(一)其他异常现象的识别

其他异常现象是指保安员在区域巡逻中发现的可能与安全有关的异常气味、异常设施设备、异常声响、异常光亮等其他不正常现象。识别异常现象一靠视觉,二靠听觉,三靠嗅觉。

1. 异常的气味

(1)可燃气体气味,如煤气味、液化石油气味、香蕉水味等。

(2)焦烟味,如食品、塑料、电器、电线的焦糊味等。

(3)烟气味,如保安员闻到物质燃烧产生的烟气味和在禁止吸烟的地方闻到的烟味等。

2. 异常的设施设备

(1)供水设施异常。如室内输水管的水流到公共区域;公共区域的自来水管道漏水、喷水;地下输水管线爆裂漏水渗出地面甚至造成地面塌陷等。

(2)电气设施异常。如电线杆倒杆、断杆,电线断线、搭线或挂在树上、掉落地上,电器、电线外壳突然呈现破损状态,以及电器、电线及其他用电设备出现电火花等。

(3)安全设施异常。如消防器材破损,消防通道被临时占用,消防疏散通道被临时封堵;门窗有破坏痕迹,防盗门窗虚掩、破损,区域内停放的车辆门窗玻璃破损;安全设施发出报警信号(如火灾报警信号、可燃气体泄漏报警信号、监控器入侵报警信号、急救车报警信号)等。

3. 异常的声响

如门窗的爆裂、敲打声,金属物品碰击声、重物坠地声等。

4. 异常的光亮

如夜间无人工作、生产的办公室或车间里出现火光、亮光;居民住宅内非照明灯光的异常光亮;深更半夜室外时断时续的电筒光等等。

(二) 异常现象的处置

发现异常现象,必须高度警觉,注意观察辨别,寻根溯源查找原因,分别进行处置。

1. 异常气味的处置

首先要查明气味的源头。如果是露天远方飘来的气味,应当报告环保部门查处。如果是室内煤气泄漏,应当设法入室,关闭煤气阀,打开门窗通风透气,切不可使用手机、电器、打火机,也不可有金属物品撞击,以免发生爆炸。如果解决不了煤气泄漏问题,则要立即拨打110求助。如果是生活垃圾臭气味,要教育事主讲究卫生。如果是尸体腐烂产生的臭气,要立刻报警,并保护好现场,让公安机关处置。

2. 供水设施异常的处置

发现室内供水设施有问题,要设法通知业主,查明漏水原因,消除漏水现象。公共区域和地下供水设施发生漏水现象,应立即通知供水部门设法解决,或者拨打110求助。

3. 异常响声的处置

保安员听到异常响声后,要立即前往查看响声的起源。如果有人在作案,要坚决制止,并将其扭送公安机关处理。如果是家庭成员或单位同事打骂纠纷,要进行调解劝说。如果有人跌倒受伤,应当积极救助。

4. 不明火光、亮光的处置

在特定的时间、空间里发现不正常的火光、亮光,保安员应当立即查看原因。如果是有人违规使用明火,则应当制止。如果是火警,要立即报警并设法扑救。如果是潜入的歹徒正在使用照明器具盗窃作案,应当设法将其捉拿归案。如果没有把握制服歹徒的,应当立刻报警并监控歹徒动向。

5. 电气设施异常的处置

室外的电气设施都是由供电部门负责安装、维护的,因而发现室外电气设施异常现象,一律通知供电部门派人前来处理。必要时,应报告服务单位的有关领导,采取临时防范措施,消除安全隐患。

6. 安全设施异常的处置

服务单位的消防设施破损,应报告服务单位的有关部门及时更换,或者报告公安消防机关解决。消防通道和消防疏散通道被占用的,提请服务单位立即纠正占用、封堵问题,恢复其畅通。居民住宅区的消防通道被居民占用的,报告物业委员会领导,责成有关居民搬走通道上堆放的物品。

保安员发现巡逻区域内应该关闭的建筑物门窗却虚掩或洞开着,首先应当悄悄地靠近该门窗,认真观察、仔细监听,了解门窗没有关闭的原因。如果是事主麻痹大意,忘记关锁好门窗,应当及时提醒事主注意安全,关好门窗。如果有歹徒潜入室内作案,应当立即制止,并且设法将其捉拿归案。如果歹徒作案后已经潜逃,应当立即报警,并保护好现场,让公安机关处理。

对于安全设施发出的报警信号,保安员应当立即前往查看情况。如是无险情的误报,则应立即设法关闭警报。如有险情,应当根据不同险性,分别进行处置。发生火灾的,如果报警设施与公安机关联网的,立即扑救,并通知附近群众一起灭火。火势大难以扑灭的,组织人员疏散。如果报警设施没有与公安机关联网的,首先应当报警。发生可燃气体泄漏的,应当立即设法关闭可燃气体管道开关阀,切断源头,堵塞漏洞。若是监控器入侵报警的情况属实,应当采取措施,抓获入侵作案的歹徒,扭送公安机关惩处。假如是团伙作案,保安员势单力薄难以对付时,应当立即报告服务单位或者报警,并注意自我保护,密切监视作案者的动向,协助公安机关将其捉拿归案。

另外,保安员在巡逻中遇有火灾、爆炸等事故,应立即报警,并及时通知服务单位采取措施,防止事态扩大。要积极协助抢救受伤人员,并做好保护现场工作。

本章保安员证考核要求

一、一般了解内容

区域巡逻的程序与要求。

二、需要熟悉内容

区域巡逻的含义及特点。

三、重点掌握内容

保安巡逻的含义及类型;区域巡逻的任务;区域巡逻的常见方式;徒步巡逻的形式与要求;秩序维护的含义和手段;区域巡逻中常见异常情况的处置与要求。

第十一章
保安人员密集场所巡逻服务

如前所述，本教材三版仍旧沿用原先的保安巡逻分类方法，即根据巡逻地方的不同，将其分为保安区域巡逻和保安人员密集场所巡逻两类。本章所述人员密集场所巡逻服务仅是保安巡逻服务的一部分内容。

人员密集场所是指单位面积内人员密度较大的场所。这些场所面向社会开放，供公众自由往来并依法进行各种社会活动。这些场所人员流动大，成分复杂，安全隐患多，需要随时加强巡逻检查。由此可见，人员密集场所属于公共区域；人员密集场所巡逻服务也就是公共区域巡逻服务。

人员密集场所一般分为室内人员密集场所和室外人员密集场所。室内人员密集场所包括宾馆、饭店等住宿、餐饮场所，商场、市场、超市等购物场所，体育场所，公共展览馆、博物馆的展览厅，金融证券交易场所，公共娱乐场所，客运车站、码头、民用机场的候车、候船、候机厅（楼）等。室外人员密集场所包括在室外举行大型活动、集会等活动的场所，大型游乐场所以及其他室外临时文化、物资交流活动的场所等。

人员密集场所内，安全事故、治安和刑事案件时有发生，有的甚至酿成群体性事件，给人民群众的生命及财产安全、社会治安秩序和公共安全带来较为严重的危害。保安员在人员密集场所提供的保安服务方式，主要包括保安巡逻和在保安巡逻中对重点部位进行的安全检查等。

第一节 保安人员密集场所巡逻的特点和任务

人员密集场所（公共区域）巡逻是指保安员在人员密集场所（公共区域）内，通过巡回观察、安全检查、疏导人员等方式维护场所（区域）秩序的一种服务形式。

一、人员密集场所巡逻的特点

1. 危险因素不确定

由于人、财、物高度集散和人员的异质性，人员密集场所的危险因素增多且不确定。人员密集场所汇集着不同职业、不同身份、不同年龄、不同地位的社会各阶层的人员,不法分子也往往混迹其中,人们彼此之间大都素不相识,又没有特定关系,缺乏组织、家庭的约束。人的异质性和陌生性,容易导致盗窃、抢劫、诈骗、流氓、斗殴等危害社会的各种不法行为的出现。人作为信息载体,在人员密集场所的频繁交往交流中,不仅信息传递量大,而且信息传递快,一些不良信息也是危险因素。

2. 勤务难度大

人员密集场所巡逻是在人员高密度的场所(区域)、空间内实施的,各种不法侵害因素、治安灾害事故随时可能发生,观察和识别各种侵害、危害事端、疏导人员、制止不法侵害,都是在相对较小的空间、较短的时间内进行的,对保安员的综合勤务能力要求高,处理难度大。

3. 处置要求高

人员密集场所的各类人员来自四面八方,性格、兴趣、爱好、习俗各不相同。大家偶尔聚集到一起,彼此互不相识,往往会因琐碎小事引起矛盾,发生冲突,形成打架斗殴、伤人毁物,甚至众多人员参与其中的群体性治安事件,破坏公共场所的治安秩序。这些纠纷较常见,调处难度大,常常引发危害公共秩序的治安问题。

4. 精力、体能消耗大

无论是在人员密集的室内场所还是在室外场所执勤,要保证巡逻质量,不仅需要良好的巡逻技能,还要求保安员始终保持对各种侵害因素的高度警惕性,精力、体力消耗相对较大。

二、人员密集场所巡逻的任务

(1)疏导人员有序行进和流动。疏导工作应采用引导、截留、疏散、隔离、强制等方法。

(2)巡视、检查场所内的所有安全设施,防破坏、防故障、防事故,确保其运转正常。巡查工作应坚持突出重点、兼顾一般的原则。

(3)进行安全宣传。根据人员密集场所的不同特点,针对不同对象的不同情况,有的放矢地对场所内人员宣传安全知识和法律法规。

(4)预防、制止违法犯罪活动。对付违法犯罪活动应做到早发现早预防,制止及时有效。

(5)协助处理紧急情况。紧急情况包括治安突发事件、治安灾害事故和案件等。

三、人员密集场所巡逻的岗位要求

(1)执行巡逻任务的保安员,应熟悉有关制度、规定及巡逻区域的重点目标。

（2）熟悉岗位周围的地形、地物及设施，熟悉应急设备的位置、性能和使用方法。

（3）熟记与有关部门、人员的联系方式。

（4）熟练掌握处置一般问题和紧急情况的方法，自身解决不了的，能及时、准确地报告。

第二节 保安人员密集场所巡逻的操作规程

人员密集场所巡逻的操作规程，也就是公共区域巡逻的操作规程，它是负责提供公共区域巡逻的保安组织和保安人员应当遵循的工作程序和工作方法。为维护巡逻的公共区域的正常秩序，保障其安全，保安服务的主体应当做好巡逻服务的每一项工作。

一、勘察

保安服务组织承接公共区域巡逻任务后、制定巡逻方案之前，应当认真、细致地做好勘察工作，保安组织的相关领导及负责公共区域巡逻工作的组织指挥者和有关业务人员都要参加。勘察的方法有现场察看、实地调查、走访有关单位和部门、查阅相关资料、汇总信息研判等。

公共区域巡逻的勘察要点是巡逻区域的类型、特点、地形、地貌、出入口、安全通道、技防设备、物防状况、应急设备、要害部位、重点目标及周边环境、治安状况等。

二、制订巡逻方案

巡逻方案应根据保安服务合同和勘察的巡逻区域实际情况，按照巡逻规范来制订。具体内容包括执勤方案、消防方案、应急预案。

1. 制订执勤方案

根据区域巡逻任务的需要，合理确定巡逻人员、巡逻方式、巡逻岗位、巡逻路线、巡逻重点、巡逻频次、巡逻的组织指挥及巡逻所需要的装备种类和数量，并根据巡逻勤务中可能出现的问题，确定一般情况的处置方法。

2. 制订消防方案

根据巡逻区域的消防设施、设备和可能发生的火灾类型、火灾部位等情况，制订消防方案，明确巡逻的保安员在消防方案中的职能。一旦巡逻区域发生火灾，立即启动消防方案。

3. 制订应急预案

应急预案即紧急情况处置预案。根据对巡逻服务中可能遇到的突发事件的预测，制订应急预案，明确巡逻的保安员在突发事件发生时的处置方法。

巡逻方案文稿形成后，保安服务主体应将其送交保安服务客体审查认定，然后方可实施巡逻方案。

三、熟悉巡逻方案

执行人员密集场所巡逻任务的保安员，应在上岗前熟悉巡逻服务方案的内容，以便在巡逻勤务中遵照方案执行。熟悉的方法不仅仅是阅读方案文稿，还应到巡逻区域现场去实地察看有关情况。

熟悉巡逻服务方案，要求执行巡逻的保安员熟悉巡逻的任务、巡逻的制度、巡逻的组织指挥、巡逻中的通讯联络，以及巡逻区域的重点目标、要害部位和应急设备的位置、性能、使用方法。另外，掌握巡逻中遇到的一般问题、紧急情况处置方法，熟记与有关部门、人员的联系方式等等。

四、巡逻前的准备

执行巡逻任务的保安员应按规定着装，按规定携（备）带巡逻勤务登记簿、防护用具、照明器具和通讯工具、报警设备。

五、巡逻任务的执行

人员密集场所（区域）巡逻的保安员在完成巡逻前的各项准备工作之后，按照巡逻职责的分工进入人员密集场所（区域）实施巡逻勤务，通过巡回观察、安全检查、疏导人员等方式执行巡逻任务，履行巡逻职责。

巡逻任务的执行，主要是保安员根据人员密集场所（区域）巡逻中发现的各种涉及安全的情况，及时采取正确的方法加以处置；必要时进行人群控制和人群疏导，以维护巡逻区域正常秩序，保障服务范围内的人身、财产安全。

多班轮流执行巡逻任务，还要做好上下岗交接班和每班的巡逻记录交接等工作。交接班记录和巡逻记录的要求与区域巡逻相同。

第三节 保安人员密集场所巡逻中的人群控制

人群控制是指保安员在特定地点、区域、部位等人员密集场所维持秩序的一种服务形式。

人员密集场所的保安服务，十分重要的一项服务内容就是做好人群控制工作。

特别是举行大型活动的人员密集场所,人群控制的工作做得如何,决定着整个保安服务的成败。

一、人群控制的任务

人群控制的任务是伴随着具体的服务对象、服务环境以及服务场所内的活动情况的变化而变化的。一般而言,人群控制服务的任务主要是对密集场所的人群进行疏导、分流、限制,防止拥挤、踩踏等事故发生;查验人员证件及携带物品;维持特定地点、区域、部位的治安秩序,威慑不法分子,保护重点部位和目标的安全。

1. 对人群进行疏导、分流和限制

正常情况下,人群控制就是对正常秩序的维持。而在人群拥挤、秩序不好的紧急情况下,人群控制就是对拥挤的人群实施合理的疏导、分流和限制,包括临时设置隔离区控制人群。成功地进行人群疏导,是对人群实现良好控制的体现,也是保安员对人群控制能力的表现。从严格意义上讲,只有在对人群进行合理疏导的时候,才是真正地实现了对人群的控制。就此而言,人群疏导是人群控制的关键措施。对人群实施正确、合理的疏导意义重大,可以最大限度地避免公共秩序的混乱和人群挤压、踩踏等治安灾害事故以及犯罪案件的发生,保证人群的安全。

对人群的疏导和控制,必须突出重点、兼顾一般。保安员应当把主要精力放在重点目标的保卫工作上,但也必须顾及非重点目标的安全。这样,才能圆满完成人群密集场所的保安工作任务。

2. 查验入场人员的证件及其随身携带的物品

保安员在车站、码头、机场等公共交通场所和举办大型文体活动场所的执勤中,根据保安服务合同的约定,负责或协助服务单位查验进场人员的身份证件或者交通票据、入场门票等,以控制不符合条件的人员登机(车、船)、进场;同时,采用专门仪器设备或者人工查看等方法,对他们随身携带的物品进行安全检查,防止管制刀具、毒品、危险物品等违禁品带进场所内,排除影响安全的危险因素。

3. 维护特定地点、区域和部位的治安秩序

特定地点、区域和部位,是指人员密集场所中地位重要、关系重大的重点部位和目标。如重要人物、重要物资设备所在地(位置),出入口通道和容易发生安全问题的部位。对于这些重点部位和目标,通过设置警戒线、路障、保安哨位等方法进行警戒保卫,控制进入对象,防止无关人员接近和闯入,维护良好的秩序,实施有效的安全服务。

总之,无论是人群疏导还是查验人员证件、物品,或者是实施重要保卫目标的警戒,都是为了达到人群控制和震慑违法歹徒,保护人员密集场所安全之目的。

二、人群控制的方法

为了有效地控制人员密集场所的人群,保安员不但应当了解人群控制的任务,

而且应当掌握人群控制的方法。总体来说,人群控制的方法是:事先制订安全方案,根据场所容量、通道及活动特点,通过限制人员进入、设置隔离区、及时疏散等措施防止人群拥挤,维护场所内的正常秩序。当出现人员拥堵时,要按照紧急情况处置预案和工作要求,进行人员分流引导,使之有序、快速地离去,避免发生人员伤亡的踩踏事故。

1. 了解人员密集场所情况,制订人群控制的安全工作方案

人群控制的安全工作方案,是人员密集场所保安服务应急预案的重要组成部分,应当根据服务对象内部活动的性质、特点和预测可能发生的安全问题等实际情况来制订。因而,保安服务人员应当在制订人群控制安全工作方案之前,深入实际,与场所保卫部门和活动主办单位进行联系,认真了解与安全工作相关的情况。这些情况主要包括活动的内容与对象及人数,场所的安全设施、安全通道、消防设施等一切可利用的设施、设备及其用途、使用方法。在此基础上,进行安全预测并制订工作方案。

人群控制安全方案应当征得服务单位的同意。保安执勤人员应当熟悉方案的内容、要求、执行流程,以便安全方案在紧急情况下能够得到正确、全面实施,特别重大活动的安全方案应当提前组织演练。

2. 多措并举,严格限制进入场所的人员

根据人员密集场所的容量、通道及活动特点等情况,从多方面采取措施,限制进入场所的人员。

(1)限制进入场所的总人数。进场人数不得超过场所核定的最大容量。不得在通道上增加座位。凭票入场的场所要控制售票、发票、送票的总数,不得超出核定总人数。

(2)出入口控制入场对象,防止不符合规定条件的人,包括身份不符合和无票据、假票据持有者混入场内。

(3)控制场所周边环境,预防他人潜入场所。如翻越场所围墙入内,攀爬场所围墙外临近的树木而入内,等等。

(4)对进入场所内重要部位的人员进行控制和警戒。

3. 从实际出发,合理设置隔离区

隔离区是指通过拉警戒线、设隔离带、保安员站位等方式将服务对象与周边隔离而形成的一个相对安全的区域。设置隔离区是控制人群的重要方法之一。设置隔离区有事先划定和在活动中设置两种方法。事先划定隔离区,就是在活动开始之前,根据安全方案或者安全需要,在重要部位设置隔离区。活动中设置隔离区,就是在活动过程中出现秩序混乱的时候,保安员迅速采取穿插、包围等措施,临时设置隔离区,控制现场人群动态。

4. 进行分流引导，及时疏散现场拥堵人员

人员密集场所一旦发生人员拥堵，保安员应当立即行动，按照人员密集场所保安服务紧急情况处置预案和工作任务的要求，采取分流引导的有力措施，进行人群疏导，使得现场的拥堵人员有序、快速地离开现场，避免挤压、踩踏事故发生。

第四节　保安人员密集场所巡逻中的人群疏导

人群疏导是指人员密集场所发生灾害事故等紧急情况或者大规模人群涌向有限的通道及场所，造成现场秩序混乱时，保安员在现场引导人群合理流动的方法。人群疏导是人群控制最重要的一项工作，也是最难组织实施的一项人群控制工作。人群疏导是在现场秩序混乱、人员拥挤的特殊紧急情况下所采用的重要保安服务手段，面对无序、恐慌的人群，要在很短的时间内扭转现状，恢复秩序，其工作难度可想而知。所以，保安必须学习和掌握人群疏导的知识。

一、人群疏导的方法

人群疏导的方法有原则方法和具体方法之分。人群疏导的具体工作方法，因现场的情形不同而有所不同。但是，无论什么现场情形，人群疏导的原则方法是相同的。

1. 人群疏导的原则方法

人群疏导的原则方法是"内外结合"。"内"指的是对现场人员进行心理控制和安抚；"外"指的是对现场外在物理因素的控制和调配。只要现场保安员能够从内、外两个方面入手，人群疏导工作就能取得成效。

（1）心理控制和安抚。心理控制和安抚是指在人群疏导的工作中，充分利用心理学的"移情"思考方法，深切体会被疏导对象的情感反应和心理需求，采取适当的方式和策略进行引导和抚慰，尽力将他们的焦虑、疑虑、恐慌等情绪控制在最小范围之内，增加其安全感，从而稳定整个群体的心理防线，维持良好的公共秩序。

（2）物理因素的控制和调配。物理因素的控制和调配是指保安员充分利用现场环境中的各种物质技术条件作为辅助，最大限度地推动人群疏导工作的顺利进行。因为人员密集场所都设置有安全通道，并备有灭火器、消防斧、消防栓等安全防范设施、设备，保安员在人群疏导工作中，应当充分利用这一切物质条件。如发生火灾现场的人群控制，应当引导人群从安全通道疏散，运用灭火器械扑救火灾，以消除引起人群拥挤、秩序混乱的根源——火患等。此外，迅速调集机动保安力量投入人群疏导工作，也有利于人群控制。

2. 人群疏导的具体方法

人群疏导的具体方法多种多样，实施中应当根据人员密集场所现场的实际情况来选择采用。必要时，可采用多种方法进行疏导，以尽快恢复秩序，确保安全。

具体地讲，人群疏导的方法有：人墙法，由保安员等现场工作人员手牵手组成一道人墙，用以引导、疏散密集的人群。多路引导法，由保安员或其他工作人员分别带领人员进行疏导。截留疏导法，从源头限制人员流动。疏散引导法，通过加快疏散速度进行疏导。隔离法，设置隔离区予以疏导。强制疏散法，在人员不愿疏散的情况下，强行予以疏导。

二、人群疏导的措施

1. 认真做好人群疏导前的准备工作

人群疏导前的准备工作，是指保安员应当根据人员密集场所的紧急情况处置预案和安全方案的要求，上岗执勤前，实地了解掌握场所内外的安全设施和设备以及使用方法，熟悉人群疏导的原则方法，以便在实施人群疏导时正确使用和运用。而且在上岗执勤后，要对各种安全设施、设备和安全通道进行全面的检查，保证安全通道畅通，安全设施、设备完整无损，性能良好，以便在人群疏导时发挥其应有的作用。

2. 正确使用现场的物质条件进行人群疏导

人群疏导中，保安员应当根据实际需要，对场所内各种物理要素充分掌控和利用，以取得稳定人群情绪的最佳效果。这里，我们以大型活动发生火灾时的人群疏导为例。保安员如果能在第一时间出现在距离火灾发生点最近的灭火器等消防设备处，并迅速地利用灭火器械扑救火灾，同时能将火场内的人群引导至最近的安全出口，组织人员有效疏散，则必然能够对现场人员的心理情绪起到很好的安抚作用，进而使得整个人群情绪稳定，避免出现大的混乱或人群踩踏事故。

3. 区别对象，抓住重点，做好心理控制和安抚工作

人群疏导中的心理控制与安抚工作，应当根据不同情况、不同对象区别对待，突出重点，效果才会理想。保安服务中的一些事实证明，人员密集场所发生的若干群死群伤治安灾害事故，往往是由于老人、小孩等特殊个体的原因，导致公共秩序混乱和人身伤亡。所以，人群疏导中对于特殊个体的关注和安抚显得尤为重要。通过对这些弱势个体的特别照顾，可以使得人群本身所具有的怜悯、正直的人性情感得到激发，促使人群秩序的正常有序，并优先为弱势个体创造安全条件。对弱势个体安抚的最主要方法是，通过交谈，获知个体的心理状态，进而站在对方角度，取得与其心理上的共鸣，理解其难处，帮助其在心理上忘记弱势，强大起来。

在个体安抚的同时，必须注意群体心理的稳定。保安员应当根据在特定情况下的群体心理状态，即大家都迫切希望迅速撤离到安全的地点，有针对性地进行疏

导,让人群中的所有人都明白"欲速则不达"的道理,讲明争前恐后不但无济于事,反而会适得其反,带来危害。只有听从统一指挥,按照合理的秩序行动,才可以避免混乱,迅速地撤离。在对群体进行心理稳定的时候,保安员应当使自己独立于一个容易被众多个体发现的地方(位置),借助于高音喇叭等扩音设备对人群进行宣传讲解,让群体了解保持良好秩序的重要性和出现混乱的严重后果,从而使现场拥堵无序的人群冷静下来,快速有序地分流,保证现场人员的人身安全。

总而言之,人群疏导工作比较复杂、艰苦,保安员应当随机应变,灵活处置。

第五节 保安人员密集场所各种情况的处置

一、人员密集场所可疑情况的处置

人员密集场所的可疑情况是指一切可能影响或者危及人员密集场所安全的各种迹象。常见可疑情况包括可疑人员和可疑物品。可疑人员是指在人员密集场所中可能实施各种不法侵害的人员,如可能实施盗窃、流氓滋事、伤害以及恐怖活动的人员。可疑物品是指在人员密集场所中可能造成人身伤害、财物毁损等危害后果的物品,如枪支、管制刀具等违禁物品以及爆炸、剧毒、放射性等危险物品。

(一) 人员密集场所可疑情况的识别

识别人员密集场所可疑人员和可疑物品,主要有直接观察法和仪器探测法以及查问法、接受群众举报等四种方法。

1. 直接观察法

直接观察法即保安员不借助任何仪器设备,运用自身的视觉、听觉、嗅觉、触觉等感觉器官,对外界事物进行查看、识别和判定的方法。直接观察法包括对人的观察和对物的观察。

对人的观察要注意其外表、神态、言行、衣着等。一般情况下,正常人神态平和,精神放松,行为自然。企图实施不法侵害的人员则神态怪异,精神紧张,行为局促,眼神惶恐不安。如有的在人群中东张西望,神色慌张;有的行为诡秘,动作反常,单独溜达又反复匆忙进出;有的对保安员的行踪过分关注,并时刻保持精神高度集中(可能是团伙作案的放风人员);有的故意掩盖或者改变本来的体貌特征;有的看到保安员后急忙回避视线或者故意避开;有的衣着整洁,却在树丛、杂草等阴暗角落处藏身;有的衣衫破旧,却携带高档贵重物品、装饰物品;有的乞讨人员在乞讨过程中故意触蹭讨要对象(可能明讨暗偷);有的无明显残疾,却走路不正常(可能身上带有违禁物品);有的目光呆滞,反应迟钝,突然吞食异物(可能是想服毒自杀人员);等等。

对物的观察要注意伪装及搁置物。有的嫌疑人将可疑物品随身携带,有的将可疑物品藏在其他物品当中,或者是经过伪装带在身边。有的嫌疑人将可疑物品搁置在一定的地点,搁置的可疑物品一般都经过伪装。搁置地点可能选在相对僻静的位置,也可能选在人来人往的热闹位置;伪装的效果有可能是完全伪装,也有可能是部分伪装。保安员应当对在人员密集场所中发现的无人认领的箱包、花篮、纸盒等物品提高警惕,注意观察,仔细辨别,不要轻易移动或打开。

2. 仪器探测法

仪器探测法即保安员利用保安仪器、设备,对人员密集场所的可疑情况进行探测的方法。常用的探测仪器有固定式探测仪、便携式探测仪和金属探测仪,以及爆炸物品探测仪、放射性物品探测仪、有毒气体探测仪等。相关内容在本教材的"安全技术防范的基本知识"一章中有具体阐述。

3. 查问法

查问法是对于通过直接观察和仪器探测仍然不能确定的可疑人员及其所携带的可疑物品进行盘查、询问的方法。查问是指保安员对被查人员的盘查、询问。

4. 接受群众举报

接受群众举报是指保安员在巡逻岗位上接受群众对各种可疑情况的报告。群众举报可疑情况时,保安员应当认真听取,做好记录,并及时查明情况,按要求处理。

(二)人员密集场所可疑情况的处置

1. 对可疑人员的处置

保安员发现可疑对象,应当通过盘问和必要的物品检查等方法,对疑点进行判断。对于不能排除疑点的或者发现违法犯罪证据的可疑者,应当立即报告人员密集场所保安部门或者公安机关处理。盘查的方法及注意事项,与保安区域巡逻中对可疑人员的盘查相同。

2. 对可疑物品的处置

可疑人员随身携带的可疑物品,随同可疑人员一并交给公安机关或者人员密集场所保安部门处理。对于现场内发现的无主可疑物品,应当保持警惕,立即报告,让人员密集场所保卫人员或者公安机关派人前来处理,保安员不要轻易拿取、移动或者打开,以防受害。

二、扰乱人员密集场所公共秩序行为的处置

扰乱公共秩序的行为,在人员密集场所较为多见的是不遵守公共秩序,由纠纷引起的打架斗殴和寻衅滋事、起哄闹事甚至是哄抢事件。保安员一旦发现此类事件,必须立即采取行动,加以制止、控制。否则,事态很容易蔓延扩大,导致场所内秩序混乱,后果难以设想。

1. 对争吵纠纷的处理

人员密集场所纠纷是指在人员密集场所发生的各种争执事件。人员密集场所由各种矛盾引发的纠纷很多，需要保安员及时予以处理。

争吵是指人员密集场所往来人员由于各种琐事恶语相向、互不退让的行为。争吵现场有时仅是争吵人员在场，有时会引起众人围观，影响公共秩序。对于争吵，保安员应当劝说、隔离双方当事人，疏散围观人员。劝说无效时，要及时将当事人带离现场，移交公安机关处理。如果无法带走当事人，要立即报告现场的人民警察或保卫人员处理。

2. 对起哄闹事行为的处置

少数素质不高的观众，甚至向场所内投掷物品，扰乱场所的公共秩序。对此，保安员应该当机立断，快速到达闹事者附近，发出口头警告，严肃予以制止。如果造成现场秩序混乱，应当通过扩音设备进行法制宣传和劝告，及时设置隔离区，疏散周围的群众，防止周围的人与起哄闹事者发生互动，导致更大混乱。对于为首肇事者，应当将其制服，强行带离现场，送交公安机关处罚。同时，报告场所管理部门。

3. 对寻衅滋事、打架斗殴的处理

寻衅滋事是指人员密集场所的人员无事生非，故意起哄、破坏、挑衅而引起的纠纷。遇到寻衅滋事、打架斗殴，保安员要立即制止并隔离双方当事人，疏散围观人员。同时，报告场所管理部门。必要时，立即报警。

4. 对出入场所不守秩序者的处置

出入场所不守秩序者是指在场所出入口争先恐后不排队或者强行插队、故意推人拉人引起出入口通道口秩序混乱的人。对于这些不守规矩的害群之马，应当先教育纠正、后警告制止，无效时将其拉出队伍教育，认错改了就好。一般不要关人，以免矛盾激化。

三、人员密集场所隔离区的设置

隔离区是指通过拉警戒线、设隔离带、保安员定点站位等方式将保安服务对象与周边隔离开来而形成的一个相对安全区域。在人员密集场所设置隔离区，目的是使场所内的人员有序流动，确保场所安全。

人员密集场所隔离区的设置有两种情形：一是事先划定；二是在活动中设置。

1. 事先划定隔离区

事先划定隔离区是在人员密集场所开展活动之前，根据安全需要，事先设置好隔离区，以便合理控制人群，确保有序流动。事先划定隔离区常采用画线隔离、利用专用设施隔离、采用人墙隔离以及利用汽车隔离等方法实施，形成一个或若干个隔离区。

2. 活动中设置隔离区

活动中设置隔离区是在人员密集场所开展的活动过程中,针对已经出现的混乱、拥挤等苗头或状况,对人群进行有效控制而临时进行的隔离。活动中设置隔离区常采用穿插隔离、包围隔离、单向隔离等方法实施。

四、人员密集场所的区域警戒

人员密集场所的区域警戒,是指保安员为了保障人员密集场所中重点目标或重点区域的安全,而采取的限制人员出入的安全保障措施。

1. 人员密集场所区域警戒的对象

（1）重要人物(如明星、使节、首脑、外宾等)所在的要害部位(如主席台、休息室等)。

（2）出入口控制。以防止拥挤和扒窃、流氓侮辱妇女等案件的发生。必要时,协助检票,协助检查有关人员的证件和进场的物品,协助检查进入机场等特别重要场所的人身和物品。

（3）重要物资设备守护。如现场直播的广播电视器材和电、水、气供应保障设施。

（4）容易发生安全事故的部位。如狭窄通道(路桥、过道)、存放贵重物品处、明星演出舞台等。

2. 人员密集场所区域警戒的方法

（1）设置警戒线警戒。即对人员密集场所中的警戒对象,采取设置警戒线的方式进行封闭式隔离,防止无关人员接近目标和随意出入保护区域。

（2）设置哨位警戒。即对人员密集场所中的警戒对象,采取设置哨位的方式进行定点守护和随行守护,拦阻无关人员接近保护目标和随意出入保护区域。哨位警戒包括固定哨位警戒、流动哨位警戒和瞭望哨位警戒。

（3）设置路障警戒。通过设置路障等阻隔设施,防止无关人员和车辆进入、穿行保护区域,以保障警戒对象的安全。

本章保安员证考核要求

一、需要熟悉内容

人员密集场所的含义及类型。

二、重点掌握内容

人员密集场所巡逻的含义;人员密集场所巡逻的特点与任务;人群控制的含义、任务及方法;人员密集场所各种情况处置。

第十二章

保安押运服务

第一节 保安押运概述

一、保安押运的含义

保安押运是指保安从业单位按照服务合同的约定或者单位任务的要求,派出保安员护送物品安全抵达目的地的一种保安服务形式。保安押运是保安服务的重要内容之一,也是确保服务单位财物安全的重要措施。

需要指出的是,保安押运业务与保安护送业务有同有异。两者相同之处是,有的保安护送业务与保安押运业务一样,都是为客户运行中的合法财物提供安全保障;不同的是,执行武装押运任务的保安员是配备枪支弹药的,从事保安护送服务的保安员都是不佩带枪支弹药的。另外,有的保安护送业务承担的安全服务职责包括保护服务对象的人身安全,而保安押运服务则不涉及此项职责。

二、保安押运的对象

保安押运的对象,主要是来源合法、可以移动的财物,特别是贵重物品或危险物品。通常包括现金,有价证券,贵重金属,文物,机密资料,枪支,易燃易爆、剧毒、放射性危险物品,价值昂贵的机器设备以及其他物品等。

三、保安押运的任务

保安押运的任务就是保安押运服务的内容,承接保安押运任务的保安服务公司和保安员,明确保安押运任务,是履行押运服务职责的前提条件。

(1) 保安员通过随行看管方式,守护押运财物,保障安全,防止被盗、被抢或遭受其他不法侵害。

(2) 押运财物遭受歹徒袭击时,押运保安员运用保安技能、防暴枪支予以阻止,保护押运财物安全。

（3）通过安全检查,及时发现和消除安全隐患,防止发生火灾、爆炸等事故。

（4）对押运财物置放、运输的条件、环境等情况进行巡视检查,防止发生挤压、丢失等事件。

（5）清点、核对押运的财物,防止出现差错。

四、保安押运的分类

按照不同的依据和不同的方法,保安押运可以划分为许多不同的种类。

（1）按照押运路途的远近,保安押运可以分为长途押运和短途押运。

（2）按照押运过程中是否使用枪支,保安押运可以分为武装押运和非武装押运。

武装押运是指保安员根据押运服务合同,佩带枪支进行的押运。武装押运一般适用于押运现金、贵重物品或危险物品等。非武装押运是指保安员不使用枪支而实施的押运。非武装押运的财物是普通物品,如机密资料、机器设备、内有商业竞标资料的笔记本电脑等。

（3）按照押运过程中采用的交通工具不同,保安押运可以分为汽车押运、火车押运、船舶押运、空中押运等。

（4）按照押运物品的性质、种类,保安押运可以分为现钞(有价证券)押运、贵重物品押运、危险物品押运和其他物品押运等。保安押运应当根据不同的物品,选择合适的押运工具、押运方式,以确保押运安全。

本章所述保安押运,指的是保安武装押运。

第二节　保安押运的特点和岗位要求

一、保安押运的特点

1. 武装性

武装押运是保安押运的一种主要形式。保安员佩带枪支执行押运任务,是武装押运服务区别于其他保安服务最显著的特点。武装押运服务的保卫目标,是客户单位运送的巨额货币、有价证券,或者是价值贵重的商品、物品,或者是危险物品。这些押运物品一旦发生安全问题,造成的损失和社会影响较大,甚至有的还会导致人身伤亡,社会危害特别严重。因此,为了确保武装押运财物的安全,避免各类相关案件和治安灾害事故的发生,维护客户的合法权益,国务院颁布了《专职守护押运人员枪支使用管理条例》,对配备公务用枪的专职守护押运人员条件和在执行押运任务中如何使用枪支,作出了明确的规定,这是武装押运人员佩带枪支的法律依据。武装押运人员佩带枪支的目的是为了震慑别有用心的图谋不轨者,有效地应对客户合法财物运输中可能发生的各种犯罪行为,提高保安押运服务质量。

2. 运动性

保安押运服务的运动性,是指保安押运服务的保护目标和执勤保安员在整个保安押运服务活动的过程中,始终处于不定型、不规则的动态之中。从押运的财物装卸、运输,到执勤的保安员履行职责,跟随看管押运财物,无一不是在运动中进行的。虽然长途的押运财物(保护目标)在途中会有短暂的停留,但执勤的保安员仍然在守护甚至是更加警惕地看管押运的财物,一刻也不得休息。这就不同于巡逻之类的保安服务活动,尽管巡逻也是在运动,但他们在执勤期间的适当休息,是完全放松、停止运动、不予警戒的真正休息。这也就决定了保安押运,特别是长途保安押运服务的艰辛和劳苦。

3. 危险性

保安押运服务的危险性,是指保安押运的财物既容易成为不法之徒实施盗窃、抢劫、哄抢作案的侵害目标,也容易酿成火灾、爆炸、中毒等治安灾害事故,执勤的保安员的人身安全也容易因此遭到伤害。保安押运的财物普遍价值很高,目标明显,往往成为歹徒袭击的对象。押运服务中的环节多,无论是押运物资还是押运资金,都要经过出库、装车、运送、抵达目的地卸车、移交等多个环节,任何一个环节的工作若有疏忽,都会造成差错、破损或者被不法侵害等安全问题。特别是金融企业的营业场所每天定时定点的巨额现金送达与提取的武装押运,处于众目睽睽之下,危险性更大;保安押运的易燃、易爆、剧毒等危险物品,其物质的属性特殊,往往会因装卸、运输过程中的某些不慎、不当行为,或者交通肇事而引发治安灾害事故。这些危及武装押运财物安全的因素,一旦形成案件或治安灾害事故,现场执勤的保安员首当其冲地面对安全的威胁,在制止犯罪和处置治安灾害事故时,他们也难免受到伤害,其危险性显而易见。

4. 短暂性

保安押运服务的短暂性,是指每次的保安押运服务都必须在客户限定的一段较短的时间内完成,将押运财物安全地送达指定的目的地。这种限定的时间,大多数都比较短,路途近的不满一小时,路途远的数小时,少数长途押运也就是几天时间。它不像门卫、巡逻、守护等保安服务具有时间的延续性,保安员需要长年累月地在固定的地方执勤。虽然有些客户可以根据财物运输量的实际情况,与保安服务公司签订长期的业务合同,但是就具体的押运服务而言,每次押运服务的时间和过程都比较短暂,不是长期连续不断地提供保安押运服务的。也有一些客户单位,因为需要押运的财物数量不大、频次不多,所以每次雇请保安公司提供武装押运服务时,都签一次性的保安合同,如果下次需要,双方再签订保安服务合同。这种保安押运服务的短暂性,在一定程度上增加了保安服务人员的工作难度。

5. 多样性

保安押运服务的多样性,是指保安押运的财物种类和实施押运的形式多种多样。通常情况下,保安押运的财物既有货币(外币、人民币)、有价证券,又有价值贵重的物品(文物、珠宝、黄金、白银、古玩、字画等),还有危险物品(枪支弹药、特种刀具、剧毒物品、民用爆炸物品、化学危险物品、放射性物品等)。押运的形式也是多种多样,按不同标准可以划分为武装押运、非武装押运,长途押运、短途押运,火车押运、汽车押运、船只押运、航空押运等。

6. 独立性

保安押运服务的独立性,是指保安押运服务的执勤保安员,相对而言是独立完成保安服务的职责和任务的。保安押运执勤一般都是数名保安员离开单位独立行动,跟随看管运输中的客户财物,以保证其安全到达目的地。在此保安服务过程中,碰到任何问题都需要迅速及时地处理,往往不便或者不能请示领导。这就是说,保安押运中的有关事项,主要依靠执勤保安员的聪明和才智,独立、果断地予以处置。

7. 社会责任性

各种保安服务都有保护客户合法财物安全的责任,只不过保安押运服务的保护目标特殊、价值高、危险大,又需要独立完成任务,武装押运还佩带枪支。因而,如果发生案件或事故,其后果必然要比其他保安服务严重得多。显然,保安押运服务所承担的安全责任也就更大,尤其是武装押运。正因为这一点,国务院的《保安服务管理条例》中规定,设立从事武装押运服务的保安服务公司,不仅要具备一般保安服务公司设立的条件,同时注册资金必须达到1 000万元以上、国有资本必须占注册资本金额的51%以上(即国家控股或全资),并且要有经过专业化训练、具备熟练掌握枪支使用和保养技能等特殊条件的保安员。

二、保安押运服务的岗位要求

(1)掌握保安押运服务的知识和技能,了解押运方案的内容和要求。

(2)了解财物收发、中转等手续的办理程序;掌握运输工具状况及财物的存放条件。

(3)清楚押运财物的物理、化学性能、特点及防护要求;

(4)熟记与有关部门、人员的联系方式;

(5)武装押运的保安员要熟练掌握防暴枪支使用和保养技能。

三、保安押运的注意事项

（一）按规定配备武装押运人员

执行一般武装押运任务，每辆押运车要求配备1名押运驾驶员和2名以上的押运员；押运驾驶员必须持有B照以上的驾驶证，并有3年以上安全驾驶工作经验。同时，根据客户单位要求，可配备1~2名递解员。

（二）交接时押运车停靠的位置要适当

汽车押运交接时，押运车辆停靠位置是否合适，直接关系到押运物的安全。因此，押运车抵达目的地后，应遵循以下原则停车：

(1) 尽量停靠在便于观察、便于警戒的位置。
(2) 尽量停靠在院内或最大限度靠近交接地点的位置。
(3) 如交接地点有监控，车辆应停靠在监控范围之内。

（三）严密押运物交接时的警戒

押运车停好位置后，押运员应遵循"先观察、后下车"的原则，在确认附近无可疑情况后再下车。押运员下车后，选择有利于观察的哨位实施警戒。警戒时，两名押运员应守卫在押运物品进出押运车一侧的前后方，密切注视周边情况，处于警戒状态，严禁无关人员接近。押运驾驶员不下车，车辆不熄火，在车内密切注视周边情况。

（四）危险品押运的特殊要求

押运易燃、易爆、腐蚀等危险品，安全措施有其特殊要求。

1. 选派熟悉危险物品性能的人员负责押运

由于危险物品不同于一般的物品，稍有不慎便容易发生问题。而一旦发生问题，如果不能得到及时排除，后果不堪设想。因此，押运人员一定要了解、熟悉所押运物品的种类、性能等，发现不安全因素要及时消除。

2. 严格按照操作规程装卸危险物品

装卸危险物品尤其是爆炸物品，要派出有经验的人员负责现场指挥，划出警戒区域，禁止无关人员在场；车厢、船舱装货前要通风降温；装卸危险物品的人员应懂得安全常识，轻拿轻放，严禁拖拉、撞击、翻滚，装卸工具和人力负荷要比平时轻，以免超重造成安全事故；货箱要牢固、结实、严密，车、船底部要加垫柔软材料，若有铁器突出部分，应用木板等遮挡；货箱要靠紧、捆牢，防止移动或碰撞；性能相抵触、容易发生化学反应的危险物品，不能同车或同船装运；装卸作业时，不准吸烟、用火或携带引火物；尽量在白天装卸，夜间作业应用安全防爆照明设备等。

3. 运输工具应符合安全要求

运送危险物品的车、船等工具，必须符合安全规定的要求。尽量使用防震、防火性能好、车体平稳、不易倾斜、机件齐全、性能良好的车辆,并配备足够有效的消防器材,醒目处要有"危险"标志。严禁使用翻斗车、无法封闭的火车车厢、汽车拖车等运输危险品。

4. 严格执行危险物品运输操作规程规则

运输危险物品,应向公安机关申领危险物品运输许可证,并按公安机关指定的时间、路线通行;在公路上必须限速行驶,前后车辆应保持足够的安全距离;车辆经过人烟稠密的城镇应尽量绕行,确需通行时,必须通知当地公安机关;途中停歇时,必须选择空旷安全的地点,远离建筑设施和人群,严禁在附近吸烟和用火,并指定专人看守;严禁搭乘无关人员;不准超速、强行超车和会车;在不平的道路上,应酌情减速行驶;运行途中,要加强安全检查,消除隐患。

第三节 保安押运服务的操作规程

保安押运的目的是确保押运对象安全抵达目的地。因此,从押运任务开始到押运对象被交付收货单位为止,押运保安员必须做好每一个环节的保安工作。保安押运的程序,大体上分为任务实施前的准备和押运任务的实施两部分。

一、保安押运任务实施前的准备工作

为了顺利完成押运任务,必须认真做好押运的下列各项准备工作。

(一)勘察

保安公司承接押运任务后要进行勘察。勘察工作具体由保安公司组织开展,公司主管押运、勤务、安全、业务的相关人员以及押运人员均应参加。勘察的内容包括押运任务的性质、类型、起运地、目的地,押运物品的种类、数量及特殊要求。此外,还要通过勘察选择交通工具,实地勘察运行(环境)路线,掌握单程距离及时间、物品交接的位置及迂回路线,沿途周边的社会治安情况等。

(二)制订押运方案

勘察后,按照押运服务的规范要求,制订具有针对性的押运方案,送服务单位审定。跨省、市、自治区运输以及重大押运任务,需经上级主管部门批准。押运方案包括执勤方案、消防方案和应急预案。

1. 执勤方案的内容

(1)确定交通工具。押运服务的运载、护卫工具和有关装备要符合国家和行业标准。押运服务中运载、护卫工具,应从押运任务的实际情况出发选用。如现金押运,保安公司可根据所押款项和网点的情况选择专用运钞车的车型。如是押运爆炸性、易燃性、放射性、毒害性、腐蚀性等危险物品,应当使用符合安全要求的专

门运载工具,并且先行取得公安机关核发的危险物品运输许可证。跨省、市押运或者押运500万元以上大宗现金时,要增加前导护卫车。

(2)确定枪弹及其他械具的配备。根据押运任务的性质、保安员的人数、承担风险的程度和客户单位的要求等情况,确定配备防暴枪的数量。

(3)明确押运各环节、起运地和目的地。按照客户单位的要求和保安公司的勤务规范确定押运各环节,制订执勤方案。明确财物装卸时的护卫要求,突出交接环节,严格划分责任。

(4)制订较为完备的通讯联络方案。常用的有GPS全球定位系统和数字电台。押运途中,指挥员可随时通过GPS监测押运车的位置和状态,押运车也可以通过数字电台及时向保安公司指挥室报告情况。

2. 消防方案内容

根据押运物品的材质和押运工具情况制订的消防方案,应当明确保安员在押运中的消防职能。遇有火灾,立即启动消防方案。

3. 应急预案内容

根据押运物品的性质、材质等情况,结合押运经验,制订的较为完善的应急预案内容,主要包括防盗抢预案、车辆事故预案、自然灾害预案等。

(三)其他准备工作

(1)押运人员熟悉押运方案,了解相关知识。尤其是危险物品押运人员,应熟悉押运的危险物品性能知识和如何避免危险物品在途中发生火灾、爆炸事故,以及一旦发生火灾、爆炸事故的应急处置办法。

(2)与接收方接洽有关押运的具体事宜,明确卸货地点、收货人情况、接受押运物单位领导情况、押运路线、路程等情况。

(3)领取各种押运所需的法律文书、法定证件(如行驶证、持枪证、客户单位申领的危险物品运输许可证等)、武器装备。

(4)对押运的交通工具(押运车、运输车)进行安全检查,检查的内容包括机械性能和GPS、无线通信器材的状况,灭火器等消防器材配备情况,交通工具内有无可疑物品等,确保交通工具性能良好,无安全隐患。押运危险物品的运输车辆要符合国家安全规定的要求,具有防弹、防爆、防盗、防火、无线电通信功能,并悬挂"危险"标志。

(5)做好启运前的交接工作。

此外,保安服务公司对押运目标、押运装备及押运保安员要采取保险措施。

二、保安押运任务的实施

1. 押运人员坐在指定位置,注意观察途中情况的变化

执行武装押运任务,每次必须由2名以上保安员参与实施。押运人员应选择

既便于观察控制又利于防守和进攻的位置。一般的汽车运输押运哨位,应当分别选择在驾驶室和车厢内。专用运钞车的保安人员,应当分别坐在副驾驶和后排左右两边位置上。

押运途中,保安押运人员应当保持高度警惕,按照职责分工,注意观察沿途前后左右的情况。特别是在通过桥梁、隧道、港口以及车辆减速慢行时,更加应当加强观察。遇到危险情况,应在险情排除后再通过,防止发生失误。大雨、大雪、浓雾天气,保安押运人员不但要加强对沿途周围情况的观察,而且应当提醒司机减速慢行,注意车船行驶的安全。

一次多辆汽车押运时,要保持行车间距,防止外部车辆加入押运队伍;严禁他人搭乘押运车辆。

2. 车辆(船舶)途中临时停驶时,应加强对物资的警戒

押运途中不准无故停车(船)。如果事出有因而临时停车(船),驾驶员应将车、船停到安全位置,保安押运人员不下车(船),时刻观察周围情况,采取相应的警戒措施加强防范,防止违法犯罪嫌疑人进行抢劫、抢夺或其他破坏活动,防止偷窃、哄抢等事件发生。途中临时停车(船)期间,押运人员不许饮水、用餐和处理其他事项。

长途押运车(船)应根据实际情况,妥善安排行车、停车的时间。途中需要加油加水时,应当尽量选择地形比较开阔的加油站,尽可能缩短加油加水的时间。在此过程中,押运人员应当坚守岗位,做好随时应对突发事件的准备,禁止无关人员接近押运车(船)。

运输车(船)出现故障需要检修时,应当将车(船)停靠在远离生活区的地方。爆炸物品运输车维修时,应当先将车上的爆炸物品卸下,放到100米以外的地方,并要及时把有关情况报告保安公司有关部门。

危险物品押运车、船途中需要停歇时,必须选择安全地点,远离建筑设施、船舶站和人群;严禁在车、船附近吸烟和用火,并指定专人看管。

押运途中如有违规行为被交通民警拦住时,车不熄火,保安押运人员应当一面加强警戒,一面主动出示运输车辆的免检通行证或其他押运证件,证明押运的特殊情况,让交警记下押运车辆的车牌号、司机姓名及单位名称。待押运任务完成后,再去有关部门接受相关处罚。途中发生交通事故时,也应按上述方法处置。

3. 注意在运输途中查看押运物品

押运过程中,保安员应当检查运输的物品有无移动、滑落、遗失,包装、铅封是否完好。特别是在道路崎岖不平、风大浪急、车船颠簸行驶的时候,尤其要加强物品检查。押运化学危险物品要注意其性能有无异常反应。发现问题应立即查明原因,做好检查记录。有异常情况及时报告。途中对押运财物进行安全检查,其目的是及时发现和消除安全隐患,防止押运财物被盗、受损和火灾、爆炸等事故的发生,保护客户押运财物的安全。

4. 押运途中财物中转、改换交通工具时的警戒

财物中转、改换交通工具的时候,应立刻组织保安员进行站位、警戒,迅速对押运物品形成安全区域。车长应当按照方案要求妥善办理交接、转换手续,并在现场实施监督。押运人员需要用餐、饮水或者处理其他生活事宜时,应当轮流进行,确保押运财物有人看管不失控。武装押运人员还要妥善保管好枪支,防止发生意外事件。

5. 押运物品到达目的地后的注意事项

押运财物到达目的地后,押运人员仍要加强警戒,严密观察周围动态,保证押运物品交接过程中的各个环节的安全。在办理交接手续时,押运车不熄火,驾驶员不下车;押运人员先观察后下车,明确分工警戒责任,禁止无关人员接近物品。卸货时,保安押运人员应当进行站位警戒,分别在押运物进出口一侧的前后位置,密切观察处于警戒状态,确保押运物品在安全区域内。必要时,请收货单位提供防爆照明设备。押运人员要与客户单位工作人员共同清点物品数目,检查包装状况。经对方确认无误后,共同在收货单据上签名、盖章。如果押运途中发生过问题的,应当如实报告,并做好记录,有关人员签名作证,然后交有关各方协商解决。

6. 加强枪支弹药安全管理

武装押运前,押运人员凭相关证件到本单位枪弹库领取枪支弹药。同时,检查是否携带持枪证件。押运途中,枪支弹药管理必须做到"枪不离身、人不离枪";严禁玩弄枪支、枪口对人(门或窗),以确保枪支弹药安全。如长途押运遇特殊情况需住宿休息,可将枪支弹药存放在相关单位枪弹库或公安机关。严禁私自携枪弹外出。任务执行结束后,必须立即将枪弹入库。

第四节　保安押运中的安全隐患预防

一、安全隐患的含义

安全隐患是伴随着人们从事的各种生产活动而产生的一种潜在的危险,是物质危险因素与管理缺陷共同存在的一种不安全状态,即物质危险因素+管理缺陷=安全隐患。安全隐患只是一种危险状态,还不是安全事故或案件。但是,如果不能及时发现和消除安全隐患,一旦遇到人的不安全行为(如违规操作、破坏行为等),安全隐患就会转化为案件或者治安灾害事故,即安全隐患+人的不安全行为=事故或案件。

物质危险因素指的是物质具有一定的能量(如易燃易爆危险物品有引起火灾、

爆炸的能量)或者处于某种危险状态(如大宗现金放在运钞车上),这是构成安全隐患的物质基础。管理缺陷是构成安全隐患的人的因素。这种人的因素,包括决策、指挥、组织的错误或不合理,规章制度、安全措施的不健全或不落实,管理人员素质不高、安全知识缺乏、工作责任心不强等。物质危险因素是在任何物质的劳动生产过程中都存在的客观事实,难以避免。对于领导和管理人员来讲,要预防和避免安全隐患的出现,就只能从预防"管理缺陷"入手,健全管理制度、管理措施、管理方法,努力提高管理人员的素质,避免出现管理缺陷。没有了安全隐患,安全就有了保障。如果安全隐患已经形成,就必须及时发现和消除,或者控制人的不安全行为,不让安全隐患转化为事故和案件,以保障安全。

人的不安全行为是指人们在物质的生产劳动中,违反安全操作规程和安全制度的行为以及工作中的失职失责行为。

二、保安押运中的安全隐患

对于保安押运工作而言,物质危险因素是由押运财物的特性所决定的。押运财物的特性是价值的贵重性(货币、有价证券、贵重仪器仪表、文物古玩等)、内容的保密性(机密文件及试卷)、失控的危害性(危险物品)。这些财物往往成为歹徒袭击的目标,有可能导致刑事案件和治安灾害事故及失密事件的发生。显然,这些物质危险因素是客观存在不可改变的,所以,要避免出现押运工作中的安全隐患,只有想方设法做好押运工作中的管理工作,防止出现管理缺陷。这就要求保安服务公司和客户单位制订严密、周全的"押运工作方案"。同时,保安服务公司应当严格执行《保安服务管理条例》,加大安全押运的经济投入,改善押运装备,为押运财物和保安押运人员投保(社会保险),加强对保安押运人员的教育培训,特别是危险物品知识和防卫技能,提高他们的综合素质,尽量避免出现管理缺陷。

如果保安押运工作客观上存在管理缺陷,也就是说,已经形成了保安押运的安全隐患,此时该如何防止发生案件和治安灾害事故呢?答案是唯一的,那就是参加押运工作的保安员要忠于职守,没有"不安全行为"。这样,武装押运中存在的安全隐患也就不会转化成为案件或者灾害事故了,武装押运的任务也便能顺利完成。

三、预防安全隐患转化为案件、事故的对策

如前所述,当安全隐患已经存在的情况下,只要不出现"人的不安全行为",还是不会发生案件、事故的。这就要求参与押运工作的全部人员,特别是保安员应当懂得什么是"人的不安全行为",并在实践中避免各种"不安全行为"的出现,以保障押运财物的安全。

1. 押运装卸人员应当防止的不安全行为

装卸危险物品,最容易发生不安全行为,因为危险物品具有易燃、易爆、剧毒、

强腐蚀、放射性等特殊的化学性能，有的危险物品在一定温度下或者遇到空气、水的时候，还会发生自燃、自爆。因而，装卸危险物品的安全要求特别高，装卸危险物品的保安押运人员应当懂得危险物品的物理、化学性能，严格监督有关人员的装卸工作，防止和及时纠正以下不安全行为：不执行装运危险物品的规章制度和工作流程；使用不符合规定的专用包装器具；包装、安放不规范；不穿戴防护用具；装卸现场不符合安全条件；违规吸烟、用火；化学危险物品包装不严密，有可能被暴晒、淋雨；装运剧毒物品的人员和使用的运载工具事后不作清毒、消毒处理；在装卸中抛、掷、拖、拉危险物品，违规搬运操作；现场使用没有安全防爆性能的照明设备；等等。

其他押运财物的装卸工作，容易出现的不安全行为主要有：包装物不符合安全要求，包装不牢固，安放不紧凑等。上述这些不安全行为很容易引起押运的危险物品发生治安灾害事故以及押运财物的散落、遗失等安全问题。

2. 运输途中驾驶员应当防止的不安全行为

押运途中的安全，驾驶员负有重大责任。押运车驾驶员必须持 A 照或 B 照，并有 3 年以上安全驾车记录。如果驾驶员不符合规定条件或者有不安全的行为，就可能造成车船撞击、沉翻等交通事故，甚至引起火灾、爆炸（车辆或者押运的危险物品所致），造成更大的危害。

因此，保安押运人员途中应当监督驾驶员，严格遵守交通规则和车辆操作规程；保持中速行驶；不准违规超车、超速、停车；不得违规使用警报、警灯；不准驾车时抽烟、接听手机；在崎岖不平的道路上和拐弯、交叉路口行驶要减速；在有可能的条件下，应避开拥堵不畅的道路行驶；抢修车辆故障，不得违反安全操作规程；途中休息时，不得将车停靠在不安全的地方（位置）；等等。保安押运人员一旦发现驾驶员违规驾车、停车的不安全行为，必须立即纠正，以防事故发生而影响押运财物的安全。

3. 保安押运人员应当防止的不安全行为

保安押运人员执勤中应当防止的不安全行为，主要是警惕性不高、责任心不强，不能严格遵守押运勤务的各项规章制度和工作纪律（如泄露押运工作信息等），不按规定着装和携带各种押运装备，押运财物装卸现场和途中的警戒、戒备工作不严密，交接手续办理不完备，对客户单位参与押运的随行人员管理不严格，对驾驶员安全行车的监督不到位，等等。保安押运人员勤务中的这些不安全行为，最可怕也最危险，必须坚决杜绝。

4. 押运车应该防止的不安全行为

押运车是执行武装押运工作的重要交通工具。押运车用于存放现钞、有价证券，押运员随车押运。押运车应该防止的不安全行为有：现金押运车不符合公安部《专用运钞车防护技术条件》，不具备防弹、防暴、防盗、防火、无线电通信等功能；押运车未安装防抢劫紧急报警系统和 GPS 系统；押运物品存放在前导护卫车内；未严格执行两名以上押运员武装押运制度;现金押运未配置电击防抢箱;车辆执行任务前未认真检查车况或按时维护保养,以致押运车途中出现故障;等等。

第五节　保安押运中紧急情况的处置

保安押运中紧急情况的处置,也就是武装押运中突发事件的处置。突发事件是指保安押运过程中发生的车辆故障、交通事故和押运物品丢失、被盗窃、被抢劫、遭哄抢等意外事件。押运中一旦遇到意外的突发事件,保安员要采取有效措施,确保押运财物的安全,并及时与当地公安机关或有关部门联系,妥善进行处理。

一、紧急情况处置原则

保安押运中紧急情况的处置,应当遵循合法性、安全性、抢救生命第一和减少损失等四条原则。其实,这些原则也适用于其他保安服务勤务中紧急情况的处置。保安武装押运和保安武装守护中紧急情况的处置,还应坚持依法用枪的原则。

1. 合法性原则

无论处理什么样的紧急情况,保安守护人员都应当坚持依法办事,即使对行凶的歹徒实施正当防卫,也应当纳入法制轨道。在歹徒停止暴力犯罪后,不得故意伤害其人身。抓获的违法犯罪人员,不得私自关押、审讯、处理,应当扭送或者报告公安机关依法惩处。

2. 安全性原则

处置紧急情况时,保安人员应当尽力维护押运财物的安全,同时注意自我保护,力求避免不必要的伤亡。尤其是在明显处于劣势的情形下,应当"智斗"歹徒,制止其不法行为,切不可盲目行事。即使在奋不顾身勇斗凶手时,也应当用好防卫器具,减少自身受到的不法伤害。

3. 抢救生命第一原则

紧急情况发生时,如果现场有人受伤,保安人员应当首先全力救助伤者(包括侵害押运财物安全的歹徒)。这不仅因为生命的无价,而且救助现场的不法之徒有利于迅速查清事实真相,依法进行处理。

4. 减少损失原则

遇到紧急情况,保安人员应当本着对客户负责的精神,尽最大可能减少危害后果,把紧急情况处置中的人员伤亡和经济损失降到最低限度。这既是对客户的负责,也是维护保安公司的形象、信誉和经济利益。

5. 依法使用枪支原则

执行武装押运任务中,遇有以下情形,不使用枪支不足以制止暴力犯罪行为的,可以使用枪支:守护目标受到暴力袭击或有受到暴力袭击的紧迫危险的;专职守护人员受到暴力袭击危及生命安全或者所携带的枪支弹药受到抢夺、抢劫的。如果现场存放大量易燃、易爆、剧毒、放射性等危险物品,一般不得使用枪支,只有在不使用枪支制止犯罪行为将会直接导致严重危害后果的情况下,方可用枪。

二、紧急情况处置方法

1. 对不法侵害的处置

总体而言,押运途中遇有歹徒盗窃、抢劫、哄抢押运物品等不法行为时,保安员应当按照押运预案的要求处置,并立即报警。具体的处置不法侵害押运物品行为的方法,应当根据具体的情况来确定。

当不法之徒正在实施盗窃、抢劫行为时,保安员应当立即按下押运车上的紧急报警按钮,并坚决加以制止,设法抓获作案人,将其扭送或者报告事发地的公安机关处理。在抓捕过程中,保安员应当注意自我保护。

如果歹徒行凶拒捕,保安员应当实施正当防卫。如果未能抓获歹徒,应当记住他们的体貌特征和逃跑方向,迅速报告公安机关,并且保护好现场,为公安机关获取歹徒有关信息提供方便,以便将其捉拿归案。

倘若在办理交接押运物品手续的过程中发现歹徒企图袭击,则可暂停物品交接,将押运车驶离危险地。

哄抢是较多人员参与的抢夺财物的不法行为,而保安押运人员数量往往较少,难以制止见效。因此,应当在紧急报警求助的同时,竭力保护押运财物的安全。如果有可能,在避免人员受到伤害的前提下,保安员应当掩护押运车辆冲出哄抢的人群,"溜之大吉";如果不可能,保安押运人员应当设法守护住押运财物,加固押运财物的包装,增大哄抢得逞的难度。保安押运人员还可以灵活应变,虚张声势,假装接到警方的电话,故意大声回答,借警察已到附近的威慑力吓走哄抢者,为自己解围。

2. 对可疑情况的处置

押运中发现可疑人员(如在押运物品的附近探头探脑、指手画脚、交头接耳等形迹十分反常的人)或者可疑车辆(如尾随押运车辆迟迟不肯离去的车辆)时,押运人员要高度警惕,严加防范,做好应急准备,立即向本单位报告,严密监视其动态。情况紧急时可报警求助,以防发生不测。

3. 对交通事故的处置

押运途中发生交通事故,要严密看管押运物品,确保安全。要及时与事发地公安机关联系,说明情况,及时向本单位报告,并通报发货单位和收货单位,保护好现场。如果有人受伤,应当及时救助,必要时,拨打120求助。

4. 对火灾、爆炸等事故的处置

押运途中，一旦押运物品发生火灾、爆炸等事故，押运人员应当抢救伤员和物品，并立即报警。同时，向本单位报告，要保护好现场，做好记录。

如果需要扑救汽车火灾，务必注意灭火方法，因为汽车不同部位起火的灭火方法不同。汽车的发动机起火，应先断电熄火再灭火。保安员可用随身（车）携带的干粉、1211、二氧化碳等灭火器靠近火点，进行扑救，也可用水、沙土扑救。灭火中，应当严格控制驾驶室、油箱、车厢等部位，以防火势蔓延。汽车的油箱起火，应当先用水、湿毛巾等物冷却油箱，防其爆炸，然后再用1211、干粉、二氧化碳灭火器扑救；也可用湿麻袋、湿衣物从上风向覆盖火点。如果油箱已破裂，可用沙土围堵或者覆盖地面上流淌的油火，特别要防止油火流到车厢、轮胎下，造成车体燃烧，同时，应当设法堵漏，控制油箱内的油继续外泄。汽车的车体燃烧，应当用灭火器控制火势，并且要防止油箱烧热，引起爆炸。

如果装载危险物品的押运车辆起火，应当在50米外设置警戒，禁止人、车通行，以防受到火灾的危害。如果汽车失火时能够正常行驶，应当将车驶离人流量大或者有易燃易爆物品的地方，再进行灭火，以防汽车火灾造成更大危害。

押运物品爆炸引发的汽车火灾，扑救方法与上述相同。灭火中需要特别注意防止发生连环爆炸。

5. 对其他紧急情况的处置

如果押运途中发生押运财物丢失，应当立即报警，并及时向本单位报告。

如果押运的有毒液体、气体发生泄漏，务必迅速地将押运车辆开往空阔地带停下，并立即报告防化、化工等部门，以求帮助。同时，在事故现场划定危险区，实行警戒。如果发生押运的放射性物品泄漏，保安押运人员应当立即通知客户单位或者其他相关单位的辐射防护专业人员到现场，进行紧急处置。同时在以放射性物品为中心的直径100米以外划定警戒线，禁止无关人员和车辆进入，以保障安全。

如果押运车辆的机械、仪器、仪表发生故障，导致押运车辆途中不能正常行驶，则应立即报告本单位和客户单位，并按照交通法规的要求，将车开到适当地点停车，设立故障车标志，让驾驶员检查、排除故障。同时，保安押运人员做好警戒工作，严禁无关人员靠近车辆，防止发生意外。

押运车辆如因客观原因无法按时抵达目的地时，押运人员要及时向本单位报告，并说明情况。

押运途中，前方发生交通事故，长时间难以通过时，应加强警戒，确保安全，并报告本公司。可能情况下，按公司指示改变押运路线。

第六节 防暴枪支的使用及故障排除

专职从事守护押运的保安员,依法配备公务用枪,并由省级公安机关发给持枪证件。为了管理好、使用好专职守护押运人员的公务用枪,国务院颁布了《专职守护押运人员枪支使用管理条例》,规定专职守护押运人员执行守护、押运任务时,方可依照本条例的规定携带、使用枪支。

专职从事守护、押运的保安员依法配备的公务用枪,根据其使用的目的是为了防止暴力犯罪行为的发生,又被称为防暴枪支。如何操作、使用防暴枪支和怎样排除防暴枪支的故障,是从事武装押运的保安员必须学习、掌握的知识和技能。

一、防暴枪支的领取和验枪装弹动作

执行武装押运任务时,每辆车设车长一人、押运员两人以上。执行任务前,押运员在车长率领下,到保安服务公司的枪库领取防暴枪支弹药。子弹统一放在防弹衣的右侧,右手持枪,食指外侧顶住枪管下端,枪口朝上或枪口向下肩扛。随后,押运员持枪由车长带至验枪处验枪,押运员平行排列,面向验枪板,车长位于押运员右侧。车长下达"验枪"口令后,押运员左腿向左边跨出一小步,与肩同宽;同时,右手将枪置于胸前,枪口向上或斜向上方成45度角,对向验枪板,枪托贴于腰际,左手拉动游体管,左手虎口顶住游体管下端,防止下滑;右手拇指打开保险,击发;关上保险。然后,开始装子弹。当车长下达"装子弹"口令后,押运员左手持枪,右手取子弹,用拇指将子弹推至弹仓内,关上保险。再换右手持枪,成立正姿势(食指外侧顶住游体管下端)。

验枪、装子弹结束后,车长刷"出车卡",组织押运员登车出发,执行武装押运任务。

二、持枪警戒和准备射击动作

执行武装押运任务时,持枪警戒的动作因天气阴晴而有所不同。晴天时,持枪警戒的姿势应当是将枪口垂直向上,左手顶握住游体管下端(防止游体管下滑、子弹上膛),右手握住枪柄,两腿成跨立姿势。雨天,押运员持枪警戒时,应当枪口朝下,与地面形成不小于45度的角度,枪托贴于右大臂内侧。持枪警戒中,遇到紧急情况准备使用枪支射击时,押运员应当用右手大拇指迅速打开保险,左手拉开游体管,将子弹送入弹膛内,成准备射击状态。

紧急情况的枪支使用,应当严格执行国务院《专职守护押运人员枪支使用管理条例》中的有关规定。紧急情况解除以后,应当按照验枪退弹的操作方法,将子弹

置于弹仓内。

非紧急情况,严禁拨弄枪支和作射击准备状态;严禁将枪口对人。

三、验枪退弹动作

执行武装押运任务结束后,持枪的押运人员应当在车长统一指挥下,进行验枪退子弹。当车长发出"验枪退子弹"的口令后,押运员由持枪姿势转变为验枪姿势:先用右手拇指将子弹顶进弹仓,左手拉下游体管,然后用右手中指按下弹簧片,随即用中指抵住子弹底部,将子弹慢慢取出(有几发子弹按几次弹簧片)。在确认子弹全部取出后,将游体管送上,打开保险并空枪击发(严禁枪口对人),关上保险。最后,车长统一带领押运人员至枪库,由押运人员刷卡,归还枪支和子弹。

四、防暴枪支故障的排除

枪支故障是指武装押运人员在持枪执行任务的用枪过程中出现的枪支零部件机械性能异常情况。对于枪支故障,应当采取正确的方法,及时排除,以保证枪支的性能良好,在需要使用的时候,能够发挥其震慑、打击犯罪的作用,保护押运财物的安全。

枪支故障的排除是一项专业性很强的技术工作。如果采取的故障排除方法不当,不但排除不了故障,还有可能损坏防暴枪支,造成严重后果。因此,枪支发生故障时,持枪保安员应报告车长,车长再向保安服务公司的相关领导报告。一般情况下,由领导派出枪械员前往处置故障。简单的枪支故障,押运员可以在枪械员的电话指导下排除。未经领导许可,押运员不得擅自拆卸枪支。

本章保安员资格证考核要求

一、一般了解内容

保安押运的对象与分类;保安押运任务实施前的准备工作内容和要求。

二、需要熟悉内容

保安押运的含义;保安押运的任务;保安押运任务的实施工作内容和要求;保安押运中紧急情况的处置与要求。

第十三章

保安安全检查服务

第一节 保安安全检查概述

一、保安安全检查

1. 保安安全检查的含义

保安安全检查是保安员为了履行职责,维护服务目标的正常秩序,保护人身、财产安全所采取的安全措施之一。保安安全检查概念有广义与狭义之分。广义上的保安安全检查,是指执勤中的保安员依法运用各种方法,对涉及服务对象安全的人员、物体是否符合安全管理规定的情况进行查看、检测的行为。狭义上的保安安全检查即保安安全技术检查,又称保安防爆安全检查,是指为了预防爆炸、枪击、持械伤人,以及携带危险物品扰乱大型群众性活动秩序和危害公共安全事件的发生,保障公民、公共设施的安全,保安员在人民警察的指导下,依法运用特定的技术手段,对相关场地、设施和人员实施强制性检查的行为。本章所述安全检查,指的是保安安全技术检查,亦即保安防爆安全检查。

保安安全检查的特点是,责任性强、政策性强、专业性强、时间性强、风险性大。

2. 保安安全检查的类别

根据不同的标准划分,保安安全检查有不同的类别。

按照检查对象的不同,保安安全检查分为人员检查、物品检查、车辆检查、场所检查等。

按照检查方法不同,保安安全检查分为徒手检查、使用仪表检查、安检自动检查。

按照检查目的不同,保安安全检查分为防爆炸物品(包括易燃易爆物品)检查、防毒品检查、防放射物品检查。

按照检查方式的不同,保安安全检查分为普检、巡检、抽检。

二、保安安全检查服务

保安安全检查服务是保安服务的一种勤务形式,是指保安员对进入服务区域的人员、物品、车辆是否符合法律法规有关安全规定的情况进行查看、检测的服务业务。

(一)保安安全检查服务的职业道德

保安安全检查的对象是人员、物品、车辆、场所,常常涉及个人的隐私和相关秘密,这对从事安全检查的保安员提出了更加严格的要求。其主要表现在安检工作的原则和安检人员的职业道德两个方面。

安检保安员应当坚持"安全第一、严格检查、文明执勤、热情服务"的工作原则,树立风险忧患意识,强化安全责任意识,培养文明服务意识,确立敬业奉献意识,恪守安检职业道德规范。安检人员职业道德的基本内容是:爱岗敬业,忠于职守;钻研业务,提高技能;遵纪守法,严格检查;文明执勤,热情服务;团结友爱,协作配合。

(二)保安安全检查服务的礼仪

保安安全检查服务的礼仪从属于保安员的礼仪范畴。这就是说,从事安全检查工作的保安员要在日常生活、工作中实施保安员礼仪规范。此外,鉴于安检服务岗位的特殊性,安全检查保安员的语言、仪容、服饰等方面,又有其特定的内容。

1. 安检人员的礼貌用语

保安安检人员的礼貌用语,由其不同的职责分工和面对的不同对象、不同情况所决定。负责人员安检的前传员与手检员、后传员和物品安检员、车辆安检员的礼貌用语就不尽相同。

前传员面对携带物品前来接受安全检查的人,其礼貌用语主要是"您好!请把物品放在传递带上"。

手检员面对前来接受身体安全检查的人,在安检过程中的不同情况下使用的礼貌用语有:"您好,请接受安全检查。""双臂微张,两脚分开。""请出示兜内物品。""请翻转手腕。""请打开衣兜。""请敞开衣服。""请转身。""谢谢合作!"等等。

后传员面对物品在通过 X 光机时发出异常信号的携物者,在对该物品实施进一步安全检查时,一般的礼貌用语是:"您好!你的包需要打开检查。""请出示包内物品。""谢谢合作!""您携带的某某物品属于禁带物品,不能随身带。""您携带的某某物品属于限带物品,超过规定量的不能随身带。"等等。

负责车辆安检现场指挥的一号安检员,在手势示意司机停车时的礼貌用语是:"您好!请停车接受安检。""请熄火下车。""请打开前机盖。""请打开后备箱。""请打开油箱。"等。

2. 安检人员的仪容礼仪

安检保安员特别需要注意自己的仪容修饰,应当做到:讲究卫生,保持洁净,不留长指甲。男士天天剃须,定时理发,鼻毛耳毛不外现。女士面部修饰不化浓妆,指甲不涂油不彩绘,头发长短适宜,不梳发辫。

3. 安检人员的服饰礼仪

安检保安员除了按保安员着装规定要求着装外,还应当做到:着装整洁,穿戴文明,不穿露趾的凉鞋和拖鞋,不佩戴花哨和弘扬个性的工艺饰品及名贵的珠宝饰品。切忌过分裸露。

(三)保安安全检查服务岗位

随着防爆安全检查设备的广泛使用,社会对保安服务的安全检查服务需求明显增多。目前,保安安全检查服务岗位的所在地主要有以下四类:

1. 公共交通场所

公共交通场所的安全检查服务岗位,一般设在机场、港口、火车站的旅客候机(车、船)室入口处,对乘客的人身、物品进行安全检查,以防旅客将威胁公共安全的物品带上交通工具。在公共安全形势严峻的特殊情况下,有些地区对乘坐地铁(轻轨)和长途公共汽车的旅客,也进行安全检查。

2. 司法机关

法院、检察院、监狱、少教所等司法机关的安全检查服务岗位,一般设在法庭、接待室、会客室、探视室的入口处,对参加开庭旁听的公众、外来涉案人员,以及接待的在押服刑、少教对象亲属进行安全检查。如果安全检查服务的岗位设在大门口,往往由门卫保安员分工负责实施安全检查。

3. 大型活动场所

大型活动是指特定时间、空间所进行的有众多人员参加的具有一定影响的有益的社会活动。从大型活动的内容来看,一般分为三类,即群众性文化体育活动、大型商贸活动和大型会议。为了保卫大型活动的安全,防止敌对势力、刑事犯罪分子的破坏活动,大型活动的安全检查服务岗位一般设在这些活动场所的入口处,对参加活动的人员、物品、车辆进行安全检查。

4. 其他有关单位

其他有关单位是指公共交通场所、大型活动场所和司法机关之外的设有安全检查服务岗位的单位。如有些陈列着国家级保护文物、珍贵字画、珠宝等非常贵重物品的博物馆,在参观者入馆口设立安全检查服务岗位,由执勤的保安员对外来人员进行安全检查,防止参观者将危害博物馆安全的物品带入馆内。

(四)保安安全检查方法的类别

保安安全检查的具体方法,我们将在后面分门别类地进行阐述,这里只就保安安全检查方法的类别作一简要说明。

1. 徒手检查

徒手检查是指执勤保安员通过眼睛观察、手的触摸以及嗅觉鼻闻等方法,查看安检对象从身上取出来的各种物品,以判别有无禁带品。同时,保安员应仔细察看对方的衣服、裤子、鞋子、帽子、眼镜,督促其将置于其中的物品全部取出来进行安检。必要时,保安员可以令同性别的被检查人自行提起或者解开衣裤供察看,以防漏检物品。

2. 手持仪器检查

手持仪器检查指的是保安员拿着手检仪或者炸药探测器等专用的仪器进行安全检查。手捡仪即便携式安全检查仪器,简称手检仪。保安员用它在安全检查对象的体外进行贴身检测,一旦对方身上藏有禁带物品,仪器便会发出鸣叫报警声。炸药探测器是保安员用其检查特定目标(区域、车辆、物品等)是否隐匿易燃易爆化学危险物品的专用器材,若有发现不但会发出警告,还能指示危险品所在部位。

3. 专用设备自测检查

专用设备自测检查亦即安检自动检查,是指借助于安全检查专用设备(如安检门、安检机等)的特殊功能,自行探测人体、物体中有无禁带品。如有携带、夹带、隐藏的禁带品,专用设备就会立即显示。据此,现场保安员作出相应处置。

(五)保安安全检查的专用设备

保安安全检查的专用设备,是指具有探测武器、炸药、易燃易爆化学物品、放射性物品、特种刀具和毒品等危险物品、违禁物品特殊功能,专门用于机场、车站、码头、司法机关和大型活动场所,检测特定人员、物品、车辆是否符合安全管理规定的仪器、仪表、设备的统称。

1. 人体安检专用设备

人体安检专用设备是指专门用于检测人体是否藏有禁带物品的仪器设备。运用人体安检专用设备对接受检查的人体扫描检查,能够发现随身携带的微量毒品、放射物、炸药和易燃易爆物品、微型武器和爆炸装置以及特种刀具等禁带物品。

我国现在常用的人体安检专业设备有:金属探测设备、质谱仪、毫米波、X射线人体检查设备等。

2. 物体安检专用设备

物体安检专用设备是指专门用于检测货物、车辆、集装箱中是否藏有禁带、禁运物品的仪器、仪表、设备。运用物体安检专用设备检测接受检查的物体,能够发现被查物体中藏有的炸药、武器、毒品、放射物、爆炸装置、易燃易爆物品、特种刀具等禁带、禁运物品。

目前,我国常用的物体安检专用设备有:X射线散射设备、四极矩谐振分析(QRA)设备、四极矩谐振分析和X射线技术组合设备、X射线CT设备等。其中,X射线CT设备是唯一通过美国TSA(FAA)认证测试的炸药自动探测设备,其探测率高达98%,被广泛用于对可疑物体进行深度检测,以作出准确判识。

另外,按照保安安全检查专用设备使用技术的不同,则可分为X射线检查设备、中子探测设备、四极矩谐振分析设备、质谱分析设备、毫米探测设备、金属探测设备等六大类。

（六）保安安全检查记录、报告规范

1. 保安安全检查记录的填写规范

保安安全检查记录是一项重要的日常安检工作内容，应当按照规范的要求认真填写。一是要书写规范、工整。二是要及时、准确、完整地记录安检工作要素、突发事件的发生与处置情况、设备运行故障及排除情况、交接班的情况等。三是要交班人、接班人在记录本上的规定位置签名。

2. 保安安全检查情况报告的规范

安全检查情况报告分为正常的情况报告和异常的情况报告两种。正常的情况报告即平时定期的安检工作情况汇报，它应以领导规定的时间和内容等要求为规范。异常的情况报告即安检中遇到的非常规现象、突发事件的"警情"报告，它应按照本教材中"警情报告规范"一节的内容执行。

第二节 保安人员安全检查

人员安全检查是指安检保安员徒手或者运用手检仪（金属探测仪）、安检门、X光机等安检专业设备，对进入保护区域的人身及其携带的物品是否符合安全管理规定而进行检查的一种保安服务活动。人员安全检查不仅对进入保护区域的所有人要通过安检门和手检仪进行人体安全检查，而且要用X光机检查其随身携带的物品。必要时，开包（箱）检查可疑物品。人员安全检查的原则是逢包必检、逢液必查、逢疑必问。

一、人员安全检查的程序和工作要求

总体而言，人员安全检查的程序包括岗前交接班、安检专用设备检查和岗中定位以及履行职责。这些工作的总体要求都必须符合规范，具体要求如下：

（一）岗前交接班

队员上岗前与上一班队员办理交接手续时，应当认真查看执勤记录本记录的情况是否符合规范要求，不详细不规范的要补充完善；并且，要了解上班次有无未处理完毕需要移交的事项，如有需要接班保安员继续完成的事项，必须交待清楚并记载在记录本上。

（二）安检专用设备检查

（1）检查金属探测仪的电源是否充足，外壳是否有破损，安检灵敏度是否达到工作要求。

（2）检查安检门外壳面板是否有损坏，电源插头及电缆是否完好，安检指示灯

是否正常工作,安检灵敏度是否达到正常工作要求。

(3) 检查 X 光机的外壳面板、显示器、键盘及电缆是否完好。如有损坏,严禁开机,并拔出电源插头断电。

(4) 检查 X 光机通道入口及出口处的铅防护帘。如有缺损应报修,不可使用。

(5) 检查 X 光机的传送带是否有磨损或赃物。如有赃物应消除,如有磨损应报修,免得损坏 X 光机。

(6) 检查完毕后打开 X 光机,输入注册识别码进行上机操作。

(三) 岗中定位

岗中定位是指接班上岗的安检人员,在完成岗前交接班和专用设备检查事项后的站位及职责分工。

人员安检一般以小组为单位上岗服务。每个安检小组配备通道式 X 光机 1 台、安检门 2 个、保安员 10 名。其中前引导员、前传员、执机员、后传员、后引导员、指挥员各 1 名,手检员 4 名。指挥员通常由人民警察担任。他们的具体站位和岗位职责分别如下:

1. 前引导员

位于安检门前;负责维持秩序,提示被检人员把身上的金属物品取出来,放在安检门旁边的小筐内,然后通过安检门接受安全检查,并观察被检人的神态、动作;发现可疑人员时,迅速示意手检员实施重点检查;在大型活动中,控制人员流量,减少手检员检查压力,并将带包和不带包的被检人分流。

2. 前传员

位于 X 光机前,负责提示、协助被检人将随身携带的物品按顺序摆放在传送带的中间,避免放置重叠和超宽;观察被检人的神态、动作;发现可疑包裹,示意执机员重点检查;与前引导员配合控制人员流量。

3. 手检员

位于安检门后,负责对被检人进行人身安检;随时观察被检人的神态动作,保持高度警惕,注意个人安全。

4. 执机员

位于 X 光机显示器前,负责 X 光机的图像识别;发现可疑物时,示意后传员实施开包检查。

5. 后传员

位于 X 光机后,负责观察现场人和包裹的可疑情况;协助执机员进行图像识别;对执机员提示的重点物品进行开包检查;要求动作迅速,查找准确;提示被检人将自己的物品拿好。

6. 后引导员

位于 X 光机后 1 米处,负责疏导人流,提示已通过安全检查的人员迅速离开;

观察各个岗位工作情况,特别是要及时发现和纠正手检员、后传员漏检问题;协助指挥员掌握现场情况。

7. 指挥员

指挥员一般由警察担任。无警察时,保安负责人履行指挥员职责。指挥员选择有利位置,在直观范围内与被检人保持2米左右距离,全面掌握现场情况;发现异常,立即警示安检人员,并迅速采取果断措施;必要时,可依法使用警械武器。

(四)履行职责

履行职责是指安检人员在各就各位和明确自己职责之后,依照人员安全检查的规范要求开展工作。

1. 一般的人员安全检查程序

(1)被检人将随身携带的包裹放到X光机的传送带上接受检查。

(2)被检人将身上的小件金属物品(如钥匙、硬币等)取出,放入安检门旁的小桌上的小篮筐内;然后,依次通过安检门。随身携带的水瓶等容器,交开包员使用危险液体检查仪进行检查。

(3)放入篮中的物品,应通过X光机进行检查。如不便进行X光机检查的物品,要注意采用摸、掂、试等方法检查是否藏匿违禁物品。

(4)安检门无报警发生、被检人身上的物品无异常时,被检人就前往X光机出口滑板端等待自己的过机包裹。

(5)如X光机过机包裹正常,被检人可取出被检包裹进入管制区域。

(6)若安检门报警,被检人应接受手检仪检查;若X光机显示异常,应开包检查被检人携带的物品。

2. 重点对象的安全检查

重点对象是指安检过程中发现的可疑人员。这些可疑人员不仅是指安检时安检门发出报警和X光机显示图像异常的对象,还包括:精神恐慌、言行错乱或假装镇静的人;冒充熟人,假献殷勤,主动接受检查过于热情的人;表现异常,催促检查,故意蛮横或不愿接受检查的人;窥测现场,有探听安检情况行为的人;着装与身份明显不合适的人;衣着与季节不符的人;已经掌握信息和群众检举的违法犯罪嫌疑人;等等。

对于上述重点对象,安检人员应当倍加警惕,严格检查。在对他们人体安检时,要采取仪器和手工相结合的方法,从左到右、从上到下、从前到后,一一进行仔细检查,通过仪器报警、手的触摸和眼睛的观察来判断,排除疑点的放行,发现问题的按规定处置。

3. 人员安检中的注意事项

(1)规范安检礼仪,特别是安检礼貌用语。

(2)规范安检动作,举止大方得体,手检力度把握到位。

（3）安检小组成员之间要注意相互配合。

（4）所有安检人员要做好与安检带班人员的联系和沟通，注意请示汇报，遵守各项纪律。

（5）加强观察，努力发现现场可疑人员并及时上报。

二、人员安全检查中的人像比对辨识

人像比对辨识是通过仔细察看识别对象的面貌特征，从中分辨其是否为公安机关缉捕在逃的犯罪嫌疑人的一种人员安全检查的方法。人像比对辨识是保安员必须掌握的一项职业技能，学会人像比对辨识法，也是保安员履行职责协助公安机关维护社会治安的基本要求。要能够正确地运用人像比对辨识的技能，不仅有赖于保安员认真学习人像比对辨识的相关知识，切实掌握人像比对辨识的方法，而且，保安员必须在上岗前就记住公安机关正在设法抓捕对象的面貌特征等信息。这种信息往往由公安机关发布在一些相关的报纸、网络、电视等媒体上，或者打印张贴在有关区域的建筑物上，需要保安员及时去关注。如果内部开会或者发文通报在逃犯罪嫌疑人的信息，保安员则更需要熟记于心，不让这些缉捕对象从自己眼前滑过去，及时将其截获归案。

人像比对辨识的一般方法是，保安员仔细观察受检人员的面貌特征，将其与自己头脑中储存的公安机关缉捕在逃或者布控对象的面貌特征进行对应性比较，迅速作出受检人员有无可疑的判断，并据此采取相应措施。对于初步确定为可疑的人员，必须巧妙地将其留住，报告警方处置；现场有人民警察的，应将可疑对象交其审查。

人员安全检查中的人像比对辨识的具体方法，大致有以下几种：

1. 脸型识别法

脸型就是人脸的形状。人的脸型不尽相同，有圆脸、方脸、瓜子脸、矩形脸、高颧骨脸、高额头脸等之分，脸型与缉捕的在逃人员相似相同者为可疑对象。

2. 五官识别法

五官即人的嘴巴、牙齿、眼睛、鼻子、耳朵等头部的器官。嘴巴有大小，嘴唇有厚薄，嘴巴有红、微红、紫红等；鼻子有长有短，鼻孔有大有小，鼻头有尖有平，鼻毛有长有短，鼻梁有挺有塌等；眼睛有大小之别，眼球有黑褐之别，眼皮有单双之别，眼毛有长短之别，眉毛有浓淡之别等；耳朵有大耳朵、小耳朵、长耳朵、短耳朵、招风耳、顺风耳、肥耳型、瘦耳型、戴耳坠、不戴耳坠等；牙齿则有露唇牙、门虎牙、白洁牙、褐色牙、缺门牙、齿轮牙、齐刷牙、大牙、米牙等。如果受检人员与在逃作案对象某些五官的形状特别相似，那么，这个受检人员可能就是司法机关缉捕的在逃犯罪嫌疑人。

3. 特殊印记识别法

特殊印记指的是脸上的个性特征，如黑痣、伤疤、伤痕、耳朵内长毛、耳朵不完整、独眼睛、豁嘴巴、半嘴唇、大眼袋、厚眼泡等。这些印记仅存在极少数人的脸上。如果保安员在人员安全检查中发现受检人员与公安机关缉捕的在逃作案对象的特殊印记十分相似甚至一致，该受检人员就十分可疑。

4. 辅助识别法

辅助识别法指的是在运用脸型、五官和特殊印记等方法进行人像辨识中，结合观察受检人员头部、衣着、举止行为，以帮助判断是非的识别方法。

头部包括头型、发型及头部的其他特征。人的头型不仅有小头小脑、大头大脑、圆头圆脑之分，还有上头大下头小、上头小下头大、头有伤痕伤疤等区别。发型又有光头（包括秃头）、板刷头、中式头、阴阳头等类别。衣着的差异除了颜色、款式、花纹外，还有新旧程度、有无破坏及血迹、赃物污染等情形。举止行为的内容更丰富多样。以与众不同的走路样子为例，就有弯腰驼背、挺胸凸肚、两腿圈着、两脚八字型、两手外甩、跛着腿、一蹦一跳走路等。

毫无疑问，如果受检人员与公安机关缉捕在逃的犯罪嫌疑人相比对，两者不仅脸型、五官或者头面部的特殊印记有着某些相似之处，而且头（发）型、衣着或者走路的样子也相一致，那么，就必须留下这样的受检人员，交给警方审查。

三、人员安全检查中异常情况的处置

人员安检中的异常情况，包括安检门报警、X光机图像异常和随身携带的液体为违禁品等三种特殊情况。对此，现场安检人员应当采取正确的方法予以处置。

1. 安检门报警的处置

安检门报警后，手检员应提示被检人到达手检区域接受人工检查。检查方法是，被检人面向手检员，双腿打开，双手微举，手检员借助手持金属探测器由前向后循序进行仔细检查。即先检查前衣领→右臂→右大臂外侧→右手→右大臂内侧→腋下→右上身外侧→右前胸→腰部、腹部→左肩→左大臂外侧→左手→左大臂内侧→腋下→左上身外侧→左前胸→腰部、腹部。后检查右膝部内侧→裆部→左膝部内侧。再让被检人转身检查，从头部→后衣领→背部→后腰部→臀部→左大腿外侧→左小腿外侧→左脚→左小腿内侧→右小腿内侧→右脚→右小腿外侧→右大腿外侧。

2. X光机图像异常的处置

X光机操作员发现图像异常，应及时提示开包员或按动X光机的"Search"按钮；开包员提示被检人打开包裹接受开包检查。

3. 危险液体检查仪显示违禁品的处置

手检员发现危险液体检查仪显示违禁品的时候，应提示被检人直接将容器寄存到存包处；若被检人自述是饮料、茶水等食物，则请其开瓶喝一口后，再对容器内的液体采用望、闻、晃等方式检查确认。

第三节 保安物品安全检查

物品安全检查是对被检人随身携带的体积过大不能作 X 光机检查的物品和通过 X 光机检查后不能确定其是安全的物品,以及安检人员认为可疑、有必要作手工检查的物品所进行的安全检查活动。物品安全检查之目的是及时发现、正确处置被检人随身携带的违禁品、危险品、限带品(简称"三品"),以维护被检人乘坐的交通工具和参加的活动场所的正常秩序,保障安全。

一、"三品"的概念和类型

(一)违禁品

一般是指国家规定限制生产、购买、运输和持有的枪支弹药、刀具、爆炸物品、剧毒化学品、窃听窃照专用器材、迷药、毒品等。国家有关出入境、航空、铁路运输的法律法规对违禁品的种类分别作出了具体的规定。

1. 入境违禁品

入境违禁品是指禁止从境外进入我国大陆地区的物品。可以分为七类:

(1)新鲜、脱水或灌装的肉类、肉制品。

(2)植物种子、蔬菜、水果及土壤。

(3)昆虫及其他对植物有害的虫类。

(4)有害生物制剂、传染病病原体等危险物质。

(5)非灌装或腌熏的鱼类及鱼子。

(6)野生动物及标本。

(7)毒品及危险药品。

(8)盗印(无版权)书籍及录音、录影带。

(9)彩券。

(10)军火弹药。

2. 铁路违禁品

铁路违禁品是指禁止乘坐火车的旅客随身携带或者托运的威胁铁路运行安全的物品。

禁止乘坐火车的旅客随身携带或者托运的物品有:

(1)枪支、军用或警用械具类(含主要零部件)。

公务用枪:手枪、步枪、机枪、防暴枪等。

民用枪:气枪、猎枪、运动枪、麻醉注射枪等。

其他枪支:样品枪、道具枪、发令枪、打火机枪、仿真枪等。

军械、警械：警棍等。
国家禁止的枪支、械具：钢珠枪、催泪枪、电击枪、电击器、防卫器等。
上述物品的仿制品。

（2）爆炸物品类。
弹药：各类炮弹和子弹等。
爆破器材：炸药、雷管、导火索、手雷、导爆索等。
烟火制品：礼花弹、烟花、爆炸等。
上述物品的仿制品。

（3）管制刀具。
匕首、三棱刀（包括机械加工用的三棱刀）、带有自锁装置的弹簧刀以及其他类似的单刃、双刃、三棱刀、长度超过8厘米的刀具等。

（4）易燃易爆物品。
以燃烧、爆炸为主要特征的氢气、一氧化碳、甲烷、乙烷、丁烷、天然气、乙烯、丙烯、乙炔（溶于介质的）、液化石油气、氧气、水煤气等易燃、助燃、可燃毒性压缩气体和液化气体；
汽油、煤油、柴油（闪光≤60℃的）、苯、酒精、丙酮、乙醚、油漆、稀料（香蕉水、硝基漆稀释剂）、松香油及含易燃溶剂的制品等易燃液体；
红磷、闪光粉、固体酒精、赛璐珞等易燃固体；
黄磷（白磷）、硝化纤维片、油纸及其制品等易自燃物品；
金属钾、钠、锂、碳化钙（电石）、镁铝粉等遇湿易燃物品；
过氧化钠、过氧化钾、过氧化铅、过醋酸、双氧水等氧化剂和有机氧化物，以及2公斤以上的白酒。

（5）毒害品。
氰化物、汞（水银）、剧毒农药等剧毒化学品；
硒粉、苯酚、生漆等具有可燃、助燃特性的毒害品；
海洛因、可卡因、大麻、冰毒等各类毒品。

（6）腐蚀性物品。
盐酸、氢氧化钠、氢氧化钾、硫酸、蓄电池（含氢氧化钾固体或注有碱液的）等具有可燃、助燃特性的腐蚀品。

（7）放射性物品。放射性物品指的是放射性同位素等。
（8）有害生物制剂、传染病病原体等危险物质。
（9）国家法律、法规规定的其他禁止乘客携带的物品。

需要说明的是，有些禁止旅客随身携带物品，可作为行李托运，这些物品包括：①生活用刀；②专业刀具；③酒类；④表演用具；⑤其他各种可能用来危害安全的锐器、钝器等。

另外,有些特殊行李(如小动物、危险品等)的运输,应与铁路部门联系。旅客可以随身携带的饮料为两瓶(总计不超过 1 000 毫升)。

3. 航空违禁品

航空违禁品是指禁止乘坐飞机的旅客随身携带和托运的威胁航空飞行安全的物品。威胁航空飞行安全的物品指的是在航空运输中,可能明显地危害人身健康、安全或对财产造成损害的物品或物质。主要有以下几类:

(1) 枪支和警械:各种类型的军用、民用枪支、运动枪、猎枪、信号枪、麻醉注射枪、样品枪和逼真的玩具枪等。

(2) 弹药和爆炸物品:炸弹、手榴弹、子弹、照明弹、教练弹、烟幕弹、炸药、引信、雷管、导火索、导雷索及其他爆炸物品和纵火器材。

(3) 管制刀具、匕首、三棱刀(包括机械加工用的三棱刀、带有自锁装置的弹簧刀以及其他属于管制刀具类的单刃、双刃、三棱刀)。

(4) 管制刀具以外的利器或钝器:菜刀,大剪刀,大水果刀,大餐刀,工艺品刀、剑,文艺体育单位表演用刀、矛、钗、戟,少数民族生活用佩刀、佩剑,斧子,短棍,加重或有尖钉的手杖,铁头登山杖,以及其他被认为可能危害航空安全的各种器械。

(5) 易燃易爆物品:酒精,煤油,汽油,硝酸甘油,硝铵,松香油,橡胶水,油漆,白酒(限1公斤),丁烷液化气罐及其他瓶装压缩气体和液化气体,硫化磷,闪光粉,黄磷,硝化纤维胶片,金属钠,金属钾,烟花,鞭炮等。

(6) 毒害品:氰化钾、砷、有毒农药、氯气、有毒化学试剂、灭鼠药剂等各种有机、无机毒品。

(7) 氧化剂、烟雾剂、发光剂、过氧化钠、过氧化钾、硝酸铵、过氧化铅、过氧醋酸等各种无机、有机氧化剂和过氧化物。

(8) 腐蚀物品:硫酸、硝酸、盐酸、氢氧化钾、氢氧化钠、有液蓄电池等具有腐蚀作用的物品。

(9) 放射性物品:放射性同位素等放射性物品。

(10) 易传播病毒的物品:传染性细菌、病毒和带有活病原体的物质等。

(11) 未加消磁防护包装的磁铁、磁钢等含强磁的制品。

(12) 其他危害民用飞机飞行安全的危险物品,包括有特殊刺激性气味的物品和强磁性物品。

(二) 危险品

危险品是指具有腐蚀性、自燃性、易燃性、毒害性、爆炸性等性质,在运输、装卸和储存保管过程中容易造成人身伤亡和财产损毁而需要特别防护的物品。

1. 爆炸物品

爆炸物品包括雷管、导火索、导爆管、非电导爆系统等各种起爆器材,雷汞、雷银等起爆药,硝基化合物类炸药,硝基胺类炸药,硝酸类炸药,高能混合炸药,爆破剂等各类炸药,以及烟火剂、民用信号弹、烟花爆竹等。

2. **毒害性物品**

毒害性物品包括氰化物、磷化物、砷化物等,如氰化钾、氰化溴、磷化钾、砷化氢;亚砷酸盐、砷酸盐、亚硒酸盐、硒化物等,如亚砷酸钙、砷酸铵、硒酸铜等;有机剧毒物品,如氯苯乙酮、苯肼化二氯、甲醛氟磷异丙酯(沙林)、阿托品、吗啡、海洛因及其盐类化合物、部分农药。

3. **放射性物质**

放射性物质是指通过原子核裂变能够放出射线,发生放射线衰变的物质,包括镭、铀、钴等。

4. **腐蚀性物质**

腐蚀性物质是指能够灼伤皮肤引起表层红肿、腐烂,误食则会迅速破坏肠胃等组织器官,严重的可在短时间内导致死亡;同时又会对其他物品造成腐蚀损坏,导致治安事故或生产事故发生的物质。常见的腐蚀性物质有硫酸、盐酸、硝酸等。

5. **传染病病原体**

传染病病原体是指能够引起传染病发生的细菌、病毒等病原体物质。引起传染病的病原体包括病毒、细菌、真菌、衣原体、立克次氏体、支原体、螺旋体以及寄生虫和蠕虫。常见的传染病病原体有乙肝病毒、炭疽菌病毒、结核杆菌等。

（三）限带品

限带品是指虽然不违反法律,但违反国家有关规定或可能影响场馆安全和秩序,其使用在场馆中受到限制的物品。不同场馆不同活动内容的限带品标准有所不同,但是,总体的限带品可以分为以下 12 类:

（1）易碎品与各类容器,例如玻璃瓶/杯、保温瓶、冰盒、奶瓶等;

（2）自带的各类软硬包装材料,特别是含酒精饮料,以及大量的易投掷食品,或明显存在安全风险的食品(如大量水果或鸡蛋等);

（3）任何横幅和标语,包括但不限于商业、宗教、政治等内容的宣传品;

（4）除婴儿车与轮椅之外的任何代步工具,包括但不限于电动自行车、小型摩托车、自行车、踏板车等;

（5）动物(导盲犬等服务类动物除外);

（6）乐器,包括演奏乐器、口哨、喇叭、鼓等;

（7）球棒、长棍、尖锐物等易造成人身伤害的物品;

（8）球、球拍、飞碟及类似物品;

（9）体积较大,不适宜带入坐席区的箱包、手提袋等;

（10）展开面积超过 2 米 × 1 米的旗帜,长度超过 1 米的旗帜;

（11）任何未经授权的专业摄影设备及摄像器材的支架;

（12）其他可能影响安全的物品。

二、物品安检的方法

安检人员对于不同的物品,应当采取不同的方法进行安全检查。

(1)对容器中液体的检查,主要是通过看、摇、闻的方法进行安检,即对容器封口的液体,采用视看其颜色、浓度和摇晃产生的泡沫等方法辨别;对开口容器盛装的液体,采用鼻闻的方法辨别。

(2)对钱包、钥匙包、化妆包、香烟、打火机、手表、钢笔等随身物品的检查,主要采用掂重量、打开查看有无伪装等方法辨别。

(3)对雨伞、手杖的检查,主要采用捏、摸、掂、打开看等方法辨别。手杖要注意有无能旋拧组装的部分,以防手杖内藏着"三品"。

(4)对手机、对讲机等通讯器材的检查,主要采用掂重量和令机主开机,看灯是否亮、密码显示是否正常、有无忙音。

(5)对摄、录、照相器材的检查,主要是看摄录一体机的话筒前端和照相机、录音机、收音机的前表面是否有用做射击孔的圆孔。对于可疑的情况,令物主用过片、过带法检查机器是否运转正常。

(6)手工开箱包的检查,应当从外到内、从上到下地逐一检查每件物品。

(7)对疑似炸药物品的检查,应当使用炸药探测仪检查。其使用方法见本书第十三章第五节场所安全检查中的相关内容。

三、手工开包箱检查

1. 手工开包箱检查的适用范围

(1)体积过大不能进行 X 光机检查的包箱;

(2)通过 X 光机检查后不能确定安全的包箱;

(3)用 X 光机检查时,图像模糊不清无法判断物品性质的包箱;

(4)用 X 光机检查时,发现似有电池、导线、钟表、粉末状、液体状、枪弹状物及其他可疑物品的包箱;

(5)X 光机图像中显示有容器、仪表、瓷器等物品的包箱;

(6)装有照相机、收音机、录音录像机及电子计算机等电器的包箱;

(7)携带者特别小心或时刻不离身的物品;

(8)携带与其职业、事业和季节不相适应物品;

(9)携带人声明不能用 X 光机检查的物品;

(10)现场表现异常的旅客或群众揭发的嫌疑分子所携带的物品。

2. 手工开包箱检查的程序

(1)整体观察,掂重量;

(2)检查箱包的六个面,注意副兜和拉杆;

（3）看拉锁有无连线，慢慢拉开，检查夹层；

（4）打开箱包盖时，用手轻压衣物，看是否有连线；

（5）将箱包内的物品分层取出，取上层物品时要用手轻压住下层物品，注意上下层之间有无可疑连线，取出的物品要分清顺序和方向，左放左、右放右。

（6）检查箱子内侧和底部；

（7）检查完毕后，要按照原来的码放一一复原。

3. 手工开包箱检查的注意事项

（1）检查箱包时，必须有被检人在场；

（2）贵重物品轻拿轻放，以免损坏；

（3）对需要试机检查的物品（如相机等），要求被检人亲自操作；

（4）注意检查箱包内的非日常用品；

（5）对查出的违禁物品要妥善处置；

（6）检查完毕后，将物品复原。

四、违禁物品的成像规律

安检人员掌握违禁物品的成像规律，是通过 X 光机（安检机）准确地识别违禁物品的基本保证。而违禁物品的成像规律，又取决于 X 光机的性能，由安检机的成像规律所决定。

（一）X 光机与 X 射线

1. X 光机

（1）X 光机的性能。它是由穿透率、分辨率、刷新率和是否具有自动探测功能这四个指数决定的。X 光机的不同型号是由其通道的尺寸（宽×高）来确定的。

（2）X 光机的成像规律。角度决定形状；距离决定大小；亮度显示密度；颜色表示成分。

（3）X 光机的判图方法。X 光机有 8 种判图方法，即颜色判图法、层次判图法、比例判图法、还原判图法、特征判图法、密度判图法、结构判图法、综合判图法。

2. X 射线

（1）X 射线的性质。由于 X 射线的波长很短，光子的能量很大，因此，它具有电磁波共性、穿透作用、荧光作用、电离效应等四个特性。

（2）X 射线的成像原理。X 射线之所以能使物体在荧屏上或胶片上形成图像，一方面是基于 X 射线的穿透性、荧光效应，另一方面是基于物体之间有密度和厚度的差别。当 X 射线透过物体之间不同组织结构时，因为被吸收的程度不同，所以到达荧光屏上的 X 射线量有差别，即形成明暗与黑白对比不同的影像。

（3）X 射线的成像特点。X 射线图像是 X 射线束穿透某一部位的不同密度和厚度组织结构后的投影总和，是该穿透路径上各个结构影像相互叠加在一起的影像。

X射线束是X线管向物体作窄扇形投射的。因此,X线影像有一定的放大和使被照体原来的图像失真并产生伴影的特点,伴影使X线影像清晰度降低。

物质的密度高,比重大,吸收的X线量很多,影像就暗;反之就亮。同一密度的物质,厚度大的颜色稍暗,反之则亮一些。

(4) X射线机图像颜色含义。以SMEX系列X射线机为例,不同颜色代表的含义分别为:

红色——非常厚,X射线穿不透的物体。

橙色——有机物(如炸药、毒品、塑料等)、危险物品(原子序数10以内的物质)。

绿色——混合物,即有机物与无机物的重叠部分。

蓝色——无机物,重金属(原子序数大于10的物质)。

(二) 违禁物品的成像规律

1. **雷管的X射线图像识别方法**

火雷管:正放时,铁、铜壳火雷管伪彩色图像为青蓝色细长形,铝、纸壳火雷管为淡橘黄色的细长条形,管体1/3处呈深色阴影。

电雷管:伪彩色图像与火雷管相似,但管头部分有脚线与引火药头(呈黑点状)相连。

铝、纸壳雷管:图像中纸壳雷管外壳模糊,铝壳雷管外壳边缘清晰平整,铝、纸壳雷管在有障碍物的情况下识别较困难,须仔细辨别才能发现。

2. **枪支的X射线图像特征**

由于枪支一般使用高分子金属制成,密度很大,因而,在X射线机中显示的图像灰度很大,其伪彩色图像一般呈暗红色。正放时,枪的外观轮廓明显,较易识别;侧放时,可通过分辨枪的结构和外观特征(如握柄、枪管、护环准星和托弹簧等)来辨别。

3. **子弹的X射线图像特征**

制式小口径子弹,由子弹头、弹壳、底火和发射药组成。外观如日常所见,伪彩色图像中的弹头一般呈暗红色,弹壳一般呈草蓝色。在图像中找子弹时,可按下图像增强建,寻找图像最黑点,再综合其外观特点,便可判别。若子弹平放时,呈一个暗红色圆点。

4. **电击器的X射线图像特征**

电击器的电源(电池)、升压装置(变压线圈或电容)、电击点(有的是两个或三个触头,有的是金属圆环)在伪彩色图像中均呈暗红色,要注意把握其基本特征,与一些小件电器(如收录音机、电动剃须刀等)区分开来。

5. **手铐的X射线图像特征**

手铐与拇指铐的主要结构有扣环和锁头,正放时极易辨认。平放时,大手铐的锁头在X射线机伪彩色图像上一般呈暗红色长方形,扣环呈线状。但由于中空,故颜色较淡,一般能看到中间空隙。拇指铐平放时,在X射线机伪彩色图像上呈较粗的直线状,像铁柄水果刀。但由于两边是指环,故直线两边比中间细。

6. 匕首的X射线成像特征

匕首正放时,一般可分辨出匕首的形状,能够比较明显地看到刀刃和刀柄。刀身一般呈蓝色,刀锋颜色稍淡,刀柄为暗红色。平放时,整体为一深红色直线,较难分辨,但一样可看到较粗的刀柄两端。

7. 弹簧刀的X射线图像特征

弹簧刀正放时,图像类似匕首的刀柄部分;按加强键,在黑白图像中可见从头部至尾部有两条浅灰色细线。平放时,类似平放的大型锁刀,但比锁刀多了一个开关。

8. 催泪瓦斯的X射线图像特征

催泪器外观一般为小型的耐压瓶罐,由于内装物不同,在X射线机伪彩色图像上分别显示为黄色或绿色;瓶口中心有金属喷头。

第四节 保安车辆安全检查

车辆安全检查是指保安员依法采用车辆安全检查设备,对进入特定区域的车辆及其载物是否符合安全规定而进行检查的保安服务活动。车辆安全检查一般以车辆安检小组为单位开展工作,每组至少配备5名安检人员,分别使用强光电筒、手持金属探测器、车底检测器、车顶检测器等设备进行车辆检查。车辆安检过程中,安检人员按照各自的职责和工作程序及方法开展车检活动并相互配合,共同完成车辆检查任务。

一、车辆安检工作的程序和方法

车辆安检的总体工作程序和方法是:

(1)安检人员礼貌、规范地示意司机停车熄火,确认车辆通行证。

(2)要求司机打开车门和后备箱,仔细检查车厢及车辆底部是否有易燃易爆等违禁物品。大型车辆需上车仔细检查。

(3)检查完毕无异常的,做好登记,予以放行。对司机及车上人员须进行人身安全检查。

(4)检查中发现可疑的,及时控制现场,迅速报告安检组长。必要时立即报警。

(5)安检组长立即与被检车辆单位联系,令其立即派出相关人员来现场接受处置。

二、车辆检查员的工作职责和检查程序

1. 一号检查员的工作职责和检查程序

一号检查员负责现场指挥,使用强光手电和车辆检测器(伸缩镜),对车辆前机器盖、车顶和发动机等部位进行安全检查。

(1)指示停车。在车辆距离十米左右时,以手势示意司机停车,并礼貌用语:"您好,请停下车接受安检。"待司机停好车,要求其打开前机盖、后备箱和油箱,熄火下车。

(2)观察车辆前部是否有异常、有无其他连线外露等情况。

(3)从左到右依次检查蓄电池、油路、散热器、火花塞等部位,主要是看有无异常情况和多余连线连接,以及空隙处有无异物。

(4)检查车顶部,使用伸缩镜进行平面扫视,观察有无异物。

2. 二号检查员的工作职责和检查程序

二号检查员主要负责检查车内左侧设施及物品,同时直观检查外侧车门。使用设备为手持金属探测器。

(1)从正驾驶一侧起,用直观和徒手的方式,依次检查遮阳板、储物盒、脚垫、音响、仪表盘、烟缸、挡把、手刹、扶手箱、驾驶座底部、坐垫、靠背、座椅及车门内侧等部位有无异常,确保检查全面无遗漏。

(2)后座依次检查前座背面、脚垫、后坐垫、靠背、车门内侧有无异常。

3. 三号检查员的工作职责和检查程序

三号检查员主要负责检查车底部,并进行检查登记工作。使用设备为车底检测器。

(1)检查车底盘有无异物,油箱是否正常,与排气管是否有连线,有无悬挂物。

(2)检查保险杠、轮胎及发动机是否有异物。

4. 四号检查员的工作职责和检查程序

四号检查员主要负责检查车内右侧设施及物品,同时直观检查外侧车门,使用设备为手持金属探测器。

(1)从副驾驶一侧起,用直观、徒手的方式,依次检查遮阳板、储物盒、脚垫、座椅底部、坐垫、靠背、车门内测等部位有无异常,主要是看是否藏有违禁物品。应确保检查全面无遗漏。

(2)后座依次检查前座背面、脚垫、后坐垫、靠背、车门内侧等部位有无异常。

5. 五号检查员的工作职责和检查程序

五号检查员主要负责检查汽车后备箱内物品和后排座椅背面、隔层有无异常。使用设备为强光手电。检查方法是直观、徒手。后备箱内物品较多时,可依次搬出

后再进行常规检查。

（1）打开后备箱，观察后排座椅背面有无异常。

（2）打开隔层垫（含备用轮胎），检查内部空间有无异常。

（3）依次检查车厢内物品，并逐一归位。

三、车辆底部易被藏匿物的检查方法

车辆安检的实践证明，车辆的底部往往是违法犯罪分子藏匿"三品"（违禁品、危险品、限带品）的地方。其藏匿物的手段，一般是直接将"三品"置于车底部的某些零部件上，或通过改造车底部的某些零部件以藏物。因此，车辆检查时，应该充分利用强光手电筒、车底检查镜等专用设备，仔细观察，从下列六个方位进行全面检查（即"六查六看"），及时识别车底部藏匿的"三品"。

（1）检查车底，看有无悬挂物。

（2）检查底盘，看有无异物。

（3）检查油箱规格大小，看其是否异常。

（4）检查轮轴、排气管，看是否异常。

（5）检查排气管与油箱之间，看有无连线。

（6）检查保险杠、轮胎、发动机等处，看是否有异物。

四、车辆安全检查中异常情况的处置

车辆安检中的异常情况是指车检中发现的异常人员和异常物品。对于车检中发现的异常人员，依照人员安全检查中的异常情况的处置方法处置；对于车检中发现的异常物品，依照物品安全检查中异常情况的处置方法处置。上述异常情况中涉及的违法犯罪人员、物品、车辆，应移交公安机关依法处理。

五、车辆视频探测器的使用与维护

车辆视频探测器分为车底探测器和车顶探测器两类，是主要用于检查安检人员难以直接观察到的车辆的顶部和车底是否被非法改动、是否藏匿可疑物品及人员的专用设备。视频检测仪还可用于对桌、椅、床、文件柜等底部和高处平台、管道、竖井、管道内部、暗箱内部、树丛间等人体不便到达的位置进行安全检查。通过调节镜面角度来查看上述隐蔽部位的伸缩杆，可在1～3米之间任意调节。其特有的LED强光照明，可确保在黑暗的环境中正常使用。

车辆视频探测器具有便于携带、灵活性强、操作简便、持续工作时间长等特点。

（一）车辆视频探测器的使用

1. 探测

（1）首先打开锁定装置，将卡扣拨开即可。

（2）旋松显示器锁紧螺母，将显示器搬至适合的角度，再旋紧。

（3）按下操作杆的电源开关1.5秒，显示器上的指示灯亮（红灯），就可以打开显示屏的开关，显示屏上就有画面出现，那是摄像头即时捕捉到的图像；在显示屏上可以调节画面角度。

（4）将视频探测器推至所需工作区域（如车底、深洞等），通过操作杆上的触摸开关，上下调节摄像头的角度以及移动等组合动作，完整地探视检查区域。

（5）如需探测更深区域，操作员可以蹲下，将视频探测器张开至最大角度（此时，底座与上直杆接近成一直线）。

2．充电

显示屏左下角的一个插孔是电池的充电孔，将专用充电器先插入电源，然后把较细小的圆头插入显示屏的充电口进行充电，并通过电量指示灯来确定充电时间；专用充电器上的红灯亮，表示正在充电，专用充电器上的绿灯亮，表示电已充满。

需要特别注意的是，设备连续30天不用时，也要每个月定期给电池充电。否则，电池会大大缩短使用期。

3．搬运

完成探测任务后，关闭电源开关（即按住操作杆的电源开关3秒钟，显示屏的指示灯熄灭，表示电源已经关闭），将视频探测器合拢，并把机器锁紧，放入铝盒箱里。

（二）车辆视频探测器的维护

（1）视频探测器不能在雨中工作，不可穿越积水的地面。否则，可能造成系统短路损坏。

（2）搬运过程中，轻拿轻放，以免震松零部件造成故障。

（3）每次使用完毕后，应用软布蘸水轻抹机身、镜头屏幕等处，清掉尘垢。

（4）视频检测器内部不可拆卸，否则将丧失保修权利。

第五节 保安场所安全检查

保安场所安全检查是指保安员事先对举办大型活动的场所是否符合安全要求的情况进行检查的一种保安服务活动。场所安全检查是保障大型活动安全举办的基础，是保安安全检查的勤务方式之一。

一、场所安全检查的内容和要求

场所安全检查的内容，是场所内外与安全相关的设施、设备、物品、建筑等。从事场所安全检查工作的保安员，必须对于场所内和场所附近的消防器材和技防、物防、电气等设施设备是否完好、性能是否正常以及一旦需要时能否使用并发挥其作用，以及有无易燃易爆危险物品、违章建筑等情况，进行全面、细致的检查。其主要内容如下：

1. 消防器材是否配置齐全、有效

通过安全检查，确保室外消火栓未被埋压、圈占、遮挡；室内消火栓箱不上锁，箱内设备齐全、完好，出水口朝下或朝外。防火标志、疏散指示标志、应用照明、灭火器完好、有效，且不被物品遮挡、覆盖；灭火器的摆放和设置以及指示标志都符合规定。常闭式防火门的闭门装置保持常闭状态；封闭楼梯间、防烟楼梯间的门和门上的正确启用启闭状态的标识完好无损。防火卷帘下和防火卷帘门两侧半米范围无堆放的物品。消防控制室的设备齐全、完好、有效，没有堆放的杂物。

2. 通道和出入口是否畅通

通过安全检查，确保疏散通道、安全出口、消防车通道等不被占用、堵塞、封闭。安全出口、疏散门均无门槛、门帘、屏风等；安全出口、公共疏散走道无栅栏。各楼层明显位置设置的安全疏散指示图标明疏散路线、安全出口、人员所在位置和必要的文字说明。

3. 电气设备是否符合用电标准并具备保护措施

通过安全检查，确保场所内的水、电、气设施设备完好无损，供给正常。

4. 场所内有无危及安全的易燃易爆化学危险品

通过安全检查，确保场所内及场所附近没有存放或者隐藏着易燃易爆危险物品。

5. 场所周围有无违章建筑物

按照国家有关规定，大型公共场所的周围一定距离内不得有违章筑物，以免在大型活动举办期间一旦发生不测，而影响人员逃生和灭火救援行动。

倘若保安员在场所安全检查中发现了不符合安全要求的情况，必须及时报告，督促整改到位。特别是发现易燃易爆危险物品，必须立即报告公安机关采取复查和排爆措施，消除安全隐患。场所安全检查中发现场所周围有违法违规乱搭乱建的棚、房等违章建筑物，必须迅速报告城管等有关部门，确保在大型活动举办日前拆除。

二、场所安全检查的步骤和方法

（一）场所安全检查前的准备工作

场所安全检查实施前，应根据不同场所安全检查工作的实际情况，做好下列各项准备工作：

（1）制订周全的安检方案。安检方案应当明确安检工作的组织领导、安检力量、安检任务、安检方法。

(2) 安排合适的安检保安员。

(3) 准备好安检仪器设备,并做好性能检测。

（二）场所安全检查的方法

保安员在实施场所安全检查中,应当从实际需要出发,采用徒手检查、仪器检查、自测检查等方法进行安全检查。必要时进行实验检查,以求安全检查的全面性,确保不漏检。

1. 徒手检查

徒手检查是指保安员在场所检查的过程中,通过观察、查看、询问等方法,来判别被检查的目标有无不安全的异常因素。

2. 仪器检查

场所安全检查中使用的仪器主要是炸药探测仪,其目的是检查场所内、场所附近、场所建筑及场所地下有无易燃易爆化学危险物品。

3. 自测检查

自测检查是在场所内使用的技术防范设施具有自检(测)功能的条件下进行的一种安检方法。它通过保安员在安全检查中启动技防设备自检(测)装置,自行检测该技防设备的性能状态是否良好,能及时发现其存在的故障。

4. 实验检查

对于安全检查的场所中某些设施设备,保安员可以在现场通过启闭使用方法,检查其能否在需要时正常发挥作用,如启闭防火卷帘门、触发报警装置等。

三、炸药探测器的使用方法

炸药探测器是运用分子共振、人体静电和超低频传导技术等工作原理,探测一定区域(物品)内有无爆炸物品存在及其所在部位的专用器材。其主要组成部件为一个感应器、一个震荡器(含指针的操作手柄)、一根导线等。

根据有效探测范围大小来区划,炸药探测器分为近距离炸药探测器和远距离炸药探测器两大类。目前市场上的炸药探测器的类型有好多种。不同型号的炸药探测器的探测范围不尽相同,以 MOLE GT200-E 远距离探测器为例,其探测距离为:空旷地带可达 300～500 米,穿透建筑物的有效距离 50～100 米。探测的角度是:地上空旷地带 45°以下,地上探测房屋在 35°以下;地下探测深度达 5 米。

炸药探测器的探测目标是:军火/炸药、塑料炸药、硝酸铵 AMFO、旋风炸药、TNT 炸药、硝化甘油炸药;黑火药、雷管、黑索金、奥支托金、季戊炸药(PETN)、硝铵炸药、苦味酸、乳胶炸药、橡胶炸药、水下胶体炸药、烟花爆竹等。

炸药探测仪的应用范围是:重要会议安检、边境安检、边境巡逻、机场、码头和开阔地带搜索、嫌疑地区探查等。

炸药探测器的使用方法,我们以 MOLE GT200-E 探测器为例说明。

1. **垂直把持手柄，天线定位确当**

手柄应该以垂直位置把持，小指放在手柄的下面，相邻两个手指放在两个凹痕（手枪式所握把）上，保持设备水平。

天线拉到最长并调整到与手柄成一直角。在拉伸天线时，要确定能够自由转动并和枢轴基座上的塑料手柄相接触，否则接收不到信号。最重要的是使天线竖直伸向前方。天线被置于身体的中线位置时不能接收到信号。需要注意的是，天线只是显示（磁）场的存在，而不是直接指向目标。

2. **身体站立自然，手臂位置合适**

操作的保安员应该自然站立，完全放松，不要前倾或者在操作过程中面部肌肉不自然。使用设备时越放松，接收和识别信号也就很容易。身体放松和不要让自己去预想目标可能在哪里，是搜索成功的两个关键要素。

操作时手臂的前臂应向正前方伸直，并和地面保持平行。不要让手臂朝内，不要往身体中线位置摆动。

3. **行走过程中的手、眼、肩使用得当**

保安员握着 MOLE GT200-E 系统往前走时，应集中精神保持手的稳定，试着将自己的手腕"锁住"，不让它倾斜。同时，集中注意力观察天线的端点，平衡天线，不要主观臆想目标到底在哪个方位。为了得到最好的信号接收效果，保安员的身体应当保持一个"空肩状态"，让身体置于探测目标和接收器 MOLE GT200-E 之间产生的磁场内。"空肩"就是握着 MOLE GT200-E 的身体另一侧不在磁场内。例如，你右手握着探测系统，目标位于你的左方，这样，你的身体就处于探测目标和接收器 MOLE GT200-E 之间产生的磁场内。如果探测的目标在你的右方，你就应当用左手握住探测系统。

如果不明确"空肩状态"，为避免接受不到最好的信号，可以采取在探测区域内使用左右换手往返搜索的方法，或者在行走一段距离后原路返回再搜索一次。这就能确保保安员在搜索探测时的身体能位于磁场内。需要注意的是，在行走的时候不要屏住呼吸！假如心里紧张，可在行走时不停地数数以缓解。

4. **探测到可疑目标区域时，肩膀不要转动**

探测器发现锁定可疑目标区域，就好像警犬对所闻到的物质发出警报那样。实际上，MOLE GT200-E 的识别信号对物质或目标的波长给出警报，产生的共振吸收天线进入磁场，天线就自然转向，以示锁定可疑目标区域。这时，即使风也不能吹动天线。

天线摆动发生转向时，意味着可疑的目标方位，但目标不在天线所指的位置，而是在与肩膀对齐的位置。这时若要看可疑目标区域的话，只能转动头部，身体应保持静止。如不转头看，可让同事帮助观察肩膀的方向，看锁定的可疑目标区域。这就是两个人一同操作的好处所在，一个人操作，另一个人观测结果。

5. 天线转向锁定可疑目标区域时，应尽快地进行检测

当保安员发现天线"锁定"可疑目标区域（即天线在摆动中转向），必须马上停止行走作检测，看其"锁定"的可靠性。检测方法有三种：最快的方法是故意摇晃天线，使它摆动，保持自己身体静止。另外一种方法是倒退，重新再做一次搜索。第三种方法是，从保安员现在所在的位置到怀疑为锁定位置，沿着一个圆形行走。如果保安员先前获得的是正确锁定，那么，在检测时天线都会再次转向并锁定可疑目标区域。

通常情况下，锁定状态不会持续超过30秒。因为这种锁定是由静电保持住，而静电会流入身体周围的空气里。所以，需要保安员立即在停止行走后作检测。这时，假如天线突然脱离了锁定状态，可以重重地呼吸几次，对自己的身体重新充电。如果当初是锁定状态，天线会再次回到原来的位置。

6. 初次探测到可疑目标区域后，需要进一步确认

在搜索一定区域时，保安员需采取走四边形的方法进行探测。走完四条边后如果发现了可疑目标区域，则必须设法进一步确定可疑目标区域的中心区域。其方法是：沿着四边形的直角处走斜线，走一个直角或两个直角处甚至四个直角处，以此来确定可疑中心区域。

7. 初次搜索后再次探测时，需要先释放掉已经收到的信号

保安员在搜索过程中，如果无法确定是否已经锁定可疑目标区域，或者想再次搜索以确认自己的判断，必须首先释放掉探测器之前已经接收到的信号。释放信号的的方法是，保安员站立不动，把手完全放在身体的一侧，同时将天线的端点指向地面，保持这种状态至少15秒钟，原先接收到的信号就会流出系统。然后，再次提升天线到搜索位置，并移动两三步对系统重新充电。这样，就能接收到新的信号。

8. 增加人体静电，提高测试的准确率

人体静电在操作的保安员疲倦或有压力时会降低，使探测准确率降低。为增加人体静电，可以用脚底多摩擦地面几下，或用手去摩擦头发，这样可使人体静电突然增加，使操作的保安员能够正常工作。

此外，使用炸药探测器需要注意下列事项：

当天线转向手持探测器的保安员的身体时，务必不要移动，以便让探测器自由"锁定"可疑目标区域。

保持两人操作。一人手持探测器在搜索区域行走，并专注观察天线；另一人观察探测器天线的动态，并通过查看同事肩膀所向的直线，以确定可疑目标区域。

一种炸药探测器搜索到可疑目标区域后，应再用其他的炸药探测方法（如专业搜查队和警犬等）进行复核，以准确地认定爆炸物品所在的正确区域，避免单一探测可能造成的误判。

第六节 保安安全检查专用设备的使用与维护

安全检查的专用设备，主要是指安检门、安检机（X光机）、金属探测器、视频探测仪。正确地使用和维护安全检查的专用设备，是充分、有效地发挥安检专用设备在安全检查中应有作用的基本保障。

一、安检门的使用与维护

安检门又称金属探测门，是检测进入特定区域的人员身上有无携带金属物品的探测装置。如果被检人员身上所携带的金属物品超过了安检门根据重量、数量或形状预先设定的参数值时，安检门即刻报警并显示造成报警的金属所在部位。安检门主要用在机场、车站、大型会议等公共场所。

（一）被检人员通过安检门的规定

（1）被检人员排队依次通过安检门，不能拥挤，不能故意慢行。

（2）通过安检门时，被检人员不能碰撞门体。

（3）安检门使用时，门板外侧不能有携带金属物体的人通过。

（4）前一人通过时不报警的，待其走出门外，后一人方可进入安检门；前一人通过时若报警的，需等到报警声停止，后一人才允许进入安检门。

（二）安检门的维护

（1）保持安检门的洁净。门体表面有污渍时，应用湿布擦拭。

（2）特殊情况处理。安检门体有油迹或比较难清理的污渍时，应用天那水、酒精、抹机水擦拭。

（3）每天关闭安检门2个小时以上，停止使用。因为全天不停地持续工作，会导致安检门的元器件过热，降低其探测性能。

二、安检机的使用与维护

安检机（又名安检仪、安检X光机、行李安检机）是借助于输送带将被检查行李送入X射线检查通道而完成检查的电子设备。其工作原理是，行李进入X射线检查通道，将阻挡包裹检测传感器检测信号送往系统控制部分，产生X射线触发信号，触发X射线射线源发射X射线束。一束经过准直器的扇形X射线束穿过输送带上的被检物品，X射线被被检物品吸收，最后轰击安装在通道内的双能量半导体探测器。探测器把X射线转变为信号，这些微弱的信号被放大，并送到信号处理机箱做进一步处理。安检机广泛适用于机场、火车站、汽车站、政府机关大楼、大使馆、会议中心、会展中心、酒店、商场、大型活动场馆、邮局、学校、物流行业、工业检测等场所。

（一）安检机的使用

安检人员在任何时候都必须严格遵守安检机使用的安全规则，以免受到辐射伤害。

（1）只有经过适当培训的人员，才能使用安检机。

（2）安检机只能用于检查物品，严禁用于检查人体或动物。

（3）安检机应在性能良好的情况下使用，铝门帘损坏时应停用。

（4）确保行李在检测通道内或出口端没有被堆叠，否则会影响识别的准确性。如果行李阻塞了检测通道，在清理之前首先应当关机。

（5）不要接触使用中的安检机输送带边缘和滚筒。

（6）安检机运行时，身体的任何部位都不要进入检测通道。

（7）防止各种液体流入安检机设备。一旦发生这种情况，应立即关机。

（8）超过6个月没有使用的设备，请不要直接开机，必须先由专业人员对射线发生器进行重新启动。

（9）安检机发生故障，应由技术人员维修。不得擅自拆除盖板或者防护部件。

（二）安检机的维护

安检设备应该进行定期检查，并作出相关调整。安检机的维护工作必须由经过相关培训并得到设备生产商认可的工作人员进行；安检机的硬件维护保养，必须在断电以后才能进行。

1. 日常的维护工作

（1）保养时，先对设备除尘，用毛刷或吸尘器将灰尘清除干净。

（2）发现元件或者接线头有松动的现象，要立刻进行紧固。

（3）有元器件锈蚀时，必要情况下应当进行更换。

（4）发现元器件损坏时，应查明原因，排除故障后再更换新的器件。器件更换以后，相关的参数都要进行调整，然后才能正常使用。

（5）维护时，不能让异物、液体进入设备，以防引起漏电或者引发事故。

2. 日常维护的具体内容

（1）检查设备上方的电源指示灯。设备通电时，绿色的指示灯亮。

（2）检查设备上方的X射线指示灯。射线发射时，红色的指示灯亮。

（3）检查通道上方的紧急停止按钮。按下紧急停止按钮，设备能立刻断电。按钮没有复位时，设备不能进行再次启动。

（4）检查通道上方的钥匙开关。钥匙开关接通以后按下按钮，才能起动设备。射线停止，按钮能够将射线控制器的电源断开。如果钥匙开关变得不够灵敏，要进行更换。

（5）检查触摸屏是否和屏幕图像对应。按下缩放键，图像能够缩放；按下图像处理键,显示的图像能够做相应的变换。

(6)检查入口的光障。在运转的传输带上放上不透明的物体,射线能够正常开启。设备断电后,用干的绸布将光障的镜头和通道壁上的玻璃擦拭干净。

(7)检查电动滚筒。按下相应的按键,电动滚筒能够按预定的方向运转及停止。滚筒的噪音正常,不漏油。

(8)检查探测盒和准直器上的行程开关。拆下任意一块盖板,射线都能够停止发射。

(9)检查散热口,即检查散热口是否被遮挡,并清除散热口的灰尘。

三、金属探测器的使用与维护

(一)手持式金属探测器

手持式金属探测器是常用便携式安检仪器。金属探测器是一款专为安防设计的高性能金属探测器。与传统探测器相比较,金属探测器探测区工作面设计特殊,探测面积大,扫描速度快,灵敏度极高。金属探测器分为手持式金属探测器和车辆视频探测器两类。它是采用 ABS 工程塑料一次铸成的外壳,抗击能力强、工艺精细、重量轻、便于携带,可探测查找夹杂在物品或原材料中的各种金属的确切位置,检查人身上携带的各种金属。其功能特点是:操作简单、方便;手握部分采用防滑设计,便于工作;操作无方向性——当探测到金属时,正反两面 Alert 灯均可发出红光报警;极低的电池消耗量——待机时电流为零、工作时小于 1mA;极高的精确度和灵敏度——可准确地探测到极小的金属物品(0.1 克或甚至更小);电池电压提示——系统不断地检测电源、电池故障、电压不足等情况;电压不足时,红色的 Alert 会亮,显示需要更换电池;根据金属物的大小产生不同的报警音调,在嘈杂的环境中可外接耳机。

1. 手持金属探测器的使用方法

(1)接通电源。打开电源开关(8),听到"嗒"的一声,同时绿灯亮,表示电源接通;如绿灯不亮,表示未装电池或电池接触不良;如连续发声不停或连续振动,表示电池不能再用,应换新电池。

(2)声音、振动转换开关选择。按下红色按钮开关(10),报警方式为振动。释放红色按钮开关(10),报警方式为声音。

(3)进行高灵敏度探测。打开电源后,手握手柄将探测面在被测对象周围探扫,有金属物时即发出报警声音或振动。同时,绿灯变为红灯。停止探扫,报警声音或振动即停,红灯变为绿灯。

(4)进行低灵敏度测试。为了排除掉金属物中体积很小的物体,按住低灵敏度开关(7),在被测对象周围探扫。有金属物时即发出报警声音或振动,同时绿灯变为红灯。停止探扫时,声音或振动即停,红灯变为绿灯。因为这时灵敏度降低了

5倍以上,所以这时测到的一般都是比较大的金属物。

（5）调整灵敏度。如探测距离达不到规定要求或灵敏度过高,以至引起不稳定或对人体无金属探扫也发出声音或振动时,应进行灵敏度调整。其方法是,把声音、振动转换开关(10)放在"释放"状态,用一把小的一字螺丝刀从探测器手柄上的小孔伸进去顺时针旋转,调至发声后再逆时针旋转,调至刚不发声后再逆时针旋转半圈,使灵敏度满足要求。

2. 使用手持金属探测仪检查的要领

（1）金属探测器所到之处,手检员另一只手应配合做摸、捏、按的动作。

（2）手检过程中,应注意对头部、手腕、肩胛、胸部、臀部、腋下、档部、腰部、腹部、脚部、衣领、领带、鞋、腰带等部位进行重点检查。

（3）如果手持金属探测器报警,手检员的另一只手应配合触摸报警部位,以判明报警物质性质。同时,请过检人员取出该物品进行检查。

（4）过检人员将报警物品从身上取出后,手检员应对该报警部位进行复检,确认无危险品后,方可进行下一步检查。

（5）当检查到脚部有异常时,应让过检人员坐在椅子上,请其脱鞋接受检查。方法是：用手握住其脚踝判别是否藏有物品,确定其袜中是否夹带物品,检查完毕,将过检人的鞋过X光机检查,确认无问题后放行。

3. 手持金属探测仪的维护

（1）如果仪器工作不正常,可能是电池的电力不足,换上新电池试一试。电池应按照电池盒内的正负符号放。如果长期停机,应取出电池,避免电池在盒内腐化,损坏手持仪金属探测器。

（2）探头电缆所连的插头绝对不能受潮,否则仪器就会丧失探测能力。万一插头受潮,要把插头烘干后再使用。

（3）雨天和烈日暴晒之下,不能使用手持仪工作。

（4）探头不能放在火炉旁或其他高温的环境中。

（5）充电时,关闭手持仪电源开关。充电器电压为交流9V,直流10V。

第七节 保安安全检查中的秩序维护和异常情况处置

一、安检现场的秩序维护

安检现场的秩序维护,主要是指安检现场出现大客流和安检人员与客人发生纠纷,以及现场有人扬言肇事或者发生火灾等治安灾害时,迅速采取应对措施加以处置,保持、恢复安检现场正常秩序的行为和活动。

1. 安检现场出现大客流时的处置

首先,启动限制措施,控制疏导客流。同时,向上级有关部门报告实际情况,以求支援。在岗安检人员忠于职守,努力做好现场秩序维护工作。

2. 与客人发生纠纷的处置

安检人员一旦与客人产生了纠纷,应当耐心忍让,不计较对方的态度;神色亲切自然,不说伤害客人自尊心和顶撞的话,用语标准规范,禁用方言忌语,以防误会;音量和语速适中为宜。若安检人员与被检人员发生争吵甚至打架,现场其他保安员应把纠纷双方分隔开来加以制止。

3. 有人扬言在现场内放置爆炸、化学物品的处置

(1) 及时报警,并报现场的上级管理部门;

(2) 立即留住嫌疑人,并挽留现场 2 名以上证人;

(3) 在岗安检人员迅速对自己的安全区域进行检查;

(4) 公安人员到达现场后协助开展工作。

二、安全检查中的异常情况处置原则和方法

1. 安检中异常情况的处置原则

安全检查中异常情况的处置原则是:依法、及时、正确、安全。

依法处置就是依据国家相关法律法规的规定处置安检中的异常情况,不违法,不越权。无权处置的异常情况,报告人民警察处理。及时处置就是发现安检中的异常情况后,迅速予以处置,不拖拉,不推诿。特别是处置现场发现的易燃易爆化学危险品和扬言肇事、具有现实危害性的安全隐患,必须当机立断,不得迟缓,以免造成人员伤亡和财产损毁。正确处置就是处置安检中异常情况的方法恰当,不得有误。安全处置是处置安检中异常情况的最终目的和要求,也是检验安检工作成败的唯一标准。

2. 安检中异常物品的处置方法

安全检查中的异常物品处置,主要是对违反规定携带违禁品、危险品、限带品的人员及其物品的处置。

安全检查中异常物品的处置方法是:因人而异、因物而异。换而言之,就是根据被检人和被检物的不同情况,采取相适应的恰当方法妥善处置安检中的各种异常物品。

(1) 爆炸物品的处置。安检人员要控制好爆炸物品和被检人,并立即报告带班人员。对不稳定的爆炸物品,立即实施应急处置。被检人企图实施犯罪时,安检人员应进行阻止,并注意自我保护。

(2) 枪支的处置。安检人员要立刻扣留枪支,控制好被检人,同时报告带班人员。被检人企图实施犯罪时,安检人员应进行阻止,并注意自我保护。

（3）刀具的处置。安检人员要根据不同的刀具分别进行收缴（管制刀具）、暂扣或令其自行处理（非管制刀具）。如不能妥善处置的，要报告带班领导。

（4）限带物品的处置。一般情况下，建议被检人到场外寄存或让其自行处理。

3. 安检现场发生火灾的处置

（1）立即启动火灾处置预案，做好先期处置并拨打119报警；

（2）向公安机关以及上级部门报告；

（3）疏散乘客，维护现场秩序；

（4）如果X光机起火，应先关闭（切断）电源，然后再作灭火处置。

（5）如是人为纵火，努力发现嫌疑人并立即加以控制。

第十四章

保安随身护卫服务

第一节 保安随身护卫概述

在如今社会治安状况复杂的形势下,社会名流、演艺体育明星和一部分先富起来的人(商业成功人士)及其家属子女为了自身的安全,需要雇请保安员随身护卫(护送),以防遭到不法侵害。这就要求保安员学习和掌握随身护卫的业务知识,以适应社会的安全需求。

一、保安随身护卫的含义

随身,是贴身、跟随的意思;护卫,是指借助一定的力量,依法对特定的目标实施保护和警卫的活动。随身护卫(护送)是指保安员根据合同约定对需要护卫的对象进行警戒、保护,保证其人身及财产安全的一种保安服务活动。

保安随身护卫的主体,是依法设立的保安公司及其具有职业资格的保安员。其他任何单位和个人,都不得从事保安随身护卫服务。保安随身护卫的客体,是与保安服务公司签订了保安合同的合法公民(即客户)。公安机关通缉在逃的作案人员或者犯罪嫌疑人,不具备保安随身护卫的法定条件,不在保安随身护卫的客体范围之内。也就是说,保安组织及其保安员,不得为之提供保安随身护卫(护送)服务。目前,随身护卫(护送)的主要适用人群多为社会名流、演艺体育明星、商业成功人士或其他有需要的特定对象。

二、保安随身护卫服务的特点

1. 服务主体的特殊性

保安随身护卫的对象,是身份特殊者(即客户)的人身及其携带财物的安全,其责任特别重大,这就决定了保安服务主体非同一般,具有特殊的要求,即保安随身护卫的服务主体必须是依法设立的拥有一定数量的具有相关业务知识和技能的保安员的保安服务公司。

2. 服务客体的特定性

（1）保安随身护卫服务的客体,是合法的自然人及其随身携带的合法财物。合法性是保安随身护卫人员与国外的和旧社会的"私人保镖"的根本性区别。

（2）保安随身护卫服务的对象,大多不是普通的自然人,他们往往是具有特定的社会、经济地位的自然人（如社会名流和演艺界、体育界的大牌明星以及富翁等）。特定的身份和地位,使其在复杂的社会环境中面临的危险因素增大,容易遭受不法分子侵害。

（3）保安随身护卫业务不同于其他保安服务业务,其工作内容主要是保护客户的人身安全,即使涉及财物保护,也仅仅限于其随身携带的财物。

3. 服务地点的多变性

一般的保安服务,其勤务岗位都有确定的地点或区域。保安随身护卫服务则不同,它因完全依附于护卫对象各种各样的活动而使得服务地点、方式、方法具有多变的不确定性,从而增加了保安服务的复杂性和艰巨性。

4. 服务活动的独立性

鉴于护卫对象活动范围的多变性和广泛性,随其服务的保安员常常远离保安服务组织而外出单独执行任务,一旦遇到险情,必须立即采取措施应对,容不得迟缓,更谈不上请示、报告和商量。这一切,都要求保安员独立思考、独立判断、独立行动,快速有效地作出反应,保障护卫对象的安全。

三、保安随身护卫服务与保安护送服务

保安随身护卫服务与保安护送服务有同有异。因为就每次保安护送服务的对象而言,大都是合法公民及其随身携带物品,有时是单纯的贵重物品和易燃易爆危险物品。当保安护送服务的对象为前者时,它与保安随身护卫服务是基本相同的；当保安护送服务对象为后者时,它与保安随身护卫服务就有着显著的区别。鉴于两者有着如此紧密的联系,所以,我们把保安护送服务归类在保安随身护卫服务这一章的最后一节加以阐述。

第二节 保安随身护卫服务的岗位要求

随身护卫服务的要求,是指随身护卫人员应当具备的基本素质及其应该掌握的勤务知识和技能。

首先,掌握随身护卫任务的知识和技能,了解随身护卫方案的内容和要求。随身护卫的特点决定了随身护卫的特别重要性及其工作艰巨性,对随身护卫人员提

出了较高的要求。这不仅表现在思想素质、职业道德和个人形象等方面，而且还需要护卫人员熟练掌握并能灵活运用本职工作的相关知识和技能，临危不惧、处变不惊、沉着应对，妥善处置紧急情况，特别是在紧急情况下，能够凭借擒拿格斗技术，徒手制服歹徒，保护服务对象的人身安全。

其次，了解护卫对象的工作情况和具体要求，掌握护卫对象的动态活动。保安员在随身护卫勤务中，主要是要做好护卫对象工作、活动期间的人身和财产的安全保卫。这就需要保安员了解护卫对象的有关信息，包括工作性质、时间、地点、内容、相关单位及护卫对象关于安全保卫方面的具体要求，特别是护卫对象动态活动的情况，必须事先充分掌握，及早做好有针对性的安全服务准备，做到有备无患。

最后，熟记有关部门和人员的联系方式。随身护卫勤务中往往会遇到一些复杂的异常情况，需要及时与相关单位、部门进行联系，以求支持、配合和帮助。因此，保安随身护卫人员应当事先掌握并熟记与这些单位、部门及其相关人员的联系方式。一般情况下，应该熟记匪警电话110、火警电话119、急救电话120、天气咨询电话121，以及护区区域内可供使用的电话位置和使用方法，护卫对象居住、工作的小区物业值班室及邻近单位的位置、电话号码等。

第三节 保安随身护卫的勤务规范

保安随身护卫的勤务规范是随身护卫服务应当遵守的操作规定，是提供随身护卫服务的保安组织和执行随身护卫任务的保安员的行为规则。总体而言，从随身护卫勤务的工作内容来看，随身护卫分为任务准备和任务执行两个阶段。从随身护卫服务的操作程序来看，又可分为随身护卫方案的制订和随身护卫任务的实施两个步骤。具体的随身护卫勤务规范内容则比较复杂。

一、制订随身护卫方案

随身护卫方案是随身护卫勤务活动的指南。随身护卫方案要根据保安服务公司与护卫对象（客户）签订的保安服务合同来制订，确定随身护卫人员及其工作时间、工作内容和具体要求。而以信息为先导是安全保卫工作普遍遵循的规律，及时、准确、全面地采集随身护卫安全信息，是制订随身护卫方案、保护服务对象安全的必要条件。随身护卫方案内容大体如下：

（1）保安随身护卫任务的执行负责人（指挥人员）及其职责。

（2）执行随身护卫勤务的保安力量配置、人数和各自承担的保安任务。

（3）护卫对象的活动内容、进场路线和休息地点。

（4）护卫人员在护卫对象进行各项活动时的执勤位置。

(5) 护卫对象出行工具、行车路线、车队指挥和停车场所。
(6) 随身护卫勤务的防卫器械、通信联络等保安装备。
(7) 意外情况发生时,紧急处置的人员分工和处置预案。
(8) 随身护卫服务的后勤保障等相关的其他事项。

任务繁重的随身护卫,应邀请相关专家参加制订方案。

此外,随身护卫人员要事先掌握相关部门和人员的联系方式,准备好随身护卫械具,并事先检查其性能,确保完好无损。

二、执行随身护卫任务的准备

一般情况下,执行随身护卫任务的保安员应当参与制订随身护卫方案。否则,执行任务的保安员应把熟悉随身护卫方案内容和要求,作为任务准备的重要工作之一。

保安员在执行随身护卫任务前,要严格按照制订的随身护卫方案做好护卫任务相关信息的采集和护卫过程中存在安全隐患的预判等各方面的准备工作,其重点是:

(1) 了解护卫对象的活动情况、活动意图,与有关方面加强联系。确定使用的通信、交通工具、行驶路线。准确掌握被护卫人员的动态活动时间。

(2) 护卫对象有公共场所活动安排时,保安员要事先了解活动情况,确定行车路线、停车位置,并事先了解接触护卫对象的人员范围,掌握好活动时间,及时提醒转换地点。

(3) 围绕现场安保工作,事先要与活动组织者充分沟通;到达现场后,要主动与现场警卫、工作人员联系,密切配合,预防随时可能发生的各类侵害客户人身、随身携带财物等各种意外情况。

三、随身护卫任务的实施

随身护卫任务的实施,是指保安员完成任务准备工作后,来到护卫对象身边,依照随身护卫方案履行保护护卫对象人身、财物安全职责的过程。需要特别注意的是,随身护卫实施中有交接班的,应在交接班时认真观察附近动态,切实保护随卫对象的安全。具体而言,随身护卫的实施务必做好下列各项工作:

(1) 保安人员通过随身护卫,保护客户人身、财物安全。按照方案要求为客户提供随身保护,一旦发生意外情况,保安员应及时报告有关部门,并且要挺身而出制止不法侵害行为,最大限度地保护客户利益不受侵害或减少因不法侵害造成的损失。

(2) 近距离贴身护卫,隔离防范袭击。被保护对象外出参加各类活动,现场参加人员比较多时,保安员随身护卫主要是采取近距离贴身防范措施,筑起一道安全屏障，使不法分子无法靠近被保护对象。当安全情况不明确时，在被保护对象与人群之间构成防范人墙，最大限度地隔离防范对象与周围人员，防止不法分子轻易接触被保护对象身体。

（3）敏锐观察和掌握周边情况，加强预防及防卫。保安员随身护卫被保护对象时，要保持高度警惕，随时注意观察在被保护对象周围出现的人，加强控制。如发现神态慌张、行为诡秘或携带物品可疑的人员时，要高度戒备，特别注意观察其动向，及时引导被保护对象远离可疑人员。同时，积极准备采取预防措施，防止其突然袭击。

（4）掌握护卫对象的活动情况及其和外界的沟通与联系情况，落实安全措施。保安员在随身护卫过程中，要掌握护卫对象活动规律，了解护卫对象工作、生活区域周边情况，随时注意发现火灾、交通等方面存在的安全隐患，及时与有关部门联系沟通，积极解决存在的不安全问题，落实具体的安全防范措施。

（5）切实保障护卫对象外出活动休息期间的安全。被保护对象外出活动休息时，保安员首先应当勘查休息场所的安全状况和安全通道，确定一旦火灾发生后的逃生路线，并及时在其休息区的一定范围内警戒守护，临时构建一道安全防线，防止无关人员随意进入，保障被保护对象的安全。

（6）协助做好与安全有关的生活服务和医疗保健工作。保安员在随身护卫期间，首要任务是做好安全防范工作。同时，要尽可能地为护卫对象提供力所能及的其他帮助和服务，协助解决其生活中遇到的一些困难。如果护卫对象出现身体不适，保安员应及时送其到医院进行诊治。

第四节　保安随身护卫服务的方法

保安随身护卫服务的方法，就是保安随身护卫的安全措施与控制要求。由于护卫对象的身份特殊，社会知名度和社会关注度比较高，他们的出行和活动，往往受到媒体和不法分子的注意，容易引起群众围观、追逐、索要签名和歹徒的不法侵害，这就需要保安随身护卫人员根据不同的情况，采取相应的安全措施和方法，为他们提供人身安全保障。

第一，通过随身护卫，筑起一道安全屏障，使未经允许者无法接近护卫对象及其工作、生活区域。保安随身护卫人员应当在室外活动的护卫对象的周围及其工作、生活的区域周围，定点、定位、定任务执勤，严密监控一切动向，形成一道安全屏障，不让无关人员接近，以免威胁其人身和财产安全。如有可疑人员在护卫目标周围，应当严密监视其动态，始终将其纳入自己的视线范围之内；对于迟迟不肯离去的人，应当进行查问，弄清情况，但要注意方式、方法，避免引起冲突，并提高警惕，防止其行凶;对于纠缠保安员无理取闹的人,及时报告公安机关。

第二,通过随身护卫,敏锐观察和掌握周边情况,加强预测和防范。无论是在室外还是在室内,随身护卫人员都应当加强对护卫目标周围的环境和人群的观察和监控。如果发现可疑物品(如障碍物或不明包裹等),随身护卫人员应当采取防范措施,排除可疑物品对护卫对象安全的威胁。在车辆行驶过程中,应当监督司机遵守交通规则,随时掌握护卫对象乘坐车辆所处的位置,密切观察道路沿线的动静,以防止歹徒对护卫对象所乘车辆进行不法侵害。

第三,通过随身护卫,做好与安全有关的生活服务和医疗保健工作。在护卫对象安全有保障时,随身护卫人员应当为其生活和健康提供必要的帮助。如采购某些日常生活用品;休息期间,帮助其关、锁好门窗,管理好家用电器等;患病期间,帮助其寻医购药,或利用自己的一些保健知识和技能,为其提供保健服务。随身护卫人员平时协助他人做好这些与安全有关的生活事项,有益于其履行保安服务职责并树立良好形象。

第四,根据保安服务合同,制订随身护卫服务方案,确定工作内容和具体要求。保安服务合同是随身护卫服务的主体和客体之间依法协商达成的合约,是制订随身护卫服务方案的主要依据。保安随身护卫服务方案主要是明确随身护卫执勤的保安员的工作内容和具体要求,规范护卫勤务。

第五,搜集随身护卫服务的相关信息,做好随身护卫勤务准备。了解护卫对象的活动情况,与有关方面加强联系,确定使用的通讯工具、交通工具、行驶路线,准确掌握护卫对象的动态活动时间。

第六,了解活动情况,控制接触人员,做好公共场所的随身护卫服务。护卫对象安排有公共场所活动时,保安员应当事先了解活动情况,确定行车路线、停车位置;控制接触护卫对象的人员范围,掌握活动时间,及时提醒护卫对象转换地点。

第七,妥善处置随身护卫服务中的突发事件,确保护卫对象的安全。遇有正在实施的针对护卫对象的突然袭击、滋扰等不法侵害时,应当立即采取保护措施,制服不法分子,将护卫对象转移到安全地带,防止事态扩大。

第五节　保安随身护卫安全基本信息采集

随身护卫安全基本信息,是指随身护卫勤务中涉及与护卫对象工作、活动的安全关系密切的信息。随身护卫安全基本信息采集,是保安员通过各种与护卫对象工作、活动安全相关的单位、部门、个人,搜集随身护卫勤务所需要信息的活动。随身护卫安全基本信息采集工作的规范要求是及时、准确、全面。及时是随身护卫安全基本信息采集的时间要求;准确是随身护卫安全基本信息采集的质量要求;全面是随身护卫安全基本信息采集的内容要求。不及时、不准确、不全面的安全基本信息,必然有害于保安员随身护卫职责的履行。

一、及时采集随身护卫安全基本信息

及时采集随身护卫安全基本信息,一方面要求保安员在任务准备阶段,就能把应该掌握的随身护卫勤务实施中需要的安全基本信息采集到位,不发生因未及时掌握随身护卫勤务实施中的安全基本信息而带来护卫对象存在安全风险的情况。另一方面,要求勤务实施中的保安员,在护卫对象参加的活动发生临时变化的第一时间,就能获知安全基本信息,以便及时地采取相应的保安措施,保护护卫对象的安全。例如,护卫对象参加的活动提前结束,或者活动组织者为了安全起见而要求护卫对象提前离场;又如护卫对象外出途中,前面道路上由于发生交通事故而突然不能通行等等。

保安员及时采集安全基本信息,其目的是便于及时应对,保障安全。以途中遭遇交通事故而妨碍正常通行为例,及时采集到此信息后,就能赢得及早调整护卫对象行走路线的时间,免得出现车辆被迫停行后而无法掉头改道行驶的困境,以致带来安全隐患。

二、准确采集随身护卫安全基本信息

准确采集随身护卫安全基本信息,要求保安员采集信息时坚持做到:
(1) 找准信息提供者,保障信息来源正确,避免轻信道听途说的信息。
(2) 了解清楚信息内容,保障每条信息的完整性,避免挂一漏十。
(3) 掌握信息的变化,保障信息的有效性,避免信息过时无效。
(4) 坚持重要信息复核,保障信息内容的准确性,避免信息差错问题。

三、全面采集随身护卫安全基本信息

全面采集随身护卫安全基本信息,要求保安员高度重视信息采集工作,广辟信息渠道,能把与随身护卫勤务相关的有助于护卫对象安全的各方面信息都掌握起来,不可丢三落四、残缺不全。

重视信息采集工作,就是要求保安员充分地认识到信息对于护卫对象安全的极端重要性,把它放在随身护卫勤务的首要位置,花大力气去采集信息。广辟信息渠道,既要求保安员对随身护卫工作具有高度的责任感和事业心,又要求保安员必须全面掌握安全基本信息的范围,采取正确的方法,主动积极地联系安全信息相关的对象。唯有如此,方能保证随身护卫安全基本信息的全面性。

1. 安全基本信息的范围

安全基本信息的概念决定了安全基本信息的范围,其主要包括护卫对象的工作信息、活动信息、生活信息等三个方面的内容。

工作信息是指护卫对象工作时间、地点、位置、环境、共事人员、接触对象情况等。活动信息不仅是指护卫对象前往公共场所参加活动的信息,还包括护卫对象个人外出活动的信息。其内容有活动场所及周边环境、活动时间、活动形式、活动内容、活动规模、举办方、现场安保部门及负责人、参加活动对象、通行路线、停车场地等情况。生活信息是指护卫对象在个人安全有保障的家中时,需要保安员帮助其办理的与安全相关的生活事项,如关锁门窗、就医购药等等。

2. 采集安全基本信息的方法

(1) 查询法。保安员通过查问、咨询护卫对象以及与其工作、活动相关的单位、部门、人员,了解随身护卫安全基本信息。

(2) 察看法。保安员前往护卫对象工作、活动的场所及其周围进行观察,掌握其地形、地貌、环境等信息。必要时,事先对护卫对象外出活动的行车路线进行巡察。护卫对象参加的重大活动在平面媒体上刊登预告的,保安员应注意查看,以了解相关信息,如大型群众性活动停车场的安排及临时设置的单行线路等等。

(3) 收听法。广播电台播放涉及保卫对象将要参加的有关活动信息时,保安员应注意收听,如活动场所周围交通管制信息等。特别是保安员执行外出随身护卫任务的途中,应收听当地即时报导道路通行状况的交通广播电台,随时获取相关信息。

3. 采集安全基本信息的对象

采集安全基本信息的对象,是指保安员搜集随身护卫安全信息时应该联系的有关人员。总体而言,采集安全基本信息的对象是护卫对象以及掌握其工作、活动有关信息的人。护卫对象不同的活动,保安员采集安全基本信息的对象也有所不同。概括地说,采集安全信息的对象大致如下:

(1) 护卫对象本人及其家人。

(2) 护卫对象工作单位负责行政事务的负责人(如办公室主任、董事会秘书等)。

(3) 公共活动举办方的安保部门负责人。

(4) 公共活动现场的警方负责人。

(5) 活动场地所有者(业主)。

(6) 公共活动场地附近的医疗单位负责人。

(7) 护卫对象住地所属公安派出所的社区民警。

第六节　保安随身护卫中的安全风险隐患

安全风险隐患是指潜在的安全危险或威胁。随身护卫中的安全风险隐患是对护卫目标的安全构成威胁甚至可能造成危害的一种不安全状态。只有及时发现和排除随身护卫中的安全风险隐患，才能确保护卫目标的安全。

一、安全风险隐患的类型

总体而言，随身护卫中的安全风险隐患是由护卫对象周围具有安全风险隐患特性的人员和物体造成的。以此为标准来区划，安全风险隐患可以分为两大类：

一是危及护卫对象安全的人员。主要包括：企图袭击护卫对象的不法之徒；扰乱护卫对象所在地治安秩序的人；尾随、追逐、围观护卫对象以求签名、拍照的人；等等。

二是危及护卫对象安全的物体。主要包括护卫对象乘坐车辆内、运行路线途中和工作地、休息地、居住地的具有易燃、易爆、剧毒、放射性的化学危险物品，以及护卫对象出行所乘坐的性能不安全的运载工具（车、船）。

二、排除安全风险隐患的方法

随身护卫人员及时发现、迅速排除安全风险隐患，是保障护卫对象安全、完成随身护卫任务的基本要求。这就需要掌握识别、排除安全风险隐患的方法。

1. 科学预测法

随身护卫方案是保安人员执行随身护卫任务的行动依据。鉴于此，制订随身护卫方案时，要综合分析研究护卫对象工作、生活和外出活动期间的有关安全信息，结合以往随身护卫服务的实践经验，对随身护卫行动中可能遇到的安全风险隐患作出科学预测，事先确定需要采取的相应安全措施，以便安全风险隐患出现时能迅速予以排除。

2. 安全检查法

随身护卫的任务准备和任务实施阶段，保安员要对护卫对象工作、生活场所和外出活动休息室、运载工具等进行全面的安全检查，及时发现有可能危害护卫对象安全的可疑人员、可疑物品，迅速采取措施加以排除。

3. 现场观察法

保安员在近身护卫被保护对象的过程中，要加强对周围环境、人群的观察和监控，随时随地发现可能危及护卫目标安全的异常人员、异常物品、异常现象，适时采取保安措施；必要时，迅速将护卫对象转移到安全地点。

第七节　保安随身护卫中的突发事件处置

随身护卫中的突发事件,是指随身护卫过程中突然发生的造成或者可能造成危害护卫对象人身及其携带财物安全的事件。保安员在随身护卫工作中,可能会遇到各种各样的突发事件,若处置不当,就可能危害护卫对象的安全,直接影响随身护卫任务的完成。因此,及时、正确地采取有效措施应对、处置随身护卫勤务中的突发事件,是保障护卫对象安全、完成随身护卫任务的关键。

一、突发事件的类型

根据不同区划标准,突发事件可以分为若干不同类型。

(1) 以突发事件危害目标的不同来区划,有直接危害护卫对象人身安全的突发事件(如行凶伤害护卫对象)和直接危害护卫对象随身携带财物安全的突发事件(如抢劫护卫对象财物)以及可能危及护卫对象人身、财物安全的其他突发事件(如护卫对象所在场所发生火灾)等。

(2) 以突发事件表现的形式来区划,有歹徒行凶、抢劫的突发事件,有行为可疑人员(包括身行不明者)潜入护卫对象所在场所或者尾随、追逐护卫对象的突发事件,有围观护卫对象或者拦截护卫对象乘坐车辆的突发事件,还有护卫对象所在场所突然出现的危险物品以及发生的火灾等治安灾害事故。

(3) 以突发事件形成的原因来区划,有违法犯罪者所作,有护卫对象的崇拜者(如歌迷、球迷)所为,还有意外的其他因素(如护卫对象所在场所发生的火灾)所致。

二、突发事件的处置

保安人员随身护卫勤务中,应忠于职守,时刻保持高度警惕。一旦遇到突发事件,要沉着冷静应对,根据不同情况采取相应措施,机智、灵活地妥善处置。

1. 对以护卫对象为目标的行凶、抢劫、绑架等暴力犯罪活动的处置

(1) 发现有对护卫对象实施不法侵害可疑情况时,保安员必须及时将护卫对象转移到安全地带,并及时报警。

(2) 当歹徒突然袭击护卫对象,实施行凶、抢劫、绑架等暴力犯罪活动时,保安员必须挺身而出,运用自身的优良体能并果断使用随身配备的保安器械,制止犯罪、抓获行为人。必要时,应求助附近人员,共同制止犯罪。

(3) 护卫对象受到伤害的,要立即送医院救治,并迅速报告公安机关。

(4) 有犯罪现场的,同时要保护好现场。

(5) 如果犯罪行为人逃离现场,在护卫对象安全有保障的前提下,要及时组织群众追堵。若无机动车追捕乘车逃跑的作案人时,可向现场的机动车主人求助,并向110报警。

2. 对追逐、围观护卫对象情况的处置

(1)在护卫对象与追逐、围观者之间构成一道防范人墙,阻止他们靠近护卫对象身体。

(2)保持高度警惕,发现追逐、围观者中神态慌张、行为诡秘或携带物品可疑的人员时,要特别注意观察其动向,及时引导护卫对象远离可疑人员。同时,积极准备采取应对措施,防止其突然袭击。

(3)有条件又有需要时,将护卫对象带入临近的建筑物内作回避,并联系车辆设法转移,如从建筑物的旁门、边门等隐蔽出口离去。

3. 对护卫对象所在场所发生火灾的处置

一旦发生火灾,随身护卫保安员首先要保护好护卫对象的安全,并在力所能及的范围内为扑救火灾、减轻危害作贡献。

(1)迅速撤离。随身护卫保安员应当根据事先掌握的护卫对象在场所内所处的位置,以及从该位置出发的最佳逃生路线,以最快的速度护送护卫对象从安全通道离开现场。

(2)迅速、准确报警。护卫对象安全撤离现场后,随身护卫保安员要按报警的规范要求迅速报警。

(3)及时报告领导,通知附近群众撤离。报警后,保安员应尽快地向保安服务公司领导报告有关情况。同时,在不影响护卫对象安全的前提下,要及时通知火场周围的不知情人员撤离,并利用附近的消防器材投入灭火行动。

4. 对护卫对象所在场所发生的其他紧急情况的处置

(1)护卫对象所在场所外突然出现不明性质物品时,保安员应迅速查明物品性质并妥善处置。如果怀疑是爆炸物品,应立即护送护卫对象撤离危险区域,并且拨打110报警,以便及时排爆。

(2)有人入侵护卫对象所在场所时,应根据具体情况采取应对措施。

①通过监控设备发现有人翻墙入内时,应立即加强对护卫对象所在位置的安全保卫。同时,设法搜寻入侵者,如通知附近安保员或者组织场所内的工作人员搜寻入侵者等。

②对已经进入护卫对象附近的不明身份人员,应将其控制住,带离现场,并查明身份。必要时,应报告警方处理。

③对已来到护卫对象身边、对护卫对象构成严重安全威胁的人,应立即予以制服,然后报警。

(3)遇有拦阻护卫对象乘坐车辆的人员时,应设法阻止,将其拉开,以便护卫对象所乘车辆顺利通过。如果对方企图行凶,随身护卫保安员应采取果断措施将其制服。然后，报告警方进行处理。

第八节 保安护送服务的实施

保安护送是指保安员根据保安服务合同，采取一定的防护措施，以确保服务对象安全到达目的地的一种保安服务业务。保安护送的服务对象，包括特定的人员和特定的财物，或者是二者的结合。当保安护送的服务对象是特定人员时，保安护送服务与保安随身护卫有着相同之处，其职责都是保护客户的人身及其随身携带财物的安全，但仅限于护送对象途中的安全，不涉及其他；当护送的对象是特定的财物时，保安护送服务也就是非武装押运。保安服务实践中，保安护送服务的对象大都是社会名流、贵族子弟和存取大量现金的人。因此，我们把保安护送服务归类在保安随身护卫服务之中。

一、保安护送服务的内容

（1）通过实施护送安全措施，保护特定对象的人身及其携带财物的途中安全。

（2）事先了解和掌握护送对象的携带财物、出行路线以及外出活动内容等有关情况，预测在护送过程中可能发生的不安全问题，制订保安护送工作方案。

（3）保持在护送途中与护送对象的随时沟通联系，认真落实具体的安全措施。

（4）及时发现并排除服务对象的安全隐患，防止服务对象受到不法侵害。

（5）一旦发生危及服务对象安全的事件，保安员必须迅速采取相应对策，确保服务对象不受非法侵害。

二、保安护送服务的操作程序

为了圆满完成护送任务，保安服务组织及其派出的保安员，必须事先制订保安护送方案，充分做好护送服务的准备，并在护送途中加强警戒、监控工作，做到环环相扣、一丝不苟，紧紧围绕护送对象的安全，切实做好护送的各项具体工作，不给违法犯罪行为留下点滴空隙。

（一）制订保安护送方案

根据保安服务合同和护送对象的出行时间、路线、携带财物和可能发生的不安全问题及对策，制订保安护送服务方案，确定护送人员的工作内容和具体要求。保安护送方案需要经客户审定。

（二）护送出发前的准备

1. 选派合适人选

承接护送业务的保安服务组织，应当根据护送任务的具体要求，参照护送的路程、护送对象的活动、护送的方式等各方面的情况综合考虑,选派合适的保安护送人员。护送任务量大、需要多名护送人员参加的,应当成立护送小组,指定专人(组长)负责,统一指挥。社会影响大、护送责任重的勤务,保安服务组织的有关领导应当亲自带队。客户有特殊要求的,只要合理合法,应当尽量满足。比如,有的女性客户要求由女性保安员护送,有的老年客户要求由年纪较大的保安员护送,还有的客户要求保安护送人员态度和蔼或者外形英俊、体格强壮等。所有这些,只要保安服务组织能够做到,就应当有求必应。

2. 全面了解护送任务及相关情况

护送的保安员确定后,应当对执行护送的具体任务及相关情况进行充分的了解,诸如护送对象的个人情况,护送物品的种类、性质、数量,护送出行的方式(步行、汽车、轮船、飞机等),护送的路线,出发及到达的时间和地点,护送线路沿线的交通状况、治安形势、公安机关、医疗部门在沿线的分布等,为护送任务的完成打下基础。

3. 熟练掌握各项应急措施

保安护送途中的不明因素很多,抢劫护送财物、袭击护送对象的案件和交通事故等各种危害护送目标安全的情况都有可能发生。因此,保安员在护送出发前,就要针对护送过程中可能发生的不安全问题,进行全面的预测,认真研究、确定护送勤务工作方案。这样才能有备无患,从容应对护送中发生的紧急情况。

(三) 护送途中的警戒

护送途中的情况千变万化,保安护送人员要始终提高警惕,认真坚守岗位,严格履行护送职责,根据不同的护送方式方法,采取适当的安全保护措施,切实做好护送过程中的警戒、监控工作。护送过程中,保安员应关闭私人手机,停止与外界联系,全身心投入保安服务工作,不得兼顾私事,不得擅自改变行走路线和护送工具,不得允许他人与护送对象同行或在途中逗留。

1. 步行护送中的警戒

步行护送时,主要采用贴身护卫(靠近同行)的方法。如果多人护送,在人员密集的场所,采取前后两点式防护或者前后左右四点式防护。必要时,可以临时组成人墙,对护送对象加以保护。在护卫人员较少或者护送对象没有被围观、追逐的情况下,可以采取外松内紧的策略,实施近距离防护,即在护送对象前后一定距离的位置上,分别布置保安员进行警戒。但是,必须将护送对象控制在自己能够及时采取紧急处置行动的范围内,以便在出现异常情况时,能够迅速转为贴身保护。

2. 专用汽车护送中的警戒

汽车护送,有单车护送和多车护送两种。一般来说,多车护送的对象多是社会名流、文体明星、企事业高管等人员。途中警戒时,最前一辆是开道车,最后一辆是殿后车,护送对象位于中间的车辆上。车与车之间要配备适当的通讯工具,保持随时联系。单车护送简单易行，方便操作。但需要注意的是，当车辆因故减速行驶或者通过桥梁、隧道等交通复杂地段和车站、广场、闹市区等人员密集地区时，保安员应当高度警惕，认真观察沿途的动态情况。护送途中临时停车时，保安员应当首先下车进行实地察看，在确保周围没有安全隐患后，再让护送对象下车。同时，保安员进行贴身护卫，确保安全。

3. 乘坐公共交通工具护送中的警戒

护送对象乘坐飞机、火车、轮船等公共交通工具出行，保安员实施护送警戒的方法，一定要坚持"外松内紧"的原则。必要时，征得护送对象的同意，可以对其进行适当的化装；在公众场合行走或者上下车（飞机、船）的时候，切忌前呼后拥、招摇过市。乘坐的交通工具如果是包厢，护送对象进入后，保安员只需要围绕该包厢采取防范措施；如果是散座，确定座位后，保安员应当根据护送对象及其周围情况，采用左右（前后）两点式防卫或者前后左右四点式防卫的警戒方法。另外，保安员事先应当主动与交通工具上的负责人或保卫人员联系，通报护送任务的情况，了解交通工具沿途停靠等有关情况，请求对方在保安工作需要时给予适当的支持。在护送对象上下交通工具时，保安员应当贴身护卫，密切关注周边的情况，以防不测。尤其是交通工具在行驶途中突然停顿时，保安员应当加倍警惕，严密警戒，以防护送对象的安全受到威胁。

（四）到达护送目的地，办理相关手续

根据保安服务合同，保安员将服务对象护送到目的地后，应当与接收单位有关人员或者服务对象本人办理书面交接手续，清点交接护送的财物，双方确认后签字。保安员返回自己单位后，应当提交本次护送勤务执行情况的书面材料，履行收岗手续。

三、常见的保安护送业务

保安护送是近几年来逐渐开展起来的一项新兴的保安服务业务。总体而言，其业务量不多，现介绍几种常见的护送业务。

1. 对社会名流、文体明星、企事业高管的护送

社会名流、文体明星是社会关注人物，知名度较高。他们的行动，往往会引起媒体的兴趣，导致"粉丝"和追星族的追逐、围观、索要签名等现象，从而影响到他们的正常活动和人身安全。著名的企事业单位的高层管理人员，经济富有，社会影响较大，他们及其家人容易受到图谋不义之财的违法犯罪人的绑架、恐吓、敲诈勒索等非法侵害。这些特殊对象，有的长期雇请保安员随身护卫，有的只在外出活动时雇请保安员临时护送。

对于保安员来讲，保安护送与保安随身护卫相比较，随身护卫的服务对象具有相对稳定性，服务时间也具有连续性；保安护送则不一样，服务对象变化较大，服务

时间较短。所以，在保安措施方面，保安护送与随身护卫大同小异，应当相互借鉴。保安员在护送服务中，必须因人因地因时而异，机动灵活地采取相应的安保措施，不让无关人员接近或者接触护送对象，以免对其造成伤害。

2．"贵族子弟"上学的护送

一些经济条件较好的家庭为了孩子上学途中的安全，往往雇请他人护送孩子上学、放学。有的雇请家政公司的家政人员，扮演保姆的角色，接送孩子往返学校；少数社会名流、政要，则雇请保安员护送子女上学读书。这类孩子，社会上称为"贵族子弟"。保安员执行此类勤务，不仅要预防护送对象途中受到交通事故的伤害或者被歹徒拐骗贩卖，而且要防止由于父母的因素使孩子遭到歹徒有预谋、有计划实施的劫持、绑架。所以护送途中，保安员必须倍加小心谨慎，始终与护送对象形影相随。无论是步行还是乘坐交通工具，保安员都应当与其不分不离。到了学校，应当将孩子送进学校教室门口或者交给学校老师。放学时，应当提前来到学校门口等候，接到孩子后马上送其回家。护送途中，保安员应当避免因与路遇的亲友交谈而疏忽对孩子的护卫；禁止擅自带着孩子去购物、玩耍或者处理个人事务，以免影响孩子的安全。

保安员在接受客户雇请护送任务后，应当先跟学校老师取得联系，通报自己的情况，约定该学生只能由本人亲自到校来接回。如有情况变化，必须事先由保安护送人员或者孩子家长当面与学校老师交代清楚。平时，保安护送人员应当与学校老师保持适当的沟通联系，了解孩子安全的有关事项，随时掌握出现的新情况、新问题，认真采取应对措施。

3．病人去医院的护送

有时候，保安服务公司应客户的请求，需要护送病人到医院就诊。承担这类任务的保安员，除了需要具备护送的业务知识外，还应当学习、掌握一定的医疗急救常识，对前往就诊医院的情况也要了解清楚。执行护送任务时，既要保证途中和就诊期间病人的人身安全，还要尽可能帮助病人挂号、配药，以满足服务对象的需求。当然，保安员护送的职责以保安服务合同的约定为准。

4．境外人员的护送

所谓境外人员，是指中国大陆以外的国家和地区的人员，包括我国港澳台同胞和外国人。随着我国对外开放政策的进一步实施，进入中国内地的境外人员越来越多。出于安全考虑，他们在境内的某些合法活动往往需要雇请保安公司提供服务。保安员承担境外人员护送任务时，除了应当保障境外人员的人身及其合法财产安全外，还必须维护国家尊严，不做有损国格、人格的事；依法监督境外人员遵守我国的法律法规；依法保护境外人员的合法权益；尊重境外人员的风俗习惯和礼节礼貌；注意保守国家秘密等。

5. 存取大宗现金的护送

随着保安服务业的社会化发展，少数先富起来的居民和企事业单位的财会人员，在去银行存取大宗现金的时候，为了安全起见，雇请保安员护送，以防途中发生抢夺、抢劫案件。

保安员在护送随身携带大宗现金的服务对象过程中，特别需要注意行踪的保密性，切勿让无关人员知晓护送的对象、时间、地点、行走路线等信息。在护送服务对象携款出门前，保安员必须先行观察门外附近的动态，在确认没有可疑情况时，才可以护送客户出行。如果门外有可疑人员或者可疑情况，应当立刻报警求助，排除险情。护送途中，保安员与护送对象应当尽量靠近同行，以便出现险情时能够迅速处置。遇到歹徒实施侵害护送对象行为时，应当果断地使用保安器械加以阻止。如果保安员随车护送，途中应当关锁好车门。途中遇到交通堵塞或交通事故，无论是客户随车同行人员还是保安员，都应当坚守车内，不得离开，以防歹徒"调虎离山"，实施作案。

此外，还有为数不多的客户在携带具有一定价值的金银珠宝、古玩字画等贵重物品外出时，雇请保安员护送。也有的民营企业在运输数量不大的危险物品时，雇请保安员护送。对此，可以参阅本教材第十二章"保安押运服务"中的相关内容。

本章保安员证考核要求

一般了解内容

随身护卫的含义；随身护卫服务的方法；随身护卫服务的要求；保安护送的含义；护送途中的警戒。

第十五章

安全技术防范的基本知识

第一节 安全技术防范的基本内容

一、安全技术防范的含义

安全技术防范是以防范技术为先导,以人力防范为基础,以技术防范和实体防护为手段,所建立的一种由探测、延迟、快速反应相结合的安全防范体系。它是以预防损失和预防犯罪为目的的一项社会公共安全业务。对于保安服务业来说,安全技术防范就是利用防范技术为客户单位提供安全服务。安全防范由人力防范、物理防范、技术防范三部分组成。技术防范是人力防范、物理防范的补充和强化,又是人力防范、物理防范的延续和发展。

二、安全技术防范的三个基本要素

1. 探测

探测就是通过安全技术防范的各种设备和多种技术途径,探测到防范对象或防范目标的变化,或通过传感器自身工作状态的变化,及时发现非法携带物品或非法侵入行为。

2. 延迟

延迟是为阻止非法携带物品或非法侵入行为的产生,通过安全技术防范的实体阻挡和物理防护等设施来起到威慑等作用,尽量推迟风险的发生。

3. 反应

反应是指安全技术防范系统发出警报并通过网络向上一级报警。执勤的保安员根据反应采取相应措施,及时处置突发事件,控制事态发展。

三、安全技术防范的特点

安全技术防范是随着科学技术的发展而逐步形成的一种防范措施,是人力防范和物理防范的重要补充。人力防范和物理防范虽然曾经发挥了巨大的作用,但是也有明显的缺陷:人力防范难免有疏漏;安全管理制度不能直接制约入侵者;物理防范不能主动制止入侵行为的发生。安全技术防范是综合防控系统的重要补充和强化,使及时发现入侵、制止犯罪成为可能。

安全技术防范有如下特点:
（1）安全性强,操作方便。
（2）可靠性强,能及时发现险情。
（3）主动性强,可快速反应。
（4）技术性强,专业化程度高。

保安服务可以借助安全技术防范系统的多功能性,提高安全防范的能力;可以借助安全技术防范系统的威慑作用,减少不法入侵行为的发生;可以借助安全技术防范系统的快速反应能力,及时发现不法入侵行为;可以借助安全技术防范系统的预警性,预防和及时制止灾害事故的发生。

四、安全技术防范的应用范围

安全技术防范是社会公共安全科学技术的重要组成部分,涉及社会各个层面。国家机关、国防科研单位、金融系统、文物系统、军事设施、海关、边防、民用机场、铁路车站、国家重要物资储存场所、大型展馆和展区、住宅小区等高风险要害部门,都是安全技术防范工作的重点。

（1）国家机关。国家机关存放着许多有价值的决策性文件和资料,安全技术防范主要应用于国家机关的出入口、档案库、资料库、办公室,同时对工作人员进行人身安全保护。

（2）国防科研单位。国防科研单位承担着研制各种先进武器装备的任务,安全技术防范主要应用于周界、出入口、生产线、库房、资料档案室等。

（3）金融系统。金融系统是制造、发行、储存货币和金银的重要地方,安全技术防范主要应用于周界、出入口、柜台、重要通道、金库等。

（4）文物系统。文物系统保存着重要的历史文物,安全技术防范主要应用于周界、出入口、库房、展室等。

（5）大型展馆和展区。大型展馆和展区是人员密集、技术密集、设备密集的地方,安全技术防范主要应用于出入口、展区、展柜、库房等。

（6）住宅小区。住宅小区是人们居住的场所,关系到社会稳定,安全技术防范主要应用于出入口、周界、主要通道、民宅、停车库等。

五、安全技术防范涉及的主要技术

当前,安全技术防范涉及的技术主要包括三个方面:一是电子防护技术;二是物理防护技术;三是生物统计学防护技术。

第二节 安全技术防范系统的构成

安全技术防范系统是以维护社会公共安全为目的,运用安全技术防范产品和其他相关产品所构成的入侵报警系统、视频安防监控系统、出入口控制系统、防爆安全检查系统等,或由这些系统为子系统组合或集成的电子系统或网络。

安全技术防范系统主要由十大系统组成:入侵报警系统,视频安防监控系统,出入口控制系统,楼宇对讲系统,电子巡查系统,停车场管理系统,防爆安全检查系统,安全管理系统,全球卫星定位系统(GPS系统),火灾报警系统。

一、入侵报警系统

入侵报警系统是采用物理方法与电子技术,由前端的报警探测器自动探测发生在布防监测区域的入侵行为,产生报警信号,并将发生报警的区域部位向值班人员提示和显示的系统。显示记录设备部分指的是控制键盘。如果入网的话,系统可同时向上一级接警中心报警。

1. 入侵报警系统的组成部分

入侵报警系统主要由探测器、信道、报警控制器三部分组成。探测器是安装在防护现场,用来探测入侵信号的装置。按警戒范围划分,探测器有点控式(警戒范围一个点)、线控式(警戒范围一条线)、面控式(警戒范围一个面)等三种类型。信道由导线和转换设备组成,是传输信号的桥梁。它将探测器输出的信号传送给报警控制器,并将报警控制器的指令传送给探测器。常用信道分有线信道和无线信道两种。报警控制器即报警主机,它接收由信道传输来的危险信号后,发出声光报警,同时又能向探测器发出指令。

2. 入侵报警系统结构形式

入侵报警系统基本结构有两种:一种是独立和专门的报警系统(简称独立型、专门型),它由报警探测器(如红外探测器)、报警控制主机(如CC880、DS7400)和报警监控中心组成;另一种是集成型,即入侵报警系统从属于视频安防监控系统或门禁控制系统。报警探测器输出的信号被送往视频安防监控系统或门禁控制系统,由它们完成对报警信号的接收、处理、复核、联动和上传。这实际上实现了报警系统与视频安防监控系统的集成或报警系统与门禁控制系统的集成。

二、视频安防监控系统

视频安防监控系统是利用视频探测技术监视设防区域并实时显示、记录现场图像的电子系统或网络。

（一）视频监控系统的类型

视频监控系统分为一般性监控和密切监控两类。一般性监控是利用云台扫描做全方位、大面积的巡视。密切监控是对固定场所或目标，利用带云台摄像机的预置位设置和定焦的固定摄像机实施的监控，监控部位尽量不留死角和盲区。

视频安防监控系统的结构有：① 简单对应方式；② 时序切换方式；③ 矩阵切换方式；④ 数字视频网络虚拟交换/切换方式。

（二）视频监控系统的应用和特点

在建筑物的出入口、周界、主要通道、车库、财务室等重要部位安装摄像机，与先期安装的周界入侵报警系统、防盗报警系统联动，平时将监控区域的实际情况以图像的方式实时传输到监控中心；当出现警情时，相应区域摄像机的画面切换到电视墙的主要位置，用以实现图像和声音的复核，以便值班人员按照预案及时做出响应。

视频监控系统的特点：一是实时，即实时摄取现场景物的图像，并实时传送到监控中心；二是高灵敏度，可以在阴暗的夜间或星光下拍摄到清晰的图像；三是长期有效性。一般性监控还具有大范围监视的特点。

视频监控系统设备的功能：停车场一般安装云台摄像机；红外半球摄像机的主要功能是采集；硬盘录像机的常用功能是录像、监视、控制；显示器上常用的画面显示组合方式是单画面、四画面、十六画面。视频监控系统巡查的内容包括：视频设备的运行状态，特别是近期维修过的设备运行情况，局域网络是否正常联动等。视频监控系统的故障表现之一是：视频线连接线断掉后，视频监控画面出现蓝屏。

（三）视频监控系统的组成

视频监控系统由前端装置、传输系统、终端设备（包括处理/控制设备和显示/记录设备）三部分组成。

1. 前端装置

前端装置包括各类摄像机、定焦或变焦镜头、实现摄像机上下左右运动及旋转扫描的云台、解码器、摄像机防护罩等。前端装置亦即前端视频设备，通常指摄像机以及与之配套的相关设备（如镜头、云台、解码器、防护罩等）。

2. 传输系统

传输系统的功能是将前端摄像机的视频图像传输到终端控制主机，并将终端控制主机的控制信号传送给前端摄像机。传输的方式有两种：一是有线传输，依靠由同轴电缆、光缆或双绞线构成的线路传输；二是无线传输，依靠由发射机、接收机组成的一套设备传输。

3. 终端设备

终端设备主要由系统控制主机、图像显示及记录装置组成,包括视频信号控制矩阵、视频监视器、视频分配器、多画面图像分割器、图像记录装置等。视频信号控制矩阵主要用于接收传输来的视频图像,并按需要切换到指定的监视器上。同时,对云台作上下俯视、左右旋转以及镜头光圈、聚焦和变倍进行调节控制。图像记录装置对前端传输来的图像进行记录、保持,便于日后查找。

根据中心控制设备的不同,视频安全防范监控系统的结构可分为:简单对应方式;时序切换方式;矩阵切换方式;数字视频网络虚拟交换/切换方式。

三、出入口控制系统

出入口控制系统是指利用自定义符识别或/和模式识别技术,对出入目标进行识别,并控制出入口执行机构启闭的电子系统和网络。出入口控制系统根据建筑使用类别的不同,一般采用智能卡方式、生物识别方式和密码输入方式等。在大部分有对讲系统的建筑物内,一般用来实现住户和访客的出入控制。

出入口控制系统是控制各类出入口,按不同的通行对象及其准入级别,对出入人员(车辆)实行控制、管理的系统。它由出入口目标识别子系统、出入口管理子系统、出入口执行子系统等三部分组成。

(一) 出入口目标识别子系统

出入口目标识别子系统的主要功能是通过对出入凭证所提供的出入人员身份信息进行识别和校验,从而判断出入人员是否有出入授权。

1. 出入凭证

出入凭证的种类很多,主要有卡片、密码、生物特征三大类。① 以各种卡片作为出入凭证,有磁卡、条码卡、IC 卡、韦根卡等。这些卡可分为两类,即接触式卡(如磁卡)和非接触式的感应卡。② 以输入个人识别码为凭证。个人识别码即密码,密码主要有固定键盘和乱序键盘输入技术两种类型。③ 以人体生物特征作为判别凭证,如指纹、掌形、声音、视网膜、虹膜等。

2. 识读装置

识读装置即识读设备,其功能是:把从出入凭证中读取到的有关身份和权限的数据送往控制部分,与存储的数据相比对,以此识别持有者能否出入。

出入口控制系统的识读装置有三种:① 人员编码识别。人员编码识别装置包括密码键盘、乱序键盘、IC 卡、感应卡、条码卡、磁卡等。② 生物特征识别。生物特征识别装置是指安装在识读现场的、采用生物测定(统计)学方法获取目标人员的生物特征,并对该信息进行识别的装置。生物特征识别装置包括指纹仪、掌形仪、面相识别、虹膜/视网膜识别、手背静脉识别、语音识别等。③ 物品编码识别。物品编码识别装置包括条形码、EAS 标签等。

（二）出入口管理子系统

出入口管理子系统一般由读卡器、出入口系统服务软件、磁力锁等组成，它是出入口控制系统的管理与控制中心，负责接收从出入口识别装置发来的目标身份信息，负责指挥、驱动出入口执行子系统的动作，实现对出入目标的授权管理，如出入目标的访问级别、出入目标何时可以出入某个出入口、出入目标可以出入的次数等。

（三）出入口执行子系统

出入口执行子系统由控制主机控制，执行管理子系统发来的控制命令，在出入口做出相应的动作，实现出入口控制系统的拒绝或放行操作，从而最终实现对出入者的出入控制。

四、楼宇对讲系统

1. 楼宇对讲系统的作用

楼宇对讲系统亦称访客对讲系统，它的作用是为来访客人与住户提供双向通话或可视通话，住户能够遥控防盗门的开关，并向保安管理中心紧急报警。

2. 楼宇对讲系统的类别

楼宇对讲系统是智能小区非常重要的系统之一，可分为直按式对讲系统、小户型套装对讲系统、普通数码式对讲系统、可视对讲系统、联网可视对讲系统等。

3. 楼宇对讲系统的组成

楼宇对讲系统一般由楼宇出入口的对讲主机、用户家中的可视或不可视对讲分机，以及各单元口安装的防盗门、电控锁、闭门器等组成。联网对讲系统，还包括小区管理中心的管理主机等。

五、电子巡查系统

1. 电子巡查系统的作用和组成

电子巡查系统又称电子巡更系统，是对巡查人员是否按规定的路线、顺序、时间和数量巡查了规定的地点进行监督（记录）管理的最有效、最科学、技防和人防协调一致的工具。它有助于提高巡逻、维护等工作人员的责任心、积极性，及时消除隐患，防患于未然。电子巡查系统由四部分组成：智能巡逻管理系统软件、信息采集器（感应式或接触式巡更器）、信息钮或射频卡、通讯器。

电子巡查系统功能检测内容：巡更终端的响应功能；信息传输、指示故障位置功能；数据存储功能等。

2. 电子巡查系统的基本原理

在巡逻线路上的巡查点安装信息钮或射频卡，巡逻人员到达巡查点时，用接触信息钮或感应射频卡等方式,自动记录下巡更的日期、时间、位置等信息。巡逻完成后,信息采集器经过通讯器把数据传给计算机上的专用软件处理,巡逻情况便一目了然。

3. 电子巡查系统的类别及其组成

按照连线方式的不同,电子巡查系统分为在线式电子巡查系统和离线式电子巡查系统两种。

在线式电子巡查系统由巡查点、控制器、管理计算机、管理软件等组成。在线式电子巡查系统不仅能对巡查方式、巡查路线、巡查人员、巡查时间进行事先约定、设置,还可以对巡查人员是否正常执行任务进行实时监管,并及时发现不正常的巡查行为(巡查时间、路线不正常)和异常情况,一定程度上也保护了巡查人员的安全。在线式电子巡查系统一般利用先期建设出入口控制系统,把门禁卡读卡器作为巡查点,设置相应的智能卡为巡更卡,以实现在线式的巡查系统。

离线式电子巡查系统由管理计算机、数据读取器、传输器、信息纽、管理软件、直流电源、连接线等组成。离线式电子巡查系统使用时,可方便地设置巡查点,随时改变巡查点的位置。系统优点是设计灵活,巡查点可随时变动或增减而无需布线;缺点是巡查信息不能及时传送到监控中心。离线式电子巡查系统不需布线,它分为接触式和非接触式两种方式。接触式采用模块化设计的信息按钮和巡查棒,信息按钮固定在每个巡查点,巡查棒由巡查人员携带。

4. 巡查点的设置

巡查点的设置以定点区域或场所不漏巡为原则。巡查点的位置应设于唯一必经路线和巡逻人员易到达的路边、单元门前等地方。重点巡查点包括:楼梯口、主要出入口、停车场等部位。

六、停车场管理系统

随着智能大厦和智能小区等智能建筑的不断发展,与之配套的停车场管理系统应运而生。停车场管理系统本着安全性、可靠性、实用性、开放性、可扩充性、高效性、智能化的指导思想和分布式结构进行设计。

1. 停车场管理系统的功能

停车场管理系统主要完成车辆出入管理、车辆收费管理、车辆防盗管理。

2. 停车场管理系统的设施

停车场管理系统的设施主要由计算机、停车场管理主机、自动识别装置、IC卡发卡机、挡车器、车辆探测器、监控摄像机、可控提示牌等部分组成。

停车场管理系统的设施分为三部分:入口部分、出口部分和控制管理中心。入口部分主要由感应式IC卡读写器、IC卡发卡机、摄像设备、入口控制板、挡车器、车辆(感应器)检测线圈等组成。出口部分主要由挡车器(自动路闸)、车辆(感应器)检测线圈、摄像设备、控制器(自动吞卡机)及读卡器等组成。控制管理中心主要由管理电脑、IC 卡发卡机、报表打印机、收费显示屏、操作台等设备组成。控制管理中心的管理电脑除负责出入口电脑通信外,还具有打印报表、统计分析、系统维护和月租卡发售等功能。

车辆管理系统调试的内容,包括自动道闸防砸功能、管理中心显示、统计、信息储存等功能检测、出入口管理工作站与管理中心站的通讯,但不包括报警自检功能。

七、防爆安全检查系统

防爆安全检查系统是检查有关人员、行李、货物是否携带武器、爆炸物品或其他危险物品的电子设备、系统或网络。它是保安技防领域中一个重要而且发展较快的系统。随着反恐形势的需要,防爆安检系统所用的技术逐步向高端发展。

1. 防爆安检系统设备的类型

按照防爆安检系统设备使用技术的不同,可分为 X 光射线检查设备、中子探测设备、四级矩阵谐振分析设备、质谱分析设备、毫米波探测设备、金属探测设备等。

2. 防爆安检系统的使用范围

随着航空事业的发展、各类大型活动的不断增多,以及国际恐怖主义的威胁不断增加,为预防爆炸等重大案件的发生,防爆安全检查设备和排爆设备在机场、大型体育场馆、大型集会场所、文艺演出等公共场所广泛安装使用,已成为检查武器、爆炸物品以及其他危险物品,并排除其危害的利器。安装在五金、电子、首饰、造币等重要工矿企业的安检设备,还可防止贵重金属物品的流失。

八、安全管理系统

安全管理系统也可称为综合报警安全管理系统。它是指在安全防范系统中,对入侵报警、视频安防监控、出入口控制等子系统进行组合或集成,实现对各子系统的有效联动、管理和监控的电子系统。它除提供报警信息服务外,还可利用网络的信息资源提供其他综合信息服务平台,如物业管理、社区医疗、网上购物等。

九、全球卫星定位系统(GPS 系统)

1. 全球卫星定位系统(GPS 系统)的作用

全球卫星定位系统简称 GPS 系统。它是美国从 20 世纪 70 年代开始研制,于 1994 年研制建成,具有在海陆空进行全方位实时三维导航与定位能力的新一代卫星导航和定位系统。它能实时监控车辆、船只,实现反劫反盗;可以实施对车辆的导航及最优行驶路径的导向。

2. 全球卫星定位系统的组成

(1) 空间部分——GPS 卫星。它由 21 颗工作卫星组成,还有 3 颗有源备份卫星。

（2）地面控制部分——地面监控系统。它由监测站、主控制站、地面天线组成。

（3）用户设备部分——GPS信号接收机。它一般采用蓄电池做电源，同时采用机内和机外两种直流电源。

3. 全球卫星定位系统的特点

全球卫星定位系统具有高精度、全天候、高效率、多功能、操作简便、应用广泛等特点。

十、火灾报警系统

火灾报警系统是人们为了发现、通报火灾，并及时采取有效措施控制和扑灭火灾，而设立在建筑物中或其他场所的有关设备、设施的总称，是火灾防范系统中重要的组成部分。一般的火灾报警系统由火灾探测报警器件、火灾报警装置（含手动报警按钮）、火灾警报装置、电源等四部分组成。复杂的火灾报警系统还包括消防控制设备。

1. 火灾探测报警器件

火灾探测报警器件是能对火灾参数（如烟、温、光、火焰辐射、气体浓度等）进行响应并自动产生火灾报警信号的器件。按照响应火灾参数的不同，火灾探测报警器件大致分为五种类型：

（1）感烟火灾探测器，可以探测物体燃烧初期产生的烟粒子浓度或气溶胶。

（2）感温火灾探测器，可以响应异常温度、温升速度和温差等火灾信号。

（3）感光火灾探测器，也叫火焰探测器，主要对火焰辐射出的红外、紫外、可见光予以响应，常用的有红外火焰型、紫外火焰型两种。

（4）气体火灾探测器，能探测可燃气体和粉尘，常用于易燃易爆场所。

（5）复合火灾探测器，可以响应两种以上的火灾参数，如感温感烟探测器、感烟感光探测器等。

另一类火灾探测报警器件是手动报警按钮，它由发现火灾的人员用手动方式进行报警。

2. 火灾报警装置

火灾报警装置是用以接收、显示和传输火灾报警信号，并能发出控制信号和具有其他辅助功能的控制设备。火灾报警控制器就是其中的一种，它能为火灾探测报警器件提供电源，接收、显示和传输火灾报警信号，并能对自动消防设备发出控制信号，是火灾报警系统中的核心部分。火灾报警控制器按其用途不同，可分为三种基本类型：区域火灾报警控制器；集中火灾报警控制器；通用火灾报警控制器。

3. 火灾警报装置

火灾警报装置是火灾报警系统中用以发出区别于周围环境的声、光火灾警报信号的装置。它以特殊的声、光向警报区域发出火灾警报信号,以警示人们迅速采取安全疏散、灭火救灾等措施。

4. 消防控制设备

在火灾报警系统中,接收火灾报警信号后,能自动或手动启动相关消防设备并显示其状态的设备,称为消防控制设备。消防控制设备主要包括:接收火灾报警装置控制信号的自动灭火系统的控制装置;室内消火栓系统的控制装置;防排烟及空调通风系统的控制装置;常开防火门、防火卷帘的控制装置;电梯回降控制装置;火灾应急广播、火灾警报装置;消防通信设备;火灾应急照明与疏散指示标志等。

为了便于实行集中统一控制,消防控制设备一般设置在消防控制中心,也有的消防控制设备设置在被控消防设备所在现场,但其动作信号必须返回消防控制中心,实行集中与分散相结合的控制方式。消防控制主机是最主要的消防控制设备。一旦消防控制主机发出报警信息,值班保安员应当先消音后现场确认火灾。

5. 电源

火灾报警与消防联动系统的供电应采用消防电源(即消防用电),备用电一般采用蓄电池。

火灾报警与消防联动系统详见下图:

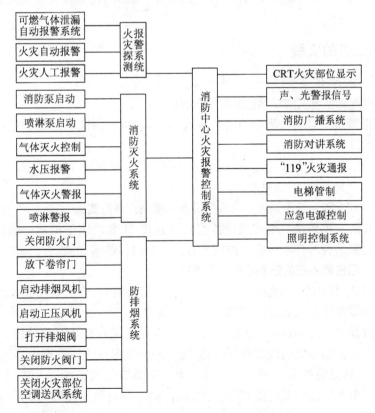

第三节 技防设备的安装

所有技防设备在安装之前,都应进行检验和调试。各种部件、设备的规格、型号和数量应符合设计的要求,产品外观应完整、无损伤和任何变形。主要设备应具有公安部安全防范产品检测中心出具的检测报告,进口设备应让供货方出示商检合格证书等有关材料。有源设备均应通电调试各项功能。如入侵探测器通电检验时,各种指示灯应显示正常,电源功耗应符合说明书中所列技术指标,报警时应有输出信号等等。在有条件的工程中,应对有源设备进行老化试验,所有被老化设备在老化期间不应出现死机、过热、功能失效、可靠性下降等现象。例如入侵探测器在正常的气候环境下,连续工作7天不应出现误报警和漏报警,其灵敏度和探测范围的变化不应超过±10%。

技防设备在安装时,既要注意设备符合国家相应的标准,又要注意设备本身特性及现场环境情况,最大限度地发挥设备的技防作用。设备安装通常分为前端设备的安装和终端设备(监控室内的设备)的安装。此外,技防设备安装的相关资料还必须整理归档。

一、前端设备的安装

(一)前端设备的常见安装方式

1. 入侵报警系统前端探测器的常见安装方式

入侵报警系统前端探测器的安装方式,主要取决于探测器的防护范围要求和安装位置的现场环境。

常见的安装方式有壁挂式、吸顶式、柱装式、表面安装式、暗埋式等。围墙上常用的安装方式是壁挂式、支柱式。

2. 视频安全防范监控系统前端视频设备的常见安装方式

视频安防监控系统前端视频设备的安装方式,主要取决于摄像机的监视范围要求安装位置的现场环境。常见的安装方式有:壁挂式、吸顶式、嵌入式等。

3. 出入口控制系统的联网和识读设备的安装

识读设备(读识装置)是出入口控制系统的主要装置,它安装在识读现场的出入目标可以接触到的位置,并有防护面设备(装置)。

出入口控制系统的联网(报警主机布线)有总线制和环线制两种模式。① 总线制。出入口控制系统的现场控制设备,通过联网数据总线与管理中心的显示、编程设备相连,每条总线在管理中心只有一个网络接口的是总线制。② 环线制,又称分线制。出入口控制系统的现场控制设备,通过联网数据总线与管理中心的显示、编程设备相连,每条总线在管理中心有两个网络接口的是环线制。

（二）前端设备安装的具体要求

1. 探测器的安装

（1）被动式红外探测器的安装。壁挂式被动式红外探测器安装高度距地面2.2米左右,为获得最高探测灵敏度,探测器的视场与可能入侵方向成90度角,探测器与墙壁的倾角视防护区域覆盖要求确定。吸顶式被动式红外探测器应水平安装,一般装在重点防范部位上方附近的天花板上。控制楼道的被动式红外探测器安装,视场面对楼道（通道）走向,安装位置以能有效封锁楼道（或通道）为准,距地面高度2.2米左右。

被动式红外探测器的视窗不应正对强光源以及阳光直射的窗口。被动式红外探测的附近现场内,不应有可能引起温度快速变化的热源,如暖气、火炉、电加热器、热管道、空调的出风口等。被动式红外探测器的防护区不应有障碍物。

（2）微波—被动红外双技术入侵探测器的安装。壁挂式微波—被动红外探测器,安装高度距地面2.2米左右,为获得最高探测灵敏度,探测器的视场与可能入侵方向成45度角。若受场地条件限制,不能兼顾微波和被动红外灵敏度时,应首先考虑被动红外的灵敏度,即探测器的视场与可能入侵方向应在45度角至135度角之间。探测器与墙壁的仰角视防护区域覆盖要求确定。

吸顶式微波—被动探测器应水平安装,一般安装在重点防范部位上方附近的天花板上。控制楼道的微波—被动探测器,视场面对楼道（通道）走向,安装位置以能有效封锁楼道（或通道）为准,距地面高度2.2米左右。

（3）主动式红外探测器的安装。红外光路中,不能有可能阻挡的物体（如室内窗帘飘动、室外树木晃动）。红外接收机安装,应严禁阳光直射内部透镜。周界需由两组以上收发射机构成时,宜选用不同脉冲调制红外发射频率,以防止交叉干扰。并且正确选用探测器的环境适应性能,室内用探测器严禁用于室外。室外应用时要注意隐蔽安装。

（4）电动式振动探测器的安装。室内安装使用明敷、暗敷均可。通常安装在可能入侵的墙壁、天花板、地面或保险柜上。安装于墙体时,距地面高度2~2.4米为宜。室外安装,通常埋入地下,深度在10厘米左右,不宜埋入土质松软地带。

安装位置应远离振动源（如室内冰箱、空调等,室外树木、拦网桩柱等）,室外用一般应与振动源保持1~1.3米的距离,室内用酌情处理。不宜用于附近有强振动干扰源的场所（如临近公路、铁路、水泥构件厂等）。

（5）振动传感电缆周界入侵探测器的安装。安装于网状围栏上时,电缆应敷设在围栏的2/3高度处,固定间隔以产品说明书要求为准。安装于栅状围栏上时,宜将传感电缆穿入金属管内置于栅栏的顶端,固定金属管的卡子与管子之间应留有少量活动空间,以便入侵时能够产生振动。

安装于墙上时,宜将电缆敷设在墙上的铁刺网上。电缆敷设需经过大门时,应将电缆穿入金属管埋入地下1米深处。

室内安装时,将电缆敷设在可能入侵的房屋墙体的2/3高度处或天花板、地板上,明敷、暗敷均可。接口盒(内置前置信号处理器)应固定在传感电缆附近的桩柱或墙体上,且注意防破坏,地线应良好接地。

电缆分区要恰当,每个警戒区域不宜过长,最好不超过300毫米,以便于确定入侵部位。

2. 磁控开关的安装

注意防护门窗的质地,一般普通的磁控开关仅适用于木质的门窗,钢铁门窗应采用专用磁控开关。选用磁控开关的控制距离,至少应为被控制门、窗缝隙的2倍。

磁控开关应安装在距门窗拉手边约15厘米处;舌簧管安装在门、窗框上,磁铁安装在门、窗扇上,两者应对准,门距0.5厘米左右。一般情况下,特别是人员流动性较大的场合,最好采用暗装磁控开关,引出线也应加以伪装。

设防部位位于强磁场中,有可能经常遭受振动以及门窗缝隙过大或不易固定的场所,不宜使用磁控开关。

3. 紧急报警装置的安装

紧急报警装置应当安装在紧急情况下人员容易可靠地触发的部位,而且应隐蔽安装。

4. 摄像机的安装

(1)摄像机安装前,应按下列要求进行检查:

① 将摄像机逐个通电进行检测和初调。

② 检查云台的水平、垂直转动角度,并根据设计要求定准云台转动的起点方向。

③ 检查摄像机在防护套内的坚固情况。

④ 检查摄像机防护套的雨刷动作。

⑤ 检查摄像机座与支架或云台的安装尺寸。

(2)高速红外球摄像机安装需要设置的参数有:通讯协议、地址码、波特率。

(3)摄像机安装的注意事项:

① 搬动、架设摄像机过程中,不得打开镜头盖。

② 在高压带电设备附近架设摄像机时,应根据带电设备的要求,确定安全距离。

③ 摄像机装置的安装应牢靠、稳固。

④ 从摄像机引出的电缆宜留有1米的余量,不得影响摄像机的转动。

⑤ 摄像机的电缆和电源线均应固定,并不能用插头承受电缆的自重。

⑥ 监控银行营业场所活动的视频监控系统的摄像头,安装位置应为大厅、通道、办公室。其录像的方式为实时录像。

⑦ 安装摄像机时,应先进行初步安装,经通电试看、细调,检查各项功能,观察监视区域的覆盖范围和图像质量符合要求后,方可固定。

5. 巡更系统的信息点安装

巡更系统的信息点安装的高度应根据设计的要求而定。若无设计要求的,一般安装高度为1.4米。信息钮采用暗埋式安装时,埋入地下的深度应小于50毫米。

二、终端设备的安装

终端设备的安装包括监控室设备的安装。这里,我们主要介绍报警控制器和监控室内设备安装的具体要求。

(一)报警控制器的安装

1. 壁挂式报警控制器通常挂在墙上,其底边距地面的高度不应小于1.5米。如靠门安装时,靠近其门轴的侧面距离不应小于0.5米,正面操作不应小于1.2米。

2. 台式报警控制器通常安装在报警控制台上,报警控制器上的显示部位应避开阳光直射。报警控制台上的报警控制器安装的具体要求是:

(1)控制台后面板距墙不应小于0.8米,两侧距墙不应小于0.8米,正面操作距离不应小于1.5米。

(2)控制台安放竖直,台面水平。

(3)控制台附件完整,无损伤,螺丝紧固,台面整洁无划痕。

(4)控制台内插件和设备接触应可靠,安装应固定;内部接线应符合设计要求,无扭曲、脱落现象。

(5)控制台的主电源引入线必须直接与电源连接,不得使用电源插头。

(二)监控室内设备的安装

(1)监控室内电缆的敷设应符合下列要求:

① 采用底槽或墙槽时,电缆应从机架、控制台底部引入,将电缆顺着所盘方向理直,按电缆的排列次序放入槽内;拐弯处应符合电缆曲率半径要求。

② 电缆离开机架和控制台时,应在距起弯点10毫米处成捆绑扎,根据电缆的数量多少,每隔100~200毫米绑扎一次。

③ 采用架槽时,架槽宜每隔一定距离留出线口。电缆由出线口从机架上方引入,在引入机架时应成捆绑扎。

④ 采用电缆走道时,电缆应从机架上方引入,并应在每个梯铁上进行绑扎。

(2)控制室宜采用活动防静电地板。电缆在地板下灵活布放,并应顺直无扭绞;在引入机架和控制台处,应成捆绑扎。引入、引出房屋的电(光)缆,在出入口处应加装防水罩。向上引入、引出的电(光)缆,在出入口处还应做滴水弯,其弯度不得小于电(光)缆的最小弯曲半径。电(光)缆沿墙上下引入、引出时,应设支持物。电(光)缆应固定(绑扎)在支持物上,支持物的间隔距离不宜大于1米。

(3)监控室内光缆的敷设。在电缆走道上时,光端机上的光缆宜预留10米。余缆盘成圈后,应妥善放置。光缆至光端机的光缆连接器的耦合器工艺,应符合有关要求。

(4)监视器的安装。监视器可装设在固定的机架或柜上,也可装设在控制台操作柜上。当装在柜内时,应采取通风散热措施。监视器的外部可调节部位,应暴露在便于操作的位置,并加保护罩。

(5)接地电阻的安装要求。所有接地极的接地电阻应进行测量,达不到设计要求的,应在接地极回填土中加入无腐蚀性长效降阻剂;如果仍达不到要求,经过设计单位的同意,采取更换接地装置的措施。

(6)接地母线安装的要求。监控室内接地母线的路由、规格应符合设计要求。施工时应符合下列规定:

① 接地母线的表面应完整,无明显损伤和残余焊剂渣,铜带光滑无毛刺,绝缘线的绝缘层不得有老化龟裂现象。

② 接地母线应铺放在地槽或电缆走道中央,并固定在架槽的外侧,母线应平整,不得有歪斜、扭曲。母线与机架或机顶的连接,应牢固端正。

③ 电缆走道上的铜带母线,可采用螺丝固定;电缆走道上的铜绞线母线,应绑扎在横档上。

(7)系统的工程防雷接地安装要求。系统的工程防雷接地安装,应严格按设计要求施工。接地安装应配合土建施工同时进行。施工结束后,应对接地电阻进行实际测量,测量结果必须符合设计图纸的要求。

(三)监控中心安装的主要设备

监控中心是安全防范系统的中央控制室。安全管理系统在此接收、处理各子系统发来的报警信息、状态信息等,并将处理后的报警信息、监控指令分别发往报警接收中心和相关子系统。监控中心安装的主要设备,通常由信息传输设备、信息接收设备、信息处理设备、信息管理设备、信息显示设备、信息存储设备、控制设备和供配电设备等组成。

监控中心安装的子系统主要设备有:

(1)入侵报警系统的信息传输设备、报警主机、声光报警器、模拟地图板、管理计算机、打印机等。

(2)视频安全防范监控系统的信息传输设备、视频主机、控制键盘、图像记录设备、图像显示设备、视频分配器、控制信号分配器、控制台、电视墙、管理计算机等。

（3）出入口控制系统的信息传输设备、控制主机、发卡器、管理计算机等。

（4）电子巡查系统的巡查棒、数据读取器、数据传输器、管理计算机、打印机等。

（5）停车库(场)管理系统的信息传输设备、通信控制设备、发卡器、管理计算机、打印机等。

（6）访客(可视)对讲系统的信息传输设备、通信控制设备、对讲机(管理机)管理计算机等。

（7）系统集成的网络交换机、主服务器、备用服务器等。

（8）供配电系统的配电箱、配电柜、交流净化电源、不间断电源、电池箱（柜）等。

三、技防设备安装文档

技防设备安装文档是技防设备维修、系统扩充与更新的重要资料，是对系统进行维护的重要依据。加强技防设备安装施工和技防设备安装文档管理力度，是安防企业提高自身品质的必由之路。技防设备安装文档的内容，主要包括技防设备安装清单、技防设备连接示意图、技防设备接线图、技防设备检查记录、技防设备安装方法记录、技防设备安装电压记录等。

第四节 技防设备的使用

利用技术防范设备从事保安服务的保安员，必须学习和掌握技防设备的使用和维护方法，以保障技防设备性能良好、运行正常，充分发挥其在预防违法犯罪行为和治安灾害事故中的作用，全面履行保安服务的职责。对于中级保安员来说，学习和掌握技防设备的使用和维护方法，其目的是能对一般的技防设备进行规范操作和故障排除，能对技防系统数据进行备份，能对技防单体设备进行日常维护、保养。

一、报警系统的使用

报警系统包括火灾报警系统和入侵报警系统。报警系统的使用，指的是中级保安员不仅要懂得报警系统的构成、安装(使用)部位，而且要能识别报警信息，正确操作相关的技防设备进行处置。

（一）报警信息的类型和判别

1. 报警信息的类型

报警是发生警情后的报告。报警方式方法有手动报警和自动报警。自动报警是现场设置的报警探测器,将探测到的警情自动地输送到报警控制器,从而发出警报信息。手动报警是人为操作技防设备发出警报,即在现场按下手动报警按钮进行报警。

根据不同的标准来区划,报警可以分为若干种不同的类型:

(1)按报警的内容分,有火灾报警、入侵报警、故障报警。故障报警是技防设备在使用中发生了故障而发出的警报信息。

(2)按报警的信号分,有声报警、光报警、屏幕报警。屏幕报警是在监控中心的视频屏幕上显示警情发生的信息。

(3)按报警的正确与否分,有真警情报警、无警情误报警和有警情漏报警。

2. 报警信息的判别

报警信息的判别是指保安员通过对报警控制器上显示的不同警报,来判断报警内容的类别。

(1)火灾报警信息的判别

独立设置的火灾报警系统,其火灾控制器发生连续的变调声响,则表明发生火灾;火灾控制器发出断断续续的声响,则表明火灾控制器发生了故障。在火灾发生的情况下,火灾控制器显示报警系统的火警总灯则以红色光的形式报警。如果显示黄色的光报警,则是报警系统发生了故障的信号。

火灾报警系统从属于视频安防监控系统的,其报警信息在视频屏幕上一目了然。

(2)入侵报警的判别

入侵报警系统从属于视频安防监控系统的报警判别,可通过调阅视频相应画面加以判别。

入侵报警系统从属于门禁控制系统的报警,则有二种情形:若设置出入时间的门禁控制系统报警,则是延(超)时报警。否则报警,就是防拆(破坏)报警。

入侵报警系统发生故障时,往往不能正常报警,若有报警则是误报警。

如果技防报警器材的显示器上面有报警信息名称标注的,则据此便可判定报警信息的类别。

(二)火灾报警系统的使用

火灾报警系统是建筑物内部自动消防设施的一个重要组成部分,其主要作用是预防火灾事故的发生,对火灾的隐患作最初级的预报,将火灾遏制在萌芽状态之中,使火灾损失降低到最低程度。

火灾自动报警系统发出报警信息后,值机保安员应当在确认(复核)报警正确无误后,采取相应措施处置火灾。

1. 火灾报警系统各部件的使用

火灾报警系统主要由火灾探测器、手动报警按钮和火灾报警控制器等组成。

（1）火灾探测器用于被保护现场,对现场空间监测,并将探测到的火灾信息输送至火灾报警控制器。

（2）手动报警按钮安装于各楼层的楼梯口或通道内以及居民家中等显著位置。手动自动报警按钮的作用是发现火情后,人为操作进行火灾报警,功能等效于火灾探测器。

（3）火灾报警控制器（包括区域火灾报警控制器、集中火灾报警控制器、通用火灾报警控制器、区域火灾显示器等）是火灾自动报警系统的中心管理设备,它对火灾探测器、手动报警按钮及各种接口进行检测和管理,能够接收探测器信息和检测线路故障信息,同时能启动各种接口,以便控制各种消防联动设备。

2. 火灾自动报警设备的报警指示与按键操作

火灾自动报警系统报火警时的特征:探测器火警确认灯亮;控制器发出火警声响;控制器面板上火警总指示灯亮,且"部位"显示窗口显示探测器的部位号或编号,打印机记录报警时间、部位和火警类型。

（1）火灾报警控制器的主要性能

① 显示控制器的电源参数,如过压保护、欠压保护、交直流工作显示、时间显示等。

② 显示报警系统的故障总灯。主要对火灾报警控制器与外接设备连接线路故障和控制器内部故障以光的形式报警。

③ 显示报警系统的火警总灯。在火灾发生的情况下,以光的形式报警。

④ 火灾报警控制器声响报警。一般分为两种:在火灾报警情况下,控制器发出连续的变调声响;在故障状态情况下,控制器发出断续的声响。

⑤ 时间显示。它是设备运行时的重要参数,可记录火警和故障报警的日期和时间。在正常情况下,显示当前时间。

⑥ 部位显示。正常状态时,没有显示。火灾报警时,显示火灾发生地点、火灾探测器的部位号或编号;火灾探测器故障时,显示探测器发生故障地点的部位号或编号。

⑦ 启动键、复位键、自检键、消声键的作用:

启动键,用来启动各种接口模块。

复位键,将火灾报警控制器当前状态下的各种信息(包括火警和故障)清除,使控制器回到初始工作状态下。

自检键,检查火灾报警控制器本身性能是否处于正常工作状态,如控制器各报警回路能否正常工作,控制器操作面板上的各种指示灯是否正常等。

消声键,对控制器的火警声和故障报警声作暂时的消除处理。当其他未报警部位的火灾探测器动作时,控制器会再次发出火灾报警信号。

(2) 手动报警按钮的使用与复位

手动报警按钮按其结构不同有两种使用方法：一种是用小锤击碎手动按钮上的玻璃，开关自动弹出，发出火灾报警信号；复位需安装新的玻璃压位开关弹片。另一种只需直接按下按钮即可报警；复位时，启动内部开关按钮自动弹出，即可完成复位。

(3) 误报警的处理方法

误报警的处理应根据产生误报警的原因采取措施。若由环境干扰造成的，如现场有大量粉尘、水雾滞留，或者气流速度过大或者有高频电磁干扰等，应记录在案，并考虑更换探测器类型。如有大量粉尘存在的现场，应考虑将感烟火灾探测器更换成感温火灾探测器。若干扰因素是偶然的（如宾馆客房里客人抽烟过多或厨房油烟过大，致使火灾探测器误报的），应排除现场干扰因素，并对火灾报警控制器复位消音即可。

(4) 火灾报警系统常见故障分析及排除方法

火灾报警系统常见故障类型主要有：探测器故障、通讯故障、主电源故障、备电故障等。其常见原因及排除方法见下表。

故障类型	现象	原因分析	排除方法
火灾探测器故障	火灾报警控制器发出故障报警，故障指示灯亮，探测器故障指示灯亮，打印机记录探测器故障类型、时间、部位等。	1. 探测器与底座脱落或接触不良； 2. 探测器总线与底座接触不良； 3. 探测器总线损坏、断裂或接地性能不良造成短路； 4. 探测器本身损坏； 5. 控制器接口板故障。	1. 重新拧紧探测器或增大底座与探测器卡簧的接触面积； 2. 重新压总线使之与底座有良好接触； 3. 用"优选法"查出有故障的总线位置，予以更换； 4. 更换探测器； 5. 维修或更换接口板。
主电源故障	火灾报警控制器发出故障声响。主电源故障指示灯亮。	1. 外部供电部门停电； 2. 电源线接触不良； 3. 主电保险丝断了等。	1. 连续停电8小时应关机，主电正常后再开机； 2. 重新接主电源线，或使用烙铁焊接牢固； 3. 更换保险丝或保险管。
备电故障	火灾报警控制器发生故障声响，备电故障指示灯亮。	1. 备用电池损坏或电压不足； 2. 备用电池接线接触不良； 3. 保险丝断了等。	1. 开机充电24小时后，备电仍报故障，更换电池； 2. 利用烙铁焊接备电的连接线，使备电与主机良好接触； 3. 更换保险丝或保险管。

续表

故障类型	现象	原因分析	排除方法
通讯故障	火灾报警控制器发出故障声响,通讯故障指示灯亮,打印机记录通讯故障地址。	区域火灾报警控制器或区域火灾报警显示器故障或未通电、未开启。	1. 使设备正常供电,开启报警器; 2. 检查区域报警器与集中报警器的通讯线路,若存在断路、短路、接地接触不良等故障,更换线路; 3. 检查区域报警器与集中报警器的通讯板,若存在故障,维修或更换通讯板。
	消防控制室火灾报警控制器通讯接口故障表现为全部通讯故障;通讯线故障。	1. 通讯板的故障; 2. 通讯线接地性能不良或短路、断裂等; 3. 探测器或模块等设备造成通讯故障。	1. 检查通讯板,若有故障,维修或更换; 2. 用"优选法"检查线路故障,更换有故障线路; 3. 更换或维修设备。

(三)入侵报警系统的使用

1. 入侵报警系统的使用环境

(1)室外周界。根据纵深防护体系的要求,首先在建筑物或园区周边,除了采用实体防护的栏杆以外,由红外对射(如主动红外探测器)、激光对射、电子红外栅栏、泄露电缆、电子围栏(高压脉冲电子围栏)等构成。当发生非法入侵时发出报警信号,它是保障建筑物安全及正常运行的第一道屏障。

(2)室内重点防护区域。在需要重点防护的防护区、禁区,根据防护级别和防护要求,通过设置被动红外/微波入侵报警探测器(如双鉴探测器)、方向式幕帘红外探测器、微波入侵探测器、震动入侵探测器、玻璃破碎探测器、紧急按钮等构成的报警系统,来实现防护区、禁区的报警防护。

2. 入侵探测器的使用

入侵探测器种类主要有9种,分别适用于不同的场合和环境。

(1)磁开关报警器。简称磁开关,是最典型的状态探测器,属于开关类探测器。主要用于门(门禁系统)的状态监控,将防范区内的门、窗等的开/启状态关联起来。设防后,发现门、窗被开启时,会发出报警。

(2)主动红外探测器(图1)。又称为红外对射探测器,是典型的主动工作方式探测器,目前是周界防范(如围墙、进出口)的主要用品。

(3)被动红外探测器。它是典型的被动工作方式的探测器,是目前室内防范的主要设备。

图1 主动红外探测器

(4)微波探测器。它由微波源(发射单位)和接受单元组成,特别适用于室内入侵探测系统。

(5)微波场探测器(图2)。又称为微波对射探测器,它由相向而设的发射器、接收器组成,两者之间的橄榄形空间就是探测区。微波场探测器用于室外周界防范,性能优于主动红外探测器。但是,它要求在探测区外有足够的限制区,以减少误报警。

(6)双技术探测器(图3)。又称为双鉴探测器,它是将具有相容性、互补性和结构上能够集成为一体(可以封装在一个机壳内)、安装要求基本相同的不同的技术(不同探测原理)组合在一起的探测装置。目前普遍应用的双鉴探测器是微波/被动红外双技术探测器,它适用于高安全性要求的室内防范。

(7)玻璃破碎探测器(图4)。它是专门用于检测玻璃破碎时发出声波的装置,是建筑物周界防范最常用的探测器。

图2 微波场探测器　　图3 双技术探测器　　图4 玻璃破碎探测器

(8)声控报警器。它是一种声音监听装置,除了进行入侵探测外,还是报警复核的一种有效手段。

(9)周界入侵探测器。广义的周界入侵探测器,是指可以形成封闭性探测区的各种探测器。这里的周界入侵探测器用的是狭义,主要指构成室外带状防范区的设备。它的基本要求是与周界的物理形态相匹配(如构成线形的防范区)或可与栅栏相匹配。目前实用的周界入侵探测器有:

①振动电缆探测器(因为振动电缆还具有监听功能,故又称传声器电缆探测器)。它是典型的线型探测装置,特别适于附挂在各种围栏上,组成电子围栏(图5)。

图5 电子围栏

② 泄漏电缆探测器。它通常采用地埋方式设置,故又称埋设电缆。泄漏电缆主要有两种方式:一是基本系统,即由一段 200 米左右电缆构成整个探测区,此为基本系统泄漏电缆探测器。它适用于小长度和局部防范的周界。二是级连系统,即多个基本系统的电缆通过隔离器级连起来,由一个控制器集中管理,构成一个连续的、长距离(20 多千米)探测区,此为级连系统泄漏电缆探测器。它适用于高安全要求、长距离周界防范。

③ 电场式。又称电子栅栏,常用的是平行电场探测器,它由一组平行导线组成,平行导线数量有 6 条、8 条、10 条不等,视防范栅栏的高度而定。电场式探测器能准确地探测入侵者(有效地排除飞鸟、小动物等引起的误报警),适合仓库或小区围墙周界防范。

④ 光缆等其他周界探测系统。光缆探测系统是以检测光纤中光传输特性的变化来实现报警的,不受电磁环境的干扰,报警的灵敏性、准确率特别高,是最有前途、性能最好的探测技术。

3. 电子围栏系统的使用

电子围栏系统由主机和前端围栏组成,前端围栏由受力柱、中间柱、合金线、绝缘体、挂线杆、警示牌等组成。电子围栏系统具有物理屏障、主动反击、延迟入侵、准确报警等特性,是室外周界使用较多的入侵报警系统之一。电子围栏装置适用于仓库或者小区围墙周界防范的入侵报警系统,其产生的高压脉冲虽有电击效果,但对人畜不会造成伤害。

4. 报警控制器的使用

报警控制器是入侵报警系统的终端设备,它是整个系统的核心,决定探测器与控制器之间的通信和系统状态监控方式,也决定了报警系统与安防其他子系统的集成方式。

报警控制器通常分为区域(专门、独立)控制器和集中控制器两种。平常我们讲的报警控制器,一般指的是安装在入侵报警系统中心室(又称监控室、监控中心)的集中控制器,它的基本功能是信息显示与存储(记录)、与外系统通信、功能联动。集中控制器的显示、记录设备指的是控制键盘。

(1)显示。显示是指采用声、光及屏幕等适当方式,显示入侵探测结果、系统(报警器、系统传输、控制器)状态、系统存储的信息及控制器接收外部系统(设备)的信息。主要有:① 入侵报警并指示入侵发生的部位,确认报警或误报警后,可将系统复位;② 通信故障报警;③ 防拆(破坏)报警;④ 紧急报警(主要应用于接收紧急按钮的报警信号);⑤ 延(超)时报警。

显示器上常用画面显示组合方式有:单面、四面、十六面等三种。

(2)系统功能和状态设置。它是指通过人机交互界面设置系统和前端设备的功能和状态。主要有探测器布防、撤防或旁路,系统显示方式和延迟报警时间的设置,系统自检的诊断方式,操作、管理者权限等。

(3) 状态监控与信息存储。它是指报警探测器具有的对系统进行全面的状态监控和信息的存储功能。主要包括自检、记录功能,对系统操作和管理人员的检查和考核,对违权行为的报警,存储信息的读取/删除管理。

(4) 接口。它是指报警控制器具有的与外部通信和联动的功能。主要包括报警信号的转发、输出功能和网络接口的远程管理。

5. 控制键盘的使用

控制键盘是入侵报警系统中的显示、记录设备。入侵报警系统的值班人员需要显示、记录安防信息和发出布防、撤防、旁路等指令时,均应使用控制键盘操作。

6. 报警主机(报警控制器)的使用

入侵报警系统值班人员正确操作报警主机,既要掌握正确操作控制键盘的方法,又要正确发布相关指令。报警主机的指令主要有布防指令、旁路指令、密码修改指令、撤防指令等。布防指令和撤防指令都是密码+"#";旁路指令是"※※"+需要旁路的防区号+"※"+"#";密码修改指令是原密码+"#"+"#"+六位新密码。根据规定,密码应定期更换。

报警主机的布防,有单独布防和整体布防之分。单独布防是指对某一处设防、单体监控;整体布防是指对一个区域若干目标统一设防、整体控制。单独布防后,如果有人要进入监控目标内,正确的操作方法是先撤防,让来人进入防区办完事离去时再布防。如果有人需要进入整体布防的区域中某一目标内,正确的操作方法是先旁路该目标的防区,接着对其他目标布防;等到来者离去时,再恢复该目标布防。

报警主机布线的方式有总线制和分线制两种。总线制主机是一个接口管理几道防线安装的入侵探测器;分线制主机则有 2 个接口,分别管理相关的入侵报警探测器。

7. 入侵报警系统的故障识别

入侵报警系统的常见故障:一是控制键盘上某防区显示灯常亮,说明该防区出现故障;二是室外周界入侵报警探测器被周围的树木或植物遮挡而引起误报警;三是防区内有人走动时,控制键盘上的该防区指示灯闪烁。一旦入侵报警系统出现故障或异常现象,值班保安员应查明原因并及时排除。

8. 入侵报警系统报警的初判与处置

自动入侵报警系统发出报警信息后,值机保安员应当先确认(复核)后处置。确认报警正确与否的方法是:两人值班的一人去现场确认(复核);一人值班的通知附近执勤保安员或者报告带班领导前往现场确认(复核)。业主室内安装的手动报警设备发出报警信息时,应用楼宇对讲系统联系业主确认(复核);业主无回应时,通知附近执勤保安员或者报告领导前往现场确认(复核)。

入侵报警系统的警号鸣叫时,若发生了真警情,属于系统性能正常的反应。如有人在已布防的某防区内走动,则警号响起,同时看见控制键盘上该防区的显示灯闪烁,那么,值班人员应按照报警处置程序和方法予以处置。假如入侵报警系统发生了误报警或者漏报警现象,值机人员应查明原因,并采取相应的有效措施,以免此类不当报警再次发生。

一般来说,自动入侵报警系统产生漏报警、误报警的原因是:

(1)报警探测器的探测方位被移动而发生漏报警、误报警。

(2)报警探测器的表面被尘土污染而发生漏报警。

(3)报警探测器被树木、植物的枝叶等物体遮挡或掩盖而发生漏报警、误报警。

(4)值机人员使用不当的漏报警。如应设防而未设防的部位发生风险未报警。此外,人工入侵报警系统发生误报警的情况也时有发生,其原因往往是业主使用不当所致。例如业主擅自试用手动报警按钮而误报警;小孩玩耍手动报警按钮而误报警等。

(5)入侵报警系统故障而发生漏报警、误报警。

针对发生漏报警、误报警的不同原因,值机人员应分别予以正确处置。对探测方位被移动的报警探测器,应使用定位锁锁定探测器的探测方向;对于被污染的报警探测器,应用比较干的湿抹布擦拭干净探测器的表面;对遮盖报警器的树木、植物枝叶等物体,应及时进行修剪;对于入侵报警系统故障引起的漏(误)报警,应立即报告主管领导,让专业维护人员对系统设备进行检修;对于装有入侵报警器的用户进行教育,以免使用不当误报警。

二、视频安防监控系统的使用

一般视频安防监控系统的主要组成部分是:红外枪型摄像机、SYV75-5同轴电缆、液晶显示器、硬盘录像机。

(一)视控前端设备摄像机的使用

1. 视频摄像机的类型和适用

摄像机的主要功能是采集。视频摄像机分为:飞碟摄像机(图1)、红外枪摄像机(图2)、红外半球摄像机(图3)、高速红外球摄像机(图4)等四种类型。而不同类型的视频摄像机,适用的场所也有所不同。通常情况下,飞碟摄像机多用于电梯内;停车场的视频安防监控系统往往安装全天候摄像机。

图1 飞碟摄像机

图 2　红外枪摄像机　　　图 3　红外半球摄像机　　　图 4　高速红外球摄像机

2. 视频摄像机的配套设备

为了保障视频摄像机的正常工作而为其安装的配套设备主要有防护罩、云台及支架。摄像机的防护装置通常称为防护罩。防护罩是为了保证摄像机工作的可靠性、延长其使用寿命而配装的具有多种特殊性保护措施的外罩。防护罩分为常用防护罩、特殊环境防护罩和球形防护罩三种。常用防护罩的一般功能是防尘、防水、防潮、自动调节湿度等。根据需要制造的特殊防护罩还具有防爆、防砸、防腐蚀、防冲击、防辐射等特殊功能。

云台除了能够起到支撑和安装摄像机的作用外,更重要的是能够扩大摄像机的视野范围。它能使摄像机在水平和垂直方向任意转动和俯仰,多角度采集图像,扩大效果。云台有手动式和电动式两种类型。电动式云台大都由中心控制室通过云台控制键盘进行控制。

(二) 硬盘录像机的使用

录像机是专门用来记录视频图像信息的一种磁记录设备,可以将监控系统采集的图像信息通过录像带长期保存起来。硬盘录像机的常用功能是录像、监视、控制。录像方式有:实时录像、动态录像、手动录像、自动录像等四种。硬盘录像机可用来保存视频资料。根据有关规定,视频资料最少保存时间为 30 天。

(三) 视频安防监控系统的常见故障分析

1. 视频安防监控画面丢失

一般造成安防监控画面丢失的原因有:摄像机发生故障;摄像机电源发生故障;视频监控系统的线路被破坏。

2. 视频安防监控画面为蓝屏

当摄像机的视频线连接断掉时,视频监控画面显示为蓝屏。

(四) 视频安防监控值班人员的职责

视频安防监控值班人员应当分工负责,全面履行下列职责:① 记录视频安防监控系统的运行状态。② 检查视频安防监控系统的功能。③ 对视频安防监控设备的外观进行检查。④ 检查局域网络连通状况。

（五）视频安防监控值班人员巡查的内容

值班巡查人员应当对视频安防监控系统的下列情况进行全面巡视查看,及时发现和消除安全隐患,维护视控设备的正常运行:① 视控设备的运行状态,特别是近期维修过的视控设备的运行情况。② 视控设备的功能状况。③ 局域网络连通情况。

（六）视频监控发现异常情况的处置

监控中心值班的保安员,要注意发现视频监控图像显示的可疑情况和安全问题,及时采取措施予以正确处置。如监控区发现行迹、携物等可疑的人,应设法对可疑人进行现场盘问并核实,查验其身份证件和携带物品,弄清是非,分别处置。如监控区发现违法犯罪行为人,应立即制止,并将其扭送服务单位或者公安机关处理。如监控区发现纠纷、打架等问题,应当予以劝解、劝阻,无效时报告服务单位处理。如有火灾警报,应首先确认火灾,然后方可启动现场自动灭火系统,采取灭火措施。

遇有上述情况时,监控中心有两名以上保安员值班的,可一人去现场处理;单人值班的,应立即通知监控区域执勤的其他保安员或者报告保安班(组)长前往现场处理。

三、出入口控制系统的使用

1. 出入口管理系统的组成部分及其功能

出入口管理系统由门禁读卡器、磁力锁、出入口管理服务软件等设备组成。门禁读卡器通过出入人员刷卡控制电梯、门锁(磁力锁)的开启。出入口安装的枪型摄像机等设备,同时对出入人员实施录像。

2. 出入口车辆管理系统的使用及故障排除

（1）出入口车辆管理系统的调试。调试内容包括自动道闸防砸车功能,管理中心的显示、统计、信息储存等功能的控制,出入口管理工作站与管理中心站的通讯等。

（2）出入口车辆管理系统的使用。租户车辆使用包月卡自行进出通行;外来车辆在取卡机前取卡后入内,离去时交还卡片(停车收费的凭卡计时结算),值班人员打开道闸放行。

（3）出入口的道闸故障处置。自动道闸无法开启时,首先人工打开道闸放行车辆;然后报告上级主管部门领导,让专业人员维修;并张贴故障提示牌。道闸档杆突然放不下来,往往是地感线圈上有铁质异物,应查看并清除。如果遥控器电池不足或者手动道闸开关失灵,也会造成道闸档杆放不下来或者竖不起来。

四、电子巡查系统的使用

电子巡查系统分为离线式电子巡查系统和在线式电子巡查系统两类。离线式电子巡查系统又分为接触式电子巡查系统和非接触式电子巡查系统两种。不同类别的电子巡查系统的主要设备和功能是一样的,但使用方法不尽相同。

电子巡查系统的主要设备是信息钮、巡更器(巡更棒、IC卡)、通讯座。

电子巡查系统的功能:根据建筑物使用功能和安全防范管理的要求,按照预先编制的保安员巡查程序,通过信息识读器对保安员巡逻过程是否准时、是否遵守巡逻顺序等情况进行监督记录。电子巡查系统功能检测的内容是,巡更终端的响应功能、信息传输、指示故障位置功能、数据存储功能等。

当巡查人员按照规定的路线、时间到达巡查点时,应当根据不同类别的电子巡查系统而采用不同的方法来使用。

(1)接触式电子巡查系统使用方法是,以巡查棒碰触信息按钮,系统自动记录下巡更日期、时间、位置等信息。返回后,将巡查棒通过接口模块与电脑通信,由专用软件解读出巡查棒内的信息。

(2)非接触式电子巡查系统的原理和操作流程与接触式相同,二者使用方法的区别是,把接触式的巡查棒和信息钮换成非接触式的IC卡和读卡器。

(3)在线式电子巡查系统是把门禁读卡器作为巡查点,使用方法是用智能(巡更)卡接触门禁读卡器,系统则自动记录巡更的有关信息。

五、楼宇对讲系统的使用

服务区域居民运用楼宇对讲系统求助或者报警时,监控中心值班的保安员应当妥善处理。例如,物业小区的居民遗失了住宅大楼单元门出入的门卡或者将门卡遗忘在屋子里不能进入大楼,求助监控中心予以遥控开启大楼的单元门锁时,值班保安员应在视频上首先确认求助者为大楼内的居民后方可开锁。若在视频上难以辨认,则应通知附近巡逻的保安员前往现场确认。再如,物业小区的居民利用家中的手动按钮报警时,值班保安员首先要采取与报警的居民联系等方法,确认警情后方可启动处置程序,以防误报警。

第五节 技防设备的日常维护

维护是指一件产品或一个系统保持在可用状态的过程。常规的维护工作,不影响系统的正常运行,不需要全部切断系统电源。维护时,一般不打开设备机箱,只是对设备外部进行处置。

一、日常维护的原则和要求

为了预防和减少技防设备故障的发生,使其性能保持在良好状态,需要有计划地对技防设备进行全面检查和日常维护。日常检查和维护工作,主要应由用户方维护人员来完成,发现较小的故障时,可自行组织人员进行检修,用户方发现较大的故障而不能自行排除时,须及时通知系统维修保障单位派出维修人员来迅速排除故障。

(一)用户方维护人员的常规检查和日常维护

1. 对连续运行的监控中心的常规检查和日常维护

日常维护是经常性的工作,对连续运行的设备维护方法如下:

(1)保证控制室的清洁卫生,减少灰尘积累对设备内部的影响。
(2)及时对荧光屏进行必要的清洁处理。
(3)及时对后备电源所用的电池进行保养。
(4)经常对控制室的自身防护设施进行检查。
(5)对控制室的消防设施进行保养。

2. 对不连续运行系统的监控中心的常规检查和日常维护

对不连续运行的系统(如定时设防的入侵警报系统)而言,除执行连续运行系统的常规维护方法外,在每一次开机前都要进行一次检查,观察控制台上及其周围是否有多余的东西,对加电后会产生不良后果的隐患先进行排除。

3. 对无人值守的控制室的常规检查和日常维护

安全防范系统有些分控中心是无人值守的,对于这些系统的设备不能长期无人问津,也应定期检查,定期扫除,排除故障隐患。

4. 对前端设备的常规检查和日常维护

安装在室外的安全防范系统的前端设备,由于气象条件的变化(刮大风、下大雨、雷击等)及人为的因素(人为的破坏设备或改变报警探测器的探测方位等),系统会发生故障,必须定期进行巡检。

(1)及时对固定摄像机的监视方位进行观察,如有变化及时纠正。
(2)及时对报警探测器的布防方位进行观察,如有变化及时纠正。
(3)及时对电子巡查系统前端的"信息钮"安装的可靠性进行检查。

5. 对传输设备的常规检查和日常维护

重型车辆碾压会造成地埋线缆的损坏,气象条件的变化会造成架空线缆的损坏,地埋线缆的接头浸水等会使系统发生故障,甚至会造成系统瘫痪。除日常进行定期巡检外,在刮大风、下大雨、雷击、下大雪等恶劣天气,应及时对传输设备检查和维护。每次进行安防设备维护后,应有维护过程的记录并存档。

（二）用户方维护人员的上岗培训

安全防范系统用户单位的维护人员，必须在上岗前参加专业培训，考核合格后方能上岗从事技防设备维护工作。在系统功能升级后，系统维修保障单位应及时向用户系统使用和维护人员交代，避免发生不必要的差错。

二、安防系统维护工作的主要内容

1. 外观检查

（1）检查前端设备摄像机杆体及其上面安装的设备。
（2）检查入侵探测器及其固定件有无异常情况。
（3）检查传输线路、线杆、电缆、光缆及其设备。

2. 环境状况检查

（1）检查监控中心的环境卫生。
（2）实时监测监控中心的温度和湿度。
（3）检查消防设施。
（4）及时清理电视墙、控制台周边堆放的多余物。
（5）检查前端设备周边环境状况，修剪周围的树枝。
（6）及时清理入侵探测方位内多余的物件。

3. 功能检查

对照系统的设计文件，逐项检查子系统的各项功能，及早发现可能发生的故障隐患。

4. 例行维护

（1）对监控中心的环境和安装的设备进行清洁维护。
（2）对前端的采集设备及周边的环境进行清洁维护。
（3）定期更换工作寿命较短的设备。
（4）对USP电源的电池进行充电、放电。
（5）发现不能自行解决的设备故障等问题，及时请维修部门进行修理。

三、安全防范主要子系统日常维护的基本内容和要求

（一）视频安防监控系统的日常维护

1. 视频安防监控系统的运行维护

（1）前端监控设备的检查维护。视频安防监控子系统的前端监控设备包括前端机箱内的电源、视频光端机、摄像机、网络摄像机、云台、摄像机安装杆、安装支架等设备。其中，安装在环境条件较好的室内前端监控设备，维护比较容易；而安装在室外的前端监控设备，由于环境条件比较差，需要对它们进行定期维护保养。

（2）监控中心的各种设备的检查维护。监控中心的设备包括视频监控主机、

硬盘录像机、视频光端机、视频分配器、视频服务器、USP电源等设备。

(3) 连接前端设备的监控中心的传输系统维护。传输系统包括电缆、光缆、线杆电缆沟、电缆井、电缆线管、线槽、电缆桥架等设备。

2. 前端监控设备的日常维护

(1) 防护罩的维护

① 定期对防护罩的玻璃进行擦洗,可用水冲洗后再用干净的棉纱擦干;高空安装的带有雨刷的防护罩在下雨时,可转动云台将防护罩玻璃朝向天空,然后启动雨刷进行刷洗。

② 定期对防护罩内部进行清理擦洗。

③ 要在雨刷橡皮老化前更换雨刷的橡皮(一般雨刷的橡皮使用期为1~2年),以防老化的雨刷橡皮磨损防护罩。

(2) 镜头的维护

摄像机的镜头在密封好的防护罩中,一般不用进行清洁,镜头上有少许的尘土并不会影响影像的质量。如果在恶劣环境中使用,镜头上的污渍比较多,需定期对镜头进行除尘清洁。其方法是用吹气球吹净镜头表面的灰尘,但不宜使用压缩空气罐,以防压力过高,把灰尘吹进镜头的缝隙中;也不要直接用嘴去吹,以免唾液微粒吹到镜头表面,增加处理难度。如果使用吹气球没能去除镜头表面的灰尘,就使用类似毛笔的软刷清洁镜头。对于顽固的污渍、指痕等,可使用麂皮、镜头清洗布或镜头纸再配合适量的镜头清洗液来进行清洗。但在擦洗时,不要用力挤压镜头表面,以免用力清洁而擦去镜头表面覆盖的涂层。使用清洗液的量不宜过多,也不要把清洗液沾到镜头之外的地方,防止造成黑色的镜头边缘掉色,甚至使镜头周围变形。另外,每次清洁镜头的时间不宜超过30秒,免得造成镜头不必要的损伤。

(3) 云台的日常维护

① 定期检查云台的底座和支架牢固性,以免云台转动时,摄像机坠落损坏、伤人。

② 定期检查云台与防护罩之间的连接线、电缆及插头,发现松动或脱落,及时进行焊接、绑扎等处置。

③ 定期为大型转动云台(如防爆型云台)的齿轮添加润滑油,严寒地区应使用在低温下不会凝固的枪炮油。

④ 粉尘多的环境,定期检查云台的限位开关和限位螺栓是否正常,以保障其限位作用的正常发挥。发现限位开关臂被卡住,应清洗或更换。

3. 监控中心设备的日常维护

(1) 显示设备日常维护的基本内容和要求

显示设备主要指监视器(显示器),它容易受到温度、静电、湿度、灰尘、电磁干扰、电源不稳定等因素影响而造成监视器故障。所以,应当切实做好监视器的下列日常维护工作：

① 控制监视器的温度（降温）。监视器是视频安防监控系统的一大热源,它的电源部分、行输出、高压包、IC模块、各种大电流驱动线圈、显像管等都是工作热量很高的部件。这些部件长时间在过高的环境温度下工作,不仅会使很多元件的性能和使用寿命大打折扣,而且还可能导致个别虚焊点脱落造成开路,使监视器工作时出现故障。同时,元器件也会加速老化,导致监视器不工作,甚至烧毁元件。因此,注意散热是降低监视器温度最重要的环节,应在监视器周围留下足够的空间,以便于其散热。在炎热的夏季,最好把监视器放在空调房间中,或者用电风扇进行强制散热。

② 控制监视器处所的湿度（防潮湿）。当室内长时间湿度高于80%时,监视器内部就可能产生结露现象,容易产生漏电,导致绝缘性能下降,甚至有可能被腐蚀而出现断线。而监视器的高压部件则极易产生放电,出现干扰跳火等现象,严重时会导致因绝缘性能被破坏而烧毁。监视器注意防潮的关键在梅雨季节,对于长时间不用的监视器,也要定时通电工作一段时间,让监视器通过工作产生的热量将机内的潮气驱散出去。

③ 避免强光照射监视器。监视器的荧光屏受阳光或者其他强光长时间照射,易加速显像管老化,降低发光效率。同时,值班人员的眼睛也容易受到损伤。所以,不要把监视器放在阳光照射强烈的地方使用,必要时用深色窗帘减轻光照强度。

④ 清除监视器内外的灰尘。平时,应尽量避免灰尘进入监视器（显示器）,但不能用物品遮盖,以免热量散发受阻,导致显示器内部温度过高而损坏机器。在灰尘比较大的环境中工作,印刷电路板会吸附灰尘,而灰尘的沉积也会影响电子元器件的热量散发,导致元件漏电甚至烧毁。另外,灰尘也会吸收水分,腐蚀显示器内部的电子线路,造成短路。防止灰尘的办法,除了将显示器放置在干净清洁的环境中使用外,应定期对监视器内部进行除尘处理,尤其是高压包、高压帽的周围,一般2~3年应该清除一次。

⑤ 选好监视器安放位置。为防止外加磁场对监视器造成的干扰,显示器摆放的位置应当尽量远离强磁场,如高压电线、音响、指针式万用表等。否则,显像管容易被磁化,显示器就会出现莫名其妙的抖动或偏色等现象。显示器本身虽然具有消磁功能,但对强磁场干扰后造成的深度磁化作用不大。如果显示器被深度磁化了,可使用消磁棒和消磁线圈等专门的消磁工具来消磁。使用时,手持消磁棒在显示器屏幕前,以屏幕中心点为圆心,做半径逐渐扩大的圆周运动,直至消磁完毕。如果一次的效果不明显,可多做几次。如果显像管磁化现象很严重,用消磁棒还没有消除偏色现象时,可用消磁线圈消磁。其方法是,手持消磁线圈从屏幕某一边缘开始,向屏幕中心缓缓地做圆周运动,到达屏幕中心后再翻过来往外圈旋转,如此

反复多次后,将消磁线圈置于屏幕中心,使其与屏幕表面呈90°角,保持垂直慢慢后退到显示器1米以外。然后,关闭消磁线圈电源。

⑥ 正确擦拭屏幕表面。擦拭屏幕表面的正确方法:用脱脂棉或镜头纸从屏幕内圈向外呈放射状轻轻擦拭。如果屏幕表面较脏,可以用少量的水,把脱脂棉或者镜头纸浸湿后擦拭。监视器的外壳可使用蘸水的湿布抹擦。显像管加电工作时,严禁用湿布抹擦荧光屏,否则很危险。液晶显示屏、等离子显示屏表面采用的是聚酯材料,禁止使用化学溶液擦拭。

⑦ 正确使用显示设备:

使用显示器面板上的调节功能按键时,应缓慢稳定,以防用力过猛造成人为损坏。

应在电脑上安装屏幕保护程序,以免显示器长时间在等待状态下加速显像管荧光粉的老化。

应使用带保险丝的防雷插座,防止显示器受到瞬间高压冲击时元器件的损坏。同时,应配一个 UPS 电源,以防止突然断电带来的冲击。

正常使用中,应适当降低显示亮度(最好设置为最大值的 70%~80%),以缓解显像管的灯丝和荧光粉的老化速度,延长显示器的寿命,且可保护眼睛。

如果影像产生晃动,应查明原因(如变压器产生的磁场),排除干扰,或将显示器远离干扰。

电源电压突然过高或频率过低,导致屏幕突然无显示,表明此时显示器处于高压保护状态,应该立刻关机。等电压稳定了再开机工作。

调换或搬动显示器时,应先关断电源,并将电源线和讯号电缆线断开,以免损坏端口电路的元件。

关机时屏幕中心有亮点,应立即送维修中心修理。否则,时间长了会导致显像管被灼伤,中央出现黑斑,显示器报废。

切断监视器电源后,不要立刻重新启动电源,以避免监视器损坏。

(2) 硬盘录像机日常维护的基本内容和要求

① 硬盘录像机的维护:

定期用刷子对电路板、接插件、机箱风机、机箱等进行除尘清洁,以免硬盘录像机电路板上的灰尘在受潮后引起短路。

保持硬盘录像机电源插座上的接地端接地良好,以免静电损坏硬盘录像机和视频、音频信号受到干扰。

视频、音频信号线以及 RS-232、RS-485 等接口,都不能带电插拔。否则,容易损坏这些端口。

关机时,不要直接关闭电源开关,以免损坏硬盘。应使用菜单中的关机功能或面板上的关机按钮,使硬盘录像机自动关掉电源。

保持硬盘录像机机箱周围空气流通，以利于散热。

② 硬盘寿命的维护：

A. 硬盘过度的震动和碰撞（包括长时间轻微震动、小碰撞），不仅会损坏其内部的读写头和存储介质，而且会造成磁头组件或者扇区物理性损坏。因此，维护硬盘寿命必须做到：

切不可将硬盘设备或者硬盘组件掉落在地上，操作过程中也应避免碰撞。

禁止在通电状态下和断电后30秒时间内，搬运或者拍打硬盘设备，以消除硬盘被损坏的高风险。

运输硬盘设备、硬盘组件的过程中，坚持用生产厂家提供的包装材料包装，以保护硬盘不被震动和碰撞。

安装硬盘设备时，机架要稳固，视频服务器、硬盘录像机应水平放置，并固定在机架上。

B. 在超过产品规定的运行温度、湿度的环境中使用硬盘，会加速硬盘及其组建的磨损；环境温度、湿度的剧烈变化，也会造成硬盘内部故障（如结露）。因此要做到：

在保证符合设备要求的温度和湿度的环境中开启设备电源，因为硬盘随之自行启动。

当硬盘组件、设备从寒冷的户外搬移到温暖的室内时，三个小时内不要将硬盘从包装材料或者运输设备中取出，最好在三小时之后再开机操作。

C. 在触摸硬盘之前，要先接触金属物品或者其他接地装置，将身体所带静电释放。最好能带上防静电腕带，以防静电损坏硬盘上的控制电路。

D. 灰尘对硬盘的影响。虽然硬盘的密封性非常好，但是，如果环境中的灰尘过多，难免有微小灰尘颗粒进入其内部，影响其寿命。因此，要注意保持硬盘使用环境的清洁，定期对硬盘录像机进行除尘等清洁保养工作，以防灰尘颗粒吸附在磁盘面上形成磁盘坏点，影响磁头的读写，甚至造成磁头损坏。

(3) UPS 电源日常维护的基本内容和要求

① UPS 电源主机的日常维护。UPS 不间断电源主机为电子元器件，日常维护主要是经常观察电源电压指示应该在标称电压 ±5% 以内，超出范围应做适当调整。

② 蓄电池的日常维护。UPS 常用的电池是三种：开放型液体铅酸电池、免维护铅酸电池和铬镍电池。UPS 不间断稳定电源常用的是免维护铅酸电池，它的维护和保养主要是针对蓄电池的。有资料显示，由蓄电池故障而引起 UPS 电源故障的比例为三分之一。因此，我们除了选配正规品牌蓄电池外，应从以下几个方面入手，做好蓄电池的使用与维护工作。

A. 保持适宜的环境温度。影响蓄电池寿命的重要因素是环境温度，要求的最佳环境温度是在20℃~25℃。目前UPS所用的蓄电池设计寿命普遍是5年,这在温度适宜的环境下才能达到。环境温度的提高,会导致电池内部化学活性增强,从而产生大量的热能,促使周围环境温度升高,这种恶性循环会大大缩短电池的寿命。

B. 定期充电放电。UPS电源中的浮充电压和放电电压,在出厂时均已调试到核定值,而放电电流的大小是随着负载的增大而增大的,使用中应合理调节负载,如控制微机等电子设备的使用台数。一般情况下,负载不宜超过UPS核定负载的60%,以免蓄电池的放电电流出现过度放电。

UPS电源长期与市电相连,蓄电池会因此长期处于浮充电状态,日久就会导致电池化学能与电能相互转化的活性降低,加速老化而缩短使用寿命。所以,一般每隔2~3个月应完全放电一次,即将蓄电池连接的市电切断,使UPS电源放电到系统不能正常工作时,恢复市电后再按规定充电8小时以上。

C. 及时更换废、坏电池。目前,大中型UPS电源配备的蓄电池数量从3只到80只不等,甚至更多。多个单体的电池构成电池组,以满足UPS直流供电的需要。当电池组中某个电池出现损坏时,维护人员应当对每只电池进行检查测试,排除损坏的电池。更换新的电池时,应该力求购买同厂家同型号的电池,禁止防酸电池和密封电池、不同规格的电池混合使用。

D. 贮存蓄电池的规范。

在0℃~35℃环境下,蓄电池贮存期不应超过6个月。否则,应按照使用维护说明书进行补充电。补充电后的蓄电池,最长保存时间也不能超过18个月。

存放地点应清洁、通风、干燥,并对电池有防尘、防潮、防碰撞等防护措施。严禁将电池置于封闭容器中。

使用过的电池,应在存放前充足电后,按贮存要求存放。

E. 适合蓄电池安装的环境。电池室需通风良好,应避免阳光直接照射,距离热辐射源至少1.5米,以确保一个电池组间不存在外界条件造成的电池间的温差。

F. 正确使用蓄电池。

电池应在5℃~25℃(不超过30℃)温度条件下使用,高温会缩短寿命,低温会降低容量。环境温度超过55℃时,会毁坏电池。

严禁不同品牌、不同容量、不同新旧程度的电池混合使用。

电池使用中要远离火源,保持通风,防止其产生的氢气引发爆炸。

保持环境清洁,避免过多的灰尘导致蓄电池短路。

配置适宜的充电器,供蓄电池放电后及时补充电。未充饱的电池再放电时,会导致电池容量降低甚至损坏。

应避免UPS负载太轻(如1KVA的UPS带150VA负载)。

适当的放电有助于电池的激活。如长期不停市电,应人工将电池放电(每年

4~6次),可利用现有的负载放电,时间为四分之一至三分之一后备时间;长期停用的电池(UPS)应充电后贮存,且每半年要对电池进行充放电一次(浮充4~10小时),并在电池逆变状态下工作2~3分钟。

确定电池的浮充电压。浮充使用时,蓄电池的充电电压必须保持一个恒定值,在该电压下,充入的电量应足以补偿蓄电池由于自放电而损失的电量和氧循环的需要;还要保证在相对较短的时间内,使放过电的电池充足电。这样,就可以使蓄电池长期处于充足电状态。同时,该电压的选择应使蓄电池因浮充电而造成的损坏达到最低程度。

(二) 火灾自动报警系统的日常维护

火灾自动报警系统的维护是使系统能够长期稳定准确、可靠工作的保证。特别是火灾探测器,对环境有一定的要求,如果工作环境达不到要求,会经常出现误报,造成不必要的恐慌。火灾自动报警系统的日常维护应该做到:

(1) 依法验收合格后正式投入运行。使用单位必须具有系统竣工图、设备技术资料、使用说明书及调试开通报告、竣工报告等文件资料,并经当地公安消防监督机构验收合格后,方可正式投入运行。任何单位和个人,不得擅自决定使用。

(2) 制定健全的系统管理制度。包括系统操作规程;系统操作人员消防工作职责;值班制度;系统定期检查、维护保养制度等。管理者应定期检查制度的落实情况。

(3) 专人负责管理、使用、维护。配备责任心强,具有较高文化程度和专业知识的人员负责系统的管理、使用和维护。其他无关人员,不得随意触动设备。

(4) 操作、维护人员熟悉情况、持证上岗。操作、维护人员应熟练掌握火灾自动报警系统的结构、主要性能、工作原理和操作规程,对本单位报警系统的报警区域、探测区域的划分以及火灾探测器的分布应做到了如指掌,并经过专业培训取得上岗证,持证上岗。

(5) 建立技术档案并认真填写记录。建立火灾自动报警系统的技术档案,制定《火灾自动报警系统运行记录》《火灾自动报警系统维护保养记录》等图样表格,认真填写记录。发现问题及时报告本单位负责人,出现大的问题(如系统运行中断等),应及时报告当地公安消防监督机构。

(6) 定期检查、维护。为了保证火灾自动报警系统的连续正常运行和可靠性,使用单位应建立定期检查、维护程序,包括检查火灾报警控制器的功能是否正常,对火灾自动报警系统的功能进行试验等内容。

(7) 定期清洗。火灾探测器在投入运行两年后,应进行一次全面清洗。对于使用环境条件较差的火灾探测器,应每年进行一次全面清洗。火灾探测器的清洗,应送专业清洗维护部门进行;清洗维护后,要对火灾探测器逐个进行响应值试验。

（三）入侵报警系统的日常维护

1. 入侵报警系统日常维护的主要工作内容

（1）经常检查报警探测器的探测方位是否被移动，以免移动带来的漏报和误报。设备安装时，使用带万向节探测器支架的，应用定位销锁定。

（2）定期对报警探测器的表面进行清洁除尘，方法是用比较干的湿抹布擦拭。

（3）检查报警器是否被遮盖，以免被遮盖造成的误报。

（4）定期做报警演练，以检查报警器的报警功能。

2. 前端入侵探测器设备的清洁方法

（1）入侵探测器的清洁方法：① 用毛刷掸去外罩表面的尘土。② 用干净棉纱或软布蘸少量水，拧开后轻轻擦拭外罩。③ 清洁探测器的发射窗口。可一边用洗耳球吹，一边用羊毛刷掸去窗口上的尘土；如果窗口尘土多吹不干净，可用脱脂棉蘸少量水，拧干后轻轻擦拭。擦拭时，不要反复擦，应顺一个方向进行，并及时更换新的脱脂棉。

（2）前端箱的清洁方法：① 用毛刷掸去外罩表面的尘土。② 用干净棉纱或软布蘸少量水，拧干后轻轻擦拭箱体外壳。

3. 入侵报警系统日常维护的注意事项

（1）电源中断维护时，应先确认电源关闭，并使用导线连接合金线与接地线放除静电。作业前应穿绝缘鞋、戴绝缘手套，未穿戴防护用品，不得直接接触带电部分。

（2）电子围栏产生的高压脉冲虽无电击效果，但在维护、维修、巡查时必须注意安全，只有在确认电源关闭并放除静电、穿戴防护用品后，方可对其导体部分进行维修作业。电子围栏日常维护的内容应当全面周到，不仅停电后要对主机作表面清洁，对挂线杆、绝缘子、金属导体、跨接线、复位开关等进行检查，而且对可能影响电子围栏正常使用的遮挡物要进行定期清理。

① 前端设备的清洁工作，通常高风险单位每月擦洗一次，一般单位每3个月擦洗一次。探测器外罩尘土较多的，需定期进行擦拭，在恶劣的天气或尘土较多的环境中，或雨后遭遇沙尘天气后需随时清洗除尘。

② 前端设备周边的树枝、植物的枝叶等遮挡物需及时修剪处理，一般每年进行2～3次。

③ 前端设备功能检查，高风险单位应每日进行一次，必要时每次交接班时做一次检查。

④ 定期检查前端设备与视频安防监控系统、出入口管理系统等子系统的联动功能，通常每3个月进行一次。

（3）按规范要求维护入侵报警系统的子系统。

① 前端设备的清洁工作，通常要求是：高风险单位每月擦洗一次，一般单位每

3个月擦洗一次。探测器外罩尘土较多的,需定期进行擦拭,在恶劣的天气或尘土较多的环境中,或雨后遭遇沙尘天气后,需随时清洗除尘。

②前端设备周边的树枝、植物的枝叶等遮挡物,需及时修剪处理,一般每年进行2-3次。

③前端设备功能检查,高风险单位应每日进行一次。必要时,每次交接班时做一次检查。

④定期检查前端设备与视频安防监控系统、出入口管理系统等子系统的联动功能,通常每3个月进行一次。

（四）出入口控制系统的日常维护

（1）检查读卡器、门锁、闭锁器等部件是否异常,如有松动情况需及时紧固。

（2）定期用比较干的湿抹布擦拭读卡器。

（3）检查电磁锁的功效。

（4）严禁在出入口控制系统的专用微机上玩电脑游戏。

（五）可视对讲系统的日常维护

可视对讲系统的门口机的键盘,应定期用比较干的湿抹布擦拭。对摄像系统的维护参照视频安防监控系统执行。用户端的对讲分机和可视分机,应提醒用户自行用较干的湿抹布擦拭维护。

（六）电子巡查系统的日常维护

离线式电子巡查系统的日常维护工作,主要是定期检查室外的信息钮安装是否牢固,发现松动应及时固定。在线式电子巡查系统的线路维护,参照本节中"传输线缆日常维护"相关内容执行。

（七）停车库(场)管理系统的日常维护

停车库(场)管理系统的日常维护主要是对"栏杆机"起降功能的保养。其视频部分的日常维护,参照视频安防监控系统相关内容执行;读卡器的日常维护与出入口控制系统的有关内容相同。

（八）传输线缆的日常维护

1. 电缆、光缆传输线缆的日常维护内容和要求

（1）架空线缆杆路的维护。每月对杆路应进行一次巡视;刮风下雨和大雪后应随时检查;每年应对电缆、光缆杆路进行一次全面维护。要求做到杆身牢靠,电杆基础稳固,拉线及地锚强度可靠。

（2）钢索配线维护。应定期检查吊线终结、吊线保护装置及吊线的锈蚀情况,严重锈蚀的部分应及时更换;随时检查吊线垂度,发现明显下落或吊线过紧时,应及时调整花篮螺栓,以调节垂度。

（3）电缆、光缆维护。应检查电缆、光缆有无明显下垂,杆上预留线缆及保护

套管安装是否牢靠,线缆外护层有无明显异常现象。线缆明显下垂或外护层发生异常现象时,应及时处理、整理、添补或更换缺损、锈蚀的挂钩;检查接续盒、预留架安装是否牢固,有无锈蚀、损伤。发现问题应及时解决。

(4) 检查电缆进入建筑物前的防水弯和进入建筑物的进入孔有无渗漏雨水现象。

(5) 定期检查架空电缆,及时增补电缆托钩及线卡。刮大风后,挂钩距离可能产生较大的位移,应重点检查光缆挂钩的间距,如有变化应及时调整。

(6) 清理外力影响。剪除影响电缆、光缆的树枝,清除传输线缆及吊线上的杂物。检查光缆、吊线与电力线、电信线路及其他与建筑物平行接近或交叉的间距是否符合相关规定,及时调整不符合相关要求的部位。

(7) 大雨之后,应及时检查电缆井内有无积水,及时排除电缆头被水浸泡的问题。

(8) 及时检查地埋电缆沿线路面有无塌陷,有险情应及时消除。

(9) 定期检查电缆接头的防水、密封、屏蔽和牢固性,发现异常应及时解决。

(10) 定期检查电缆传输线缆的安全状况,特别是防雷措施与接地措施是否有效。

2. 电缆补偿放大器的日常维护内容和要求

视频安防监控系统所用的电缆补偿放大器,一般安装在监控中心内。少数的远距离视频安防监控系统,需在线路中间加一级或多级电缆补偿放大器;采用射频传输线缆的视频监控系统中采用的干线放大器,有的安装在电缆井中,有的安装在线杆上,有的安装在墙上的防雨设备箱里。这些设备都需要定期检查维护,及时发现、排除防雨设备箱中的积水。在监控中心内的电缆补偿放大器,按照控制室内常规设备维护的要求进行保养。

3. 光端机的日常维护

前端的光端机安装在防雨设备箱中的,需要定期检查维护。尤其是大雨后,应及时排除防雨设备箱中的积水;安装在监控中心内的光端机,可按照控制室内的其他常规设备的维护方法进行维护。

四、常用维护仪器仪表及其使用方法

(一) 常用维护仪器仪表

技防设备维护中经常用到的仪器仪表,与技防设备系统调试中的常用仪器仪表相同,其主要有:万用表、小型监视器、绝缘电阻表、接地电阻测试仪、示波器等。利用技防设备提供保安服务的人员,应当学习和掌握这些仪器仪表的使用方法,以便有效地做好技防设备的维护工作。我们在此主要介绍指针式万用表的使用方法。因为指针式万用表是最常用的维护仪表,它虽然不是精密仪器,但使用不当非但测量不准确,还会损坏设备。所以,学会万用表的正确使用方法十分重要。万用表是通过转换开关的旋钮来改变测量项目和测量量程的。使用前,应用"Ω"机械调零旋钮来保持指针静止处在"左"零位,然后方可用其来测量电的量程。

(二) 常用维护仪器仪表和使用方法

1. 测量电阻的方法

先将正负表笔搭在一起短路,使指针向右偏转。由于电池容量的变化,电池两端的电压是有变化的,因而此时指针不在零位,需调整零旋钮,使指针恰好指到"右"零位。然后,将两根表笔分别接触被测电阻(或电路)两端,读出指针在欧姆刻度线(最上一条刻度线)上的读数,再乘以使用转换开关选择的电阻量程,即电阻挡所标的数字,就是所测电阻的阻值。

由于欧姆刻度线刻度呈对数分布,左侧读数较密,难以看准,所以测量时应选择适当的电阻挡,使指针指向欧姆刻度线的中部或右侧,这样读数比较清楚准确。由于各电阻挡的回路串联电阻不一样,因此电池的负载电流不一样时方能测准。为了节省电池能量的消耗,在测量电阻时才应将电表放在电阻挡;测量低阻值电阻时的时间,应当尽量短一些。

2. 测量直流电压的方法

首先,估计一下被测电压的大小。然后,将转换开关拨至适当的电压量程,正表笔接被测电压"+"端,负表笔接被测量电压"-"端。最后,根据该挡量程指示的数字与标有直流符号"DC"的刻度线(第二条线)上指针所指的数字,读出被测电压的大小。

3. 测量直流电流的方法

先估计一下被测电流的大小。然后,将转换开关拨至适当的电流量程,再把万用表串接在电路中。同时,观察标有直流符号"DC"的刻度线。

4. 测量交流电压的方法

测量交流电压的方法与测量直流电压的方法大同小异,区别是因交流电没有正、负极之分,故测量交流电流时,表笔不需分正、负。读数方法与测量直流电流的读法一样,指示读数应看标有交流符号"AC"的刻度线上的指针位置。

使用指针式万用表应该注意如下事项:

(1)测量电流与电压不能旋错挡位,否则极易烧坏电表。测量直流电压和直流电流时,不要把"+""-"极接错。如发现指针反转,应立即调换表笔,以免损坏指针及表头。

(2)如果无法预先估计被测电压或电流的大小,应先使用相应量程的最高档,然后再选用适合的档位进行测试,以免表针偏转过度而损坏表头。而且,所选用的档位越靠近被测值,测量的结果就越精确。

(3)测量电阻时,不要用手触及元件的引出线两端或同时触摸两只表笔的金属部分,以免人体电阻与被测电阻并联,导致测量结果不准确。

(4) 测量电阻时,将两只表笔端相接,若调零旋钮调不到零点,通常是因为表内的电池电压不足所致,应更换新电池。否则,会影响测量精度。通常指针万用表有两块电池,1.5V 一块为测量低阻值时使用;测量高阻值用电阻 1x1kΩ 档时,则使用另一块 9V 电池。

(5) 万用表使用完毕,应将量程档位旋至交流电压的最高档或空位档,不要放在电阻挡或电流挡,以防下一次使用测量高电压或大电流时疏忽检查而烧坏万用表。万用表内有电池时,两根表笔相碰,就会短路消耗电池,若量程挡位置于 Rx1 挡时,会损坏表头。

第六节 安全技术防范常用术语

安全技术防范业务 运用科技手段和设备,为客户指定的区域和目标设计、安装各种报警器材并定期维护,提供接警、先期处警和其他相关的各项技术防范服务的业务。

安全技术防范工程 以维护社会公共安全为目的,综合运用安全防范技术和其他科学技术,为建立具有防入侵、防盗窃、防抢劫、防破坏、防爆安全检查等功能(或其组合)的系统而实施的工程。安全技术防范工程通常称为技防工程。

安全管理系统 对入侵报警、视频安防监控、出入口控制等子系统进行组合或集成,实现对各子系统的有效联动、管理和监控的电子系统。

风险等级 存在于防护对象本身及其周围的、对其构成安全威胁的程度。

防护级别 为保障防护对象的安全所采取的防护措施的水平。

安全防护水平 风险等级被防护级别所覆盖的程度。

设防(又称布防) 按规定的程序对防护目标发布设置防护指令。

撤防 按规定的程序对防护目标发布撤销防护指令。

误报警 没有出现危险情况而系统发出报警信号或指示。误报警是由于意外触动手动报警装置、自动报警装置对未设计的报警状态做出响应、部件的错误动作或损坏、操作人员失误等而发出的报警。

漏报警 风险事件已发生,而系统未能做出报警响应或指示。

周界 需要进行实体防护和/或电子防护的特定区域的边界。

防护区 允许公众出入的、防护目标所在的区域或部位。

监视区 实体周界防护系统和/或电子周界防护系统所组成的周界警戒线与防护区边界之间的区域。

禁区(又称防区) 禁止(不允许)未授权人员出入(或窥视)的防护区域或部

位。防区的类别有即时防区和24防区(即昼夜设防)两种。

盲区 在警戒范围内,安全防范手段未能覆盖的区域。

纵深防护 根据被防护对象所处的环境条件和安全管理的要求,对整个防护区域实施由外到里或由里到外层层设防的防护措施。纵深防护分为两种类型:整体纵深防护和局部纵深防护。

纵深防护体系 兼有周界、防护区、监视区和禁区的防护体系。

报警接收中心 接受一个或多个监控中心的报警信息并处理警情的处所。报警接收中心通常也称为接、处警中心。

监控中心 安全技术防范系统的中央控制室。安全管理系统在此接收、处理各子系统发来的报警信息、状态信息等,并将处理后的报警信息、监控指令分别发往报警接收中心和相关子系统。

本章保安员证考核要求

一般了解内容

安全技术防范的含义;安全技术防范的特点;安全技术防范的应用;安全技术防范常用术语;安全技术防范系统构成。

第十六章

保安员的徒手攻防技能

第一节 擒拿格斗的基本姿势

一、格斗势

擒拿格斗基本姿势即实战姿势,通常也叫做预备式或格斗式,是格斗前所采用的临时运动姿势,故又称格斗势。格斗势是实施攻防动作的准备姿势。格斗势在和歹徒进行搏斗防卫时,能起到非常重要的作用。它既能使身体处于强有力的状态,又能有利于发挥最佳的快速反应能力,并且暴露面小,能有效地保护自己的要害部位。其特点是步随身走,手到脚到,弹性移动,轻灵快捷。

格斗势分正架和反架两种。

1. 正架

要领:身体半面向右转的同时,右脚后撤一步,脚前掌着地,脚后跟提起,脚尖外展45°。左脚掌着地,脚尖内扣15°。左脚尖与右脚跟位于一条向前直线的两侧,两脚间隔距离与肩同宽。两膝微屈,身体重心落在两脚之间,着力点在两脚前掌上。两手握拳,两臂弯曲,大、小臂夹角约60°。左拳在前,拳面与下颌同高,拳心向右,左拳下垂靠近左肋。右拳在后,位于第一、二衣扣之间,拳心向内,距身体约一拳距离,大臂贴靠右肋。身体斜对前方,微收腹、含胸、沉肩、收下颌,两眼向前平视。右脚、右拳在后为右格斗架势,简称"右架"。左脚、左拳在后为左格斗势,简称"左架"。

要求:整体姿势要轻松、协调、自然,外形放松,内劲蓄足,充满弹性,保持随时准备出击的姿态,并在格斗过程中做到快速灵活,进退自如,攻防相宜,架势不散、不乱。

2. 反架

反架动作要领,要求与正架相同,唯左右脚方向相反。

二、步法

1. 进步、退步

进步、退步是基本步法,主要用于向前、向后及斜向移动。进步、退步包括急进急退。急进急退主要用于突然进步攻击和急退防守。

动作要领:在格斗势的基础上,进步时,左脚先向前进一步,右脚随即跟进一步;退步时,右脚先后退一步,左脚随即后退一步;急进急退时,动作要领与进步、退步相同,但脚步启动更突然,进、退更迅速。

进、退时,左、右脚移动的距离基本相等。动作要求是身体上下协调一致,随时保持身体重心。

2. 横移步

横移步也是基本步法,分左横移步和右横移步两种,主要用于横向闪躲向我直线攻击的拳或腿和向心环绕移动。

动作要领:在格斗势的基础上,左横移步时,左脚先向左前移动,右脚随即向左移动,右脚移动距离大于左脚;右横移步时,右脚先向右后侧移动,左脚随即向右移动,右脚移动距离大于左脚。动作要求是协调连贯,闪躲及时。

3. 垫步

垫步主要用于急进出拳或出腿攻击和急退防守及反击。

动作要领:在格斗势的基础上,前垫步时,右脚向左脚后进一步,左脚随即向前进一步;后垫步时,左脚先向右脚前后退一步,右脚随即后退一步。动作要求是蹬地有力,进、退迅速及时。

第二节 击打技术

击打技术主要由拳法、肘法、腿法、膝法等技术组成,是擒敌术的主要进攻技法。

一、击打技术要诀

1. 速度快

击打速度快是提高攻击效能的关键。以快攻敌,做到突然发力,眼到拳(腿)到,才能使敌防不胜防。速度快还必须快打快收,以保证连续快速攻击和及时进行防守;要做到快,必须强化击打技术的训练,扎扎实实地打牢基础。

2. 力量重

力量重就是爆发力强。爆发力越强,力量就越重。要做到爆发力强,必须在攻击前使全身相对放松,在击中的瞬间,肌肉猛然收紧,并随即迅速放松,使全身之力在着力点上突然释放。同时,为了增强爆发力的强度和连续性,必须提高全身肌肉松、紧的速度和互换的频率。此外,以拳法、肘法和横踢腿法攻击时,要转髋转体,以身带拳、带腿,用全身之合力进行攻击。

3. 击打准

攻击时,要看得准,打得准,力争招招命中,提高攻击效率。要做到击打准,必须要有充沛的体力、娴熟的技巧、良好的时机感和准确的距离感。在击打准的同时,还要做到击打动作着力点(拳面、拳锋脚掌、脚跟、脚背、肘尖、膝盖)准,以增强杀伤力和防止自伤。

4. 预兆小

如果攻击动作有预兆,敌手一旦有了防备,不但会降低进攻的成功率,还会给对方以反击的机会。因此,要强调严格按技术要诀和动作要领及要求施训,防止动作有"预摆"和进攻意图有明显的预兆,以提高攻击动作的隐蔽性和突然性。

二、击打部位

1. 重点打击部位

面部、太阳穴、下颌、颈部、腰部、肋部、腹部、裆部。这些部位受到重击会疼痛难忍,甚至会造成昏迷或死亡。

2. 其他击打部位

大、小腿内、外侧,膝关节。这些部位受到重击,会降低行动能力,减弱战斗力。

三、拳法

拳法是以拳面和拳锋为着力点,在中、近距离上对敌头、胸、腹、肋部进行攻击的技法。以拳法攻击时,若左拳在前右拳在后,则左拳(主要是左直拳)距敌近,攻击速度快,突然性强,适宜作为先锋拳突然进行直接攻击,但击打力量相对较轻。右拳击打力量重,杀伤力大,适于重击和反击,但距敌远,攻击动作大、路线长,易被敌发现和防范。若右拳在前左拳在后时,则动作要领及作用相反。

1. 直拳

直拳是直线攻击的拳法,主要用于攻击敌面部及胸、腹部。

左直拳动作要领:在格斗势的基础上,右脚掌蹬地,身体稍右转,左膝内扣;左脚跟提起外摆,同时小臂内旋,拳心向下,拳向前直线击出,拳略高于肩,手臂迅速完全伸直,着力点在拳面;右拳护颌,目视攻击方向。击出后,迅速将拳直线收回,成格斗势。

右直拳动作要领:在格斗势的基础上,右脚蹬地,身体向左转髋转体,右膝内扣,右脚跟提起外摆,同时小臂内旋,拳心向下,拳向前直线击出,拳略高于肩,手臂迅速完全伸直,着力点在拳面;左拳护颌,目视攻击方向。击出后,迅速将拳直线收回,成格斗势。

要求:左直拳发力短促突然,右直拳迅猛力重。

2. **摆拳**

摆拳是横向攻击的拳法,主要用于攻击敌头部侧面及颈部。

左摆拳动作要领:在格斗势的基础上,上体稍向左转,随即身体向右转髋转体,左膝内扣,左脚跟提起外摆,同时左臂上抬与肩平,左肘弯曲约130°,拳心向下稍向外,拳面向右,拳由左侧划弧线向右摆击,拳不超过身体中线,上体转身不超过90°。着力点在拳面;右拳护颌,目视攻击方向。击出后,迅速将拳收回,成格斗势。

右摆拳动作要领:在格斗势的基础上,身体向左转髋转体,右膝内扣,右脚跟提起外摆;同时,右臂上抬与肩平,右肘弯曲约130°。拳心向下稍向外,拳面向左,拳由右侧划弧线向左摆去,拳不超过身体中线,上体转身不超过90°,着力点在拳面;左拳护颌,目视攻击方向。击出后,迅速将拳收回,成格斗势。

要求:转体带拳摆击迅猛,击打力量大,身体重心稳。

(三)勾拳

勾拳是由下向上攻击的拳法,主要用于攻击敌下颌及腹、肋部。

左勾拳动作要领:在格斗势的基础上,上体稍向左下转,左腿微屈,重心稍下沉,左臂弯曲约90°,随即左脚掌蹬地,挺身向右转体,带动左拳由下向前上方(前方)勾击,勾击高度约与下颌(腹、肋)同高,着力点在拳面,右拳护颌,目视攻击方向。击出后,迅速将拳收回,成格斗势。

右勾拳动作要领:在格斗势的基础上,上体稍向右下转,右腿微屈,重心稍下沉;右臂弯曲约90°,随即右脚掌蹬地,挺身向左转体,带动右拳由下向前上方(前方)勾击,勾击高度约与下颌(腹、肋)同高,着力点在拳面;左拳护颌,目视攻击方向。击出后,迅速将拳收回,成格斗势。

四、肘法

肘法是以肘部为着力点在近距离对敌头、颈部及胸、腹、肋部进行攻击的技法。

左横击肘动作要领:在格斗势的基础上,身体稍向左转,随即身体向右转髋转体,左膝内扣,脚跟提起外摆;同时,左臂上抬与肩平,左肘弯曲约30°,挥肘向外摆击,着力点在肘部;右拳护颌,目视攻击方向。击出后,迅速将肘收回,成格斗势。

右横击肘动作要领:在格斗势的基础上,身体稍向右转,随即身体向左转髋转体,右膝内扣,脚跟提起;同时,右臂上抬与肩平,右肘弯曲约30°,挥肘向外摆击,着力点在肘部;左拳护颌,目视攻击方向。击出后,迅速将肘收回,成格斗势。

要求:转体挥肘迅猛,发力短促。

五、腿法

腿法是以脚掌、脚跟、脚背、小腿胫部末端为着力点,在远距离对敌头部、躯干及腿部进行攻击的技法。以腿法攻击时,左腿在前距敌近,攻击速度快,突然性强,适于突然进行直接攻击,但击打力量相对较轻;右脚前垫步后,左腿击打力量增大。右腿击打力量大,杀伤力大,适于重击和反击,但距敌远,攻击动作大、线路长,易被敌发现和防范。左(右)腿在后(前)时,动作要领及作用基本同右(左)腿在后(前)。腿法以击打敌腰、腹、肋部为主,以击头击腿为辅,必要时可在跳起或转身后使用。

1. 横踢

横踢是横向攻击的腿法,主要用于攻击敌腹、肋、腰部及头部和腿部。

左横踢动作要领:在格斗势的基础上,右脚前垫步,重心移至右脚,右腿支撑,微屈,身体稍向后转的同时,左腿转髋屈膝,边侧抬边向右方弹击,脚背绷直,着力点在小腿胫部末端或脚背;踢腿时挺腰,上体侧倾,左手自然下摆,右拳护颌;目视攻击方向。击出后,膝关节挺直的瞬间,迅速屈膝收腿落步,成格斗势。

右横踢动作要领:在格斗势的基础上,重心移至左脚,左腿支撑,微屈,左膝左脚外摆,身体向左转髋转体的同时,右腿转髋屈膝,边侧抬边摆动,用大腿带动小腿向左方弹击,脚背绷直,着力点在小腿胫部末端或脚背;踢腿时挺腰,上体侧倾,右手自然下摆,左拳护颌;目视攻击方向。击出后,膝关节挺直的瞬间,迅速屈膝收腿落步,右脚后撤一步,成格斗势。

要求:左横踢起腿快,弹击快;右横踢大腿抢摆,小腿弹击,连贯迅猛。

2. 侧踹

侧踹是直线攻击的腿法,主要攻击敌腹部及胸、头部。

左侧踹动作要领:在格斗式的基础上,重心移至右脚,右腿支撑,微屈,左腿展髋扣膝,勾脚尖,上体侧倾,左脚向体侧前方直线踹出,腿充分伸直,脚掌正对攻击目标,着力点在脚跟;踹腿时挺腰,上体侧倾,左手自然下摆,右拳护颌;目视攻击方向。击出后,膝关节挺直的瞬间,迅速屈膝收腿落步,成格斗势。

右侧踹动作要领:在格斗式的基础上,重心移至左脚,左腿支撑,微屈,左膝左脚外摆,身体向左转髋转体的同时,右腿提膝展髋扣膝,勾脚尖,上体侧倾,右脚向体侧前方直线踹出,腿充分伸直,脚掌正对攻击目标,着力点在脚跟;踹腿时挺腰,上体侧倾,右手自然下摆,左拳护颌;目视攻击方向。击出后,膝关节挺直的瞬间,迅速屈膝收腿落步,右脚后撤一步,成格斗势。

要求:左侧踹提膝踹出快;右侧踹提膝转体踹出连贯迅猛。

3. 弹踢

弹踢是由下向上攻击的腿法,主要用于攻击敌下颌、裆部或持凶器的手臂。

左弹踢动作要领:在格斗式的基础上,右脚前垫步,重心移至右脚,右腿支撑,微屈,左腿提膝上抬,大腿带动小腿向前上方纵向弹击,脚背绷直,着力点在脚背,上体保持格斗势;目视攻击方向。击出后,迅速将腿收回,成格斗势。

右弹踢动作要领:在格斗式的基础上,重心移至左脚,左腿支撑,微屈,身体稍向左转的同时,右腿提膝上抬,大腿带动小腿向前上方纵向弹击,脚背绷直,着力点在脚背,上体成格斗势的反势;目视攻击方向。击出后,迅速将腿收回,成格斗势。

要求:提膝快、弹击猛、踢击准。

4. 前蹬

前蹬是直线攻击的腿法,主要用于攻击敌腹部及胸部。

左前蹬动作要领:在格斗式的基础上,右脚前垫步,重心移至右脚,右腿支撑,微屈,左腿提膝上抬,脚向前上方直线蹬击,着力点在脚跟,上体稍向后仰并保持格斗式;目视攻击方向。击出后,迅速屈膝收腿,成格斗势。

右前蹬动作要领:在格斗式的基础上,重心移至左脚,左腿支撑,微屈,身体稍向左转的同时,右腿提膝上抬,脚向前上方直线蹬击,着力点在脚跟;蹬腿时,上体稍向后仰成格斗势反势;目视攻击方向。击出后,迅速将腿收回,成格斗势。

要求:提膝上抬蹬出连贯,猛蹬快收。

六、膝法

膝法是以膝盖为着力点,在近距离对敌腹、裆部进行攻击的技法。

右冲膝动作要领:在格斗势的基础上,重心移至左脚,右腿屈膝向前上方直线冲撞,同时两手下拉敌颈,以上冲和下拉的合力撞击敌,着力点在膝盖;目视攻击方向。击出后,迅速将膝收回,成格斗势。

左冲膝动作要领:在格斗势反势的基础上做动作,其他动作的要领同右冲膝。

要求:提膝上冲猛,拉颈下压狠,重心稳固。

第三节 防卫解脱技术

一、防卫技术

防卫技术是一种可以节制和削弱对方的攻击,保护自己并能处于反击位置的方法,最终目的是防守后进行反击。

(一)接触性防守

1. 格挡

格挡主要用于防敌横向或直线的攻击。动作要领:左格挡时,左臂上提,左拳置于距太阳穴约 10 厘米处,同时上体稍向左转,右拳护下颚。右格挡时,右臂上提,右拳置于距太阳穴约 10 厘米处,同时上体稍向右转,左拳护下颚。

2. 拍击

拍击主要用于防对手的拳或腿对上体的直线攻击。动作要领:左拍击时,上体稍向右转的同时,左手成掌向右前侧拍击,右拳护颌。右拍击时,动作相同,方向相反。

3. 截击

截击主要用于防守对方腿法进攻。动作要领:当对方准备进攻时,快速提起前腿或者后腿,使用截腿方法阻截对方攻势,高度一般不宜过高。

4. 提膝

提膝主要用于防卫对方腿法攻击。以正架格斗势为例,动作要领:身体重心右移,前腿屈膝起,后腿支撑,上体姿势不变。

5. 掩肘

掩肘主要用于防守对方拳法或腿法的攻击,左右手曲臂向身体前下方下压或格挡。

6. 挂挡

挂挡主要用于防守对方拳法或腿法的攻击,左右手曲臂向同侧头部或肩部格挡。

7. 抄抱

抄抱主要用于防守对方的腿法进攻。左抄抱动作要领:在格斗势的基础上,左手下伸至腹前约 30 厘米处,掌心向上,右手成掌置于左胸前,掌心向外,接腿时,左手向上抄,右手向下扣抓,两手合力抱紧对手的踝关节或小腿。右抄抱动作同左抄抱动作方向相反。

(二) 非接触性防守

1. 躲闪防守

躲闪防守主要用于躲避对手的腿法和拳法攻击。其主要方法是:

后闪:身体重心后移,上体略后仰闪躲。

侧闪:上体向左侧或右侧闪躲或用左右闪步防守。

下潜:屈膝降低重心,同时低头缩颈向下闪躲,两手护头。

上跳:两脚蹬地,使身体向上跳闪。

2. 搂抓

搂抓主要用于防守对方的腿法和拳法攻击,尤其是防守对方的鞭腿和蹬腿。主要有以下两种方法:

里搂:身体侧转,以小臂和掌为中心,从外向里顺势搂挡。

下搂:上肢动作顺力而行,以小臂和手掌向下向外进行搂挡。

二、解脱技术

解脱技术是当保安员的手腕、头发、胸、腰、腿等被歹徒抓、锁、扣、拧时,能够从容地从被动困境中解脱出来,并以强有力的反击动作将歹徒制服的技术。

1. 单臂抓握解脱

当歹徒右手正抓保安员右手臂时,保安员左手迅速扣紧歹徒手臂,稍向内带;右手由下向右上挑,四指紧扣歹徒小臂,猛力向下切歹徒手腕,将歹徒制服。要求:扣手紧,切腕狠。

当歹徒左手逆抓保安员右手腕时,保安员左手迅速反抓敌手并反抓歹徒手臂,随即,右臂屈肘下压歹徒腕臂外侧,并用力夹臂按拨,抓住歹徒手臂,使其被擒。

2. 双臂抓握解脱

歹徒由前双手抓保安员双手,保安员迅速上抬两臂,并立即猛力向下砸击歹徒小臂及关节,使歹徒肘关节弯曲;同时,头向前侧摆撞击歹徒头部,趁歹徒疼痛松手之际,再以平击肘猛击歹徒头部,将歹徒制服。

3. 抓胸解脱

当歹徒由前右手抓保安员胸部时,保安员迅速以左手扣按歹徒手臂,同时起右脚猛弹歹徒裆部,趁歹徒疼痛收腹弯腰之际,再以右手猛力向内扳拉歹徒肘关节,以折腕压肘的动作将歹徒制服。

当歹徒由前右手或左手抓保安员胸时,保安员迅速以左手或右手扣按歹徒手臂,身体向左或向右猛转,使其手腕或手臂肘关节超出其活动范围,迫其投降。

4. 抱腰解脱

当歹徒由后双臂抱住保安员腰部时,保安员迅速向右扭转身体,同时右拳向后猛力抢击歹徒裆部;趁歹徒疼痛弯腰之际,右手从歹徒两腿间穿过,抱住歹徒右腿,以左手向下拉歹徒右臂,右手掀腿,身体向左下别摔,合力将歹徒摔倒。

歹徒由后双手从保安员腋下抱住保安员腰部时,保安员左手迅速抓握歹徒左手腕,同时左臂屈肘向前向后猛击歹徒头部左侧,趁歹徒疼痛时,保安员迅速向左转体,右脚上步,左臂由下向上挑歹徒左臂肘关节,以转身携带动作将歹徒制服。

歹徒由前抱住保安员腰部时,保安员双手搂抱歹徒头部,以左手按住歹徒头部,右手扣抓歹徒下颚,两手同时交错用力。向左拧转歹徒头部,挫歹徒的颈椎,迫使歹徒松手,将歹徒摔倒;后迅速跟上一步,左脚蹬胸,制服歹徒。

5. 夹颈解脱

当歹徒用手臂锁扣住保安员的颈部时,保安员迅速抓住歹徒扣保安员颈部的手臂,用力下蹲后用力转体摔歹徒,再用力用脚蹬其胸部制服歹徒;或者用脚跟用力猛跺歹徒脚面,趁其疼痛之时抓扣其手腕,迫使其倒地,将之制服。

第四节　防夺凶器技术

一、夹臂压肘夺匕首

动作：当对方右手握匕首以劈刺手段刺来时，用"V"形手上防，抓住对方的右手腕部，沿顺时针方向旋拧；同时上左步，再插右步，向右后方转体180°，并用左臂夹住对方右肘向下压，随即用右手扣抓回搂对方手腕并卷腕成俯身控制。

要领：全套动作要突然、迅猛，拧臂、转体、夹压肘关节几个连续性动作要同时完成。注意全套动作的准确与协调一致。

二、外掰拿夺匕首

动作：当对方右手握匕首向保安员头面部或胸部直刺来时，保安员迅速向左闪身，用左手掳抓住对方右手腕部，右手同时由下向上抓对方右手腕的小指外一侧，两手合力翻拧其前臂，此时对方右臂疼痛难忍被拿住。

要领：左手抓住对方右手腕部与右手由下向上抓握对方右手腕的动作要配合好，翻拧其右前臂时，用力要协调一致。全套动作要快而突然，要掌握好进攻的时机。

三、别臂压肩夺匕首

动作：当对方用匕首向保安员挑刺时，保安员后闪，前臂前伸，用"X"形防守，迅速顺对方右腋下前插，并屈肘缠绕别住其右臂；同时上左步，撤右步，身体向右后转，将对方右臂反卷别于背后，右手用力下压对方右肩，将其拿住。

要领：全身动作要连贯、准确，掌握好进攻的时机。别其右臂与下压其右肩的动作要迅猛有力，动作要干净利落。

四、铲膝扳颈夺匕首

动作：当对方用反手平刺法向保安员刺来时，保安员迅速用右手掳抓，同时上左步向右转体躲闪，用右脚铲踢对方右腘窝处，并用左手搂住对方颈部，向左后方用力掰拧，右手抓住其右腕向后猛拉，用右侧髋部顶住对方右肘，将其拿住。

要领：闪身抓腕的动作要快而准确，铲踢右腘窝的动作要有力而迅猛，左手扳颈要与右手抓右腕向后猛拉的动作配合好，要协调一致。

五、按压抢夺匕首

要领：当判明对方正以右手掏短匕首之类的凶器时，保安员左脚抢上一步，左手成横掌以掌心按压住对方右手腕或手背，同时右手以拳击对方面部，或以肘横击对方下颚，或用手抓对方头发下拉，右膝向前上顶击对方腹部。将对方击倒后，以倒地拿法将对方制服并夺下凶器。

要领：判断准确，反应及时，抢先出手，按压快速有力，不让对方拿出凶器。各种击打动作要狠。课堂训练时，右手可戴拳套体会肘击、击打脸部的感觉，注意用力分寸。

六、托臂踏膝夺短棍

动作：当对方右手持短棍由上向下击来时，保安员迅速向左闪身，躲过棍击，顺势抬右臂上架并掳、抓住其右手腕，用力旋拧并向下压，同时左手托握住其右肘向上抬，起左脚横踏其右膝外侧，使其失去抵抗能力被擒住。

要领：右手旋拧下压与左手托肘的动作要协调一致地用力，力点要准确；左脚横踏右膝的动作要突然、迅猛。

七、折腕踢裆夺短棍

动作：当对方右手持短棍劈击保安员头部时，保安员迅速用右前臂上架，顺势抓住其右手腕部，左手配合右手动作抓紧其右前臂，两手用力回折，使其右手腕关节角度小于90°，同时起右腿猛踢其裆部而将其制服。

要领：右手与左手抓紧其腕关节用力回折时，要使其右手腕关节角度小于90°并使其指尖向下，右脚踢击裆部的动作要准确有力。

八、外掰绊摔夺斧

动作：当对方右手持斧由上向下向保安员砍来时，保安员迅速向左侧闪身，用左手抓住其右手腕部，同时右手由下向上抓住其右手腕的小指外侧，上右步向左转身，右脚向前插至其右腿外侧，紧紧地贴住和吃住其右腿向外撑，两手同时用力翻转旋拧其右前臂，使其由于右臂疼痛难忍和右腿被绊失去平衡而倒地被拿。

要领：要掌握好进攻的时机，两手要握紧抓牢其右腕，中途不要松开，两手翻转旋拧的动作要有力、迅猛，右腿绊摔时要紧紧地贴住、吃住其右腿，中间不要留有缝隙。

九、切颈别摔夺酒瓶

动作：当对方右手握酒瓶击保安员头面部时，保安员迅速用左臂上架其右臂，顺势向外翻转拨动并抓住其右前臂,同时上右步,右腿紧紧吃住其右腿,用力向后蹬,左手抓住其右臂向左斜方拉,右手变掌,由上向下斜劈其左颈部,使其重心失控而摔倒,丧失抵抗能力。

要领:左臂上架与回手抓右臂的动作要准确、适时而有力,右手斜劈其颈部与右腿后蹬的动作要同时进行。

十、掳臂折腕夺酒瓶

动作:当对方用酒瓶向保安员砸来时,保安员迅速向左侧闪身,以左手抓握其右手腕部,右手也迅速抓握其右手腕关节掌背部,用力回折,使其角度小于90°,对方因右腕疼痛难忍被保安员拿住。

要领:左手抓握其右手腕部的动作要掌握好时机,动作要迅猛有力。两手要协调一致地回折其右手腕。

十一、举臂压肩夺酒瓶

动作:当对方用酒瓶由上向下砸来时,保安员迅速向左闪身,以右手掳住其右腕关节处,用力上举,并迅速将其右手腕交与左手,右手顺其右臂向下按住其右肩关节用力下压,左手上举,右手下压,将其拿住。

要领:右手掳住其右臂用力上举的动作要突然、有力,右手交与左手时两手动作不要脱节,右手下压的动作与左手上举的动作要协调一致。

十二、踢膝扫肘夺菜刀

动作:当对方右手握菜刀由上向下劈砍保安员头部时,保安员立即向左侧跨步闪身,顺势用右手掳抓住其右手腕部或右前臂用力向后拉,同时抬右脚踏击其右膝关节处,屈左臂,用左肘横扫其头面部,使其膝部和头部受伤而失去抵抗能力。

要领:向左跨步闪身不要离对方太远,要恰到好处;右手掳抓对方手腕部要准确、有力、迅猛而牢固,右脚踏击与左臂扫肘要同时进行,使对方顾此失彼。

第五节 徒手带离技能

徒手带离技能是保安员在没有手铐、绳子的情况下,为避免群众围观而快速离开现场时使用的一种短距离押解歹徒的技术。特点是既能防止歹徒逃脱,又能防止其对保安员进行攻击。

一、别臂圈脖

押解动作：

（1）保安员在歹徒右侧，左手抓握其右手腕上拉，右手托拉其右肘关节，歹徒右臂弯曲。

（2）左臂由歹徒右臂上伸过。

（3）左小臂再由歹徒右大臂下伸过，用左大臂及腋下夹住歹徒右小臂，同时左小臂上抬其右大臂，右手上提其右肘关节与歹徒身体平行押解。

押解要点：夹臂要牢，上提肘和抬大臂有力，决不能减轻对歹徒的控制。

二、双手卷腕

押解动作：

（1）保安员在歹徒的右后侧，双手抓握住其右腕，双手拇指顶住其右手手臂。

（2）双手用力卷折歹徒右手腕，保安员在其右后侧进行押解。

押解要点：握腕紧，拇指顶手背和卷折腕有力，不能减轻对歹徒手腕的控制力量。

三、拉腕别颈

押解动作：

（1）保安员在歹徒的背后，左手抓握其左手腕后拉。

（2）右臂由歹徒右臂腋下穿过，向上握住其后颈部，顶住歹徒臂部。

押解要点：此法用于对付顽固的歹徒。后拉腕到位，别颈有力，使歹徒撤步被托拉押解。

四、折腕压肘

押解动作：

（1）保安员在歹徒的右后侧，右手抓握其右手腕，拇指顶住其右手手臂。

（2）右手卷折歹徒的右手腕，左手压其右肘的同时，左肘顶压歹徒背部进行押解。

押解要点：卷折腕要有力，下压肘、顶手背及背部时要与卷折腕同时进行，不可减轻对歹徒折腕的力量。

第十七章

现场紧急救助知识

第一节 现场紧急救助概述

一、现场紧急救助的含义

现场紧急救助是有关人员对于因意外事件(因素)而身体受到创伤者在事发现场实施的紧急救护。现场紧急救助是挽救生命的先期处置阶段，其主要目的是维持生命，以便伤(患)者能够坚持到医护人员到来或被送到医疗机构救治。及时准确的现场救护，可以有效减少伤残，避免后遗症，提高患者的生存质量。

现场紧急救助的基本责任：一是迅速评估整体情况，尽早求救，拨打求助电话；二是正确判断伤(患)者的伤(病)势和伤(病)情，提供适当的现场急救和援助。

现场紧急救助一般由经过红十字会现场紧急救助培训、取得现场紧急救助证的人员来实施。没有经过专业知识培训的保安员不能轻易实施现场紧急救助，而应立即报警或拨打急救电话，由经过培训的专业救护人员来实施救护。否则，容易导致伤(患)者加重伤情，适得其反。

二、现场紧急救助的基本原则

1. 现场紧急救助的自我保护原则

保安员在实施现场紧急救助时，应当沉着冷静，细心观察，注意自身安全，防止受到伤害而影响现场急救的实施。例如，在机动车行驶的道路上实施现场紧急救助，应当防止车祸导致人员伤亡。不懂水性的保安员抢救落水者，应当在采取了安全保障措施的前提下再下水救人，或者采用呼救、报警等其他方法救人，也可以保安员站在岸边用竹杆(绳子)伸(甩)到落水者旁救人。抢救触电者时，应当先用绝缘物品把对方身上的电线拨去(移开)。如果发现现场存在人为的危险因素(如违法犯罪人员)或者其他危险因素(如有毒气体等)，保安员应当在报警和采取防卫、防护措施之后,再进入现场。另外,应当尽量避免接触伤者的血液和体液,以防自身受到病毒的传染。

2. 现场紧急救助的行动原则

保安员进入现场后,应当通过观察、询问、检查等方法,判断伤(患)者危急状况,然后根据不同情况实施不同的现场急救方法。如果对方没有生命体征,应当立即进行心肺复苏;如果对方伤口出血不止,应当采取止血方法施救。

在公安机关、医疗部门的人员到达现场后,保安员应当与他们妥善交接伤(患)者,并如实报告现场紧急救助情况及有关事项。

三、现场紧急救助的注意事项

一般情况下,现场需要紧急救助的对象,伤势、病情都比较严重。保安员发现后,首先应当拨打110电话报警或者拨打120急救电话求助。电话中,应当简明扼要地讲清伤患者的症状(伤病情),有无外伤、出血情况,所处地点位置,自己电话、姓名等内容,并正确回答对方的问题。等对方挂了电话后自己再挂机。

如果伤(患)者的伤势、病情十分明显,情况又紧急,现场安全也有保障,而且保安员有把握采取正确的救助措施和方法,那么,就不需要对伤(患)者进行检查,应当直接实施现场紧急救助,以赢得救治的宝贵时间。

如果是由于情况不明的因素或者违法犯罪案件、治安案件、治安灾害事故引起的人员伤害,保安员在实施现场紧急救助时,应当尽量减少对现场原始状态的破坏、变动,注意保护现场。

四、现场特殊对象的检查

保安员发现现场的伤(患)者神志不清、没有动静时,应当首先迅速检查对方的清醒程度、呼吸、心跳、气道等生命状况,然后采取相应的现场紧急救助措施。

1. 对伤(患)者清醒程度的检查

保安员检查躺卧在地无动静的伤(患)者的主要方法有:① 声音刺激法。贴近伤(患)者的耳朵呼喊:"喂,你怎么啦?"② 触觉刺激法。救护人双腿分开,与肩同宽,跪于伤患者一侧(一般为右侧)的肩胸部,双手轻拍其肩部或前额部并在其耳边大声呼喊。③ 痛觉刺激法。用手去捏对方无伤的胸大肌、虎口穴,或者用手指压住对方的人中穴。

采用以上方法检查的过程,应当在5秒钟内完成。一旦确认对方没有意识,立即拨打报警(110)或求助(120)电话。如果没有通信工具,应当大声呼救求助。然后,对其采取救助措施。

2. 对伤(患)者气道的检查

保安员将耳贴近伤(患)者的口、鼻处,仔细分辨对方的呼吸是否正常。如有杂音,应当设法清除其口腔内的异物(如呕吐物、痰、血块等),使其气道畅通。清除异物可用压额提颌法(又称仰头举颏法)畅通气道,即保安员用一只手手掌的小指侧缘压住对方的前额,使其头部后仰,同时用另一只手的食指及中指并拢置于其下颌,将下颌骨上提,使下颌角、耳垂的连线与地面垂直(鼻孔朝天)。保安员的手指不要压住伤(患)者下颌的软组织。

3. 对伤(患)者的呼吸检查

检查伤(患)者的呼吸方法是一看二听三感觉:① 视检法,即看对方的胸廓有无起伏。② 听检法,即听对方的口鼻部有无气流音。③ 耳感法,即将耳朵贴近对方的鼻周围,体验耳内有无呼出的气流。如果伤(患)者无呼吸,可能是其舌肌松弛后坠,阻塞呼吸道。这时应用仰头举颏法打开气道,检查呼吸时间以10秒之内为宜。

4. 对伤(患)者的心跳检查

检查伤(患)者的心脏是否跳动,最简易、最可靠的检查部位是桡动脉和颈动脉。查颈动脉时,保安员将两三个手指放在伤(患)者气管与颈部肌肉间,轻轻按压,时间不得超过10秒钟;检查桡动脉时,在其腕部横纹靠近大拇指的一侧,轻轻按压。

瞳孔的状况也是判断人的生命状态的根据之一。危重伤(患)者两眼瞳孔不等大、不等圆,或者缩小、扩散、偏斜,对光刺激无反应。

呼吸停止、心跳停止、两眼瞳孔固定散大,这是死亡的三大特征。但是,通过及时采取心肺复苏术的方法,能使处于短暂死亡状态的伤(患)者起死回生。

第二节 现场紧急救助的基本技能

一、心肺复苏术

心肺复苏术是一种基本的救生技巧,是指在患者发生心跳骤停无呼吸的现象时,同时实施胸外心脏按压与人工呼吸,以维持心脏跳动和呼吸功能的方法。心肺复苏术一般在患者停止呼吸甚至心跳、心脏失去功能的情况下使用。救护人一旦发现有人突然倒地,无意识、无呼吸、无心跳,应立即对其实施心肺复苏术,使心肺功能得以恢复,挽救生命。

实施心肺复苏前,应当先拨打120求助。

(一)现场心肺复苏的步骤

现场心肺复苏包括打开气道、人工呼吸、胸外心脏按压三个步骤。

1. 打开气道

打开气道是指保持伤(患)者呼吸道畅通的状态。打开气道前,先检查伤(患)者的清醒程度。具体做法是:

(1) 判断意识。发现有人倒地,首先判断其是否有意识。判断的方法是:救护人双腿分开,与肩同宽,跪于伤(患)者一侧(一般为右侧)的肩胸部。双手轻拍伤(患)者肩部,并在其耳边大声呼唤。如果没有反应,则视为无意识。

(2) 高声呼救。对于无意识的伤(患)者,救护人应立即高声呼救:"快来人啊!有人晕倒了,我是救护人(保安员),请这位先生(女士)赶快帮忙拨打120,打通后请告诉我。""现场有会救护的人吗?请帮帮忙!"

(3) 将伤(患)者翻转为心肺复苏体位(仰卧在坚硬的平面上)。如果伤(患)者俯卧在地,首先将其两上肢上举,再将其远离救护人的腿放在另一条腿上,使双腿交叉。救护人一只手托住伤(患)者的后头颈部,另一只手插入其腋下,将伤(患)者整体翻转向救护人一侧,呈仰卧位,再将伤(患)者的上肢置于身体两侧。

(4) 打开气道。伤(患)者呼吸、心跳骤停后,舌肌松弛后坠,可阻塞呼吸道。此时,用仰头举颏法将气道打开,可使舌根上提,呼吸道畅通。救护人一只手手掌的小指侧缘压住伤(患)者的前额,另一只手的食指、中指并拢置于下颌,将下颌骨上提,使下颌角、耳垂的连线与地面垂直(鼻孔朝天)。救护人的手指不要压住伤(患)者下颌的软组织。

打开气道不仅仅是解决伤(患)者的舌肌松弛后坠的问题,还要注意观察伤(患)者口中有无异物。如果有异物应当取出,并且将伤(患)者的衣服、领(裤)带、围巾、腰带等解开。

2. 人工呼吸

(1) 判断呼吸。救护人打开伤(患)者气道后,立即将耳朵贴于伤病员口、鼻周围,用10秒钟时间一听、二看、三感觉,即听有无呼吸的声音,看胸廓有无起伏,感觉有无呼出的气流。在确认伤(患)者停止呼吸后进行人工呼吸。

人工呼吸的方法分为口对口、口对鼻、口对口鼻吹气三种。口对口鼻吹气的人工呼吸方法,适用于抢救婴儿;口对鼻吹气的人工呼吸方法适用于口腔严重创伤、牙关紧闭的伤(患)者抢救;其他伤(患)者适用口对口吹气人工呼吸方法。

(2) 口对口吹气。用10秒钟时间判断没有呼吸后,立即进行口对口吹气两次。吹气前,应当让伤(患)者仰头抬颏打开气道。

吹气方法:打开伤(患)者气道,救护人吸一口气,张大嘴,将对方的嘴巴包严(不透气),缓缓持续地吹气。吹气时,捏紧对方的鼻翼,用眼睛的余光观察胸廓有无起伏。吹气频率为10~12次/分钟;吹气持续1秒钟;吹气量为500~600毫升,胸廓隆起即可。间隔2秒钟后,再吹一口气。

3. 胸外心脏按压

吹两口气后,立即在伤(患)者胸部正中、两乳头连线水平位置(胸骨下 1/2 处)进行胸外心脏按压。

(1) 按压方法:救护人一手掌根部置于伤(患)者两乳头连线中点位置,另一手掌根与之同方向重叠,十指相扣,掌心和指尖翘起,腕、肘、肩上下垂直,身体上半身前倾,以髋关节为支点,利用上半身的力量向下垂直按压 30 次。按压频率为 100 次/分钟;按压深度为 4～5 厘米。

(2) 按压要求:部位要准确,快速有力按压,每次按压均要允许胸壁弹性回缩到正常位置;按压与解除按压两段时间相等;解除按压时,掌根不要离开胸壁;尽量减少按压中断。

按压与吹气之比为 30∶2,即按压 30 次,吹气 2 口。进行五个循环,约 2 分钟,暂停 10 秒钟,观察伤(患)者有无呼吸。如有呼吸,说明心肺复苏成功;如无呼吸,继续进行心肺复苏。

2005 年,《国际心肺复苏指南》中建议每五个循环更换一个按压者,并要在 5 秒钟之内更换完毕,这样可以大大提高心肺复苏的成功率。

如果保安员发现成年人发病(非外伤)突然倒下,停止心跳,应当先给予患者 12 次心前区捶击除颤。如果仍不能触及对方脉搏,就要立刻进行胸外心脏按压抢救。

(二) 心肺复苏的有效指征

(1) 伤(患)者面色由苍白、青紫转向红润;
(2) 恢复自主呼吸及循环;
(3) 瞳孔由大变小;
(4) 眼球转动,呻吟,手足搐动。

(三) 心肺复苏终止的条件

具备下列条件之一,即停止心肺复苏:
(1) 伤(患)者恢复自主呼吸及循环;
(2) 有医务人员来接替;
(3) 经医务人员检查证明已死亡;
(4) 救助人精疲力竭,无法继续进行心肺复苏。

(四) 复原体位(侧卧位)

伤(患)者心肺复苏成功或有呼吸、有心跳但无意识时,应将其翻转为复原体位(侧卧位)。救助人将靠近自身的伤(患)者的手臂屈曲置于头的侧方,另一手臂屈曲置于胸前,将其远离救护人一侧的膝关节弯曲。救护人一手扶住伤(患)者的膝关节,另一手扶住肩关节,轻轻地将其朝自身方向翻转呈侧卧位;将伤(患)者外侧的手掌心向下置于面颊下方,轻轻地打开气道。然后,将伤(患)者弯曲的腿,置于伸直腿的前方。

二、创伤救助知识

广义的创伤是指机体受到外界某些物理、化学或生物性致伤因素作用后所引起的组织结构破坏。狭义的创伤是指机械致伤因子造成机体的结构完整性破坏。创伤救护包括创伤现场止血包扎、骨折固定和伤者搬运等基本技术。

(一)止血技术

人体组织损伤、血管断裂后,最容易引起大量出血。短时间内大量失血,可使有效循环血量迅速减少,引起失血性休克。严重者,可威胁伤者的生命,是造成早期死亡的直接原因之一。因此,及时有效地止血是维持伤者生命的一项重要措施。

现场紧急救助大量出血者时,应首先判断出血的部位和性质,这是抢救外伤出血者的关键。动脉出血流速快,流量大,呈喷射状,为鲜红色,伤口较深;静脉出血一般流速较慢,呈暗红色,伤口相对较浅。

现场紧急救助常用的止血方法有指压止血法、加压包扎止血法、止血带止血法。

1. 指压止血法

指压止血法简单易行,主要适用于可暴露部位的止血,分为直接压迫法和间接压迫法两种。

(1)直接压迫法。在伤口无异物的情况下,保安员直接用手按压在伤口上,以达到止血目的。如果条件允许,最好在出血的伤口与手之间垫上干净的物品,如手帕、毛巾、衣物等,以减少伤口的污染及交叉感染。

(2)间接压迫法。用手指、手掌或拳头压住出血伤口的近心端动脉,使得动脉在手和骨头之间受到压迫,达到止血或减少出血的目的。

间接止血法应注意三点:一是按压时应找准出血部位近心端的动脉;二是压迫时应将该动脉压迫至骨面上;三是压迫的时间不宜过长。

常用的人体浅表动脉按压位置是:颞浅动脉的压迫位置在耳屏前上方。压迫此处,可以阻止颞部及头皮部位出血。颈总动脉的压迫位置在喉结甲状软骨两侧。压迫此处,可阻止口腔、咽喉、颈部、头部出血,但不能同时按压两侧,也不能长时间按压。肱动脉的压迫位置在上臂中部肱二头肌内侧,压迫此处,可以阻止上臂下部及前臂出血。尺、桡动脉的压迫位置在腕部内、外掌侧,同时压迫此处,可以阻止手部出血。指(趾)出血,压迫出血指(趾)根部的两侧缘,以达到止血目的。股动脉压迫位置在大腿根部(腹股沟韧带)中点稍内侧的下方,压迫此处,可阻止下肢出血。

2. 加压包扎止血法

适用于小动脉、小静脉和毛细血管的出血；也可用于上下肢、肘、膝等部位的动脉出血。

方法是：用大块干净的敷料（毛巾、手帕等）将伤口覆盖（敷料要超过伤口周边3厘米），再用三角巾或绷带加压包扎。伤口不要包扎太紧，包扎后的伤口应高于心脏位置。使用加压包扎止血时，要观察末梢血液循环。如果伤口较深，先用干净的敷料将伤口填塞，再加压包扎止血。救护人只能填塞被救护人肢体上的伤口，决不能填塞躯干部位（胸、腹）的伤口。

3. 止血带止血法（布料绞紧止血法）

四肢受伤出血的伤员在采用其他止血法不能奏效时，可使用止血带止血法。止血带的种类很多，有表带式止血带、气囊式止血带、橡胶止血带。现场找不到这些止血带时，可用布条、领带、围巾等代替，但不可使用电线、铁丝及绳索，以免造成皮肤损伤及肢体坏死。

使用止血带时应注意：

（1）一定要在肢体与止血带之间加衬垫。

（2）部位要准确。上肢出血时，止血带应扎在上臂的上1/3。下肢出血时，止血带应扎于大腿的中、上部。前臂及小腿因有骨间动脉，故不易使用止血带。

（3）松紧要适度。不要绑扎过紧，在止住血的前提下越松越好。

（4）要标明时间并定期开放。每隔40～50分钟放松2～3分钟，放松时要慢，不宜过快过猛。放松时，要用指压止血法止血。

（5）止血带止血法是最后的选择，能用其他方法止住血，绝对不用止血带。

（二）固定技术

对发生骨折、脱臼伤者的有效固定是搬运、转移前必须认真做好的工作，其目的是避免骨折对人体造成新的伤害，如刺伤神经、血管等。科学的固定可以减轻疼痛，便于转移。

固定骨折、脱臼的材料可以使用小夹板，木制、金属制、塑料制均可。紧急时可就地取材，使用其他材料代替，如竹签、木棍、雨伞、树皮等，也可利用健肢固定患肢。夹板要放在伤部的下端或两侧，固定时，至少包扎、缠绕两处，最好能固定伤部的上下两个关节，以免受伤部位的移动。

固定技术的要点：① 先固定再搬运。② 遇有开放性骨折，先将伤口止血、包扎后再固定，不要将刺出伤口的骨折端送回伤口内。③ 固定时必须要超关节，如大腿骨折，应超髋、膝两个关节；小腿骨折，应超膝、踝两个关节。④ 固定材料不宜直接接触皮肤，应在皮肤和固定材料之间加衬垫，如围巾、布料、衣服等。⑤ 固定时绑扎的松紧度要适宜，过松起不到固定作用，过紧容易造成血液循环障碍而引起肢体坏死。⑥ 四肢骨折固定应将指（趾）末端露出，以观察血液循环。⑦ 对于脊柱

（颈椎、腰椎）损伤的伤员，尽量不要轻易搬动，特别是不要违背伤员意志搬动。如果怀疑伤员伴有脊髓损伤（最典型的表现是肢体运动及感觉减弱或消失），要让伤员在原地保持原位不动，迅速拨打120急救电话。

在施用绷带固定夹板时，应当先缠骨折处下部，以免充血。伤肢用夹板固定后，有时还要与健侧肢体或身体绑在一起，用健肢或身体固定患肢，然后转送至医院进一步治疗。

夹板固定后，还应检查是否牢固，松紧是否适度，远端动脉搏动能否摸到。指（趾）甲如发凉或呈青紫色，表示绑得太紧，应予放松，但也不能太松而起不到固定的作用。骨折固定后，应挂上标记，迅速转送医院治疗。

（三）搬运技术

1. 徒手搬运

徒手搬运分为单人徒手搬运和双人徒手搬运。

（1）单人徒手搬运，有扶持法、抱持法和背负法等。

（2）双人徒手搬运，有扛轿式、椅托式和拉车式等。

2. 担架搬运

担架搬运要特别注意放置伤员的方法，对脊柱损伤的伤员进行搬运时要特别小心，移动时一定要注意脊柱的稳定。

担架搬运的具体方法：首先上好颈托。一名救护人专门负责固定伤员的头颈部，其他三名救护人单腿跪于伤员一侧，分别将手臂伸入至伤员肩下、腰部、大腿、小腿处。四名救护人同时用力，使脊柱保持中立位，将伤员抬起，放于担架上，固定好后再搬运。

搬运脊柱损伤的伤员使用的担架应该是硬质的，紧急情况下可使用门板、桌面、床板代替，并在伤员的肩胛下、腰部、膝部、足跟处加衬垫，以免损伤皮肤及局部组织。

第三节 意外伤害和常见急症的救助知识

意外伤害是指因意外事故（因素）而对人的机体造成的损害。意外伤害和常见急症都需要在现场进行紧急救护，以最大限度地挽救生命。

一、一氧化碳（煤气）中毒

1. 病人表现

轻者头痛、头晕、恶心、呕吐、心悸、全身无力。重者面色潮红、口唇呈樱桃红色、昏迷、大小便失禁，甚至死亡。

2. 现场救助方法

（1）打开门窗通风，排除险情，做好自我保护；

（2）煤气泄漏现场严禁打电话、开关电灯和使用明火；

（3）将伤病员移至通风处，给予吸氧或呼吸新鲜空气，拨打120；

（4）对呼吸、心跳停止者，立即实施心肺复苏，注意保暖；

（5）中、重度中毒病人在进行其他措施的急救后，应及早送到有条件的医院做高压氧舱治疗，以挽救生命。

二、触电

1. 病人表现

轻者惊吓、头晕、心悸、乏力，可自行恢复。重者肌肉收缩、昏迷、休克，严重者心脏骤停。

2. 现场救助方法

（1）立即切断电源。电源不明时，应挑开电线，呼叫120；

（2）如果在浴室或潮湿的地方，救护人应穿戴好绝缘的鞋和手套再施救；

（3）对呼吸、心跳停止者，立即实施心肺复苏，直至专业医务人员到达现场。

三、溺水

1. 溺水原因

溺水致死的原因是因为水、藻、草、泥沙等进入呼吸道和肺，阻塞呼吸道而引起窒息，或是由于喉头肌肉痉挛阻塞呼吸道而窒息。一般4～6分钟即可引起呼吸、心跳停止。

2. 现场救助

（1）水中救助方法。充分做好自我保护，有能力将落水者救出时再跳入水中。无能力时，不要贸然跳入水中，应立即高声呼救，拨打110、120。

（2）岸上救助方法。将伤病员的头偏向一侧，清除口、鼻内异物（泥沙、污物）；打开气道，检查呼吸。对无呼吸者，用最短的时间将水控出，立即实施心肺复苏；心肺复苏成功后，用干毛巾从四肢、躯干向心脏方向擦干全身，并注意保暖。

四、中暑者的救助

中暑是指在高温环境中引起的身体功能障碍，主要症状是大汗、口渴、头晕、胸闷、恶心、呕吐、体温升高，严重者可出现昏迷。

发现中暑者，保安员应立即将其移放到阴凉、通风的地方，最好是有电扇或空调的室内，平卧休息。病情轻者，饮淡盐水或淡茶水，体温升高时，可用冰袋敷头部或用冷毛巾擦拭头部、腋窝、大腿根部；严重中暑者，及早呼叫120求助。需要注意的是,不能将意识模糊、肌肉痉挛的中暑者放到冷水里,以免急剧降温给其带来身体伤害。

五、急性心肌梗死病人的救助

急性心肌梗死病人的表现一般是:心前区、胸骨后压榨样疼痛,常向左肩、左上肢、左背部放射,大汗淋漓、恶心、呕吐、面色苍白。

现场救助方法是:病人立即卧床休息,千万不要随意搬动病人,拨打120求助。解开病人的衣领、腰带,打开门窗通风。有条件的可给病人吸氧,舌下含服硝酸甘油。对呼吸、心跳停止的病人,立即实施心肺复苏。

六、脑出血病人的救助

病人的症状是:头痛、恶心、呕吐、意识障碍、偏瘫。

现场救助方法是:迅速拨打120急救电话。将患者侧卧位,安静休息,头部略抬高,打开气道,保持呼吸道通畅;禁食、禁水,有条件的可吸氧;如果呼吸、心跳停止,立即实施心肺复苏。

七、脑血栓病人的救助

病人往往是在安静时发病,病情变化缓慢,多数无头痛、无呕吐,但有偏瘫症状。救护方法是:立即拨打120急救电话或将其送往医院救治;让病人侧卧位休息,解开衣领、腰带,打开气道,保持呼吸道通畅;禁食、禁水。

八、癫痫病人发作期的救助

癫痫小发作时,意识丧失仅有几秒钟;大发作时,会突然摔倒、抽搐、口吐白沫、昏迷。

现场救助方法是:将病人平卧在安静通风的地方,解开衣领、腰带,头偏向一侧,保持呼吸道通畅;可用食指掐病人的人中;对于持续抽搐者,要在其上下牙之间垫入手帕、毛巾等,以防咬破舌头。对于病情严重者,拨打120急救电话或速送医院。

九、晕厥病人的现场救助

晕厥是指突然发生、短暂意识丧失的一种综合征。其特点是发生突然、很快消失。病人表现:面色苍白,四肢发凉,脉搏快、弱。一般情况下,病人会在数秒后或调整姿势后自行恢复。但是,保安员发现病人后应当施救,其方法是:迅速将病人平卧,头部略放低;解开衣领、腰带,保持呼吸道通畅;监测呼吸循环体征。如果经过上述处理不见好转,应拨打120急救电话。

第十七章 现场紧急救助知识

本章保安员证考核要求

一般了解内容

现场救助的含义、目的及要求；创伤的含义；止血技术、固定技术、搬运技术的具体方法和要求；现场心肺复苏的步骤、方法与要求；心肺复苏有效指征；心肺复苏终止的条件；复原体位(侧卧位)；一氧化碳(煤气)中毒、触电、溺水的表现和现场救助方法；急性心肌梗死病人、脑出血病人、脑血栓病人、晕厥病人、癫痫病人发作期及中暑病人的表现和现场救助方法。

第十八章

消防安全知识

第一节 概述

一、消防安全的概念

消防专指预防和扑救火灾。消防安全就是尽量确保不发生火灾及发生火灾后能够及时扑救,尽量减小危害。消防安全是社会公共安全的一个重要组成部分,是构建和谐社会、确保经济社会科学发展的重要标志。

二、消防工作的方针

消防工作是人类在同火灾的长期斗争中逐渐形成的一项专门从事防火、灭火的工作。

根据《消防法》的规定,我国现在执行的消防工作方针是"预防为主,防消结合"。"预防为主",就是在消防工作的指导思想和实际行动上,要把预防火灾的发生放在首位,做到防患于未然。"预防为主"的方针,要求消防工作必须动员和依靠包括保安员在内的广大人民群众,认真贯彻落实各项防火措施,发现和堵塞火险漏洞,消除发生火灾的因素,从根本上防止火灾的危害,保护公私财产和人民群众的生命安全。"防消结合",就是在消防工作中要坚持"两手抓",把预防火灾和扑救火灾有机地结合起来,在全面做好防火工作的同时,必须积极做好灭火准备工作(包括人力、物力)。这样,一旦发生火灾,便能迅速有效地扑灭火灾,最大限度地减少火灾所造成的人身伤亡和财产损失。

当前,我国消防工作的总任务是:贯彻执行国家颁布的《消防法》,建立健全消防规章制度,严格消防管理,消除火险隐患,防止火灾发生,减少火灾危害,保护公私财产和人民群众的生命安全,保证社会主义现代化建设的顺利进行。

三、火灾的基本知识

1. 火灾的定义

火是燃烧过程中产生热量将可燃物加热到发光程度的一种现象。火灾是指在时间和空间上失去控制的燃烧所造成的灾害。火灾的发生,不仅给许多家庭带来不幸,而且还使大量的社会财富化为灰烬。

2. 火灾的分类

我国现行国家标准将火灾分为 A、B、C、D 四类。

A 类火灾,指固体物质火灾,这种物质往往具有有机物性质,一般在燃烧时能产生灼热的余烬。如木材、棉、毛、麻、纸张火灾等。

B 类火灾,指液体火灾和可熔化的固体物质火灾。如汽油、煤油、柴油、原油、甲醇、乙醇、沥青、石蜡火灾等。

C 类火灾,指气体火灾。如煤气、天然气、甲烷、乙烷、丙烷、氢气火灾等。

D 类火灾,指金属火灾。如钾、钠、镁、钛、锗、锂、铝镁合金火灾等。

上述分类法对防火和灭火,特别是对准确选用灭火器扑救火灾具有指导意义。

3. 火灾的分级

根据公安部确定的火灾等级标准,按照一次火灾造成的伤亡人数和直接财产损失,将火灾划分为特别重大火灾、重大火灾、较大火灾和一般火灾四个等级。

特别重大火灾,是指造成 30 人以上(含本数,下同)死亡,或者 100 人以上重伤,或者 1 亿元以上直接财产损失的火灾。

重大火灾,是指造成 10 人以上 30 人以下死亡,或者 50 人以上 100 人以下重伤,或者 5 000 万元以上 1 亿元以下直接财产损失的火灾。

较大火灾,是指造成 3 人以上 10 人以下死亡,或者 10 人以上 50 人以下重伤,或者 1 000 万元以上 5 000 万元以下直接财产损失的火灾。

一般火灾,是指造成 3 人以下死亡,或者 10 人以下重伤,或者 1 000 万元以下直接财产损失的火灾。

四、保安员的消防职责

保安员是协助公安机关维护社会治安秩序,保护服务对象合法权益,与违法犯罪行为和火灾、爆炸、中毒、交通肇事等治安灾害事故作斗争的辅助力量。因而,在保安服务活动中认真做好消防工作,是保安员应尽的义务和职责。具体地讲,初级和中级保安员的消防工作任务如下:

(1)学习、宣传消防知识和消防法规,发现和制止违反消防法规的一切行为。

(2)全面了解和掌握安全服务区域的消防工作制度、措施和消防重点部位,以及易燃易爆危险物品放置的场所。

（3）了解和熟悉安全服务区域内的电源开关、总闸、水源、消防水带、开启消防阀门的位置。

（4）熟悉和掌握安全服务区域内的各种性能、规格的灭火器存放地点和使用方法，能够及时、正确地报告火警情况。

（5）安全、迅速地扑救火灾，积极抢救人命，保护、疏散物资；能够判断一般的火源位置和燃烧物质性能，以及有无爆炸、毒烟气和房屋倒塌、触电的危险。

（6）保护火灾现场，画出警戒线，禁止无关人员进入火场，防止有关痕迹遭到破坏。

（7）主动、积极、如实地提供火灾的有关情况，协助公安机关的消防部门调查火灾发生的原因和有关责任人的情况。

第二节　火灾的预防

"预防为主"是我国消防工作方针最重要的内容。对于保安员来说，执行"预防为主"方针，就是要切实做好安全服务区域内的火灾预防工作，及时发现并消除火灾发生的各种隐患，把火灾消灭在萌芽状态，保障服务对象免遭火灾的危害。

预防火灾应该多措并举，既要掌握火灾形成的知识，管好可以引发火灾的物质，又要掌握火灾发生的特点和规律，重点做好火灾多发时段、多发部位的防火工作。

一、火灾发生的规律

一切事物都有其自身的规律，火灾也不例外。火灾发生的规律，是指火灾发生数量多少和造成损失大小的一些基本特点。按照不同的依据和不同的方法，可以总结归纳出火灾的各种规律性。这里，我们只从时间、行业和地区三个方面来加以分析。

（一）火灾的时间性规律

什么时间容易发生火灾？什么时间发生的火灾危害更大？为什么？这就是火灾的时间性规律。

从火灾发生的季节来看，冬季气温低，雨水少，气候干燥，生产生活用火、用电多，容易发生火灾。冬季夜长昼短，人们睡眠时间长；衣着多，行动不便；自然水源低位，救火供水难。冬季的这些不利因素极易酿成冬季大火灾。春季气温转暖，风高物燥；踏青春游，清明祭祖，野外火源增多，火灾诱因多，容易发生大面积火灾，增加了扑救难度。夏季，雨天打雷多，城市居民空调用电量显著增大，由于雷击、电气设备短路引起的火灾时有发生。秋季，农民收获的季节，容易发生草堆、谷场火灾。

春节元旦、国庆等节日里,燃放烟花爆竹引发火灾多。

从火灾发生的时段来看,白天是人们集中从事生产、经营活动和工作的主要时间段,也是用火、用电和使用危险物品最多的时间段。下午,人们的精神状态和精力不及上午好,思想松懈、警惕性不高。所以,白天的火警发生数比夜间多,下午的火警发生数又比上午多。但是,白天的火警容易被及时发现、及时扑救,形成火灾的火警不多,损失一般不大。而夜间的火警虽然发生少一些,但因发现、报警、扑救不及时,容易形成大的火灾,增加了扑救的难度,带来的危害往往比白天的火灾大得多。

保安员认识火灾的时间性规律,就要把预防火灾工作的重点放在下午,特别是夜间,加强安全服务区的防火巡逻检查,提高及时发现和扑救火警的能力,减少或避免火警转化为火灾带来的社会危害。

(二) 火灾的行业性规律

由于社会各种行业的情况不尽相同,火灾在不同行业发生的数量以及导致的危害后果往往也不一样。哪些行业容易发生火灾?哪些行业发生火灾的损失大?这就是火灾的行业性规律。当然,这只是相对而言,并非绝对如此。

1. 公共场所的火灾较多、危害较大

在经济结构调整的大趋势下,我国服务行业发展步入快车道,特别是各类大型市场和综合性商场、宾馆、饭店以及娱乐场所日益增多。其中一些单位的装修越来越豪华,电气化、现代化程度也不断提高。这些公共场所的人员高度集中,明火电气使用越来越多。但是,种种因素造成了公共场所的消防管理层次低,消防制度不落实,治安秩序比较乱,违规违章行为屡禁不绝,致使火灾事故在公共场所发生的数量增多,人员伤亡和财产损失增大。

2. 民营企业和"三资"企业的火灾较多

随着经济体制改革的不断深入发展,我国的民营企业和"三资"企业越来越多,其在国民经济中的比重也越来越大。但是,为数不少的民营企业和"三资"企业的业主,不懂得消防工作的重要意义,盲目追求企业的经济效益,不能严格执行《消防法》,防火安全设施、设备不到位,安全操作、安全用电不规范,职工安全教育缺失,甚至对于火险隐患迟迟不整改,以致这些企业火灾频发,损失严重,并造成了社会危害。

3. 交通运输业的火灾呈现上升趋势

我国现代化建设的快速发展,带来了交通运输业的春天。近年来,物流业和交通基础设施建设突飞猛进,与此同时,无视交通安全法规,一味讲求经济效益,多装快跑的现象越来越严重。而处于这种违法运营状态中的装载易燃易爆危险物品的车辆,更加容易引发火灾或爆炸事故,且危害后果更大。

4. 仓储业火灾损失严重

仓储业是储存各种物资的行业,其最大的特点就是物质财富高度集中,一旦发生火灾,其损失之大则可想而知。消防工作要求不同物资,特别是易燃易爆的化学危险物品,必须严格按照规定,限量分别储存。然而,现实中的一些仓储商在经济利益的驱动下,存在严重的侥幸心理,有法不依,明知故犯,超量储存,物资混存,带来了诸多火险隐患,由此发生的仓储业火灾也时有发生。

保安员明确火灾的行业性规律,就是要求在这些火灾容易发生和发生较多、损失较重的公共场所、民营企业、"三资"企业、交通运输业、仓储业从事安全服务的人员,以高度的责任心自觉加大防火工作的力度,严格执行《消防法》和各项防火制度,严格落实各项防火措施,为控制火灾多发行业的火灾作出贡献。

(三)火灾的地区性规律

火灾的地区性规律指的是居民住地发生火灾的规律。

整体而言,农民住地发生火警较多,这是由于农民普遍缺乏消防意识和消防知识,以及小孩教育管理缺失,使用明火不慎或小孩玩火所致。但火警转化为火灾的比率不太高,损失也不大。城市和集镇的住宅小区(物业小区),虽然普遍实行了物业管理,居民的消防素质也高一些,但因家用电器多,节日燃放烟花爆竹多,由此带来的傍晚用电超负荷和重大节庆日期间鞭炮燃放不慎而发生的火灾较多。特别是居民密度高、住宅年份久、租住外来民工多的小区,火灾频率高且损失大。

保安员认识了火灾的地区性规律,就要在安全服务活动中,重点关注服务区域内容易引发火灾的居民住宅防火工作,加强督促检查,及时发现火警,迅速报警并奋力扑救,不让其造成大的危害后果。

二、火灾预防的具体要求

保安员应当学习、掌握消防基本常识和技能,结合岗位实际,做到"四懂四会",即懂火灾危险性,懂预防火灾措施,懂火灾扑救方法,懂防火巡查方法;会报火警,会使用灭火器材,会扑救初起火灾,会组织疏散逃生。

三、防火工作措施

保安员要做好安全服务区域内的防火工作,一方面要学习、掌握防火知识,认真地进行经常性的防火巡查,及时发现和消除火险隐患;另一方面,要发动服务区内的职工群众,群策群力,共同预防火灾发生。

(一)积极开展防火巡查,堵塞漏洞,消除火灾隐患

预防和减少火灾发生的一条重要途径就是及时发现和消除火灾隐患,把火灾消灭在萌芽状态。火灾隐患是指可能导致火灾发生或火灾危险增大的各类潜在不安全因素。重大火灾隐患是指违反消防法律、法规,可能导致火灾发生或火灾危害

增大,并由此可能造成特大火灾事故和严重社会影响的各类潜在不安全因素。

1. 防火巡查的内容

为了及时发现和消除火灾隐患,预防和减少火灾的发生,执勤中的保安员应当认真负责地做好防火巡查工作。防火巡查的内容包括:① 用火、用电有无违章情况;② 安全出口、疏散通道是否畅通;③安全疏散指示标志、应急照明是否完好;④ 消防设施、器材和消防安全标志是否在位、完整;⑤ 常闭式防火门是否处于关闭状态,防火卷帘下是否堆放物品影响使用;⑥ 消防安全重点部位的人员在位情况;⑦ 其他消防安全情况。

2. 防火巡查工作要求

根据保安服务实践经验,要搞好防火巡查工作,必须做到以下三点:

(1) 形式多样地进行防火巡查。要根据不同客户、不同服务区域的防火要求和火灾发生的规律,分别采取不同的检查方法,检查不尽相同的内容。例如,在用火、用电增多的时间段,要加强火源、电源的安全检查;夏季气温高,要加强对容易挥发、膨胀的易燃易爆液体和气体的安全检查;阴雨天气,要加强对容易受潮或被雨淋的化学危险品的安全检查;打雷季节,要加强避雷设施设备的安全检查;等等。

(2) 突出重点地进行防火巡查。在防火安全检查中,必须分清主次,抓住主要矛盾,既要普遍检查,不留死角,更要加强重点防火部位的安全检查频次,不搞平均主义。重点检查的防火部位,是指安全服务区域内的人员、物资集中部位和容易发生火灾的部位,以及一旦发生火灾危害大的部位。如客户单位的秘密部位(机要室、资料室、实验室等)、生产关键部位(通讯枢纽、总装车间、数据处理中心、科研实验室、计算机房等)、危险物品部位(生产、使用、储存易燃易爆或剧毒等物资的地方等)、重要供给部位(供水、供电、供气、供油部位,食物供应和储备库等)、重要设备部位(贵重、稀有、关键的仪器设备所在地等)、财物集中部位(储存大量钱财物资的财务室、原材料和半成品、成品仓库、文物和珠宝展览、经营、存放部位等)、人员集中部位,等等。这些部位不仅是防火的重点部位,也是防盗、防破坏的重要部位,因而,保安员必须将其列为安全检查的重点部位,增加安全检查的次数,加大安全检查的力度,确保其安全。

(3) 注重实效地进行防火巡查。保安员应当脚踏实地、认真负责地进行防火巡查,善于发现并及时消除火险隐患,务求实效,防止形式主义、走过场。防火安全检查的内容要一一记录在册,特别是发现和消除的火险隐患情况,必须逐条登记清楚。一时不能消除的火险隐患,必须提出整改意见,及时报告客户单位,并采取临时防火措施。

(二) 发动和依靠群众,共同预防火灾

保安组织和保安员,应当在保安服务活动中,因地制宜、形式多样地宣传消防知识,发布消防有关信息,向客户单位的领导和职工群众进行防火工作宣传教育,提高大家的防火意识和防火能力,自觉地遵守国家《消防法》的有关规定,在日常生活工作中保持应有的警惕性,时时防火,处处防火。只有如此,万一出现火警,才能正确应对,迅速扑灭,不让其酿成火灾,危害安全。只有广大人民群众真正地发动起来了,预防火灾的工作才能完全落到实处,避免火灾发生。

第三节 火灾的扑救

火灾发生后,如果不及时扑救,很容易蔓延,造成不必要的财产损失和人员伤亡。因此,保安员接到火灾警报或发现火灾时,必须立即行动,按照正确的程序和方法,及时报警,快速开展扑救,尽力将火灾扑灭或者控制在最小范围内。

一、接、处火警的程序和措施

接、处火警是火灾扑救的开端。快速、果断地接、处火警,会为进一步的救援工作赢得宝贵的时间,为成功扑救火灾创造条件。由此可见,能否正确地接、处火警,关系到火灾扑救的成败。正确地接、处火警,必须做到以下几点:

1. 首先确认火情

接到火灾警报后,消防控制室必须立即以最快的方式通知报警区域的工作人员或巡查人员到现场确认。没有消防控制室的单位,发现火情的人员必须以最快的方式确认是否真正发生火灾。

2. 启动消防设施

火灾得到确认后,消防控制室必须立即将火灾报警联动控制开关转入自动状态(处于自动状态的除外)。

3. 及时报警

及时报警是掌握灭火救援主动权的前提条件。因此,消防控制室在确认火情、启动消防设施的同时,必须立即拨打119电话报警(消防控制室与110联网的不必报警)。没有消防控制室的单位在确认火情后,也要马上报警,越快越好。报警的要求是:

(1) 接通119报警电话后,要保持清醒冷静,向接警中心讲清失火单位的名称、地址、什么东西着火、火势大小,以及着火范围和是否有化学危险品、是否有人员被困等。同时,还要注意听清对方提出的问题,并认真回答。

(2) 把自己的电话号码和姓名告诉对方,以便联系。等到对方挂断电话后,方可挂断自己的电话。

(3) 打完电话后,应立即派人迎接、引导消防车进入救援现场,特别是火场位置偏僻的。

（4）迅速组织人员疏通消防通道，清除障碍物，使消防车到达火场后能立即进入最佳灭火救援位置。

（5）如果着火地区发生了新的变化，要及时报告消防队，使其能及时改变灭火战术，取得最佳效果。

4. 启动应急预案

拨打119电话报警后，还要快速报告单位负责人，启动应急预案。应急预案是预先制订的先期处置火灾的工作计划和行动规程。制订火灾应急预案要结合本单位实际，明确火灾发生后的报警组、灭火救援组、引导人员疏散组、医疗救护组成员及其分工职责，以便在火灾发生时能够快速反应，有效地开展扑救工作。

5. 组织疏散与扑救

火灾现场人员要当机立断，在启动单位应急预案的同时，立即打开安全出口，组织附近人员疏散逃生。同时，使用附近的灭火器、室内消火栓等消防设施、器材，扑救火灾。在确认没有人员被困的情况下，可以先行关闭火灾现场的门窗，减少空气流通，延缓火势的发展。

二、火灾现场的处置

火灾现场的处置是指火灾扑救中坚持正确的行动准则，采取正确的灭火方法，实施最有效的扑救行动，以控制火灾的发展蔓延，减少火灾危害后果的一切行为。

（一）灭火的原则

灭火的原则是扑救火灾中必须遵循的行为准则，是有效实施灭火的基本保证。

1. 立即报警的原则

发现火警、火灾立即报警，是《消防法》的规定。这说明立即报警十分重要。当然，发现初起小火警有能力迅速扑灭的，应当立刻采取措施灭火，而不是报警。立即报警的要求是：

（1）不假思考，即刻报警。一旦确认发生火警、火灾，保安员应当以最快的速度立即报警，刻不容缓，越快越好。因为，火灾的发生往往从火警开始，随着时间的推移，逐渐由小到大，发展为大火灾。报警快，就能赢得时间，及早采取灭火措施，迅速地将火扑灭。反之，报警时间晚了，火势变大，灭火的难度就会增大，火灾危害也随之增大。

保安员要能做到立即报警，首先必须防止对火势发展估计不足和对自己灭火能力估计过高的错误，以为小火势不会形成大火灾，自己能够扑灭，或者怕影响到服务单位形象、职工休息、教学工作而耽误了报警时间。其次，立即报警，必须要有报警的通讯工具（电话、手机、对讲机等），如果保安员手中没有通讯工具，应当就近借用，说明是报告火警。法律规定，任何单位和个人都必须给报警人员提供方便。如果附近没有可以借用的通讯工具，应当敲打能够发出响声的物件（如锣鼓、金属物等),或者大声呼救,以吸引人们来灭火。

(2)报警行为必须规范有效。保安员利用通讯工具拨打119报警的规范要求如前所述,需要指出的是,如果火场附近有人时,也要向他们报警,以便大家共同投入火灾扑救行动,有利于扑灭火灾。

2. 救人第一的原则

人的生命是最宝贵的,无法用金钱、物质计算其价值。我国现在提倡"以人为本",最根本的就是保障公民的生命权。"救人第一"的原则,体现了"以人为本",是对人的生命的尊重和保护。当火势威胁到人们的生命安全时,首先要千方百计去救人,用最快速度把火场内被困人员解救出来。对于生命垂危者,保安员还应当实施现场急救措施,以减轻火灾的危害后果。

3. 正确选用灭火器具的原则

不同的灭火剂和灭火器,适用于不同的燃烧物质所引发的火灾。只有正确地选用对于发生的火灾具有灭火性能的灭火器,才能在使用后起到灭火作用。如果选用灭火器不当,非但灭不了火,还可能助燃,促使火势蔓延扩大。

保安员在灭火行动中,要能正确选用灭火器具,首先要明确燃烧物质是什么,火灾属于哪种类别,然后有针对性地正确选用灭火器灭火。

4. 先重点后一般的原则

在扑救火灾行动中,要分清主次和轻重缓急,首先集中力量解决火场内的重点问题。所谓重点问题,除了火场内的人员生命安全问题外,还包括:火场内和火场附近的易燃易爆物品、有毒化学危险物品,以及稀有、贵重的机器设备,科研仪器,珍贵文物等重要物资的安全问题;猛烈火势的控制以及火势发展、蔓延的方向性问题;火灾可能导致建筑物倒塌的问题;等等。必须将这些火场的重点问题置于火灾扑救的重要位置,分别采取措施先行解决,避免火灾造成更大的危害。

对于火场内的人员生命安全,要坚持"救人第一"的原则,全力以赴地救助。对于火场内的化学危险物品和贵重物资,必须尽快抢救出火场,转移到安全地带。在此过程中,保安员务必注意自身安全,防止不必要的伤亡。特别要防止搬运、转移化学危险物品时,由于方式方法不当(如将禁止倒置的物品颠倒过来等)而发生燃烧、爆炸和有毒物质外泄等新的问题,造成更大危害。防止火势的蔓延扩大,一方面要重点控制燃烧猛烈的火势,另一方面要根据火场的风向,重点控制火势朝着火场的下风方向蔓延。对于由于火灾而可能倒塌的房屋等建筑物,应当及时将这些建筑物内的人员疏散出来,把危险物品及贵重物资抢救出来。

5. 先控制后消灭的原则

一般的小火灾,选用正确的灭火器具,采取正确的灭火方法,就能够很快地将其扑灭。至于火势较大、难以一时扑灭的火灾,则应当采取措施,首先控制火势的蔓延扩大,然后再设法扑灭。

如何执行先控制后消灭的原则呢？一般做法是：若建筑物的一端着火,向另一端蔓延时,应当从建筑物的中间控制,阻止火势蔓延。若建筑物的中间着火,应当从两侧控制蔓延。火场的下风方向,容易引起火灾的蔓延,必须采取措施控制,不让火场的下风向再有物质燃烧起火。也就是说,一般物质引起的火灾,应在下风向灭火。但是,燃烧产生毒气的火灾,千万不可以在下风灭火。易燃易爆危险物品靠近火场的,应当迅速将其撤离走,以免这些危险物品被火灾引起燃烧、爆炸,扩大火灾面积,带来更大危害。如果靠近火场的危险物品不能搬走,应当采取其他措施控制。例如,如果靠近火场的是油罐,就要选用冷水等合适的灭火剂喷洒在油罐上,使其冷却,防止油罐受火灾的热辐射而温度升高发生爆炸；如果管道内着火,应当先关闭阀门,不让可燃物质流到着火的管道处,从源头上控制火灾。

（二）灭火的方法及注意事项

1. 灭火的方法

灭火,就是破坏已有的燃烧条件,使燃烧不能继续。根据对燃烧本质的分析,灭火的基本方法有四种：冷却法、隔离法、窒息法、抑制法。对于不同类型的火灾,应当采取不同的方法扑救。

（1）扑救 A 类火灾。一般可采用水冷却法,即选用清水灭火器灭火。但是,对于忌水的物质,如布、纸等应尽量减少水渍所造成的损失。对珍贵图书、档案应使用二氧化碳、卤代烷、干粉灭火器灭火。

（2）扑救 B 类火灾。首先,切断可燃液体的来源。同时,将燃烧区容器内的可燃液体排放至安全地区,并用水冷却燃烧区可燃液体容器外壁,减慢其蒸发速度。及时使用泡沫灭火器、干粉灭火器将液体火灾扑灭。

（3）扑救 C 类火灾。首先,关闭可燃气阀门,防止可燃气发生爆炸。然后,选用干粉、卤代烷、二氧化碳灭火器灭火。

（4）扑救 D 类火灾。钠和钾等金属火灾不能用水扑救,因为水与钠、钾等活泼金属反应会放出大量热和氢,促使火灾猛烈发展。对此类火灾,应选用特殊的物质,如干砂等,进行扑救。

（5）扑救带电火灾。用1211灭火器、干粉灭火器、二氧化碳灭火器扑救效果好。因为这三种灭火器的灭火剂绝缘性能好,不会发生触电伤人事故。

2. 灭火注意事项

在特定的时间、空间扑救火灾,或者扑救电气、毒气、危险物品等特殊燃烧物质形成的火灾,必须注意到以下特殊的情况,采取有别于一般火灾扑救的方式方法,以取得理想的灭火效果。

（1）夜间火灾的扑救。夜间受光线的限制,能见度低,火源难找,救火行动缓慢,往往会影响到灭火的进度。鉴于此,保安员应携带照明用具救火,以解决视觉困难的问题,提高灭火效果。特别是在火场有倒塌危险的建筑物,威胁到救火人员安全的情况下,要在这些危险处使用照明设备,或者设立岗哨,以免发生意外,造成救火人员的伤亡。

(2) 大风中火灾的扑救。俗语说,风助火威。大风中的火灾,特别是室外露天火灾,容易朝着下风方向蔓延扩大,扑救的难度较大。除了毒气火灾外,在保障救火人员的安全下,大风中救火应当做到以下几点:① 位于下风方向,使用灭火器材远距离扑救。尽量让灭火剂喷洒到燃烧物质上,有效地阻止火势蔓延。② 及时扑灭飞落到下风方向的火星、火苗,不让火种扩大。③ 火灾扑灭后的一段时间内,现场留下适量的人员严加看管,并要配备一定数量的灭火工具,以防火场死灰复燃,火灾再起。

(3) 毒气火灾的扑救。毒气火灾是指火场的空气中含有一定比例的有毒气体或有毒蒸汽,它会对救火人员的生命安全构成威胁,必须引起高度重视,严加防范。常见的毒气,一是工业用的乙炔、丙烯、丁烷、煤气、氨气等;二是沥青、赛璐珞等化学物质燃烧物;三是可燃物质不完全燃烧时产生的一氧化碳;四是氟、氯等卤化物的蒸汽等。

保安员在毒气火灾扑救中,特别是在室内时,应当注意防毒。在不影响扑救火灾的前提下,尽量位于侧风或上风方向救火;条件许可时,佩戴防毒面具救火,或者临时使用浸湿的毛巾或口罩掩住口鼻救火。火场有毒气泄漏的,应当立即设法切断毒气来源(如关闭毒气管道的阀门,堵住毒气泄漏的管线、容器)。同时,想方设法稀释、排放毒气(如拆除建筑物,利用通风、排烟装置),减轻对救火人员的危害。

(4) 电气火灾的扑救。电气火灾是指电器线路或电器设备燃烧起火以及由此引燃其他物质的火灾。扑救电气火灾时,很容易发生触电事故,导致救火人员伤亡。所以,一般情况下采用断电灭火的方法扑救电气火灾。在断电灭火会严重影响生产、科研,或者难以做到断电灭火时,可以实施带电灭火方法。

① 断电灭火。切断电源后再灭火,这是一个基本的安全要求。保安员若无绝对把握切断电源,应当请客户单位的电工操作,万万不可擅自行动,以防自身触电伤亡。切断电源的方法是,当电压在 250 伏以下时,可以穿绝缘靴,戴绝缘手套,用绝缘剪刀把电线剪断。切断电源的位置,应当在来电方向支撑物的附近,以防止带电的导线落地后造成接地短路。切断合股电线时,应当分别在不同的部位剪断,以免发生短路。利用闸刀开关断电时,最好用绝缘操作杆或者干燥的木棍操作。高压线路断电,必须由电工技术人员或供电部门进行,保安员不得擅自行动。

② 带电灭火。在不切断电源的情况下扑救火灾,即带电灭火,危险性较大,参加救火的保安员千万要注意自身的安全。人与带电体、电线、电气设备之间必须保持一定距离,切不可靠太近,以防触电事故发生。对于初起的电气火灾,可选用不导电的灭火剂灭火,如二氧化碳、干粉、水蒸气、1211、1301 等。对于使用不带电的灭火剂难以扑灭的较大火势,如需要用水流灭火,必须由消防人员操作,或在消防

人员的直接指挥下进行，保安员不可独自实施。

（5）化学危险物品火灾的扑救。化学危险物品指的是爆炸品、压缩气体、液化气体、易燃液体和固体、自燃物品和遇湿易燃物品、氧化剂和有机过氧化物、毒害品和腐蚀品。这些物品一旦起火，燃烧速度快，极易发生爆炸。同时，火场常常伴随着有毒气体和腐蚀性物质，扑救工作难度和危险性都比较大。

扑救化学危险品火灾，务必注意自身安全和防止发生爆炸。一般情况下，保安员应当佩戴口罩、防毒手套、防护眼镜等防护器具，在专业技术人员的指导、帮助下，选用泡沫灭火剂扑救易燃、可燃液体火灾，采用干粉或干砂扑救金属钾、钠、镁、碳化钙火灾。特别要注意及时采取正确的方法，首先消除火场的爆炸危险，如疏散、冷却爆炸物品或有关设备、容器，关闭可燃气体、液体的管道阀门，移走尚未燃烧的化学危险物品等，防止火灾的蔓延扩大，减少火灾的危害。

（6）人群聚集场所火灾的扑救。人群聚集场所主要指的是公共场所，如影剧院、歌舞厅、体育馆、饭店、商场、医院、集贸市场和车站、码头、机场的候车室（厅）等公共场所。

人群聚集场所发生火灾，既要迅速采取正确方法扑救火灾，更要有序、快速、安全地疏散火场的人群，避免造成人员伤亡。根据公安机关对公共场所消防管理的规定和要求，公共场所一般都从本单位实际出发，制定消防安全管理制度，其内容包括发生火灾时的人员疏散和灭火方案，并附有人员疏散图表，公共场所的醒目处也均绘制了人员疏散的平面图，标明了出入口数量和疏散路线。公共场所的消防通道和安全门、安全出入口，也都有明显的标牌、标志。对此，保安员应当事先了解并熟悉掌握。

当人员聚集场所发生火灾时，保安员必须沉着冷静地执行人员疏散方案，合理使用安全通道和安全出入口，正确引导、指示火场内的人员紧张而有序地疏散，防止人员拥挤或跌倒造成安全通道的堵塞和人员踩踏伤亡事故。发现有人企图跳楼、跳窗盲目逃生时，应当劝阻其行为，避免不必要的人员伤亡。

3. 保护火灾现场

灭火后保护好火灾现场，能为查清火灾发生的真正原因提供许多重要证据。保护火灾现场，应采取的主要措施是：

（1）划出警戒区，指派专人看护，不准无关人员进入现场。

（2）对火灾现场的一切遗留物，燃烧过的或未燃烧过的物质及其陈设位置，必须保持原样，在没有经过现场勘察人员允许之前，一律不准搬动。

（3）撤销现场保护，清扫火灾现场，必须得到现场的公安消防人员或者当地公安消防监督机关的同意。

（三）安全疏散

火灾等事故发生后，现场有人员被困时，安全疏散是第一位的。不同场所、不同情形下疏散逃生的方法不尽一致。

1. 影剧院火灾的安全疏散

影剧院发生火灾后,应按照应急指示指引的方向,选择安全出口逃生,选择人流量较小的疏散通道撤离。

(1) 发生火灾时,楼上的观众可从疏散门由楼梯向外疏散。楼梯如果被烟雾阻隔,在火势不大时,可以从火中冲出去,虽然人可能会受些伤,但可避免生命危险。此外还可就地取材,利用窗帘布等自制救生器材,开辟疏散通道。

(2) 疏散人员要听从工作人员的指挥,切忌互相拥挤、乱跑乱窜,堵塞疏散通道,影响疏散速度。

(3) 疏散时,人要尽量靠近承重墙低姿势行走,以防被坠落物砸伤。人不要在建筑物的中央停留。不可使用普通电梯逃生。

(4) 若烟气较大时,应弯腰行走或匍匐前进。

2. 商场(集贸市场)火灾的安全疏散

商场(集贸市场)发生火灾时,其逃生方法如下:

(1) 利用疏散通道逃生。火灾发生的初期阶段是逃生的良好时期。下楼梯时,应抓住扶手,以免被人群撞倒。不要乘坐普通电梯逃生。

(2) 自制器材逃生。可利用商场的商品,如毛巾、口罩,浸湿后制成防烟工具捂住口、鼻,防止受到浓烟的伤害;利用绳索、布匹、床单、地毯、窗帘来开辟逃生通道;如果商场(集贸市场)经营五金等商品,可以利用各种机用皮带、消防水带、电缆线等物,开辟逃生通道;穿戴商场(市场)经营的各种劳动保护用品,如安全帽、摩托车头盔、工作服等,可以避免烧伤和被坠落物砸伤。

(3) 利用建筑物逃生。可利用落水管、房屋内外的突出部分和各种门窗以及建筑物的避雷网(线)进行逃生,或者先转移到安全区域,再寻找机会逃生,但要大胆细心。老、弱、病、妇、幼等人员,切不可盲目行事,否则容易发生伤亡。

(4) 寻找避难处所。在无路可逃的情况下,应当积极寻找避难处所。如到室外阳台、楼房平顶等待救援;选择火势、烟雾难以蔓延的房间关好门窗,堵塞间隙。房间内如有水源,要立刻将门窗和各种可燃物浇湿,以减缓或阻止火势和烟雾的蔓延时间。无论是白天还是晚上,被困者都应大声呼救,不断发出各种求救信号,以引起救援人员的注意,帮助自己脱离困境。

3. 高楼火灾逃生

高楼发生火灾时,逃生自救的一般做法是:

(1) 用湿毛巾、口罩捂住口、鼻。

(2) 爬行撤离。在烟雾浓烈时逃生,应当尽量贴近地面爬行撤离。想离开房间开门时,先用手背接触房门,如果门已经热了,则不能打开,否则,烟和火会冲进房间;如果门不热,火势可能不大,离开房间后,一定要随手关门。

（3）走下楼梯。一般建筑物都会有两条以上的逃生楼梯，高层着火时，要尽量往下面跑。即使楼梯被火焰封住，也要用湿棉被等物作掩护，迅速冲出去。

（4）不乘坐普通电梯。千万不要乘坐普通电梯逃生。因为高层建筑的供电系统在发生火灾时，随时会断电，乘普通的电梯就会被关在里面，直接威胁到人的生命。有消防电梯的应首选消防电梯逃生。

（5）尽量暴露。暂时无法逃避时，不要藏到顶楼或者壁橱等地方，应该尽量停留在阳台、窗口等易被人发现的地方，以求得他人的救助，必要时应大声呼救。

（6）扑灭火苗。身上一旦着火，而手边又没有水或灭火器时，千万不要奔跑或用手拍打，必须立即设法脱掉衣服，或者就地打滚，压灭火苗。

4. 浓烟下的疏散逃生

烟雾是火灾过程中的第一杀手，如何防烟，是逃生自救的关键。

当烟雾袭来时，应保持冷静、清醒的头脑，理智、有效地行动。身处公共场所火灾中的人，首先要审视所处环境，尽快地确认自己所处位置，并确定逃生线路，然后尝试用耳闻目睹的逃生技巧脱离险境。切不可顾及个人财物而延误逃生良机，伤害自己性命。

穿越烟雾区时，以潮湿的毛巾、口罩、床单、衣服等物作为临时的"空气呼吸器"，捂住口、鼻作保护，以防受到烟雾伤害。应特别注意的是，即使感到呼吸困难，也不能将毛巾从口鼻上拿开，否则有可能立即中毒。如果条件允许，还可向头部、身上浇些凉水或者用湿衣服、湿床单、湿毛毯等将身体裹好后穿越浓烟区，防止身上着火、烧伤。还要注意朝明亮处或外面空旷的地方和楼下跑。如果楼梯被烧断或被烈火封闭，那么就应背向烟火方向离开，另寻他法逃生。

逃离烟雾区时，要尽量低头弯腰，匍匐前进或者爬行。

（四）遇火自救方法

（1）可先进入避难层，或从疏散楼梯撤到安全地点。

（2）如果楼层也着火燃烧，但楼梯尚未烧断，火势并不十分猛烈时，可披上用水浸湿的衣被，从楼上快速冲下。

（3）多层建筑火灾，如果楼梯已经烧断，可利用房屋的阳台、落水管或竹竿等物逃生。

（4）如果各种逃生路线均被切断，应退居室内，关闭门窗，阻止烟雾进入。有条件时，可向门窗上浇水，以延缓火势蔓延过程。同时，向室外扔出小物件（夜晚则可向外亮手电），发出求救信号。

（5）如果生命受到严重威胁，又无其他自救办法时，可将绳子或床单等物撕成条状连接起来，一端紧拴在牢固的窗格或其他重物上，人顺着绳子或布条滑下。

（6）如无条件采取上述自救办法，而时间又十分紧迫，烟火威胁严重，被迫跳楼时，可先向地面抛下一些棉被等物，以增加缓冲。然后手扶窗台往下滑，以缩小跳楼高度,并保证双脚首先落地。

（7）要先帮助火场内的老人、小孩、病人疏散。如果安全通道不能使用,可用被子、毛毯等物把他们包扎好,再用绳子、布条等从楼上吊下。

第四节　常用灭火器材

灭火器是借助驱动压力将所充装的灭火剂喷出,达到灭火目的的器具。灭火器由筒体、器头、喷嘴等部件构成,是扑灭初起火灾最常用的灭火器材。灭火剂是指能够有效地破坏燃烧条件、中止燃烧的物质,如干粉、二氧化碳等。要想充分发挥灭火器的作用,必须全面掌握灭火器的种类、使用方法和设置要求。

一、灭火器的种类及使用方法

按照灭火器内所充装的灭火剂种类的不同,目前常用的灭火器类型有泡沫灭火器、二氧化碳灭火器、干粉灭火器,此外还有清水灭火器、1211灭火器。

（一）泡沫灭火器

泡沫灭火器内充装泡沫灭火剂,可分为化学泡沫灭火器和空气泡沫灭火器两种,适用于扑救 A 类火灾。

1. 使用方法

手提筒体上部的提环靠近火场,在距着火点 10 米左右,将筒体颠倒过来,一手握紧提环,另一手握住筒体的底圈,将射流对准燃烧物。在扑救可燃液体火灾时,如已呈流淌状燃烧,则将泡沫由远及近喷射,使泡沫完全覆盖在燃烧液面上。如果火在容器内燃烧,应将泡沫射向容器内壁,使泡沫沿容器内壁流淌,逐步覆盖着火液面。

2. 注意事项

切忌直接对准液面喷射,以免由于射流的冲击将燃烧的液体冲出容器而扩大燃烧范围。在扑救固体火灾时应将射流对准燃烧最猛烈处进行灭火。在使用过程中,灭火器应当始终处于倒置状态,否则会中断喷射。使用时,灭火器的筒盖和底部不能朝向人,以防止因筒盖、底部爆破造成伤亡事故。

（二）二氧化碳灭火器

二氧化碳灭火器所充装的二氧化碳灭火剂,是一种化学性质稳定的气体,不燃烧、不助燃、不导电、不腐蚀、不挥发,适用于扑救 B、C 类火灾及带电火灾。二氧化碳灭火器分手提式和推车式两大类,其中手提式又分为手轮式和鸭嘴式两种。

1. 使用方法

使用手轮式二氧化碳灭火器时,先去掉铅封,然后按逆时针方向旋转手轮,有气体（二氧化碳）喷出即可灭火；使用鸭嘴式二氧化碳灭火器时，先拔去保险插销，然后压紧压把，二氧化碳气体便会从喇叭形角口中喷出灭火。

推车式二氧化碳灭火器一般由两人操作。使用时，两人一起将灭火器推或拉到燃烧处，在离燃烧物10米左右停下。一人快速取下喇叭筒并展开喷射软管后，握住喇叭筒根部的手柄，另一人快速按顺时针方向旋转手轮，并开到最大位置。灭火方法与手提式一样。

2. 注意事项

灭火时，手要握在喇叭筒的手柄处，不可直接触及喇叭筒，以防冻伤；同时，要尽量接近着火点，并注意从上风方向喷出气体灭火；在室内窄小空间使用时，一旦火被扑灭后，操作者应迅速离开，以防窒息。

（三）干粉灭火器

干粉灭火器所充装的灭火剂，是一种干燥、易于流动的细微固体粉末。该灭火剂从灭火器中喷出后，以粉雾的形式灭火，具有灭火效力大、速度快、无毒、不腐蚀、不导电和久存不变质等优点。常用的 ABC 干粉灭火器适用于扑救 A、B、C 类火灾及带电火灾，但不适用扑救 D 类火灾。按照移动方式来区分，干粉灭火器分为手提式、背负式和推车式。

1. 使用方法

在使用外挂式储气瓶干粉灭火器时，操作者应一手紧握喷枪，另一手提起储气瓶上的开启提环。如果储气瓶的开启是手轮式的，则按逆时针方向旋开，并旋到最高位置，随即提起灭火器。在干粉喷出后，迅速对准火焰的根部扫射。使用的干粉灭火器若是内置式储气瓶或者是储压式的，操作者应先将开启压把上的保险销拔下，然后握住喷射软管前端喷嘴根部，另一手将开启压把压下，打开灭火器进行喷射灭火。有喷射软管的灭火器或储压式灭火器，在使用时，一手应始终压下压把，不能放开，否则会中断喷射。

使用干粉灭火器扑救可燃、易燃液体火灾时，应对准火焰根部扫射。如果被扑救的液体火灾呈流淌状燃烧时，应对准火焰根部由近及远，并左右扫射，直至把火焰全部扑灭。

2. 注意事项

喷射前，要选择好目标，且不要逆风喷射；要将喷嘴对准火焰根部左右摆动，由近及远，快速推进，不留残火，以防复燃；在扑救油类等易燃液体火灾时，不要直接冲击液体表面，以防止液体溅出伤人或导致火势蔓延。

（四）清水灭火器

清水灭火器使用的灭火剂，主要是清水和二氧化碳的混合物。该类灭火器的作用原理是：发挥清水的冷却、稀释和冲击作用，达到灭火的效果。清水灭火器适用于扑救一切建筑物的火灾和一般火灾。

1. 使用方法

将灭火器提到起火点现场,先取去灭火器安全帽,后用力打击凸头。当水从喷射嘴射出时,对准起火物质喷洒,进行灭火。

2. 注意事项

有些物质着火不能用水扑救,如高压电气设备火灾、贵重资料和文物起火、浓硫酸起火、遇水燃烧的物质起火、锌粉和铝粉等可燃粉尘起火等。清水灭火器平时要经常疏通喷嘴,以免堵塞;定期检查,注意有效使用期限;每年称一次二氧化碳钢瓶的重量,如果比核定重量减轻10%,则要及时更换或充气;灭火器放置在合适的位置;注意冬季保温,夏季防晒、防高热。

(五) 1211 灭火器

1211灭火器使用的灭火剂是液态的二氟一氯一溴甲烷。该类灭火器的作用原理是:将灭火剂喷射到燃烧物质上,使之缺氧而中断燃烧的连锁反应,达到灭火的效果。它的优点是灭火效率高,灭火后不留痕迹,毒性低,不导电,久存不变质。

1211灭火器适用于贵重物资仓库、配电室、实验室、档案馆、宾馆、饭店、计算机房以及飞机、车辆、船舶上扑救可燃气体、易燃液体和电气设备的初起火灾。

1. 使用方法

先拔去灭火器的保险销。一手握住灭火器上的开启压把,另一手握在喷射软管前端的喷嘴处。如果灭火器无喷射软管,可一手握住开启压把,另一手扶住灭火器底部的底圈。当灭火剂向外喷出时,对准火源根部,左右喷射灭火。

2. 注意事项

灭火器应当距燃烧点5米处,不可靠得太近,否则有危险。使用过程中,操作的保安员要站在上风位置,筒身要垂直,不可横放或颠倒。

二、灭火器的设置要求

灭火器的摆放地点、位置应当便于使用,便于管理,原则上要符合以下几方面的要求:

1. 设置要醒目

灭火器要放在显眼的位置。一旦发生火灾,人们很容易看到,可以快速取来使用。有的单位出于防止丢失的考虑,将灭火器放在比较隐蔽的房间里或角落处,这种做法很不妥当,如果发生火灾,很难找到,也不便于日常管理。

2. 取用要方便

灭火器不应放得过高、过低,或者锁闭在箱子内,应当放置在便于使用人员取用的位置。同时,灭火器的存放位置不应当占用或阻塞疏散通道,不得影响人员的安全疏散。如手提式灭火器,应当设置在挂钩、托架或者灭火器箱内,其顶部离地面高度应小于1.50米,底部离地面高度不宜小于0.08米。

3. 存放要牢固

手提式灭火器悬挂在挂钩上或放置在托盘上时,要确保安全,防止脱落损坏;推车式灭火器不要设置在斜坡或基础不牢固的地方,防止出现滑动。

4. 标志要明显

如果灭火器放在相对隐蔽的地方,例如在大型公众聚集场所,或是在夜间经营的大型公共娱乐场所等地方,人们的视线容易受到遮挡,应当设置明显的提示性标志,甚至可以采取灯光或发光的指示标志,标明"灭火器设置点",并用方向标指引人们寻找。同时,灭火器的主要性能标志要清晰,使人们能够很容易地识别灭火器的种类和使用方法,也便于日常检查、维护。

三、室内外消火栓

消火栓是指与供水管路连接,由阀、出水口和壳体等组成的消防供水(或泡沫溶液)装置。消火栓按设置形式来区分,可分为室外消火栓和室内消火栓。室内外消火栓属于公共消防设施,这些设施对于扑救火灾、减少火灾危害具有重要的作用。

1. 室外消火栓

室外消火栓是指露天设置的消火栓。其作用是供消防车(或其他移动灭火设备)从市政给水管网或室外消防给水管网取水或直接接出水带、水枪实施灭火。室外消火栓是一个城市或一个建筑小区的公用消防基础设施,其设置对城市消防安全有很大的影响。

室外消火栓按其结构不同来区分,可分为地上消火栓和地下消火栓,以适应设置环境的要求;按其压力大小来区分,可分为低压消火栓和高压消火栓,以适应灭火的不同需要。

2. 室内消火栓

室内消火栓是指设置于建筑物内部的消火栓,是建筑物应用最广泛的一种灭火设施,既可供火灾现场人员使用消火栓箱内的消防水喉、水枪扑救建筑物的初起火灾,又可供消防队员扑救建筑物的大火。室内消火栓系统由消防水池、消防给水设施、消防给水管网、消火栓箱等组成。

室内消火栓系统的工作原理及操作方法:当发现火灾时,灭火人员打开消火栓箱门,按动控制按钮,由其远距离启动消防泵或向消防控制中心发出火灾报警信号。然后,迅速拉出水带、水枪(或消防水喉),将水带一头与消火栓出口接好,另一头与水枪接好,展(甩)开水带,开启消火栓手轮,握紧水枪,通过水枪(水喉)产生的射流,将水射向着火点实施灭火。

第五节　消防控制室

消防控制室是设有火灾自动报警控制设备和消防控制设备，用于接收、显示、处理火灾警报信号，控制相关消防设施的专门处所。对于建筑物来讲，消防控制室处在消防中枢位置，具有十分重要的地位和作用。

一、消防控制室的控制功能

作为消防设备监视及操作中枢的消防控制室，主要作用是对室内消火栓系统、自动喷水灭火系统、泡沫或干粉灭火系统、气体灭火系统、消防联动控制设备进行控制、显示等。

在火灾发生与发展的不同阶段，消防控制室除了发挥其报警和控制各种消防设备系统的功能之外，还对建筑物内排烟系统、防火门和防火卷帘等相关设备的运行状态进行联动控制，并且接收反馈信号。

二、消防控制室的值班安排

各单位消防控制室规模不一，系统功能差异较大，因此在值班人数方面没有统一的规定。但根据消防控制室的性质，应按下列原则配备人员：

1. 昼夜 24 小时保证有人值班

火灾发生时间、地点的不固定性，决定了消防控制室的设备必须有专人 24 小时监控，处理各种报警信号，操作消防设备，以便早期发现火灾，早期扑救，使人机有机地结合在一起，立足于自防自救。

2. 每班不少于 2 人

出现报警信号后，一人负责去现场确认，一人仍在消防控制室严密监视，处理其他报警信号及在需要时启动有关消防设备。如果值班人员遇到特殊情况需要离岗，应报告单位领导，安排他人到位替岗后，方可离去。

3. 每班连续工作时间不超过 12 小时

如果工作时间太长，人就会出现疲劳，精力受损，难以完成所承担的工作任务。

4. 保持值班人员的相对稳定

《中华人民共和国消防法》第十八条明确规定，自动消防系统的操作人员必须持证上岗，并严格遵守消防安全操作规程。如果频繁更换消防控制室的操作人员，不仅难以满足法规的要求，也不能使消防系统充分发挥作用。

三、消防控制室值班人员基本素质要求

（1）消防控制室值班人员一般应为 2 人，且具有高中以上的文化程度和良好

的身体素质,年龄宜在18至45周岁之间。

（2）热爱本职,忠于职守,有高度的工作责任感。

（3）上岗前经过专门培训,熟练掌握本系统的工作原理和操作规程,并经公安消防机构考试合格,持证上岗。

四、消防控制室值班人员的职责任务

确保消防设施的正常运行、及时发现和处置初起火灾、最大限度地减少火灾损失的关键,是消防控制室值班人员的业务素质和责任心。作为消防控制室的值班人员,应当履行如下职责任务：

（1）负责对各种消防控制设备的监视和运用,不得擅离职守,认真做好检查、操作等工作,如实做好工作情况记录,并做好交接班工作。

（2）熟悉本系统所采用消防设施的基本原理和功能,熟练掌握操作技术。发现设备故障要及时报告和维修,或通知有关部门进行维修,不得擅自拆卸、挪用或停用,保证设备正常运行。

（3）接到报警信号后要尽快进行辨认。在确认火灾的情况下,能及时、准确地启动有关消防设备,正确有效地组织扑救及人员疏散,并及时向消防队报警,不得迟报、谎报或不报。消防队到场后,要如实报告情况,协助扑救火灾,保护火灾现场,调查火灾原因。

（4）按规定的日、月、季、年制度,对所配置的消防设备(包括控制室的报警控制器、联动控制设备)进行检查、试验,保证其性能完好,运行正常。

消防控制室应定期保存和归档设备运行状况及接、处警记录,火灾处理情况,设备检修检测报告等资料。

五、报警处理程序

火灾自动报警系统的火警处理,即消防控制室主机显示火警信息处置。其方法如下：

（1）接到报警信号后,值班的两人应一人立即携带对讲机、插孔电话等通讯工具,迅速到达报警点查看实情,进行确认。一人执勤的应使用消防电话通知附近保安员或者报告领导去现场确认。声音报警的应先消音、后确认。如属误报警,则将消防控制复位并记录。

（2）现场确认的结果,应立即用通讯工具向消防控制室反馈信息,并根据现场不同情况采取相应措施。

（3）现场如未发生火情,应查明误报警原因,采取相应措施避免再次发生误报警,并认真做好记录。

（4）如现场确有火灾发生,应区别情况分别对待。若火情较小,有把握扑灭的,及时利用现场灭火器材进行扑救。若火情较大,应及时回复消防控制室值机人员,并组织本单位人员利用现有消防设施扑救。必要时,引导现场人员疏散。消防队到达现场后,积极配合扑救工作。

(5)消防控制室值机人员接到现场确认火警的信息后,应及时、准确地启动火灾事故广播(先近后远)和有关消防设备,通知有关人员到场灭火,并应报告单位值班领导,拨打119向消防队报警。情况处理完毕后,迅速将各种消防设备恢复到正常运行状态。

(6)火灾扑灭后,协助保护好现场和原始记录。

六、消防控制室的日常管理制度

(1)消防控制室必须昼夜24小时设专人值班,值班人员应坚守岗位,严禁脱岗,未经专业培训的无证人员不得上岗。

(2)值班人员要认真学习消防法律、法规和消防专业知识,熟练掌握消防设备的性能及操作规程,提高消防技能。

(3)值班时间严禁睡觉、喝酒,不得聊天、打私人电话,不准在控制室内会客,严禁无关人员触动、使用室内设备。

(4)经常检查消防控制室设备,定期做好各系统功能测验。

(5)严密监视设备运行状况;遇有报警要按规定程序迅速、准确处理,做好各种记录;遇有重大情况要及时报告。

(6)未经公安消防机构同意,不得擅自关闭火灾自动报警、自动灭火系统。

本章保安员证考核要求

一、一般了解内容

火灾的定义;消防控制室的含义;消防控制室的控制功能;消防控制室值班人员的职责和任务。

二、需要熟悉内容

火灾的分类与分级;灭火器的含义及构成;灭火剂的含义;灭火器设置要求;消火栓的含义;室外消火栓的含义和分类;室内消火栓的含义;保护火灾现场。

三、重点掌握内容

接、处警的程序和措施;灭火方法;火灾预防的具体要求;火灾隐患、重大火灾隐患的含义;防火巡查的内容;灭火器的种类及使用方法;室内消火栓的工作原理及操作方法;影剧院火灾的安全疏散;商场(集贸市场)火灾的安全疏散;高楼火灾逃生;遇火自救方法;浓烟下的疏散逃生。

第十九章

保安器具的使用和维护

保安器具即保安装备。它是指保安服务业装备执勤的保安员用于保安服务工作的各种保安器械(材)、工具的总称。保安器具是提高保安工作效率、发挥保安服务作用、保护保安勤务人员自身安全不可缺少的装备。从广义上讲,保安服务器具的种类较多。目前,保安服务业常用的保安器具主要有保安通讯工具、保安防卫器械、保安救生工具等三大类。下面将各类服务器具的使用和维护方法作一简单介绍,以便保安员在勤务活动中正确使用和维护,更好地发挥其在保安服务中的作用。

第一节 保安通讯工具

在保安工作中,通讯工具用于异地沟通和实时信息传递,有助于简便、高效地完成工作任务。保安员正确有效地使用勤务活动中配备的通讯工具,能够有效地提高保安服务效率,有利于工作任务的完成。现今,在保安业务中使用的通讯工具,主要有电话、对讲机、袖珍铃话机、传真机和短信平台等。

一、保安通讯工具的使用

1. 电话的使用

(1)拎起话筒,听到提示音后,准确地输入对方的电话号码。拨打外地区的座机电话,先拨打对方所在地的区号,后拨对方的电话号码。拨打外地区的手机,先拨数字"0",再拨对方手机号。

(2)等到对方接听后,即可开始对话。

(3)保持电话通信线路畅通,严禁占用电话聊天。

2. 对讲机的使用

(1)按岗位配置,每岗一台,固定编码号。

(2)同一单位(部门)使用的对讲机,设置同一频段。

（3）使用前应当检查电池电量是否充足。使用对讲机与外界联系时，应按下对讲机上的通话键。

（4）保持对讲机信号畅通，对话力求准确、简洁、明了。严禁一切与工作无关的通话。

（5）保安执勤中，谁使用、谁保管，严禁借用。不用时，交领导统一保管。

3. 袖珍铃话机的使用

（1）定期检查，保障电池电量充足有效。

（2）执勤期间，保持袖珍铃话机开启状态。

（3）人手一台，按岗位配置；谁使用、谁保管，不得借用。

4. 传真机的使用

（1）使用前，仔细阅读说明书，正确安装机器，确保电路畅通。

（2）按照传真机使用纸张的规格要求，安放好记录纸张。

（3）根据提示音接发传真。

5. 短信平台的使用

（1）严格按照规范完成短信平台的系统安装。

（2）在系统内输入接收信息的号码群。

（3）在平台内输入工作需要的相关内容，然后统一发送。

二、保安通讯工具的维护

无论哪种通讯工具，若要保持其良好的性能，发挥其应有的通讯作用，都必须注意做好日常的维护工作。总体而言，各类通讯工具的日常维护均需要做到以下三点：

（1）合理放置，避开灰尘、高温、日照、潮湿处。

（2）定期检查通讯工具的性能，发现问题，及时联系检修。

（3）切忌擅自拆装通讯工具，以防损坏零部件。

第二节 保安防卫器械

保安工作的特殊性质，决定了保安员在日常工作中，有可能遭遇治安突发事件以及歹徒的不法侵害。因此，为了协助公安机关维护社会治安秩序，预防和制止各种违法犯罪活动，保障公私财产和公民人身安全，保安员需配备橡胶警棍、电击器、催泪喷雾剂和强光电筒等保安防卫器械。执行武装守护押运任务的保安员还需配备枪支弹药。正确地使用和维护保安防卫器械，不但有利于保安员履行职责，而且也有利于保安员的人身安全。

一、保安防卫器械的使用

（一）枪支的使用

什么情况下应当携带枪支、使用枪支和禁止使用枪支，应当严格执行《专职守护押运人员枪支使用管理条例》的相关规定。违者按该条例有关规定处罚。

枪支的使用情况比较复杂。2010年1月1日施行的国务院《保安服务管理条例》规定："从事武装守护押运服务的保安员的枪支使用培训，应当由人民警察院校、人民警察培训机构负责。"本教材第十一章"保安押运服务"中，对于防暴枪支的使用和故障排除方法已经作了说明，故不在此赘述。

（二）橡胶警棍的使用

只有在歹徒使用暴力侵犯公民的人身权利，保安员在口头制止无效时，或者在歹徒行凶拒捕，甚至采用暴力手段袭击保安员时，方可使用橡胶警棍制止犯罪行为，实行正当防卫。使用橡胶警棍时，保安员单手握住棍把，配合身体动作，用棍身及尾部击打对方四肢，尽量避开头部。对方停止不法行为，保安员应当立刻停止使用警棍。

警棍是保安员执勤中常用的防卫器械，执勤保安员尤其需要掌握其在正当防卫中左右劈击、上撩下砍和侧挂平斩的使用方法，以便有效地保护自己、制服歹徒。

1. 左右劈击

用途：劈击头、颈、臂、背部。

动作要领：① 在格斗势的基础上，右脚向前上步成右弓步，右手持棍稍向上举，右脚蹬地（脚跟离地稍外摆，两腿微屈），上体左转的同时，右手持警棍向左斜下劈击，左臂自然摆动，目视前方。② 臂外旋将警棍抡至前上方，向右扭腰转体的同时，将警棍向右斜下劈击，左臂摆于左腹前下方，拳心向下，目视前方。③ 右手持警棍臂内旋由下向前上抡至右肩前的同时，撤右步恢复格斗势。

要求：上步要快，劈击要猛，转体与劈击要协调一致。

2. 侧挂平斩

用途：侧挂防守，平斩颈部。

动作要领：① 在格斗势的基础上，重心后移，左脚收至右脚内侧（两脚距离约15厘米），前脚掌着地，右手持棍稍向前移的同时，左手迅速接握右手上方，两手握警棍协力向右后侧挂，棍身略垂直，左手虎口与肩同高，目视前方。② 左脚向左前方上步，成左弓步的同时，两手握警棍向左前平斩（右脚跟进约10厘米），上体微向前倾，警棍前端略高于肩，目视前方，退步恢复格斗势。

3. 上撩下砍

用途：下截防守，撩击裆、腹、肋、面部，砍击颈部。

动作要领：① 在格斗势的基础上，重心后移，左脚收至右脚内侧，前脚掌着地的同时,右手持警棍向右后下截,警棍与右臂略成直线,左手摆至于右腹前,掌心向右后,目视右下方。②左脚上步,上体向左转的同时,右手持警棍向左上撩击,左手迅速接握右手上方,两腿伸直,右脚跟离地,目视前方。③左脚进步成半马步的同时,上体右转,两手握警棍向右前下攻击,两臂伸直,警棍前端略低于肩,目视前下方,退步恢复格斗势。

（三）电击器的使用

电击器的使用范围与橡胶警棍相同。电击器的使用方法是：

（1）手持电击器尾部。

（2）当金属电击头接触到对方身体时,按下后端电击开关。

（3）以电击对方四肢为宜。对方一旦失去行凶能力,立刻停止电击。

（4）只有在公民或者保安员生命危险的紧急关头,方可使用电击器电击歹徒的头部、心脏等要害部位。

（四）催泪喷雾剂的使用

催泪喷雾剂由天然辣椒素（OC）与少量警用催泪剂（CN）配制而成,由贮药瓶、输药管和喷嘴三部分组成。催泪喷雾剂能使对方眼睛流泪,视线模糊,既可以迅速有效地制止不法分子的行为,又可以用作保安员的自卫器械。

歹徒行凶作恶时,保安员在口头制止无效的情况下,可以使用催泪喷雾剂将其制服,保护受害者的安全。催泪喷雾剂的使用方法是：

（1）使用前,检查喷嘴处,以防堵塞。

（2）使用时,单手持喷雾剂,喷嘴朝上,对准歹徒的面部。

（3）用手指按住喷嘴使劲下压,让药剂通过药管从喷嘴中喷出,喷到歹徒眼中,使之流泪,视线模糊。

（4）保安员不能在下风位置使用,也不宜在狭小空间内使用,以防自己受害。

（五）强光电筒的使用

强光电筒一般用于勤务照明,但不能直射对方的眼睛。只有在追捕潜逃的作案人员和对方实施危害公民或者保安员的人身安全时,才可以将强光电筒用作防卫器械。强光电筒的使用方法是：

（1）执勤上岗前,保持电量充足。

（2）用作防卫器械时,直射对方眼睛。

（3）情况紧急时,使用强光电筒敲打歹徒身体,迫使其停止行凶作恶。

二、保安防卫器械的维护

1. 枪支的保养保管

（1）依法配备枪支的保安组织,应当设立枪支保管库（室）,或者使用专用保险柜,集中统一保管枪支弹药。枪弹分开存放,实行双人双锁,24小时值班。存放枪弹的库(室)门窗必须坚固,并安装防盗报警装置。

(2)专职武装守护、押运人员执行任务携带的枪支弹药,必须妥善保管,严防丢失、被盗、被抢或者发生其他事故。任务执行完毕,必须立即将枪支弹药交还。

(3)严禁非执行守护、押运任务时携带枪支弹药,严禁携带枪支弹药饮酒或者酒后携带枪支弹药。

(4)定期检查枪支情况。内容包括:检查弹匣有无留弹,枪体是否有污垢、锈痕和碰坏、裂缝、变形,枪膛有无锈蚀、油污、灰尘及损伤,枪支附品是否齐全完好,子弹有无生锈、凹陷及弹头松动等情况,保证枪支完好无损、性能良好。

2. 橡胶警棍的维护

(1)执勤佩带,用完交还,专人负责,集中保管。

(2)定点存放,避免潮湿、高温。

(3)定期检查是否出现裂纹、破损等。

(4)经常擦拭,保持清洁。

3. 电击器的维护

(1)统一保管,集中存放。防止潮湿、高温、低温、日晒、雨淋。

(2)及时、正确地充电。使用专用充电器或者自充插头线进行充电,充电的电流不宜过大,充电器极性不能接反,充电时间为6~8小时。充电过程中及充电后的5分钟内,不得使用照明和电击功能,否则有损产品寿命。

(3)禁止电击金属物体,爱护电击器,以免损坏。

(4)每月检查一次电击器,及时发现问题,并进行维修。

4. 催泪喷雾剂的维护

(1)避开潮湿、高温、日晒处存放。

(2)经常检查喷嘴处,避免堵塞。

(3)定期检查催泪喷雾剂的有效期限,确保使用的有效性。

5. 强光电筒的维护

(1)上岗执勤时领用,下岗交还,禁止公物私用。

(2)集中存放在干燥、低温的柜子里,避免日照、受潮。

(3)定期检查,每月充电,保证电筒内部件接触良好和有足够的电量。

第三节 保安救生器材

学习、掌握救生知识和救生器材的使用方法,有利于在发生火灾、人员落水等紧急情况时,保安员能够在第一时间作出快速、准确的反应,借助救生器材实施救人和自救。目前,保安救生器材主要有救生衣、紧急逃生呼吸装置及急救包等。

一、救生衣

1. 救生衣的性能

救生衣又称救生背心,是一种救护生命的服装,外形设计类似背心,采用尼龙面料(或氯丁橡胶)、浮力材料(或可充气的材料)、反光材料等制作而成。救生衣的物质比重比水轻,能够达到水上救生效果。救生衣的类型,一般有浮力材料填充式救生衣和充气式救生衣两种。

救生衣的一般使用年限为5至7年。

2. 救生衣的使用与维护

(1) 将救生衣的口哨袋朝外,穿在身上。

(2) 拉好拉链,然后双手拉紧前领缚带,缚好颈带。

(3) 检查背心是否缚牢。

(4) 救生衣应当妥善保管,避免长时间曝晒或被利器划破损坏。

二、紧急逃生呼吸装置(EEBD)

1. 紧急逃生呼吸装置的性能

紧急逃生呼吸装置(EEBD)俗称呼吸器,是用来防御缺氧环境或空气中有毒有害物质进入人体呼吸道的保护用具。呼吸器装有能够遮盖头部、颈部、肩部的防火焰头罩,头罩上有一个清晰、宽阔、明亮的观察视窗。呼吸器适用于在有害气体的场所灭火、逃生。

2. 紧急逃生呼吸装置的使用与维护

(1) 打开呼吸器上的气瓶阀门。

(2) 戴上头罩,确保头罩与头、颈、肩部贴紧。

(3) 妥善保管呼吸器,防止损坏。

三、急救包

1. 急救包内的急救用品

急救包内一般装有绷带、纱布、止血带、医用胶布、烫伤膏、止痛片,以及止血、消炎、包扎用的药物及绷带剪等简易医用器械。急救包一般用于保安员在现场为伤者作简单的伤口处理。

2. 救生包的使用与维护

(1) 根据伤员需要,取用救生包内相应的药品及器械。

(2) 急救包存放的位置,应当注意防潮、防高温。急救包内的药品应当定期更换,确保其在保质期内。

第二十章

保安勤务安全知识

保安员勤务工作常常要面临一些暴力侵害的危险,有时还要处置这些危险。保安员在勤务工作中面对暴力侵害或可能的暴力侵害时,首要任务是有效地把握住局面,为勤务工作的完成提供有利条件。其次是有效地运用防卫技能对执勤对象实施具体控制。为此,保安员要对现场的各种危险迹象进行观察、分析并作出判断,利用执勤现场现有的条件(如勤务工作相对人的情况、现场人群情况、我方的优势和劣势以及现场周围环境情况等)安全地靠近对方或占据有利地势,从而争取具体控制措施的主动性,以提高勤务工作的现场控制能力,确保安全。

第一节 自我保护知识

当今世界,对人类和健康有危害的因素实在太多,人人都应当注意自我保护。保安服务职业的特殊性,决定了保安员更加应当重视和加强自我保护。保安员的自我保护,不但是为了自身安全与健康,更是为了有效地履行保安职责。保安员只有做好了自我保护,才能完成执勤任务。

实践证明,对保安员的人身安全和健康构成威胁的因素,主要来自歹徒的袭击,以及服务场所环境的伤害、传染病的感染和狂犬病等。保安员应当牢固树立自我保护意识,做好这些方面的防范工作。

一、树立自我保护意识

自我保护意识是一种自觉的心理活动,是经后天培养形成的。它要求保安员在执行勤务时,应具有一种危险感和职业敏感性,能够注意现场各种信息的反馈,根据现场情况具体分析,及时研判和制订方案,做好充分的准备。这种准备是全方位的准备,是由保安员职业本身的特点所决定的。对于每次具体的勤务活动来说,自始至终都要牢固树立保护自身和他人安全的意识,确保整个勤务工作的安全实施。避免出现麻痹大意、放松警惕及勤务行为不规范的情况,给对方提供逃跑或袭击的机会。只有这样,才能在关键时刻做出有效反应,保护自身和他人安全。因此,保安员在执勤中始终要树立自我保护意识,注意工作方式方法,加强观察、分析和判断。

二、熟悉执勤安全要求

1. 加强戒备

保安员应在思想上和身体上保持适宜的戒备状态。

思想戒备实质上是一种心理活动,其核心是指保安员对对抗的心理准备。充分的心理准备是有效地进行自我保护和安全有效地制服、控制执勤对象的重要前提。为此,保安员一方面要保持高度的警惕性,增强风险意识,切勿麻痹轻敌或盲目行动,另一方面要树立必胜的信心。高度的警惕性与保安员进行自我心理调节和心理激发有密切的关系。执勤对抗往往既是短兵相接的搏斗,也是斗智斗勇的心理战。因此,保安员要善于调动自己的主观能动性,发挥随机应变的能力,激发自己的才干和智慧,树立起信心,在心理上战胜对手,这是赢得对抗胜利的关键。

身体戒备是使身体处于一种随时都可运动的状态。保安员的身体姿势保持一种平和而始动待发的戒备状态,可以使保安员避免被动挨打、错失控制时机。

保安员可以将两腿开立与肩同宽,身体成45°侧向对方,两膝保持略弯曲,身体的重心略向前,压在两脚掌上,保持随时能移动身体的状态。另外,可将两手放在自己的腹前。如果需要,可将两手上提成格斗准备姿势,也可根据需要在最短的时间内拔取防卫棍。如果执勤对象已经有暴力倾向或暴力行为,保安员就直接手握防卫棍置于腹前或呈格斗姿势防范袭击。

2. 保持距离

安全来自距离。距离能使保安员获得反应的时间,使对方不能轻易地攻击到保安员的身体。距离对方的远近要根据实际的执勤情况来确定。任何情况下保持与对方的一臂距离是最基本的。基本的安全距离使对方不能直接够着保安员,也就是说对方要攻击保安员必须再上一步才行。如果保安员感觉危险性大,可加大与对方的距离。如果保安员要对执勤对象实施扭送或带离,必须非常慎重地接近并在对对方实施控制的条件下进行近身抓控带离。

3. 选择位置

同样的距离不同的位置,对保安员来讲防范效果是不一样的。在一定距离上,保安员选择不同的方位对对方实施近身带离或控制等动作,其危险程度是不一样的。

4. 利用掩护物

当面对持枪攻击或其他形式的攻击时,保安员应有效地利用掩护物来保护自己。如果对方有严重的暴力行为,保安员首先必须在尽可能近的范围内寻找掩护物,在掩护物的后面进行观察、喊话及其他交涉活动。在对对方实施了控制并将危险降到最低程度后,才可接近。

总之,为了保证执勤的安全,保安员在执行勤务时,应充分地考虑到危险的存在。当面对危险,特别是潜在的危险时,一定要做好准备。如有需要,随时自卫,并使用适当程度的防卫技能手段来控制对方的暴力倾向和暴力行为。

三、掌握基本控制手段

保安勤务现场的控制是借助一定的手段来进行的,一般有语言控制和近身控制。

1. 语言控制

语言控制是指保安员在临场处理时,通过口头命令、责令的方式要求对方保持或者做出某一行为的方法。保安员在临战时根据情况需要,通过语言将自己的意图明确告诉对方,使其知晓必须怎么做,不能怎么做,以及违反保安员命令的后果,使其接受保安员的指令,从而达到控制的目的。

2. 近身控制

近身控制是指保安员接近对方并实施的控制。由于距离对方越近,危险性就越大,因此,迅速有效地控制在临战中至关重要。近身控制在实际运用中应注意接近的方法,以擒拿控制为主,始终重视控制对方的手臂。同时,近身控制必须注意其合法性和合理性。保安员实施每一技能动作的效力,应与暴力侵害的程度相对应,不能超出必要的限度。

第二节 安全标志及防护用品

一、安全标志

安全标志不是交通标志。它由安全色(安全色是用以表达禁止、警告、指令、指示等安全信息含义的颜色,具体规定为红、蓝、黄、绿四种颜色。其对比色是黑、白两种颜色)、几何图形和图形符号所构成,用以表达特定的安全信息。这些标志分为禁止标志、警告标志、指令标志和提示标志四大类。

禁止标志是禁止人们不安全行为的图形标志。其基本形式是带斜杠的图形框,颜色为白底、红圈、红杠、黑图案。禁止标志图形共23种(见彩插页)。

警告标志是提醒人们对周围环境引起注意,以避免可能发生危险的图形标志。其基本形式是正三角形边框,颜色为黄底、黑边、黑图案。警告标志图形共28种(见彩插页)。

指令标志是强制人们必须做出某种动作或采取防范措施的图形标志。其基本形式是圆形边框,颜色为蓝底、白图案。指令标志图形共 12 种(见彩插页)。

提示标志是向人们提供某种信息的图形符号。其基本形式是正方形边框,颜色为绿底、白图案。提示标志图形共 3 种(见彩插页)。

二、防护用品

某些保安服务场所存在的危险和有害因素,会伤害保安员的身体,有损保安员的健康,有时甚至致人死亡。实际工作中,人们多采用劳动防护用品作为保护工人在生产过程中安全与健康的一种辅助措施。

劳动防护用品种类很多,不同种类的防护用品,可以起到不同的防护作用:

(1)头部防护用品,主要是安全帽,它能使冲击分散到尽可能大的表面,并使高空坠落物向外侧偏离;

(2)呼吸器官防护用品,主要是防尘和防毒用的防尘口罩和防毒面具等;

(3)眼(面)防护用品,主要是护目镜和面罩,如焊接用的护目镜和面罩;

(4)听力防护用品,主要是耳塞或耳罩;

(5)手和手臂防护用品,主要是防护手套、焊工手套、橡胶耐油手套、防 X 射线手套等;

(6)足部防护用品,主要是安全鞋,如胶面防砸安全靴、焊接防护鞋等;

(7)躯干防护用品,主要是防护服,如灭火工作人员应穿阻燃工作服,从事酸(碱)作业的人员应穿防酸(碱)工作服等;

(8)高处坠落防护用品,主要是安全带、安全绳、安全网;

(9)皮肤防护用品,主要是各种类型的劳动护肤用品。

需要佩戴防护用品的保安员在使用防护用品前,应认真阅读产品安全使用说明书,确认其使用范围、有效期限等内容,熟悉其使用、维护和保养方法,一旦发现防护用品有受损或超过有效期限等情况,绝不能冒险使用。

第三节　作业环境及用电安全

一、作业环境

企业在生产过程中,有可能会使用、生产或产生一些对劳动者健康有危害的物质或不良因素。这些物质或因素的共同特点,是会引起人体健康的损害或导致职业病。保安员在这些场所提供保安服务时,也要注意防范这些职业危害因素。

职业危害因素主要有三大类:一是与生产过程有关的职业危害因素,如生产性毒物（铅、汞、苯、氯气、有机磷、农药等）、生产性粉尘（砂尘、石棉尘、煤尘、水泥尘、棉尘、金属粉尘）、不良的工作条件（高气温、高湿度、热辐射、高气压、低气压）、辐射（X射线、微波、激光、红外线、紫外线等）、生产性噪声、振动、某些生物因素等；二是与劳动过程有关的职业危害因素，如劳动时间过长或劳动休息不合理，劳动强度过大或劳动安排不当，长时间处于某种不良体位或使用不合理工具，个别器官或系统过度劳累或紧张等；三是与作业场所的卫生技术条件不良或生产工艺及设备有缺陷有关的职业危害因素，如厂房狭小、车间布置不合理，通风、照明不良，防尘防毒、防暑降温设备不齐全，其他安全防护或个体防护用品不足等。

服务单位要采取积极措施，预防职业危害因素对人体造成伤害或导致职业病，保安员也要根据服务单位的劳动保护规定，自觉穿戴好劳动防护用品，严格遵守安全操作规程，使有害因素不能危害自己。

二、用电安全

日常生活和生产中通常使用两种电压，一种是动力用电，其电压为380伏；另一种是照明和家用电器用电，其电压为220伏。目前，我国常用的最高安全电压为36伏，超过36伏的电压容易对人体造成电击或电伤，而且电压越高，危险就越大。日常生活和生产中，电器设备种类很多，保安员接触电器设备的机会也较多，在操作电器设备时，保安员要注意以下操作规程：

（1）客户单位的电器设备，不要随便乱动。自己使用的设备、工具，如果电气部分出了故障，应请电工修理，不得擅自修理，更不能带故障运行。

（2）自己经常接触和使用的配电箱、配电板、闸刀开关、按钮开关、插座、插销以及导线等，必须保持完好安全，不得有破损或将带电部分裸露。

（3）在操作闸刀开关、磁力开关时，必须将盖盖好。

（4）移动某些非固定安装的电器设备，如电风扇、手持照明灯、电焊机等设备时，必须先切断电源再移动。导线要收拾好，不得在地面上拖来拖去，以免磨损。导线被物体轧住时，不要硬拉，防止将导线拉断。

（5）使用手持电动工具时，要注意是否安装了漏电保护器，是否进行了防护性接地或接零；操作时，应戴好绝缘手套，穿好绝缘鞋，站在绝缘板上；不得将重物压在导线上，防止轧断导线发生触电。一般禁止使用临时线；必须使用时，应经过公司技按部门批准。临时线应按有关安全规定安装好，不得随便乱拉乱拽，还应按规定时间拆除。

（6）打扫卫生、擦拭设备时，严禁用水冲洗或用湿布擦拭电气设施，以防发生短路和触电事故。

第四节 防火防爆及雷电预防

一、防火防爆

在企业生产经营过程中，不可避免地存在着一些易燃易爆危险物品。这些物品在生产、使用、运输、储存过程中，一旦管理不善或使用不当，极易造成火灾、爆炸事故，造成人员伤亡、设备损坏、建筑物破坏，给单位带来不可估量的损失。因此，防火防爆是一项十分重要的工作。

作为保安员，必须掌握防火防爆的一些安全基础知识：

（1）从事易燃易爆生产作业的人员，必须经主管部门进行消防安全等培训、考试，取得合格证后，方可上岗。

（2）要严格贯彻执行企业制定的防火防爆规章制度，禁止违章作业。

（3）严禁在从事易燃易爆作业（生产、使用、运输、储存）时，或在易燃易爆物品储存场所吸烟或乱扔烟头。

（4）使用、运输、储存易燃易爆物品时，一定要严格遵守安全操作规程。

（5）在工作现场动用明火，须报主管部门批准，并做好安全防范工作。

（6）不要将能产生静电火花的电子品带入易燃易爆危险场所。

（7）对于车间内配备的一般防火防爆器材，应学会使用，并不要随便挪用。

二、雷电预防

雷电对人的伤害有直接雷击、接触电压、旁侧闪击和跨步电压四种形式。室外执勤的保安员，应当在雷雨天气尤其是夏季做好预防雷电的自我保护工作，对于雷电的预防，总的原则有二：一是人体的位置尽量降低，以减少直接雷击的危险；二是人体与地面的接触部分（如双脚）要尽量靠近，与地面接触面积越小越好，以减少"跨步电压"。具体来说，应注意以下几点：

（1）在雷电交加时，感到皮肤刺痛或头发竖起，是雷电将至的先兆，应立即躲避。躲避不及的，要立即贴近地面。受到雷击的人可能被烧伤或严重休克，但身上并不带电，可以安全地加以处理。

（2）如果身处树木、楼房等高大物体下，就应该马上离开。如果来不及离开，应该找些干燥的绝缘物放在地上，坐在上面，采用下蹲的避雷姿势，注意双脚并拢。双手合拢，切勿放在地面上。千万不可躺下，这时虽然高度降低了，却增大了"跨步电压"的危险。水能导电，所以潮湿的物体并不绝缘。

（3）不要在山洞口、大石下或悬岩下躲避雷雨，因为这些地方会成为火花隙，电流从中通过时产生的电弧可以伤人。但深邃的山洞很安全,应尽量往里面走。尽量躲到山洞深处,两脚也要并拢,身体不可接触洞壁,同时要把身上的金属物件,如手表、戒指、耳环、项链等物品摘下来,身体也要远离金属工具。

（4）远离铁栏及其他金属物体。并非直接的电击才足以致命,闪电击中导电体后,电能是在瞬间释放出来的,向两旁射出的电弧远达好几米。此外,炽热的电光使四周空气急剧膨胀,产生冲击波。这些冲击波发出的声音,就是雷声。若在近处听到,强大的声波可能震伤肺部,严重时可把人震死。

（5）雷雨时如果身处空旷的地方,应该马上蹲在地上,这样可减少遭雷击的危险。不要用手撑地,这样会扩大身体与地面接触的范围,增加遭雷击的危险。双手抱膝,胸口紧贴膝盖,尽量低头,因为头部最易遭雷击。

（6）空旷地带、山顶上的孤树和孤立草棚等应该回避,因为它们易遭雷击。这时,如在其中避雨是非常危险的,尤其是站在向两旁伸展很远的低枝下面。

（7）从原则上说,雷电期间应尽量回避未安装避雷设备的高大物体,如高塔、大吊车、开阔地的干草堆和帐篷等,也不要到山顶或山梁等制高点上去。不要靠近避雷设备的任何部分。铁路、延伸很长的金属栏杆和其他庞大的金属物体等也应回避。

（8）如正在驾车,应留在车内。车壳是金属的,因屏蔽作用,即使闪电击中汽车,也不会伤人,因此车厢是躲避雷击的理想地方。但是,雷电期间最好不要骑马、骑自行车、骑摩托车和开敞篷拖拉机。

第五节 卫生防疫知识

一、呼吸道传染病预防

春季是呼吸道传染病多发季节,因此,保安员在生活、学习、工作中,应注意呼吸道传染病的预防。

1. 养成良好的个人卫生习惯

（1）打喷嚏或咳嗽时应用手绢或纸巾掩盖口、鼻。不要随地吐痰,不要随意丢弃吐痰或揩鼻涕使用过的手纸。

（2）勤洗手。使用肥皂或洗手液并用流动水洗手,不用污浊的毛巾擦手。双手接触呼吸道分泌物后（如打喷嚏后）,应立即洗手。

（3）不要与他人共用水杯、餐具。

（4）学校、办公室或居室中,应做到每天开窗至少3次,每次不少于10分钟。如周围有呼吸道传染病病人时,应增加通风换气的次数。开窗时,要避免穿堂风,注意保暖。

（5）每天早晚要认真刷牙（一般不少于3分钟），刷牙后，用温生理盐水漱口，仰头含漱能充分冲洗咽部，效果更佳。

2. 加强体育锻炼，增加抵抗力

（1）加强户外活动和耐寒锻炼。注意平衡饮食，保证充足休息。

（2）注意环境卫生。在传染病流行季节，尽量少去人员密集的公共场所。

（3）做好防护。① 尽量避免与呼吸道传染病病人的接触。② 传染病流行季节，在人员拥挤的场所内应戴口罩。③ 如出现发热、咳嗽、头痛、呕吐等症状，应及时就医。有上述症状的病人应佩戴口罩，以防传染他人。④ 接种疫苗可减少被感染的机会或减轻症状。

二、肠道传染病防治

夏季是肠道传染病的高发季节，主要是通过食物、饮用水、日常生活接触等途径进行传播。

夏季肠道传染病最重要的防治措施是切断传播途径，防止"病从口入"，须注意以下事项：

（1）饮用水安全卫生，搞好厨房、食堂与洗手间的消毒卫生，保持室内外卫生；粪便和垃圾进行无害化处理。

（2）提倡并实行分餐或使用公筷、公勺。

（3）讲究个人卫生，养成良好的卫生习惯，做到饭前便后洗手，不喝生水，不吃腐烂变质与不洁的生冷食品等。

三、狂犬病防治

狂犬病又称恐水病、疯狗病等。人如果被疯动物咬伤、抓伤，就会感染狂犬病毒，就有可能患狂犬病。人患狂犬病，90%以上是由狗传染的，其次是猫。狂犬病患者会出现一系列精神症状，表现为高度恐惧、狂躁不安、恐水、怕风、怕声响等，并逐渐出现咽喉肌肉痉挛、流口水、瘫痪、呼吸和循环麻痹等症状，病死率100%。

防治狂犬病最好的途径是不养犬、猫等动物；若已养犬、猫等动物，须定期给这些动物注射狂犬疫苗，尽量避免为动物所伤；如被犬、猫等动物伤后，无论轻重，均要及时进行伤口处理，到疾控中心注射人用狂犬疫苗，或按医嘱注射抗狂犬病毒血清。

四、食物中毒处理

（1）发现有人食物中毒，要及时送到医院就诊，不要自行乱服药，医治越早越好，切莫延误时间。

（2）立即停止食用可疑食品，就地收集封存，以备检验。

（3）要保护好现场，及时收集患者的呕吐物、粪便等，以备检验。

（4）大量饮水。立即喝下大量洁净水，稀释毒素。

（5）催吐。用手指压迫咽喉，尽可能将胃里的食物吐出。

第六节 道路交通安全知识

保安员了解、掌握一定的交通安全知识，对于提高保安服务水平，满足服务单位交通安全需求以及自身安全，都具有重要意义。保安员在协助交通警察维护交通秩序时，应依法履行职责，无权吊扣违章驾驶员证件和处罚违反交通管理人员。

一、道路交通的构成

道路交通是指人或者人借助某种运载工具，以道路为活动场所，实现空间位置移动的过程。在道路交通活动中，人作为交通参与者，是道路交通活动的主体；车是最主要的道路交通工具；道路是人、车的载体和交通的基础；交通环境是道路交通的必要条件。由此可见，人、车、道路和交通环境是构成道路交通的四大要素。

二、道路交通安全设施

道路交通安全设施是为了保障道路交通的安全和畅通而设置的管制和引导交通的设备，是道路交通系统不可缺少的重要组成部分。功能齐全、完备的道路交通设施，是保证道路交通畅通、行车安全、减少和减轻道路交通事故的重要保障。

道路交通安全设施主要包括道路交通信号灯、道路交通标志和道路交通标线等三类。另外，物理隔离设施也是一种道路交通安全设施。

（一）道路交通信号灯

道路交通信号灯是指用灯光颜色向交通参与者发出特定的指示、禁止、警示等信号的专用灯具。道路交通信号灯由红灯、绿灯和黄灯组成。红灯表示禁止通行，绿灯表示准许通行，黄灯表示警示。

1. 道路交通信号灯的种类

道路交通信号灯分为机动车信号灯、非机动车信号灯、人行横道信号灯、方向指示信号灯、车道信号灯、闪光警告信号灯、道口信号灯七大类。

2. 道路交通信号灯的灯色含义

（1）机动车信号灯和非机动车信号灯的灯色表示：绿灯亮时，准许车辆通行，但转弯的车辆不得妨碍被放行的直行车辆、行人通行。黄灯亮时，已越过停止线

(停车位指示线)的车辆,可以继续通行。红灯亮时,禁止车辆通行,但右转弯的车辆在不妨碍被放行的车辆、行人的情况下,可以继续通行。如果路口有箭头信号灯且显示红灯时,右转弯的车辆也禁止通行。

(2)人行横道信号灯表示:绿灯亮时,准许行人通过人行横道;红灯亮时,禁止行人进入人行横道,但已经进入人行横道的,可以继续通过或者在道路中心线处停留等候。

(3)方向指示信号灯的箭头方向向左、向上、向右分别表示左转、直行、右转。绿色箭头表示车辆允许沿箭头所指的方向通行;红色或黄色箭头,表示对箭头所指方向起红灯或黄灯的作用。

(4)车道信号灯由一个红色交叉型图案单元和一个绿色向下箭头图案单元组成。红色交叉形,表示本车道不准车辆通行;绿色向下箭头,表示本车道允许通行。

(5)闪光警告信号灯为持续闪烁的黄灯,提示车辆、行人通过时应注意瞭望,确保安全后通过。

(6)道口信号灯由两个或一个红色无图案圆形单元组成。两个红灯交替闪烁或者一个红灯亮时,表示禁止车辆、行人通行;红灯熄灭时,表示允许车辆、行人通行。

(二)道路交通标志

道路交通标志是指使用颜色、形状、字符、图形等向道路使用者传递信息,用于管理交通的设施。道路交通标志适用于公路、城市道路以及虽在单位管辖范围但允许社会车辆通行的场所、广场、停车场等用于公共通行的场所等各类道路。道路交通标志具有法令的性质,人们在参与交通活动时都必须遵守。道路交通标志虽具有安全作用,但与安全标志有区别。

我国的道路交通标志,分为主标志和辅助标志两大类。

1. 主标志

主标志是指能够传递特定交通管理信息的标志。按其作用不同,可分为七类,即警告标志、禁令标志、指示标志、指路标志、旅游区标志、作业区标志和告示标志七类。

(1)警告标志。警告标志是用来警告车辆驾驶人、行人前方有危险的标志。形状为正等边三角形或矩形,颜色为黄底、黑边、黑图形。例如,注意行人标志、十字路口交叉标志、注意落石标志等(见彩插页)。

(2)禁令标志。禁令标志是用来禁止或限制车辆、行人交通行为的标志。形状为圆形或顶角朝下的等边三角形,颜色除个别标志外,为白底、红圈、红杠、黑图形(图形压杠)。例如,禁止驶入标志、禁止机动车通行标志、限制质量标志等(见彩插页)。

禁令标志一般应设置在需要限制或禁止的地方。除禁止停车标志外,均应成对设置在限制或禁止路段的起终点和桥梁两端。

（3）指示标志。指示标志是指示车辆、行人行进的标志。形状为圆形和矩形，颜色除个别标志外，为蓝底、白图形。例如，直行标志、步行标志、机动车道标志等（见彩插页）。指示标志多用于城市道路和高等级公路，一般公路用得较少。

2．辅助标志

辅助标志是附设在主标志下、对主标志进行辅助说明的标志。辅助标志按其用途又分为表示时间、表示车辆种类及属性、表示区域或距离、表示方向、表示警告和禁令理由的辅助标志以及组合辅助标志六种。辅助标志形状为矩形，颜色为白底黑字（图形）、黑边框、白色衬边。

3．交通标志的支撑方式

交通标志的支撑方式分柱式（包括单柱式和多柱式）、悬臂式、门架式、附着式四种。

单柱式一般适用于中、小型尺寸的警告、禁令、指示标志和小型指路标志。多柱式一般适用于长方形的指示或指路标志。悬臂式和门架式标志安装时，下缘离路面的高度应大于该道路规定的净空高度。

（三）道路交通标线

道路交通标线是由施划或安装于道路上的各种线条、箭头、文字、图案及立面标记、实体标记、突起路标和轮廓标等所构成的交通设施。它的作用是向道路使用者传递有关道路交通的规则、警告、指引等信息，可以与道路交通标志配合使用，也可以单独使用。依照其功能不同，可分为指示标线、禁止标线和警告标线三大类。道路交通标线的颜色为白色、黄色、蓝色和橙色，路面图形标记中可出现红色或黑色的图案或文字。

1．指示标线

指示标线是指示车行道、行车方向、路面边缘、人行道、停车位、停靠站及减速丘等的标线。

2．禁止标线

禁止标线是指告示道路交通的通行、禁止、限制等特殊规定，车辆驾驶人及行人需严格遵守的标线。

3．警告标线

警告标线是促使道路使用者了解道路上的特殊情况，提高警觉，准备应变防范措施的标线。

（四）其他交通安全设施

物理隔离设施也是一类重要的交通安全设施，是指将一种物体设置在道路上，用来实行交通分隔、交通渠化以及对车辆和行人进行安全保护的各种构筑物。

物理隔离设施主要有交通护栏、交通隔离带、交通岛、隔离墩和隔离栅。其中，交通岛分为导流岛、安全岛和中心岛三种。导流岛是一种用来诱导或控制车辆运行路线的岛状构筑物，它常与道路交通标线配合使用。安全岛是设置在人行横道靠车行道中心线处，用来供过街行人避让车辆的岛状构筑物。

三、道路交通安全通行

交通主体（即机动车、非机动车和行人）进行交通活动时，必须在遵守右侧通行、各行其道、遵守交通信号、优先通行等原则的前提下，按照道路通行规范通行。

1. 机动车道路交通安全通行

机动车是道路交通参与者中的强者。机动车能否遵守道路通行规范的规定，直接关系到道路交通的安全、有序和畅通。机动车道路交通安全通行规则，主要包括行驶速度、超车和会车，交叉路口、人行横道和铁路道口的行驶，装载，特种车、道路作业车行驶等。

（1）机动车行驶速度，不得超过限速标志、标线标明的速度；在单位院内、居民住宅区内，机动车应当低速行驶，避让行人；有限速标志的，按其行驶。

（2）超车规则：机动车超车前，要开启左转向灯（晚上还需采取鸣喇叭或变换远近光灯等手段）发出超车信号，示意前车做好被超越的准备。在返回原车道时，应关闭左转向灯，开启右转向灯，在确认安全情况下驶回原车道并关闭右转向灯，恢复正常行驶。

不能超车的几种情形：当前车示意左转弯掉头时；与对面来车有会车可能时；前车正在超车时；前车为执行紧急任务的警车、消防车、救护车、工程抢险车（统称特种车辆）时；行经铁路道口、交叉路口、窄桥、弯道、陡坡、隧道、人行横道、市区交通流量大的路段等没有超车条件时；车辆技术状况欠佳时；雨雾或大风天气视线不良时；牵引损坏的车辆时。

（3）会车的一般规则：在没有中心隔离设施或者没有中心线的道路上，机动车遇相对方向来车时，应当减速靠右行驶，并与其他车辆、行人保持必要的安全距离。

会车应遵守的规则：空车让重车；单车让拖挂车；大型车让小型车；货让客车；教练车让其他车辆；普通车让执行任务的特种车；在狭窄的坡路，下坡车让上坡车先行，但下坡车已行至中途而上坡车未上坡时，上坡车让下坡车先行；在有障碍的路段，无障碍的一方先行，但有障碍的一方已驶入到障碍路段而无障碍的一方未驶入时，有障碍的一方先行；夜间会车，应当在距相对方向来车150米以外改用近光灯；在窄路、窄桥与非机动车会车时，应当使用近光灯。

（4）机动车通过有交通信号灯控制的交叉路口，应当在划有导向车道的路口，按所需行进方向驶入导向车道；准备进入环形路口的，让已在路口内的机动车先行;向左转弯时,靠路口中心左侧转弯,转弯时开启转向灯,夜间行驶开启近光灯;遇放行信号时,依次通过;遇停止信号时,依次停在停止线以外,没有停止线的,停在路口以外;向右转弯遇有同车道前车正在等候放行信号时,依次停车等候;在没有方向指示信号灯的交叉路口,转弯的机动车让直行的车辆、行人先行,相对方向行驶的右转弯机动车,让左转弯车辆先行。

机动车通过既没有交通信号灯控制也没有交通警察指挥的交叉路口时,准备进入环形路口的,应当让已在路口内的机动车先行;向左转弯时,靠路口中心点左侧转弯;有交通标志、标线控制的,让优先通行的一方先行,没有交通标志、标线控制的,在进入路口前停车瞭望,让右方道路来车先行;转弯的机动车让直行的车辆先行;相对方向行驶的右转弯机动车让左转弯车辆先行。

机动车遇有前方交叉路口交通阻塞时,应当依次停在路口以外等候,不得进入路口。机动车在车道减少的路口、路段,遇有前方机动车停车排队等候或者缓慢行驶的,应当每车道一辆依次交替驶入车道减少后的路口、路段。

(5) 机动车行经人行横道时,应当减速行驶;遇行人正在通过人行横道,应当停车让行。机动车行经没有交通信号的道路时,遇行人横过道路,应当避让。

(6) 机动车通过铁路道口时,应按照交通信号或管理人员的指挥通行;没有交通信号灯的,应当减速或停车,在确认安全后通过。

(7) 机动车载物,不得超过机动车行驶证上核定的装载质量,装载长度、宽度不得超出车厢。公路载客汽车不得超过核定的载客人数。机动车载运爆炸物品、易燃易爆化学物品以及剧毒、放射性等危险物品,应当经公安机关批准后,按指定的时间、路线、速度行驶,悬挂警示标志并采取必要的安全措施。

(8) 警车、消防车、救护车、工程抢险车等特种车辆在执行紧急任务时可以使用警报器、标志灯具。特种车辆在确保安全的前提下,不受行驶路线、行驶方向、行驶速度和信号灯的限制,其他车辆和行人应当让行。

道路养护车、工程作业车进行作业时,在不影响过往车辆通行的前提下,其行驶路线和方向不受交通标志、标线限制,过往车辆和人员应当注意避让。洒水车、清洁车等机动车应当按照安全作业标准作业,在不影响其他车辆通行的情况下,可以不受车辆分道行驶的限制,但不得逆向行驶。

2. 非机动车道路交通安全通行

驾驶非机动车应当在非机动车车道内行驶。在没有非机动车标线的道路上,应当靠道路的右侧行驶。

非机动车通过有交通信号灯控制的交叉路口时,转弯的非机动车让直行的车辆、行人优先通行;遇有前方路口交通阻塞时,不得进入路口;向左转弯时,靠路口中心点右侧转弯;遇有停止信号时,应当依次停在路口停止线以外,没有停止线的,停在路口以外;向右转弯遇有同方向前车正在等候放行信号时,在本车道内能转弯的,可以通行,不能转弯的,依次等候。

非机动车通过既没有交通信号灯控制也没有交通警察指挥的交叉路口时,有交通标志、标线控制的,让优先通行的一方先行,没有交通标志、标线控制的,在路口外慢行或者停车瞭望,让右方道路来车先行;相对方向行驶的右转弯非机动车让左转弯车辆先行。

3. 行人道路交通安全通行

行人应当在人行横道内行走,没有人行横道的靠路边行走;行人通行道路,不受通行方向的限制;下车推行的非机动车,应视为行人。

行人通过路口或者横过道路,应当走人行横道或者过街设施。行人不得跨越、倚坐道路隔离设施,不得扒车、强行拦车或者实施妨碍道路交通安全的其他行为;行人不得在道路上使用滑板、旱冰鞋等滑行工具;行人不得在车行道内坐卧、停留、嬉闹;行人不得有追车、抛物击车等妨碍道路交通安全的行为。

行人通过铁道路口时,应当按照交通信号灯或管理人员的指挥通行。

四、停车管理

停车管理是指对机动车、非机动车存放、停驶的看管和疏导工作。车辆停放管理是静态交通管理的重要组成部分,是解决停车、存放问题及疏导交通的重要一环。汽车停车时,要求将车身摆正,车身与路边的距离不大于30厘米(如果是在停车场,则要求依照停车位有序地停放),电路要关闭,手刹要拉紧,车门要锁好。

(一)机动车临时停车管理

1. 允许临时停车

在道路上临时停车的,开关车门和停放位置不得妨碍其他车辆和行人通行,且驾驶员不得离去。同时注意做到:

(1)车辆停稳以前,不得打开车门和上下人员;开关车门,不得妨碍其他车辆和行人通行。

(2)路边停车应当紧靠道路右侧,机动车驾驶人不得离开车辆,上下人员或者装卸物品后,立即驶离。

(3)机动车在行驶中因发生故障被迫停车时,须立即报告附近的交通警察,或自行将车辆移至不妨碍交通的地方,并在车后设置明显的警告标志,夜间还须开启示廓灯、尾灯或设置明显标志,或开启危险信号灯。

(4)机动车在夜间或遇风、雪、雨、雾天停车时,须开启示廓灯、尾灯。

2. 禁止临时停车

机动车在道路上临时停车,应当遵守下列规定:

(1)在设有禁停标志、标线的路段,在机动车道与非机动车道、人行道之间设有隔离设施的路段以及人行横道、施工路段,不得停车。

（2）交叉路口、铁路道口、急弯路、宽度不足 4 米的窄路、桥梁、陡坡、隧道以及距离上述地点 50 米以内的路段，不得停车。

（3）公共汽车站、急救站、加油站、消火栓或者消防队（站）门前以及距离上述地点 30 米以内的路段，不得停车。

（4）城市公共汽车，不得在站点以外的路段停车、上下乘客。

（二）机动车停放

机动车应当在规划的停车场或停车位停放。除有关部门在城市道路上施划并规定使用时间的停车位外，禁止在人行道上停放机动车。

1. 公共停车场管理

公共停车场主要是在公共场所设置的供社会使用的停车场，既包括政府机构开辟的供社会使用的停车场，也包括超市等商务部门设置的供社会使用的停车场。对于有公共停车场管理职责的保安员来说，应当做到：

（1）事先规划好停车位及进出通道。

（2）确定车辆存放次序与出入秩序。

（3）协助驾驶人按序停放。

（4）加强停车场巡视检查，防止车辆及车内物品被盗和火灾等灾害事故发生。

（5）必要时，实行有证存放、出入登记制度。

在一些公共停车场，保安员的主要职责是维护停车场秩序，并不负责车辆及车内物品的看管。因此，保安员在提供保安服务、履行保安职责时要注意分寸，做好出入登记工作，防止因指挥驾驶人停放车辆而造成车辆剐蹭的纠纷。

2. 物业小区停车场管理

物业小区的保安员交通安全管理内容包括小区内行车安全管理和小区停车场管理。

物业小区停车场一般属于业主等特定对象使用的停车场，通常实行封闭式管理，有的还安装了监控系统、智能通信系统等。存放的机动车和非机动车，一般分区停放。

物业小区停车场必须实行严格的进出登记或智能通行制度、安全防火制度；机动车辆时速不得超过 15 公里；禁止鸣号、试车、修车、练车；禁止在场内乱丢垃圾与弃置废杂物；禁止在场内吸烟；严禁载有易燃易爆、剧毒等危险品的车辆进场。

停车场保安员要严格履行值班制度、巡视检查制度、停车场管理制度，加强监控，防止火灾、水灾、漏油、漏水等事故、事件发生。严禁保安员私自动用停放车辆，严禁无关人员在停车场内无故逗留。

本章保安员证考核要求

一、一般了解内容

保安勤务自我保护知识;劳动防护用品的种类和防护作用;职业危害因素;日常用电安全知识;防火灾防爆炸安全基础知识;雷电预防的方法;卫生防疫知识;道路交通的含义及构成要素;物理隔离设施的含义和种类;机动车道路交通安全通行;非机动车道路交通安全通行;行人道路交通安全通行;安全标志的含义与类型。

二、需要熟悉内容

道路交通安全设施的含义和种类;道路交通标线的含义和种类。

三、重点掌握内容

交通信号灯的含义、种类及灯色含义;道路交通标志的含义和种类;机动车临时停车管理;机动车停放。

第二十一章

计算机与网络知识

第一节 计算机系统

一、计算机系统的组成部分

一般的计算机系统由主机箱、显示器、键盘、鼠标组成。具有多媒体功能的计算机，配有音箱和话筒、游戏操纵杆等。有的计算机还外接打印机、扫描仪、数码相机等设备。

主机箱。计算机最主要的部分。主机箱里装有主板、显卡、内存等部件。机箱的前表面上有一些按钮和指示灯，背面有一些插槽。

显示器。有 CRT 显示器和 LCD 显示器两种类型，现在常用的有 19 寸和 21 寸两种规格。显示屏的下方，有一个大的按钮是电源开关，其余的小按钮是调节屏幕亮度、对比度和画面比例的，使用者可以根据按钮的图案标志识别其作用。

键盘。键盘上有很多按键，各个按键有着不同的功能，按键每受一次敲击，就是给计算机的中枢系统送去一个信号，计算机根据这些信号的指示来办事，执行一个又一个任务。

鼠标。根据传感技术来区划，鼠标可分为机械式、光电式和机械光电式三种。鼠标一般有左键、右键、中键，有的鼠标表面还带有滚轮，具有一些特殊的功能。使用时只需握住鼠标，使它底部的小球或光电式鼠标器滚动，这时，屏幕上就会有一个箭头样的"光标"移动，当光标停在屏幕上操作者想要执行的命令位置时，根据具体情况按动左键、右键或中键，计算机就会执行操作者下达的操作命令。

二、音箱的分类

根据不同的依据和标准，音箱可以有多种方式的分类：

(1) 按照箱体材质的不同,可分为塑料音箱和木质音箱。

(2) 按照声道数量不同,可分为 2.0 式(双声道立体声)、X.1(X 代表多少个小卫星喇叭,一般为 2 至 8 个;1 表示一个低音炮音箱)等。

(3) 根据计算机的输出方式来分,有普通接口(声卡输出)音箱和 USB 接口音箱。

(4) 根据功率放大器的内外置来分,有有源音箱和无源音箱。其中有源音箱内置放大器,而无源音箱的放大器外置(有特别要求的才采用无源音箱)。

第二节　计算机的操作系统

操作系统(Operating System,简称 OS)是负责对计算机软、硬件直接控制及管理的系统软件。操作系统的功能一般包括处理器管理、存储管理、文件管理、设备管理和作业管理等。当多个程序同时运行时,操作系统负责规划以及优化每个程序的处理时间。

一个操作系统,可以在概念上分割成两部分:内核(kernel)以及壳(shell)。一个壳程序包裹了与硬件直接交流的内核:硬件↔内核↔壳↔应用程序。

在有些操作系统上,内核与壳完全分开(如 UNIX、Linux 等),这样,用户就可以在一个内核上使用不同的壳,而另一些的内核与壳关系紧密(如 Microsoft Windows),内核及壳只是操作层次上不同而已。

Windows 98 是一个发行于 1998 年 6 月 25 日的混合 16/32 位的图形操作系统。这个新的系统是基于 Windows 95 的基础上编写的,它改良了硬件标准的支持,如 USB、MMX 和 AGP。其他特性包括对 FAT32 文件系统的支持、多显示器、Web TV 的支持和整合到 Windows 图形用户界面的 Internet Explorer,称为活动桌面(Active Desktop)。Windows 98 SE(第二版)发行于 1999 年 6 月 10 日,它包括了一系列的改进,如 Internet Explorer 5、Windows Netmeeting 3、Internet Connection Sharing 和对 DVD-ROM 的支持。

Windows 98 的最低系统需求:486DX/66MHz 或更高的处理器;16MB 的内存,更多的内存将改善性能(如果使用 FAT16 文件系统,典型安装需 250MB,因系统设置和选项不同,所需空间范围在 225MB 到 310MB 之间;如果使用 FAT32 文件系统,典型安装需 245MB,因系统设置和选项不同,所需空间范围在 200MB 到 270MB 之间);CD-ROM 或 DVD-ROM 驱动器;VGA 或更高分辨率的显示器,鼠标或兼容的指向设备。

Windows ME 是一个 32 位图形操作系统,由微软公司发行于 2000 年 9 月 14 日。这个系统是在 Windows 95 和 Windows 98 的基础上开发的,它包括相关的小的改善,如 Internet Explorer 5.5。其中最主要的改善是用于与流行的媒体播放软件 Real Player 竞争的 Windows Media Player 7。Internet Explorer 5.5 和 Windows Media Player 7 都可以在网上免费下载。Movie Maker 是这个系统中的一个新的组件,这个程序提供了基本的对视频的编辑和设计功能,对家庭用户来说是简单易学的。

Microsoft Windows 2000(起初称为 Windows NT 5.0)是一个由微软公司发行于 2000 年 12 月 19 日的 32 位图形商业性质的操作系统。Windows 2000 有四个版本:Professional、Server、Advanced Server 和 Datacenter Server。另外,微软提供了 Windows 2000 Advanced Server 限定版,用于运行于英特尔 Itanium 64 位处理器上。所有版本的 Windows 2000 都有一些共同的新特征:NTFS5,新的 NTFS 文件系统;EFS,允许对磁盘上的所有文件进行加密;WDM,增强对硬件的支持。

Microsoft Windows 2000 的最低系统要求:133 MHz 或更高主频的 Pentium 级兼容 CPU,推荐最小内存为 64MB,更多的内存通常可以改善系统响应性能(最多支持 4GB 内存),至少有 1GB 可用磁盘空间的 2GB 硬盘(如果通过网络进行安装,可能需要更多的可用磁盘空间),Windows 2000 Professional 支持单 CPU 和双 CPU 系统。

Windows XP 是微软公司发布的一款视窗操作系统。它发行于 2001 年 10 月 25 日,原来的名称是 Whistler。微软最初发行了两个版本,家庭版(Home)和专业版(Professional)。家庭版的消费对象是家庭用户,专业版则在家庭版的基础上添加了新的为面向商业设计的网络认证、双处理器等特性。Windows XP 没有按年份来命名,字母 XP 的意思是"体验"(由英文单词 Experience 而来)。Windows XP 对 Windows 2000 进行很多人性化的更新,使其更适应家庭用户,继承并升级了 Windows ME 中的很多组件,包括 Media Player、Movie Maker、Windows Messenger、帮助中心和系统还原等,还捆绑了 IE 6.0 和一个简单的防火墙。

Windows XP 拥有全新设计的用户界面,这是 Windows 95 以来微软对 Windows 外观做的最大一次"整容手术"。此外,微软还为 Windows XP 编写了大量的硬件驱动程序,使其兼容性有了进一步的提升。软件兼容性同样是这次升级的重点,"兼容性"功能使得很多在 Windows 2000 上无法使用的 Windows 9X 程序得以正常运行,而内置的 Direct X8.0 更是大大提高了对游戏的支持程度。由于开发周期较短,Windows XP 在内核上较 Windows 2000 没有太多实质性的改进,因而在后来 NT 病毒泛滥的日子,Windows XP 也未能幸免。这种状况直到 2004 年 Windows XP SP2 的推出后才得以缓解。

Windows XP 的最低系统要求:推荐计算机使用时钟频率为 300 MHz 或更高的处理器,至少需要 233 MHz(单个或双处理器系统);推荐使用 Intel Pentium/Celeron 系列、AMD K6/Athlon/Duron 系列或兼容的处理器,推荐使用 128 MB RAM 或更高(最低支持 64MB,可能会影响性能和某些功能);1.5 GB 可用硬盘空间,Super VGA

（800×600）或更高分辨率。

Windows Vista 的开发代号为"Longhorn"，原定于 2003 年发布。Longhorn 最初被定位为个人操作系统，是 Windows XP 和再下一代操作系统之间的过渡产品。但是后来微软把越来越多的功能加入到这个系统中，导致发布计划一拖再拖。到了 2004 年，Longhorn 甚至还无法推出一个像样的 Beta 版本。后来，微软终于下定决心，砍掉部分功能，为 Longhorn 全面"瘦身"。2005 年 7 月，微软将 Longhorn 正式更名为 Windows Vista。几天之后，微软发布了 Windows Vista 的 Beta1 版，之后又在次年的 5 月推出具有完整功能的 Beta2 版。现在，Windows Vista RTM 版本已于 2006 年 11 月 8 日发布。

Windows Vista 包含许多新的功能，包括先进的搜索和信息组织方式、新的 Net 框架库、全新设计的 Aero 用户界面、新增加的侧边（Windows Sidebar）、改进的系统还原技术等。同时 Internet Explorer 7.0 和 Windows Media Player 11.0 以及其他一些经典应用程序也全面升级。在系统安全方面，微软也做了前所未有的努力，UAC（用户账户控制）、IE 保护模式、Windows Defender（反间谍软件）、内核保护（用于 64 位系统）等功能的加入大大提升了 Vista 的安全性。此外，镜像技术的应用使得 Windows Vista 的安装时间被大大缩短，安装过程也得到了简化，多数用户可以在不到 30 分钟的时间内完成系统的部署。

第三节　计算机的操作方法

一、计算机开机、关机

（一）计算机开机

一般台式计算机，先开显示器，后按计算机机箱上的电源开关按钮。笔记本电脑开机，直接按电源开机的按钮。如果计算机设置了开机密码，输入开机密码后，再按 Enter 键。如果设置了计算机系统密码，输入系统密码后，再按 Enter 键。

（二）计算机关机

计算机关机方法有两种，使用时根据实际情况选择使用。

（1）左键点击屏幕左下角"开始"菜单，再点击"关闭计算机"。这时，屏幕上出现三个选项：待机、关闭、重新启动。

待机：将计算机保持在低功耗状态。

关闭：安全关闭计算机。

重新启动：关闭并重新启动计算机。

（2）在 Windows XP 中，按下 Ctrl + Alt + Del，屏幕上会出现"任务管理器"窗

口,在"任务管理器"窗口中,按住 Ctrl 键不放。然后,在菜单"关机"上按一下鼠标左键,从选项中点选"关机",计算机马上就会关闭。

二、计算机常见的硬件故障处理

(一) 计算机电源故障

当按下计算机电源开关后,机箱电源指示灯不亮,风扇不转。其故障原因可能有:① 电源插头接触不良或导线断路;② 启动按钮开关的导线接头松脱;③ 机箱电源保险丝熔断或电源烧坏。

排除故障的方法:依次检查各电源导线是否通路、电源插头和按钮开关导线接头是否接好。如无问题,再打开电源盒检查保险丝。如果仍没有问题,那可能是电源被烧坏了。

(二) 内存条(RAM)故障

1. 故障的现象

启动计算机时,电源指示灯亮,但显示器屏幕没有任何信息显示,并能听到"嘀嘀嘀"的连续声音。这种故障的原因可能有内存条与插槽接触不良或内存损坏。

2. 故障排除方法

故障排除方法:① 先在自来水龙头下洗一下手,放去身上的静电(静电会击坏内存);② 拔下内存条,用橡皮擦一下内存条两面的金手指,去掉污垢;③ 插好内存(最好换一个插槽),重新启动计算机;④ 如果故障依旧,说明内存已损坏,需要更换。

(三) 显示器故障

显示器的故障现象与内存条故障现象相类似,只是发出的声音是"嘀嘀"连续两声。

显示器故障的排除方法与内存条故障排除方法基本相同,拔出主板上的显卡,用橡皮擦拭后,重新在主板上插槽。

(四) 硬盘驱动器故障

1. 故障现象及原因

当启动计算机时(硬盘磁道物理损坏会发出"叭哒、叭哒"不正常的声音)不能进入操作系统,屏幕上也没有 C 盘盘符"C:\>"显示。

故障原因可能是:① 主板"CMOS"系统设置错误;② 计算机感染恶性病毒;③ 操作不当;④ 硬盘磁道损坏。

2. 故障排除方法

用软件修复硬盘故障的几种方法:

(1) 重新设置硬盘参数。启动计算机时根据电脑提示按键盘"DEL"键或其他键,进入"CMOS"系统设置主菜单,选择"IDEHDD AUTO DETECTION"自动设置项,按"Enter"键,计算机会自动检测到硬盘型号、参数,然后按"Y"并退回主菜单,选择"SAVE &EXIT SETUP"按"Enter"键,再按"Y"保存后退出系统设置。

(2) 用带有系统文件的杀毒盘启动计算机进行杀毒。

(3) 用系统启动盘启动,输入 A:\ >"SYSC:"(系统文件必须是相同版本),把 A 盘中的系统引导程序复制到 C 盘,重新启动计算机。

(4) 重新分区。在进行分区前,首先备份硬盘中的重要数据,然后进行分区、格式化、安装操作系统。如果发现磁盘磁道(零磁道)物理损坏,可用系统分区程序"FDISK"和"PM"磁盘分区工具软件进行修理。操作步骤:① 检测坏磁道位置;② 进行重新分区(把坏磁道部位单独分成一个区);③ 删除有坏磁道的分区;④ 重新设置主分区(如果删除的是主分区);⑤ 格式化磁盘。

(五) 计算机经常"死机"故障

"死机"是计算机常见故障之一,每个使用过电脑的人可能都遇到过"死机"现象。出现"死机",首先要分析和检查故障形成原因,然后设法排除故障。

计算机"死机"的原因,一般是由 CPU 故障、显卡散热器故障、电源散热风扇故障和内存(劣质或容量太小)、软件(盗版或有病毒)的问题,或者机内积尘多而引起的。具体造成死机的原因,必须通过检查才能判断。

1. CPU 散热器的检查及故障排除方法

首先将电脑平放在地上,打开电脑,观察 CPU 散热器扇叶是否在旋转,如果扇叶不转,故障确认。有时候 CPU 风扇出现故障,没有完全转动,由于转数过小,同样起不到良好的散热作用。检测这种情况常用的一个方法是:将食指轻轻放在 CPU 风扇上(注意不要把指甲放到风扇上),如果有打手的感觉,证明风扇运行良好;如果手指放上去风扇就不转了,风扇故障确认。

解决方法:更换 CPU 散热器。

2. 显卡散热器和电源散热风扇的检查及故障排除方法

检查 CPU 散热器的方法,同样适用于检查显卡散热器,这里就不再赘述。

电源散热风扇故障的检测方法稍有不同,将手心平放在电源后部,如果感觉吹出的风有力,不是很热,证明正常;如果感觉吹出的风很热,或者根本感觉不到风,证明有问题。

解决方法:更换显卡风扇。

3. 其他原因造成"死机"的情况及排除方法

(1) 劣质内存或容量太小。解决方法:更换内存条。

(2) 使用盗版软件或有病毒。解决方法:使用正版软件或用正版杀毒软件进行杀毒。

(3) 积尘导致系统死机。灰尘是微机的大敌,过多的灰尘附着在 CPU、芯片、风扇上会导致这些元件散热不良。电路印刷版上的灰尘在潮湿的环境中常常导致短路。这两种情况都会导致"死机"。解决方法：用毛刷将灰尘扫去，或用棉签蘸无水酒精清洗积尘元件。

第四节 计算机的使用技巧

人们在使用计算机的时候，总会碰到这样或那样的问题，其中80%的问题都是由软件引起的。如果学会了计算机使用技巧，就可以大大地减少问题的发生。

一是板卡的驱动程序备份。建议将计算机板卡驱动程序，如主板、显卡、声卡、网卡的驱动程序，备份到C盘外的其他盘符。这样重新安装后可以很方便地找到相关的驱动程序进行安装。

二是利用一键Ghost对系统备份（C盘备份）。当遇到异常情况或某种偶然原因时，系统软件可能会被破坏，此时就需要重新安装软件系统。如果没有备份的系统软件，重新安装系统可能要花费一两个小时，计算机难以在短时间内恢复工作。因此在安装好系统及必要的应用软件后，一般用Ghost对系统进行备份。一旦系统出现问题需要重新安装时，只要使用一键恢复，即可使系统在数分钟内恢复正常。

三是安装杀毒软件、防火墙。现在网络越来越发达，网络上的病毒也越来越猖獗，因此安装好系统后，一定要安装必备的杀毒软件和防火墙。由于病毒更新非常快，所以要及时升级杀毒软件的病毒库。不要打开来历不明的邮件，尤其是附件，也不要随意点击不熟悉的网站。重要文件、数据要备份，重要的数据最好不要和操作系统放在一个分区内。

四是会安装补丁升级。如今的软件越来越复杂，使用的人也越来越多，也越来越易出现各种漏洞。微软的Windows系统补丁包每月都会公布一次，及时安装补丁升级非常重要。

五是定期整理硬盘。一般将操作系统安装在C盘，将应用程序和其他重要的资料放置其他盘。这样便于以后系统的恢复。

六是系统优化处理。可以使用360安全卫士、Windows优化大师、超级兔子等工具来提升系统的性能，删除垃圾文件，增加使用空间，并去掉启动中不必要的选项，提高Windows的启动速度。

第五节 计算机网络

计算机网络又称电脑网络。认识计算机网络必须了解什么是传输控制和网间协议（TCP/IP）、IP地址、域名结构、信息组织方式等互联网的相关知识，为正确使用计算机网络奠定基础。

一、传输控制和网络通讯协议

TCP/IP(传输控制协议/网间协议)是一种网络通信协议,它规范了网络上的所有通信设备,尤其是一个主机与另一个主机之间的数据往来格式以及传送方式。TCP/IP是Internet的基础协议,也是一种电脑数据打包和寻址的标准方法。在数据传送中,可以形象地理解为有两个信封,TCP和IP就像是信封,要传递的信息被划分成若干段,每一段塞入一个TCP信封,并在该信封面上记录有分段号的信息,再将TCP信封塞入IP大信封,发送上网。在接受端,一个TCP软件包收集信封,抽出数据,按发送前的顺序还原,并加以校验,若发现差错,TCP将会要求重发。因此,TCP/IP在Internet中几乎可以无差错地传送数据。对Interent用户来说,并不需要了解网络协议的整个结构,仅需了解IP的地址格式,即可与世界各地进行网络通信。

二、IP地址

为使连入Internet的众多电脑主机在通信时能够相互识别,Internet中的每一台主机都分配有一个唯一的32位地址,该地址被称为IP地址,也称作网际地址。IP地址由4个数组成,每个数可取值0~255,各数之间用一个点号"."分开,如210.38.32.4。实际上,每个IP地址是由网络号和主机号两部分组成的,网络号表示主机所联接的网络,主机号标识了该网络上特定的那台主机,如上例中210.38.32是网络号,4是主机号。

三、域名的结构

IP地址是以数字来代表主机的地址,比较难记。为了使用和记忆方便,也为了便于网络地址的分层管理和分配,Internet在1984年采用了域名管理系统(Domain Name System),入网的每台主机都具有由主机号、机构名、网络名、最高层域名等结构组成的域名。

域名用一组简短的英文表达,比用数字表达的IP地址容易记忆。例如,北京电报局的一台与Internet联网的电脑主机的IP地址为202.96.0.97,域名为public.bia.net.cn,其含义是:主机号public.北京电报局.网络中心.中国,其中,net.cn表示邮电网。我国其他网的域名分别为:.ac.cn表示为科研网,.edu.cn表示为教委网,.com.cn表示为金桥网。

加入Internet的各级网络依照域名管理系统的命名规则对本网内的主机命名和分配网内主机号,并负责完成通信时域名到IP地址的转换。对使用者来说,绝大部分情况下可以不使用IP地址,而直接使用域名,Internet上的服务系统自动地转为IP类型的地址。

四、Chinanet 与 Internet

Chinanet 是我国邮电部门经营管理的基于 Internet 网络技术的中国公用 Internet 网,是中国的 Internet 骨干网。通过接入国际 Internet,而使 Chinanet 成为 Internet 国际互联网络的一部分。通过 Chinanet 的灵活接入方式和遍布全国各城市的接入点,可以方便地接入国际 Internet,享用 Internet 上的丰富资源和各种服务。

Chinanet 由核心层和接入层组成。核心层主要提供国内高速中继通道和连接接入层,同时负责与国际 Internet 的互联,核心层构成 Chinanet 骨干网。接入层主要负责提供用户端口以及各种资源服务器。Chinanet 同时与 ChinaPac、PSTN、ChinaDDN、ChinaMail 联通,以方便用户的接入。Chinanet 提供 6 个 2M 速率的国际线路,分别联到美国的 Sprint、MCI 和 AT&T 等网络,另有 2 个 128K 速率的线路,分别联到日本和新加坡。

五、信息组织方式

Home Page 的直译为首页,但不能单纯理解为"首页",确切地说,Home Page 是一种用超文本标记语言(描述性语言)将信息组织好,再经过相应的解释器或浏览器翻译出的包括文字、图像、声音、动画等多种信息的组织方式。用户可以把它同报纸、杂志、电视、广播等同等对待。Home Page 的传输方式是将原代码和与 Home Page 有关的图形文件、声音文件放在一台服务器(WWW)上。

六、DNS Server

每次网络连接发生问题时,工程师的答案通常都是:"专线断了或 DNS Server 挂掉了。"那么到底什么是 DNS Server?

DNS 全名叫 Domain Name Server,它与 Domain Name 密切相关联。我们在网络上辨别一台电脑的方式是利用 IP,但是一组 IP 数字很不容易记,且没有什么联想的意义,因此,我们会为网络上的服务器取一个有意义又容易记的名字,这个名字就叫 Domain Name。

就拿太原广播电视大学学校网站来说,一般使用者在浏览这个网站时,都会输入 Domain Name,而很少有人会记住这台 Server 的 IP 是多少。所以 Domain Name 就是太原广播电视大学,而 210.38.32.4 则是它的 IP。就如同我们在称呼朋友时,一定是叫他的名字,而不是叫他的身份证号码。但由于在 Internet 上真实辨识机器的还是 IP,所以当使用者输入 Domain Name 后,浏览器必须要先去一台有 Domain Name 和 IP 对应资料的主机查询这台电脑的 IP,而这台被查询的主机,我们称它为 Domain Name Server,简称 DNS。例如,当你输入时,浏览器会将这个名字传送到离其最近的 DNS Server 去做辨识,如果寻找到,则会传回这台主机的 IP,进而跟它索取资料。如果没查到,就会发生类似 DNS NOT FOUND 的情形。所以一旦 DNS Server 当机(即死机),就像是路标完全被毁坏,没有人知道该把资料送到那里。

跟我们一般人的姓名不同于 Domain Name 和 IP 一样,每个 Domain Name 必须对应一组独一无二的 IP。和 IP 一样,Domain Name 也不可重复。

七、HTML

HTML(Hyper Text Mark-up Language)即超文本标记语言,是 WWW 的描述语言,由 Tim Berners-lee 提出。设计 HTML 语言的目的是为了能把存放在一台电脑中的文本或图形与另一台电脑中的文本或图形方便地联系在一起,形成有机的整体,人们不用考虑具体信息是在当前电脑上还是在网络的其他电脑上。这样,你只要使用鼠标在某一文档中点取一个图标,Internet 就会马上转到与此图标相关的内容上去,而这些信息可能存放在网络的另一台电脑中。

HTML 文本是由 HTML 命令组成的描述性文本,HTML 命令可以说明文字、图形、动画、声音、表格、链接等。HTML 的结构包括头部(Head)、主体(Body)两大部分。头部描述浏览器所需的信息,主体包含所要说明的具体内容。

八、Internet

在当今世界上,电脑信息网络使人们可以方便地在国内各地乃至全球范围内交换各种各样的信息,正所谓"足不出户能知天下事"。在目前全球性电脑信息网络中,最为成功和覆盖面最大、信息资源最丰富的当属 Internet。中国的权威机构把它译作"国际互联网络",一些人把它称作"国际网""交互网",也有人称其为"网际网""网中网"。Internet 被认为是未来全球信息高速公路的雏形。

在 Internet 网络上的 E-mail 功能,可以接收和发送电子邮件,这些邮件可以是一封信、一页有内容的纸、一张名片,或是数据和软件程序。利用 Internet 网络上的 Telnet 和 FTP 功能,还能直接使用远程电脑主机的软件系统,以及丰富的信息资源。对于科学研究的课题、论文、图书馆的藏书和各种科学杂志等图像文字资料,都可以使用 WAIS、Archie、Veronica、Jughead 等工具,依据查询关键字,查询和检索到它们。利用 Gopher 交互式检索工具,WWW 广域网超媒体信息获取工具,Netscape Navigator、Internet Explorer、Mosaic、I-Comm、Lynx 等资源浏览工具,就可以更方便、更生动地获得和浏览信息资源。

通过 Internet 网络上的 USENET News Group,我们还可以看到世界各地民情记实、全球气象预报、世界重大体育比赛的新闻报道和各类广告。Internet 网络的 Talk、IRC 功能,则为我们提供了与生活在地球另一端的朋友随时进行交谈的机会。

Internet 并不就是 E-mail、WWW 或浏览器,它代表的是全球信息业的发展,它的标准就是网络世界语。

第二十二章

保安服务的其他相关知识

第一节 现场保护

《中华人民共和国刑事诉讼法》第一百零二条规定:"任何单位和个人,都有义务保护犯罪现场,并且立即通知公安机关派员勘验。"所谓犯罪现场,是指刑事歹徒实施犯罪活动的地点和遗留同犯罪活动有关的痕迹及其他物证的一切场所。显然,作为协助公安机关维护社会治安秩序的保安员,更加应该尽心尽职地履行保护犯罪现场的义务。

鉴于保安服务工作的实际需要,本节内容中涉及的现场保护,既包括刑事案件的犯罪现场保护,也包括其他违法案件、治安事件和治安灾害事故的现场保护。

一、现场保护概述

（一）现场的概念

现场的含义十分广泛。《现代汉语》中的解释是:"发生案件或事故的场所,以及该场所在发生案件或事故时的状况;直接从事生产、工作、实验的场所。"这里讲的"现场",是公安保卫工作中的一个专用名词,是指各种案件和治安事件、灾害事故发生的地点,以及遗留与这些活动有关的痕迹、物证的一切场所。各种案件包括刑事案件和治安案件。

刑事案件是指确有犯罪事实,需要依法追究行为人的刑事责任而由公安机关立案的案件,如杀人案、抢劫案、盗窃案、强奸案、放火案等。

治安案件是指违反治安管理的法律、法规,依据《治安管理处罚法》及相关法律、法规的规定,应当受到治安处罚,而由公安机关或其委托的组织依法予以查处的法律事实。《治安管理处罚法》规定,违反治安管理法律、法规的行为主要有四大类:① 扰乱社会秩序;② 妨碍公共安全;③ 侵犯公民人身权利、财产权利;④ 妨碍社会管理秩序。具体的违反治安管理行为有110多项。与保护现场相关的治安案件,主要是结伙斗殴、偷盗公私财物等案件。

治安事件是指聚众共同实施的违反国家法律、法规、规章,扰乱公共秩序,危害公共安全,侵犯公民人身安全和公私财产安全的行为。治安事件包括:非法集会、游行、示威;影响社会稳定的罢工、罢课、罢市;非法组织和邪教等组织的较大规模的聚集活动;聚众围堵、冲击党政机关、司法机关、重要目标、广播电台、电视台、通讯枢纽、外国驻华机构以及其他重要部门或单位;聚众堵塞公共交通枢纽和干线,破坏公共交通秩序或者非法占据公共场所;大型文体、商贸活动中聚众滋事或者骚乱;聚众哄抢公共财产、聚众械斗等。

灾害事故是指由于自然灾害或者人为原因而引起的火灾、爆炸、雷击、中毒、沉翻船只、交通肇事、泥石流、触电等造成人员伤亡和经济损失的事故。根据灾害事故发生的原因,灾害事故分为两种:自然灾害事故(如雷击、泥石流等)和治安灾害事故(如火灾、爆炸、中毒、交通肇事等)。根据治安灾害形成的原因分析,又可分为责任事故、技术事故、破坏事故。责任事故是因责任人违反治安管理的法律、法规、规章而发生的事故。技术事故是因为技术问题所引发的事故。破坏事故是人为故意的破坏行为导致的事故。对于责任事故负有直接责任的人和破坏事故的作案人,公安机关和有关部门依法追究其法律责任。

（二）现场的类别

从不同的角度来分析,现场有不同的分类方法,可以分为许多种类。根据保安工作的实际需要,为了便于保安员学习和掌握,这里只从现场的性质来区分归类,将现场分为案件现场、事故现场、事件现场三大类。

案件现场就是各类案件发生的地点和遗留与案件有关的痕迹、物证的场所。这些案件,按照不同性质和对社会危害后果的大小,分为刑事案件和治安案件两种。依此,案件现场又分为刑事案件现场(又称犯罪现场)和治安案件现场。

事故现场就是各种事故发生的地点和遗留与这些事故有关的痕迹、物证的场所。这些事故根据不同性质和形成的不同原因,分为自然灾害事故和治安灾害事故。所以,事故现场又分为自然灾害事故现场和治安灾害事故现场。

事件现场就是发生各类群体性治安事件的地点和遗留与治安事件有关的痕迹、物证的场所。群体性治安事件的种类较广,常见的有:聚众围堵、冲击党政机关和新闻单位、厂矿企业;聚众扰乱车站、码头、机场的公共秩序;大型文体活动中聚众滋事或者骚乱;聚众哄抢公私财物;聚众持械斗殴。

（三）保护现场的原则

保护现场是指案件、事故、事件发生后,为使现场不被人为非故意的或者自然因素的破坏而采取的保护措施。保安员保护现场的原则是:

1. 现场均需保护

保安员不管发现了哪种现场,都应该按照保护现场的要求履行现场保护的职责。虽然《刑事诉讼法》规定公民有保护犯罪现场的义务,没有规定公民有保护治安案件、治安事件现场的义务,但是在保安员发现"现场"时,往往很难分清是刑事案件(犯罪)现场还是治安案件现场。这两种案件的区别,只是行为人的违法情节和违法后果的大小、轻重不同而已,只有公安机关经过现场勘查和深入调查,才能够准确地加以区分。很多情况下,"现场"的表面现象是看不出来的,唯有采取保护措施后,让公安机关来辨别案件性质,依法处理。因此,宁可保护是"多余"的,也不能因保安员主观判断不当,误把应该保护的犯罪现场当作治安案件现场,不采取措施进行保护,以致现场的痕迹、物证遭到破坏,造成无法挽回的损失,影响案件侦破和对案犯的惩处,给社会治安带来不利影响。

保安员对于灾害事故和治安事件的现场保护,也是理所当然的。因为保护公民人身和公私财产安全,是公安机关和保安组织的一项重要任务。如果灾害事故和治安事件发生后,现场不加以保护,很可能会导致社会危害的扩大,如公民盲目进入现场而受到人身伤害及财物损失。并且治安灾害事故现场一旦受到破坏,必然会增加事故调查处理和责任追究的难度,甚至无法认定。群体性治安事件本身就是违法违规行为,现场必须要保护好。

综上所述,保安员发现案件、事故、事件现场,都应当采取措施,切实加以保护,不让现场的痕迹、物证受到破坏或变动,为公安机关和有关部门查明事实真相、依法处理提供方便。

2. 保护必须尽职

保安员在保护现场的工作中,务必严格按照现场保护的要求,采取相应的保护手段,不折不扣地完成现场保护任务,达到保护现场之目的。做到保护范围不遗漏,保护措施不失误,保护工作不马虎,确保现场的完整性、原态性、不变性。现场内若有紧急情况(人员受伤,危险物品可能引起爆炸、火灾等),务必妥善、及时处置,真正起到"保护"作用,以减少社会危害。

3. 发动依靠群众

现场需要保护的范围大小不一,特别是较大的刑事犯罪现场和火灾、爆炸等治安灾害事故现场,以及群体性治安事件现场,单靠现场保安员的力量往往是杯水车薪,难以实施有效的保护。这种情况下,保安员应当宣传保护现场的重要性,动员和组织现场附近的或者围观的群众,参加到保护现场的工作中来。同时,保安员要有针对性地向群众传授现场保护的具体方法,定人定位,明确要求,共同做好保护现场工作。

二、保护现场的作用

保护现场是我国有关法律、法规的规定,是保安服务工作的要求。保护现场之目的,是为了查明案件、事故和治安事件的真实情况,使得遗留在现场的痕迹、物证保持事发时的原始状态,在公安机关勘查人员到达现场之前,免遭自然因素或者人为非故意的破坏,使公安机关在勘查现场的过程中,能够做到秩序井然,提高工作效率。由此可见,保护好现场,对于正确处理现场发生的各种治安问题,有着十分重要的作用。

1. 保护现场有利于现场勘查工作的顺利开展

现场勘查是公安机关的专业技术人员运用专业技术手段,对现场进行的实地勘验、检查和调查研究工作。现场勘查是一项极其重要的侦查措施。现场勘查的内容包括视察现场、实地勘验、现场访问、现场实验、现场研究,以及现场勘查记录的制作等等。这些现场勘查工作的全面有序开展,必须以现场保护为条件。只有现场保护工作做好了,现场的痕迹、物证完整地保留了下来,现场的秩序不乱,现场勘查人员需要的帮助得到满足,公安机关专业技术人员才能集中思想,专心致志,有条不紊地展开现场勘查的各项具体工作,勘查的效率才能提高,勘查的结果才有可能令人满意。

2. 保护现场有利于查明事实真相和依法处理

现场是违法犯罪行为或者违反安全管理规定行为的客观反映。这些行为,必然或多或少地在现场遗留有相关当事人的痕迹、物证。公安机关和有关部门若要查明现场发生过的案件、事故或者治安事件的真实情况,必须依赖于现场的这些痕迹、物证。因为它们是公安机关调查现场相关事项的物质基础,是发现线索、获取证据的重要途径,是案件审结、治安灾害事故和治安事件责任认定的有力证据。只有现场保护好了,现场勘查人员才能够全面搜集、提取到现场遗留下来的痕迹、物证,才能对现场的整体情况有全面了解,进而才有可能对现场发生的事情做出正确的分析判断,才有可能顺藤摸瓜,循迹追踪,查找到行为人,弄清楚事实真相,依法进行处理。

3. 保护现场有利于做好现场保密工作

公安工作,特别是案件的侦破和治安灾害事故、治安事件的查处工作,都具有保密性,尤其是在事实真相没有查明之前,对于涉及的有关情况,只限于参与调查人员和领导知晓,任何人都不得外传,这是保密工作的需要。因而,在尚未查明真相之前,现场的情况必须保密。怎样才能保守现场的秘密呢?只有保护好现场,把现场封锁起来,不让无关人员(包括保安员和非抢险救灾人员)入内。这样,现场内的痕迹、物证等信息,就不会有外人知晓,也就不会泄露现场的秘密。现场的信息保密了,有利于公安人员在审查有关嫌疑对象时,对其口供的真假进行甄别,分清现场发生的问题性质和责任,作出正确处理。

三、保护现场的任务

1. 保护现场的中心任务

保安员保护现场的中心任务,是在公安机关现场勘查人员到达现场之前,采取切实措施保护好现场的原貌,防止自然因素(风、雨、雪、冰等)或者人为非故意的破坏。如果现场有受伤人员或者有易燃易爆危险物品时,应该优先救人排险。

2. 保护现场的具体任务

(1)保安员直接发现的现场,或者接到群众报告后首先到达的现场,经初步了解情况确认后,应当立即向公安机关或者客户单位领导报告。报告应当讲普通话,口齿清楚,内容完整,让对方听得明白无误。

(2)划定现场保护的范围,布置警戒力量,不准无关人员进入现场。现场保护的范围包括案件、事故或者治安事件发生的地点和可能遗留有与其相关的痕迹、物证的一切场所。划定现场保护范围的原则是宁可划大,不可划小。警戒力量布置的原则是能够发现和控制进入现场的人员,不留有视野的死角。除勘查人员之外,包括当事人和保安员在内的任何人,未经许可不得进入现场。

(3)注意现场及其附近的违法犯罪嫌疑人。一旦发现,保安员应当采取措施,加以监视和控制,并且及时报告公安机关。

(4)妥善地处置现场的特殊情况。由于保安员发现现场的时间和空间以及现场发生的治安问题不同,因而现场的情况也不一样。对于下列特殊的现场,保安员应当采取相应措施,完成保护现场的相关任务。① 室外现场遇到风雨,现场的痕迹、物证有可能受到自然因素的破坏时,保安员应当采取必要的应急保护措施,如选用合适的物品遮盖或者遮挡现场的痕迹、物证等。② 现场内的受伤人员若有生命危险,无论受伤者是什么人,保安员都应当立即采取紧急救护措施。③ 对现场目击者或者群众指认的违法犯罪嫌疑人,保安员应当立即制止其不法行为,并将其扭送公安机关处理。④ 现场内有易燃易爆危险品时,保安员应当紧急抢险,将其转移到安全地方,防止发生火灾、爆炸,造成新的危害后果。⑤ 现场有受害人(需要紧急救助者除外)、事故责任人、治安事件为首者或者骨干分子时,保安员应该设法将其留在现场,等待公安人员到达现场后处理。如果他们执意离去,可设法加以监视,并且尽快报告公安人员。⑥ 现场有目击群众时,保安员应当收集他们对现场发生的治安问题的反映。现场有知情人时,保安员应当通过他们了解有关情况。在勘察人员到达现场前,如果知情人要离去,保安员应该将其联系方式登记下来。⑦ 现场在交通干线上,影响正常交通秩序的,保安员应当疏导交通,减少影响。

(5)公安人员到达现场后,保护现场的保安员应当主动地如实报告发现现场的经过和进行现场处理与保护的情况,现场发生的变动、变化,采取的措施,收集和了解到的有关信息。

(6)根据公安人员的要求,做好现场保护记录。

四、保护现场的方法

现场的情况错综复杂,有案件现场、灾害事故现场、治安事件现场,有室内现场、室外现场、野外现场。现场的情况又因发生的案件、事故、事件的情况不同而不同。保护不同地点、不同性质、不同情况的现场,应当采取不同的保护方法。如果保护现场的方法不当,就不能有效地保护现场遗留的痕迹、物证,也不能有效地抢救现场的生命危险者,不能排除现场的危险物品可能造成的社会危害,达不到理想的现场保护目的。

（一）保护现场的一般方法

保护现场的一般方法,是指现场没有受伤人员、尸体或者易燃易爆危险物品等特殊情况下的现场保护方法。对于保安员而言,室内现场、室外现场和野外现场有不同的具体保护方法。

1. 保护室内现场的一般方法

室内现场是指案件、事故、事件发生在建筑物内的现场。这类现场的周围有墙壁和门窗与外界隔开,保护时,只需将出事建筑物的门窗关闭,并在附近布置警戒力量,禁止无关人员进入现场即可。建筑物内的居民、工作人员若要进入现场,保安员应该对其晓之以理,加以劝阻。如有特殊情况需要入内的,应当指定行走路线,尽量避免对现场内可能留有的痕迹的破坏。如果建筑物的出入通道和窗外的临近地面上有可能遗留相关痕迹、物证,那么,这些地方也应当加以保护。保护室内现场,保安员需要注意三点：

（1）关闭门窗的时候,最好能够戴上手套,尽量避免用手直接接触门窗,尤其是门窗的拉手把柄,以防留下自己的手指印,或者破坏他人留在上面的痕迹。

（2）室内现场遗留的痕迹、物证,切不可接触、移动。遇有特殊情况必须接触、移动时,必须戴上手套,并选择物品的适当部位(即一般人拿取物品时不选择的物品部位,如两个手指捏住茶杯的下部而不是上部等),以免破坏物品上的原有痕迹或者留下自己的痕迹。现场的物品位置移动之前,保安员应当先用粉笔或者白灰、石粉等,划出(标明)该物品移动前的具体位置。

（3）保护室外遗留的痕迹、物证时,保安员应当在周围警戒的同时,用明显标志(如石灰、粉笔等)划出这些痕迹、物证,以防他人无意中的破坏。如果下雨、刮风,或者阳光强烈,应当选用脸盆、脚盆、箱子、塑料等合适物品,遮盖这些需要保护的痕迹、物证,防止受到自然因素的破坏。必须注意,遮盖物最好能防雨,而且不退色、无浓烈气味,以免破坏痕迹、嗅源,影响公安机关的勘查工作,特别是用警犬追踪鉴别。

2. 保护室外露天现场的一般方法

室外露天现场的类别较多,有院内现场、胡同(里弄)现场、道路(街道)现场、野外现场等。这些现场的情况各不相同,保护的方法也有所区别。

（1）院内现场的一般保护方法。院内现场指的是单位或者住宅的建筑物外的庭院内的现场。院内现场的保护,可以在现场的周围,拉一根绳索或者设置围栏等障碍物,把无关人员挡在现场之外,并且派人在现场看守。在划定院内现场保护范围的时候,尽可能为进出院子内房屋、建筑物的人员留出必要的通道。通道应当选择在一般人不会走的地方(如贴近墙根),力求不破坏现场的痕迹、物证。如果无法满足这一条件,则应当向进出建筑物的人员讲明道理,取得配合,暂时禁止人员进出现场。

（2）胡同（里弄）现场的一般保护方法。胡同（里弄）现场指的是城镇内较为狭窄的仅供非机动车和行人通行的胡同或者里弄内的现场。胡同（里弄）现场一般来往的行人和自行车、电瓶车较多,容易引起群众围观,堵塞交通。保护胡同（里弄）现场,应当把现场的两端看守住,切断通道,禁止通行,同时疏导围观群众离去,并在该胡同（里弄）的两头入口处布置力量把守,说明情况,不让他人进入。现场内若有民宅的出入门,则应当告诫住宅内的人员,暂时不要出门,以免破坏现场的痕迹、物证。如果居民必须出门,现场的保安员应当指导出门的群众沿墙根而行,避开现场的痕迹、物证。

（3）道路（街道）现场的一般保护方法。道路（街道）现场指的是城镇内机动车道路上的现场。这种现场保护范围的划定,要尽量减少对正常交通秩序的影响。也就是说,在可能的情况下,不要把道路（街道）的横面全部切断或者禁止人、车通行。现场的周围要设置障碍物,并有专人看守,不让无关人员、车辆入内,而且必须要有专人指挥现场附近的过往行人和车辆,防止交通堵塞。如果必须封锁现场的道路,禁止人、车通行,那么,在通往现场的入口处,必须要有专人指挥行人和车辆绕道行走,避免交通秩序混乱。

（4）野外现场的一般保护方法。野外现场指的是城镇郊外的现场。野外现场一般地域开阔,附近的人、车流量较少。通常情况下,保安员在工作之余到野外活动时,才可能见到野外现场。虽然这种现场不在保安员服务区域内,但按照法律的要求,遇到这种情况的保安员应当采取措施加以保护。从野外现场的实际情况来看,因为郊外的泥土道路和田野容易遗留与现场相关的当事人的痕迹、物证,所以野外现场保护范围应当划大一点。现场保护圈的交叉点上,必须派人看守,而且彼此能够相互照看,不留现场保护圈视线的盲点。

（二）现场特殊情况的处置方法

现场的特殊情况指的是保安员到达现场时,发现现场内有人、有火、有易燃易爆危险物品等情况。对此,保安员如不采取正确的方法进行及时紧急处置,可能会造成更大的社会危害后果。因此,妥善处置现场的各种特殊情况,也属于保安员现场保护的职责内容。现场特殊情况的处置方法,应当根据不同的具体情况区别对待。但是,不管如何处置现场的特殊情况,都必须尽量减少对现场痕迹、物证的破坏,并对紧急处置工作情况做好详细记录,包括接触、移动现场内物品的情况。

1. 现场违法犯罪行为的处置方法

保安员到达现场的时候,如果歹徒继续为非作歹,毫无疑问,保安员应当立即予以制止，保护受到不法侵害的公私财产和公民人身安全。保安员如何制止违法犯罪行为呢？应当根据不法分子和保安员自身的实际情况，分别采取相应的处置方法。

（1）歹徒人数少，没有凶器，保安员处于优势的情况下，应当见义勇为、挺身而出，制止对方的违法犯罪行为，并将其扭送公安机关惩处。但要防止歹徒行凶拒捕。

（2）双方力量相差悬殊，在保安员冲上前去制止不法行为没有安全保障的情况下，应当"见义智为"，即"智斗"歹徒，如悄悄地报警或者联络附近的保安员一起前来制服歹徒。现场被害人情况紧急、刻不容缓时，保安员可以一边高喊"警察来啦！"（震慑歹徒）或者"大家快来抓坏蛋""抓强盗"，一边冲上去制止歹徒行凶作恶。附近有木棍、铁棒、灭火器等物品时，保安员若无自卫械具，应当"就地取材"，用以对付行凶歹徒，保护自身安全。

（3）现场附近有群众的时候，保安员应当组织群众，共同制止犯罪、制服歹徒。

2. 现场内的人员处置方法

现场内的人员情况比较复杂，保安员到达现场后，应当根据他们的不同情况、不同身份，分别采取不同的方法进行处置。

（1）对于群众指认的已停止不法行为的人，或者保安员目睹刚停止实施违法犯罪行为的人，应当将其扭送公安机关处理。

（2）对于违法犯罪嫌疑人，或者治安灾害事故的责任人，保安员应当设法将其留住，在现场保护范围外由专人监视，等公安人员来审查。如果犯罪嫌疑人要离去，保安员应当了解他们的联系方法，记住他们的体貌特征，暗中监视他们的行踪，以便报告公安机关。

（3）公共场所发生治安问题的现场，往往滞留现场的无关人员和车辆较多，保安员应当指挥他们撤离现场保护区。对于进入现场的围观群众，应当讲明现场保护工作的需要，指引他们退出现场。如果现场周围的群众多，影响交通，保安员在保护好现场的同时，应当予以疏导，并指挥车辆与行人正常通行。

（4）对于现场内的受伤人员，无论他是受害者还是肇事者或者犯罪嫌疑人，都应当立即进行救助，以减轻其受到伤害的后果。在救助受伤人员的时候，应当注意做到以下几点：

一是对于现场内没有动静的受伤人员，保安员首先应当判明其是否死亡。无法救治者，不必去做无效的救助。判断的方法，可以用手背放在其鼻孔或嘴巴处，凭感觉了解其是否有呼吸功能；也可用鸡毛等物，置于其嘴巴或鼻孔处，根据鸡毛是否颤动来判别其有无呼吸功能；或者用手指轻轻地搭在其脉搏上，看其是否在跳动；也可以用手电筒照其瞳孔，看其是否缩小；等等。只要伤者有呼吸，脉搏在跳动，瞳孔缩小，就说明有生命迹象，应当予以全力救助。紧急情况下，可现场实施人工呼吸。

二是在转移受伤人员实施救助时,保安员应当先用粉笔、石灰等物,在地上划下伤者的原来位置,然后再将其送往附近的医疗单位抢救。

三是及时询问伤者有关信息。在救助伤者过程中,保安员应当询问其受伤原因,伤者的姓名、住址、工作单位等,以防伤者不治而亡时,公安机关难以获取这些信息,增加查明事实真相的难度。

四是保持警惕,注意自身安全。在救助受伤的违法犯罪嫌疑人或者身份不明的受伤者时,保安员务必小心谨慎,既要防止对方在救治过程中逃跑,又要防止对方行凶伤害自己。

(5)妥善处置现场的尸体。尸体是指已经死亡的人。现场的尸体是保护的重点,特别是裸露的尸体,必须采取恰当的方法加以保护,决不能让尸体及其附着物(痕迹、毛发等)受到损毁或者破坏,以便为公安机关侦破案件提供方便。尸体本身的情况以及尸体所处的时间、空间不同,处置尸体的方法也有所不同。

对于室外暴露的尸体,保安员应当选用草席、竹席、帆布之类具有一定硬度的物品加以遮盖。遮盖物不宜有色有味,也不宜太软,应当将整具尸体全部罩住,并且不得拖拉尸体上的遮盖物,以防破坏尸体及其附着物。

对于吊挂在树木、横杆、门框、床架上的尸体,一般情况下,不要去移动。只有在尸体可能受到火灾或者爆炸损毁的紧急情况下,保安员才应当将其放下来,转移到安全位置予以保护。其方法是:一人抱住尸体,另一人用剪刀在距绳结10厘米外的位置,将绳索剪断,然后把尸体轻轻地放下,再转移到安全的地方,由专人看守保护。绳索应当保管好,交给公安机关现场勘查人员。保安员拿取绳索时,应当用手指尖,不要用手掌抓、捏、抹绳索,防止绳索上的痕迹受到破坏。

对于火场中的尸体,如果火灾已扑灭,建筑物也不会倒塌,尸体没有受到破坏的可能,那么,保安员应当就地保护尸体;否则,应当将尸体转移到安全的地方,由专人看护。转移前,在尸体周围放置醒目的实物,标明尸体原来位置。转移时,将尸体按原来姿势(朝上仰姿或朝下伏姿或侧身曲姿等)放置到担架、木板、门板之类的运载工具上,抬离现场,移放到安全地方。转移中,应避免对尸体造成破坏。

对于水中的尸体,只有在水流较急,尸体可能被流水漂走的紧急情况下,保安员才需要采取措施保护尸体。一般可用木条、竹头之类的工具(铁器不宜)把水中尸体移到岸边。然后,在紧贴尸体的下水位,将木条、竹头之类的工具固定位置,挡住尸体不让其顺流而下。在此过程中,使用的工具切忌直接重度触及尸体的裸露部位,以免破坏尸体。

对于铁路上的尸体,为了防止其被运行中的火车破坏,应当按照火场中尸体的紧急处置方法迅速地实施转移看护。

3. 现场内的火灾处置方法

现场内的火灾不同于一般地点单纯发生的火灾,它是指发生在案件、事故、事件现场内的特定火灾。这种特定火灾发生地,往往先前已经发生了案件(如盗窃后纵火)、治安事件或者除火灾之外的其他治安灾害事故。

现场内的火灾处置方法与一般火灾处置方法有所不同,主要区别是现场内火灾的扑救不仅仅是灭火,还要顾及现场保护,即在扑救火灾的过程中,应当尽可能地减少对现场遗留的与其他违法犯罪行为相关联的痕迹、物证的破坏。因为如前所述,现场的火灾发生之前,往往已经发生了其他的违法犯罪行为。如杀人后的放火,企图毁灭杀人的有关罪证;或者违反交通安全法,车辆猛然相撞而引发了火灾;等等。因此,现场内的火灾在扑救之后,特别要严格控制现场的进出人员,疏散围观群众,防止发生混乱,造成对现场的破坏。

4. 现场内易燃易爆物品处置方法

现场内有烟花爆竹、雷管、炸药、黄磷、过氧化钾等易燃易爆物品,而且这些物品所在的位置附近正在发生火灾,或者有可能倒塌的建筑物时,这些物品就很不安全,很容易引起燃烧或者爆炸,造成更大的危害。在此情况下,保安员必须立即采取措施,把这些危险物品转移到现场外的安全地带,并且布置专人看护,确保其安全。

保安员在转移现场内的易燃易爆物品时,务必注意自身安全。一是要轻拿轻放,防止碰撞。二是要脚踏实地,步履稳健,不能跌倒摔碎。三是要遵照安全存放的规定,分门别类地放置各类危险物品,不可违规混放,如烟花爆竹不可与雷管、炸药放在一起。四是将高温、受潮会自燃的物品安放在阴凉、干燥的地方。五是最好能在专业技术人员的指导下进行转移。

如果现场内的易燃易爆物品没有受到火灾或者可能倒塌的建筑物等的威胁,那么,就不要将其转移到现场外去,保安员只需加强看护,保障其安全即可。

第二节 保安应用文写作

应用文又称实用文,是公务活动以及人们在日常生活、工作和学习中使用的有一定格式的文体。我国应用文源远流长,甲骨文中的卜辞,就是应用文的雏形。随着人类社会的发展,为适应不同工作、不同对象的需要,不同部门和行业有不同的应用文,如司法部门运用的司法文书,保安服务业运用的保安文书等。按照形式区分,应用文大体可分为条款式、表格式、规范式(如行政公文)三种。保安应用文是在保安服务活动中形成的用于保安工作和保安员日常生活的一种实用性文书。

作为初级、中级保安员,应当学习保安应用文写作的基本常识,熟悉并掌握保安应用文书的特点和一些常用的保安应用文书的写作样式及要求,以适应保安工作以及个人日常生活的需要。

一、保安应用文书的特点

保安应用文书是社会应用文书中的一种。保安应用文书的特点源于社会应用文书的特点。社会应用文书的一般特点是:有具体明确的实用目的,有明确的阅读对象,有较为固定的款式。保安应用文书是直接服务于保安工作和保安员的文书,其自身的特点更加鲜明。

1. 内容具体、准确、真实

保安应用文书是记录保安服务活动和保安员的工作、学习、生活情况的文字载体。保安服务活动是依照国务院《保安服务管理条例》和公安部《关于公安机关实施保安服务管理条例办法》等法律、法规进行的,保安员的工作、学习、生活必须遵循国家有关法律、法规和部门规章,因而反映严肃的保安服务活动内容和保安员各方面情况的保安应用文书,必然要内容明确,言之有物,真实而准确地记录有关事项。保安应用文书中涉及的人物、数据、理论、事件,都是实际情况的反映,不夸大、不缩小、不变形,准确可信,没有小说等其他文体的虚构、夸张成分。

2. 文字表达客观、简明

应用文是人们在社会实践中为了联系、知照、传递、公布、约定、记载、凭证的需要而制作的一种文字材料。按应用文的使用性质,可把应用文分为公务应用文和私人应用文两大类。同样,保安应用文也可分为公务应用文(即公文)和私人应用文两大类。既然是应用文,不管哪种类型,都是为了实用,文字表达力求客观、现实,避免主观、想象。特别是公务应用文,是公务活动的专用文书,其语体特点是用字简练明了,用词朴实易懂。能够省掉的字句,绝不留着;能够使用词义单一、浅显易懂的语词表达的,绝不运用多义、复杂艰深的语词。

具体地讲,应用文的主要文字表达方式是叙述、说明、议论,也要求做到客观、简明。叙述,只要如实地写清"七要素"(何时、何地、何人、何因、何动机、何方式、何结果)就行,不必用形容、描写等修饰。议论,只要紧紧围绕论点,直截了当地表述论据即可,不必兜圈子,或者过多地引经据典。说明,只要抓住客观的实物要求,有的放矢、简明扼要地加以说明,让人明白即可。这样的保安应用文书,客观真实,简单明了,易看易懂,节约时间,有利于保安工作效率的提高。

3. 结构符合规定格式

一般而言,保安应用文都有相对固定的格式。属于保安公文类的应用文,如请示、批复、报告、决定等,其行文格式,执行国务院办公厅的《国家行政机关公文处理办法》的规定。属于保安工作勤务类的保安应用文书,如值班记录、押运记录、接报案件记录、每日保安情况等,则由保安行业内部作出规定。属于保安员使用的私人应用文,行文格式约定俗成。总而言之,保安应用文的格式具有相对统一性,不能标新立异,不能随便变动;否则,保安应用文书在形式上就犯了大忌,成为"四不像"。

二、保安应用文书的具体要求

保安应用文书写作是保安员的一项专门技能。保安员要能够写出规范的保安应用文,首先必须了解和熟悉保安应用文的基本要求。

1. 主题鲜明

主题鲜明是指保安应用文的中心突出,主题明确。无论是什么样式的保安应用文,都必须按照"一事一文"的原则,在文章中表达清楚肯定什么,否定什么,说明什么,要求什么,不能含糊其辞,给人似是而非、不明不白的感觉。

2. 语言规范

保安应用文使用的书面语言,总体上必须符合现代汉语的要求,做到客观、准确、平实、简明,符合现代汉语要求,一般情况下不用方言。具体地说,保安应用文书的语言,一要能够冷静地反映事物的有关现象,不加感情色彩,一般不用比喻、夸张、描写等艺术手法。二要忠实地反映事物的原貌,把握事物的本质特点,不变形、不走样、不歪曲。三要尽量运用通俗易懂、质朴无华的语言传达信息,表达意图,不用含有歧义的词语和迂回复杂的表达方式。四要语言简约,要言不烦,字斟句酌,力求"一字入公文,九牛拔不出",防止啰嗦、冗赘。

3. 材料准确

保安应用文中使用的各种材料,必须是写作的保安员直接掌握、获取的第一手材料,不能道听途说,主观臆造,闭门造车,凭空推测。也就是说,写到保安应用文中去的有关事项,无论是参加人员、工作做法、取得成效、发生失误的情况,还是具体的人和事,或者各种数据,都必须尊重事实,准确可靠,切忌弄虚作假,胡编乱造。

4. 条理清楚

条理清楚是指保安应用文在叙述有关工作、事件或者案件、事故的时候,必须有条有理,清楚准确。为此,保安应用文在叙事中,一要交代清楚,即说清楚文中有关事项发生的时间、地点和涉及的人物、事件,以及事情的经过、形成的原因(简称"六要素")。二要线索清楚,即不管事情多么复杂,写作成文时,一定要准确地找到叙事的起点(时间或地点或人物),然后循序渐进展开来写,做到脉络清晰,让人一目了然。所以,一般情况下,写作中选好观察的角度和叙述的人称之后,不可随便变换。如果确有必要变换,则要有恰当的过渡文字,让读者明白无误。

5. 逻辑严密

逻辑严密是调查报告、工作计划等重要的长篇幅保安应用文书写作的高标准要求。对于初级、中级保安员来说,写作一般的保安应用文时,要求是不犯逻辑性错误,能够做到文章的主题、观点、材料之间相匹配,不矛盾,不抵触,因果关系说清楚,结构安排得当,不颠三倒四,能让人看明白,不发生误会。

三、常用保安应用文的格式

保安应用文的格式相对而言是固定的,但不同内容、不同类别的保安应用文,其格式也有所不同。正确地把握保安应用文的格式,是保安员写好保安应用文的基础条件。

保安应用文是在保安员工作实践中逐步形成的,种类较多。根据初级、中级保安员工作的实际需要,这里介绍几种常用保安应用文的格式和写作方法。

（一）礼仪应用文

礼仪应用文是应用于礼仪的文书,如贺信、贺电、唁电、致敬电、慰问信、感谢信、请柬等。礼仪应用文的写作,要求切合身份,情词恳切,畅达简练。下面介绍几种礼仪应用文的写作。

1. 表扬信

表扬信是为了表彰单位、集体、个人的先进思想或先进事迹所写的一种专用书信。表扬信可以写给有关人员的领导或所属单位,也可以写给其本人。一般情况下,表扬信都可以公开宣读或张贴,以教育广大群众。

表扬信的内容,一般由标题、开头、正文、结尾、署名及日期等部分组成。

标题,在纸张上方正中写上"表扬信"三字即可。

开头,另起一行,顶格写被表扬单位名称或个人姓名(名字后面加"同志""先生"等字样,并加冒号)。

正文,另起一行,空两格写被表扬者的先进事迹及其意义、影响。在此基础上,适当议论,热情赞扬。正文的主体部分,要写实事,说真话,少讲空道理,不要浮夸。

结尾,主要写保安员对被表扬者的祝愿、致敬、感谢的话语。

署名及日期,结尾的下方,空两行,靠右边写表扬者(单位名称或个人姓名)。另起一行,在署名的下边写上年、月、日。

2. 感谢信

感谢信是为了感谢对方的帮助、关心、支持而写的一种文书。拟写感谢信,应当满怀感激之情,把感谢的原因与对方的好思想、好作风概括地写出来,然后再表达谢意。感谢信既有感谢的意思,又有表扬的意思,所以,有的直接写给对方个人或单位,也可以张贴或送到报社、电台刊用。

感谢信的内容,一般包括标题、开头、正文、结尾、署名及日期等部分。

标题,在纸张的上方正中,写上"感谢信"三字即可。

开头,另起一行,顶格写被感谢的单位名称或个人姓名及称呼,后面加冒号。

正文,叙述对方的先进思想、先进事迹、好品德、好作风,热情赞扬对方的可贵精神以及产生的效果。

结尾,写上保安员表示敬意、感激的话语,如"表示衷心的感谢!""致以最诚挚的敬礼!"等。

署名及日期,结尾的下方,空两行,靠右边写感谢者(单位名称或个人姓名)。另起一行,在署名的下边写上年、月、日。

3. 慰问信

慰问信是以组织或个人的名义,向对方表示慰问所写的一种书信。慰问信能够体现组织的关怀和同志、亲朋之间的情谊,给人以继续前进的信心和力量。慰问信应用的范围较广,如致伤病员、前往执行特殊任务的人员、做出突出贡献的同志等。慰问信可以直接寄给被慰问者,也可张贴、登报、广播。

慰问信的内容,一般包括标题、开头、正文、结尾、署名及日期等部分。

标题,在纸张上方中间位置写上"慰问信"三字即可。

开头,另起一行,顶格写受慰问的单位名称或个人姓名称呼。写给个人的,可在姓名前冠以"亲爱的""敬爱的"等敬辞,姓名后加写"同志""先生"等字样,并加上冒号。

正文,另起一行,空两格,写慰问的内容,包括叙述背景、事由,以及对方的先进思想、高尚风格、可贵品质。然后,表示慰问或向他学习。

结尾,表示共同的愿望和决心。也可直接写祝愿、敬辞等话语。

署名及日期,结尾的下方,空两行,靠右边写明慰问者(单位名称或个人姓名)。日期(年、月、日)写在署名的下边。

(二) 记录类应用文

记录类应用文是把保安服务工作有关的情况及时真实地记录下来的一类保安应用文。按记录内容的不同,记录类应用文分为勤务检查记录、会议记录、值班记录、执勤记录、执勤日记、押运记录、巡逻记录、接报案件记录、现场保护记录、每日保安情况记录等。

1. 执勤记录

执勤记录是记录保安员每次执行勤务情况的文字材料,也是保安组织和客户单位检查、考核保安员工作情况以及处理有关事项的原始凭据之一。保安员的执勤时间,因不同单位、不同客户而异,执勤记录的名称也因此而不完全相同。每天多人轮流值班执行勤务的岗位,执勤记录又称为值班记录。一天一人执勤的岗位,执勤记录即为执勤日记或执勤日志。执勤方式方法不同,执勤记录的内容也有区别。门卫、守护、护送、巡逻执勤记录的内容一般分为文头、正文、文尾三部分。

文头,记录执勤的起止时间(班次)、执勤人员及带班人的姓名、执勤地点、天气情况。

正文,记录执勤期间遇到的问题、发生的事情、采取的措施和处置的结果。如果有尚未处理结束的事项,需要下一班执勤人员处理的,应在正文的最后加以注明。

文尾,执勤记录人签名。同时,执勤人员签名。

需要说明的是,巡逻勤务的执勤记录,必须在文头部分加写巡逻的路线和巡逻的频次等内容。护送勤务的执勤记录,必须在文头部分加写护送的对象情况(被护送人姓名、护送物资名称等)和护送路线等内容。

2. 武装押运记录

武装押运是保安勤务的一种特殊形式,有别于一般的保安勤务,其执勤记录的内容也有所不同,尤其是记写的情况必须具体、详尽。

文头,记写武装押运的货物名称、数量、体积,货主名称,押运起止时间,地点,客户单位随同押运的人员姓名、身份(职务),押运保安员姓名,保安服务公司(押运中心)名称。

正文,记写押运过程中的有关事项,包括押运路线名称(从起点路线开始,依照运行线路先后顺序来写),押运途中碰到的困难(交通拥堵、迷雾、雨雪等)和发生的问题(押运物资装载松动、掉落、丢失、损坏、盗抢等安全隐患、事故、案件)及其处置情况(采取的紧急措施和结果)等。

文尾,记写货物交接、货主签收情况,包括签单内容、签单人姓名、押运保安员签名、签署日期。

3. 接报案件(事故)记录

接报案件记录是保安员接到群众报告发生(发现)案件后,对报案人的陈述所作的文字记录,是保安员向公安机关报警的依据。一般情况下,保安员接到群众报案后,应当首先赶到案件现场,经过初步核实确认再报警,同时做好现场保护工作。

接报案件记录,要求做到真实、准确、详尽、完整。接报案件记录由文头、主体、文尾三部分组成。

文头部分,记写接报案件的时间、地点,报案人的基本情况(姓名、性别、住址、联系电话等),报案方式(电话或当面陈述),所报案件的性质(杀人、盗窃等案件的类别)。

主体部分,记写报案人获知案件的缘由(案件当事人、邻居、同事、途经案件现场等),案件发生的时间、地点,案件造成的危害(人员伤亡、财物损毁及其他),报案人与案件的关系(受害者、参与者、目击者),案件当事人、见证人、知情人和作案嫌疑人的情况等。

文尾部分,记写处理情况(报警,保护现场或者报告客户单位、保安服务组织)。接报案件的保安员签名。

接报治安灾害事故的写作方法和要求,与接报案件记录相同,区别在于记录的内容不一样。

4. 现场保护记录

现场保护记录是指保安员在保护现场过程中发现的情况以及所做工作的文字

记录。保护现场记录要求做到具体、详尽、不遗漏，特别是现场变动情况和抢险救灾情况，必须重点记写。

现场保护记录分为文头、主体、文尾三部分。

文头部分，记写发现现场的情况（发现人或报案人的姓名、身份、住址、电话，现场发现的经过），保护现场的人员情况（姓名、身份、电话），保护现场的起止时间和天气状况。

主体部分，记写现场的地理位置（地点、方位），到达现场时的情况（当时现场情况），保护现场采取的措施（保护范围划分、布置警戒人员的情况，痕迹、物证的保护方法），现场受破坏、变动情况及其原因（详尽记录破坏、变动的痕迹、物证名称、方位和破坏因素），救人排险情况（包括被救助人，救助方式、方法和经过，以及被排除险情的物资名称、数量等），对现场见证人、知情人、作案人、嫌疑人所做的工作和采取的措施等。

文尾部分，记写公安人员到达现场时间，主要勘查人员姓名、职务、单位，双方人员的交谈记录，保安员继续协助公安机关所做的工作，保安员撤离现场时间，现场保护人员签名，现场保护记录执笔人签名。

5. 每日保安情况

每日保安情况是客户单位或者多人轮流值勤的保安工作岗位每天保安服务活动情况的文字记录。每日保安一般每天一期（份），由保安组织的负责人（班组长、队长）综合整理一天保安服务工作情况而形成，是保安员服务的客户单位治安情况的重要记录，提供给有关领导参阅。

每日保安情况一般由标题、正文、文尾三部分组成。

标题，包括标题名称"每日保安情况"和标题下边的"期数""时间"。

正文，记写每天保安服务范围、区域内的治安情况。治安情况应当分门别类记写，如发生的案件（如盗窃、抢劫等）、发生的治安灾害事故（火灾、煤气泄漏、交通肇事等）、发生的安全隐患（使用明火违规、燃放鞭炮不安全、门窗未关闭等）、发生的其他治安情况（纠纷、打架、车辆乱停放、发现可疑人员等）。治安情况的每件事，都要记写清楚，表达要明白，措词要简要。

文尾，记写治安情况的处理结果或者处理意见，并由编写每日保安情况的保安员签名。

6. 勤务检查记录

勤务检查记录是保安组织的领导（班组长、队长、保安公司经理）检查保安员勤务中履行职责情况的文字记录，是考察保安员工作表现的重要依据之一。

勤务检查记录由勤务检查人员记写，一般分为文头、主体、文尾三部分。

文头，记写勤务检查的起止时间、参加检查的人员（姓名、身份）、检查的勤务名称及岗位地点、执勤人员（姓名、身份）。

主体,记写勤务检查方式方法(明察、暗访、抽查、普查、查看执勤资料、询问执勤人员、通过执勤点附近群众或者客户单位领导了解等)、检查内容(执勤记录、礼表仪容、工作业绩)及检查结果等情况。

文尾,记写勤务检查的总体评价(优缺点),勤务检查负责人签名。

7. 会议记录

会议记录是记写会议情况的一种文字材料,具有凭证和核查的作用,会议记录一般包括两个方面的内容:议事会议的组织情况;会议内容。会议记录由指定的参加会议人员记写。

会议记录由标题、文头、正文、文尾四个部分组成。

标题,一般在会议名称后面加上"记录"两字,如"保安队长会议记录"。

文头,记写会议组织情况(会议时间、地点,出席和缺席人员,主持会议者和记录人姓名等)。

正文,记写会议内容,包括会主持人的开场白,根据领导要求详记或摘记与会者的发言,会议作出的决定、决议、表决情况等。多项议程的会议,应当根据议程安排顺序,如实记录。

文尾,由会议主持人、记录人分别签名。

(三)其他应用文

保安员在日常工作和生活中,常常会接触到通知、报告、请示、工作总结和借条、领条、请假条等应用文,必须掌握其写作方法。

1. 通知

通知是传达上级机关的指示和要求下级部门办理、知道的有关事项,或者批转下级机关的公文,转发上级机关、同级机关、不相隶属机关的公文时所使用的一种公文。

通知一般由标题、正文、文尾三部分组成。

标题,可以是"通知"二字,也可以是事由加"通知",或者是发文机关加事由加"通知",如《关于召开年度工作总结会议的通知》《市保安公司关于设立技术防范部的通知》。如果是批转性、转发性通知,一般要在标题下边加一段"批语"(对批转文件的评价语)和"按语"(对转发文件的意见),并且说明批转、转发的目的、要求。

正文,一般包括通知目的、通知事项、执行要求等内容。

文尾,制发通知的单位名称和日期(年、月、日)。

2. 报告

报告是向上级机关汇报工作、反映情况、提出建议时使用的公文。报告是在事后或事件发展中形成的文字材料。报告大致可分为综合性报告和专题性报告两大类。

报告一般由标题、主报单位、正文、文尾四部分组成。

标题,由发文单位、发文事由、文种名称(报告)组成,也可以由发文事由和文种名称组成。

主报单位,标题下方,空一行,顶格写明"报告"主要送达单位名称。

正文,依次写明报告的缘由、目的,工作的成效(或问题),处理问题的措施和结果。有时,还要写明经验或教训,以及对今后工作的安排和打算。正文的最后,一般要另起一行,空两格写上"特此报告"。

文尾,正文的下方空两行,靠右边分两行写明发文单位名称和发文日期(年、月、日)。

如果报告的内容与主报单位以外的其他单位相关,需要让这些相关单位知晓的,则应当将这些单位作为"抄报(高一级的)单位""抄送(平级的)单位",在"发文日期"这一页的最下方空两格,写明这些单位的名称。

3. 请示

请示是向上级单位请求指示和批准时所使用的一种公文。请示的事项,是本单位在自己职权范围内无法解决的,或者是现行政策中无明确规定的,或者是虽有规定但因情况特殊需要做变通处理的事项。"请示"要求一事一请示,并要充分地陈述"请示"的原因(理由),明确要求上级单位批示或答复。切忌把几件事情放在一起请示。

请示的内容一般包括标题、主送单位、正文、署名和日期等部分。

标题,一般由请示的事由和文种名称(请示)组成。

主送单位,标题下方空一行,顶格写明"请示"主要报送单位名称(全称)。

正文,由引言、主体、结语三块内容组成。引言部分简明扼要地说明请示的原因,反映的问题或者困难。主体部分写明请示的具体问题,或者提出解决问题的方法和措施。一般的结语是"以上意见,当否,请指示"或"上述如无不当,请批准执行"。

署名和日期,正文的下方空两行,靠右边上下两行,分别写明发文单位的名称(全称)和发文日期(年、月、日)。

4. 工作总结

工作总结是单位或个人在一个阶段(时期)或者完成一项工作任务之后,对工作过程、工作得失的全面分析评价所形成的一种常用文体。工作总结的写作要求,因为工作对象和工作范围不同而区别较大。这里从初级、中级保安员写作需要的实际出发,只对一般性的保安员个人工作总结、班组工作总结的基本写作方法和要求进行阐述。

工作总结一般包括标题、正文、文尾三部分。

标题,由总结的工作时间(阶段)或者工作内容和文种名称组合而成,如"2013

年年度工作总结""关于博览会保安工作总结"。

正文,由前言(序言)、主体、结尾三部分内容组成。前言,提纲挈领地概述工作基本特征(工作取得的主要成绩及其原因)。主体,写明工作的具体做法及其成效、成功经验、存在问题。结尾,简要地表达今后工作的努力方向、改进措施。

文尾,正文下方空两格,靠右边分别写明工作总结的单位名称或者个人姓名和工作总结写作的日期(年、月、日)。

第三节 警情报告规范

警情是指保安员在执勤中遇到的一些与安全密切相关、需要警戒防备和处置的情况。警情报告是指执勤中的保安员向上级领导、有关单位报告警情的行为。其中,向公安机关、消防部门报告发生的案件、治安事件或者火灾、爆炸等治安灾害事故等警情,通常称之为"报警"。

通常情况下,警情报告采取口头报告的形式,保安员可使用对讲机、手机、固定电话等通讯工具报告警情。

一、警情报告的范围

警情报告的范围如下:
(1)需要支援处置力量的勤务事项。
(2)超出勤务职责和权限的事项。
(3)处置方法不明确、不清楚的勤务事项。
(4)勤务中突然发生的案件、事故等紧急情况(意外事件)。
(5)发现可疑人员、可疑情况等其他需要报告的勤务事项。

二、警情报告的要求

警情报告的要求如下:
1. 警情报告的时间要迅速及时

因为警情报告之目的是请示有关勤务事项,请求领导或有关部门给予处置方法的指示,或者提供处置力量的援助,所以,保安员应当在需要报告的勤务事项发生的第一时间进行报告,不得迟缓、拖延,耽误警情报告时间。这就要求保安员当机立断、沉着冷静,运用正确的方式方法报告警情。

2. 警情报告的程序要因情而异

不同内容的警情,决定了警情报告程序有所区别。总体上,警情报告程序分为普通程序和简易程序两种。

（1）普通程序。警情报告的普通程序是逐级报告警情，不可越级报告。即执勤保安员遇到警情时，向上一级保安班长（驻勤保安负责人）报告；保安班长解决不了的警情，向上一级保安大(中)队长报告。以此类推，报告到能够解决此警情的一级领导为止。适用普通程序报告的警情，是非紧急的一般警情。例如，报告处置方法不明确、不清楚的勤务事项；报告勤务中遇到的超过职权范围的勤务事项；等等。

（2）简易程序。警情报告的简易程序是直接报告警情。适用简易程序的警情报告，是紧急要求处置的警情。即执勤保安员遇到紧急警情时，直接向依法有权处置该警情的有关领导、有关部门、有关单位报告（不必逐级报告），以赢得处置警情的时间，有利于服务对象的安全。例如，服务区域内发生案件、治安灾害事故、意外治安事件时，直接报告警方；发现生命垂危需要紧急救护的伤(患)者时，直接拨打120求助；等等。

需要指出的是，执勤保安员采用简易程序直接向依法享有处置权的领导、部门、单位报告紧急警情后，还应向自己所在的服务单位、保安组织的有关领导报告警情，不能顾此失彼。而且，报警的同时应采取措施进行先期处置，如制止违法犯罪行为、保护案件现场、抢救现场受伤人员等等，以控制事态发展，减少危害后果。

3. 警情报告的对象要选择正确

保安员勤务中需要报告的警情类别较多，不同的警情应当向具有相应处置职权、职能的上级领导或有关部门报告，才能立即见效，达到报告目的。一般情况下，凡是涉及违法犯罪案件和交通事故等警情的事项，应当报告当地公安机关（电话"110"）和服务单位。情节轻微、没有后果、依法不需要处罚的单位职工违法，可以报告单位保卫组织予以教育，责令改正，下不为例。执勤中发生火灾、爆炸等治安灾害事故，应当报告公安机关消防部门（电话"119"）和服务单位。发生中毒和其他涉及人身安全需要救助的事项，应当报告医疗机构（电话"120"）和服务单位。服务区域的居民违反车辆停放、门卫制度、物业管理和环境卫生规定，拒不改正的，报告物业公司或业主委员会领导，环保事项也可报告当地环保部门。单位职工违反安全保卫、安全生产规章制度和危险物品管理规定的，报告单位保卫组织或者负责保卫工作的领导。客户单位与保安服务人员的勤务工作发生矛盾、产生纠纷，或者保安服务中出现差错时，应当报告保安员所属的保安服务公司领导。

4. 警情报告的方法要灵活机动

一般情况下，保安员使用随身携带的对讲机或者执勤岗位上的固定电话报告警情。如果没有通讯工具，保安员应借用附近的单位科室电话、商店的公用电话或者居民住宅电话报告警情，但要说明原因，征得对方同意，需要付费的应当支付。如果附近找不到可以借用的电话，情况紧急时，应当跑步前往报警；不能离开岗位的，应当大声呼喊，引来附近群众，求助他们报警并帮助抢险救灾或者制止不法行为。

5. 警情报告的内容要真实完整

无论报告何种内容的警情，保安员都应当实事求是，不掩盖、不歪曲事实真相，特别是涉及保安员存在某些不当行为或者负有一定责任的事项，必须如实报告，不隐瞒事实，不推卸责任。警情报告的内容要完整，一般要讲清警情的类别（性质）、发生时间、地点、原因、现状和报告的目的（请求）。

三、警情报告的注意事项

警情报告不但要符合规范要求，而且还要注意以下事项：

（1）警情报告应当使用普通话，口齿清楚，语速适中。报告内容简洁明了，要言不烦，不重复，不啰嗦。等到对方挂机后，保安员方可挂机。

（2）抢救受伤人员，扑灭灾害。报告的警情现场有人中毒、受伤，或者火灾、爆炸等灾情正在发展蔓延时，保安员应当在报警之后，迅速救人、扑灭灾害，以减轻其危害后果。

（3）警情发生地点位置偏僻，需要人民警察、消防队员、医务人员到达现场进行处置的，应当在报警后派出人员，在附近主要的交通道路上等待迎候。

（4）保护现场的痕迹、物证不被破坏。警情属于案件或者治安灾害事故、治安事件的，保安员应当采取有效措施保护现场，为公安机关和有关部门查明事实真相、依法处理提供方便。

（5）在警情报告、处置过程中，保安员应当注意安全服务区域的整体安全状况，不能顾此失彼，疏忽了其他部位、目标的保安措施，以致发生其他安全问题。

第四节 班务会和勤务检查

保安服务工作，教育是根本，管理是保证。保安员的素质高低和保安队伍的管理状况，直接影响到保安服务工作的质量。保安基层组织应当通过定期召开班务会和不断开展勤务检查等方法，提高保安队伍的整体素质和保安服务质量。

一、班务会

1. 班务会的组织

班务会由保安班长组织召开，每周不得少于一次，具体时间根据实际情况自行安排。班务会由全班队员共同参加，不得无故缺席、迟到或早退。班务会的内容，由班长或者指定专人负责记录在专用的记录本上。班务会召开情况应及时报告上一级领导。

2. 班务会的内容

班务会的内容如下：

(1) 学习保安业务知识、有关的法律法规和规章制度，进行思想教育。

(2) 总结勤务工作的成绩和经验，表扬先进。

(3) 分析勤务工作中存在的问题和不足之处，研究今后的改进措施。

(4) 剖析保安服务区域的治安形势，商讨保安对策。

(5) 布置下一阶段的保安工作任务。

3. 班务会的监督

保安班的上级保安组织，应当定期或不定期地监督保安班务会的组织实施情况，听取保安班长汇报，查看班务会记录本，收集保安班队员的情况反映，检查班务会的效果，从中发现班务会制度执行中的经验和问题，分别予以推广和纠正。

二、勤务检查

为了提高保安服务的质量和效率，保安组织不仅要开好班务会，组织队员学习专业知识，加强业务技能和体能培训，还应当建立、完善勤务检查制度，监督保安勤务的正常开展。

保安勤务检查工作，应当做到当值班长每日检查、保安队长定期检查、保安组织季度考核评级三者结合。

（一）当值班长每日检查的内容

1. 检查队员上岗情况

当值班长检查队员的上岗情况，主要是查看上岗人数，有无缺岗、漏岗队员；是否按规定着装，并佩戴好保安证件；保安执勤装备是否佩带齐全。当值班长应当做好检查的情况记录，发现问题及时纠正。

2. 检查执勤情况

当值班长检查保安队员执勤情况的主要内容是：有无擅离职守、违反工作纪律、违背职业道德等行为。发现问题应当及时纠正，表现好的应当予以表扬。检查勤务的情况，当值班长应当如实记录在专用的勤务检查记录本上。

3. 检查服务区域的治安情况

当值班长在勤务检查中应当检查保安服务区域有无被执勤的保安员忽视的安全隐患、防范漏洞。如有发现，应当向执勤人员指出，设法予以解决，并将有关情况记录在册。需要客户单位解决的问题，还应当及时告知，以确保服务区内的安全。

（二）保安队长定期检查的内容

队长是班长的上一级领导。对于保安班的勤务工作情况，队长不但要听取班长的汇报，而且应当定期（一周一次以上）检查保安班的勤务工作情况，直接监督下级保安员忠于职守，努力完成任务。

（1）认真查看勤务工作记录本，看记录内容是否详实，有无处置不当、弄虚作假的问题。

（2）查看交接班是否准时，有无履行规定的交接班手续。

（3）检查保安员在岗与否和履行职责情况。

（4）听取当值班长的执勤情况汇报，帮助解决保安勤务工作中存在的问题和困难。

（三）季度考核评级

每季度，保安组织应当对保安队、保安班的勤务和队伍情况进行一次综合考核评级活动。考核的内容应当包括保安业绩、遵纪守法、客户反映、勤务检查情况等。通过全面综合考核，评定优秀、良好、合格、不合格等级，据此进行赏罚，以促进保安队伍健康发展，提高保安服务的质量，推动保安服务业的规范化建设。

第五节 保安员队列训练

一、单个队列动作

1."立正"的动作要领

听到"立正"的口令后，保安员的两脚跟靠拢并齐，两脚尖向外分开约60度，两腿挺直，小腹微收，自然挺胸；上体正直，微向前倾；两肩要平，稍向后张；两臂下垂，自然伸直，手指并拢、自然微曲，拇指尖贴于食指第二节，中指贴于裤缝；头要正，颈要直，口要闭，下颌微收，两眼向前平视。

2."跨立"的动作要领

听到"跨立"的口令后，保安员的左脚向左跨出约一脚之长，两腿挺直；上体保持立正姿势，身体重心落于两脚之间；两手后背，左手握右手腕，拇指跟部与腰带下沿同高，右手指并拢自然弯曲，手心向后。

3."稍息"的动作要领

听到"稍息"的口令后，保安员的左脚顺着脚尖方向伸出约全脚的三分之二距离，两腿自然伸直；上体保持立正姿势，身体重心大部分落于右脚。

4."向左转"的动作要领

听到"向左——转"的口令后，保安员以左脚跟为轴，左脚跟与右脚掌前部同时用力，使身体协调一致向左转90度，体重落在左脚，右脚取捷径迅速靠拢左脚，成立正姿势。转动和靠脚时，两腿挺直，上体保持立正姿势。

5."向右转"的动作要领

听到"向右——转"的口令后，保安员以右脚跟为轴，右脚跟与左脚掌前部同时用力,使身体协调一致向右转90度,体重落在右脚,左脚取捷径迅速靠拢右脚,成立正姿势。转动和靠脚时两腿挺直,上体保持立正姿势。

6. "向后转"的动作要领

听到"向后——转"的口令后,保安员按照向右转的要领向后转180度。转动时,动作要快,两腿挺直,上体保持立正姿势。

7. "齐步走与立定"的动作要领

听到"齐步——走"的口令后,保安员的左脚向正前方迈出约75厘米,按照先脚跟、后脚掌的顺序着地;同时,身体重心前移,右脚照左脚的方法动作,上体正直,微向前倾;手指轻轻握拢,拇指贴于食指第二节;两臂前后自然摆动,向前摆臂时,肘部弯曲,小臂自然向里合,手心向内稍向下,拇指根部对正衣扣线,并与下方衣扣同高,离身体约25厘米;向后摆臂时,手臂自然伸直,手腕前侧距裤缝线约30厘米;齐步走的行进速度为每分钟116~122步。齐步走行进的要求是,姿态端正,臂腿协调,摆臂自然大方,定型定位,步速和步幅准确。

听到"立定"的口令后,保安员的左脚再向前大半步着地(约50厘米,脚尖向外约30度),两腿挺直,右脚取捷径迅速靠拢左脚,成立正姿势。

8. "正步走与立定"的动作要领

听到"正步——走"的口令后,保安员的左脚向正前方踢约75厘米(腿要绷直,脚尖下压,脚掌与地面平行,离地面约25厘米),适当用力,使全脚掌着地;同时,身体重心前移,右脚照左脚的方法动作;上体正直,微向前倾,手指轻轻握拢,拇指伸直贴于食指第二节;向前摆臂时,肘部弯曲,小臂略成水平,手心向内稍向下,手腕下沿,摆到高于最下方衣扣约10厘米,离身体约10厘米;向后摆臂时(左手心向右,右手心向左),手腕前侧距裤缝线约30厘米;正步走行进速度为每分钟110~116步。

听到"立定"的口令后,保安员的左脚再向前大半步着地(脚尖向外约30度),两腿挺直,右脚取捷径迅速靠拢左脚,成立正姿势。

9. "跑步与立定"的动作要领

听到"跑步"的预令时,保安员的两手迅速握拳(四指蜷握,拇指贴于食指第一关节和中指第二节),提到腰际,约与腰带同高,拳心向内,肘部稍向里合。听到"走"的动令后,保安员的上体微向前倾,两腿微弯;同时,左脚利用右脚掌的蹬力跃出约85厘米,前脚掌先着地,身体重心前移,右脚照左脚的方法动作;上体保持正直,两臂前后自然摆动;向前摆臂时,大臂略直,肘部贴于腰际,小臂略平,稍向里合,两拳内侧各距衣扣线约5厘米;向后摆臂时,拳贴于腰际。行进速度为每分钟170~180步。

听到"立定"的口令后,保安员再跑两步;然后,左脚向前大半步(两拳收腰际、停止摆动)着地,右脚靠拢左脚;同时,将手放下,成立正姿势。

跑步的要求是,第一步一定要跃出去,前脚掌着地。在整个跑步过程中,都不能全脚掌着地。立定时,要注意靠腿和放臂的一致性。

10. "踏步走"的动作要领

听到"踏步——走"口令后,保安员两脚在原地上下起落。抬起时,脚尖自然下垂,离地面约15厘米;落下时,前脚掌先着地。上体保持正直,两臂按齐步摆臂的要领摆动。

听到"前进"的口令后,保安员继续踏两步,再换成齐步或跑步行进。

11. 步法变换动作要领

步法变换,都是从左脚开始。齐步与正步互换,听到口令后,保安员就按口令变换为正步或齐步行进。齐步换跑步,听到预令后,保安员两手迅速握拳提到腰际,两臂前后自然摆动。听到动令后,即换为跑步行进。跑步换齐步,听到口令后,保安员继续跑两步。然后,换成齐步行进。

12. "齐步向右(左)转"动作要领

听到"向右(左)转——走"口令后,保安员在左(右)脚向前半步,脚尖向右(左)约45度,身体向右(左)转90度时,左(右)脚不转动;同时,出右(左)脚按原步法向新的方向行进。

13. "跑步向右(左)转"动作要领

听到"向右(左)转——走"口令后,保安员的左(右)脚向前半步,继续跑两步,再向前半步。脚尖向右(左)约45度,身体向右(左)转90度时,左(右)脚不转动;同时,出右(左)脚按原步法向新的方向行进。

14. "齐步向后转"动作要领

听到"向后转——走"口令后,保安员的左脚向右脚前迈出约半步,脚尖向右约45度,以两脚的前脚掌为轴,向后转180度,出左脚按原步法向新方向行进。

15. "跑步向后转"动作要领

听到"向后转——走"口令后,保安员的左脚先向右脚前迈出约半步,后继续跑两步,再向前半步。脚尖向右约45度,以两脚的前脚掌为轴,向后转180度,出左脚按原步法向新方向行进。

16. "脱帽""戴帽"的动作要领

听到"脱帽"或"戴帽"口令后,保安员双手捏住帽檐或帽前端两侧,将帽子迅速取下或戴正。帽子取下后,置于左下臂,帽徽向前,掌心向上,四指扶帽檐或帽前端中央处,小臂略成水平状。

17. "坐下"动作要领

听到"坐下"口令后,保安员先将左小腿置于右小腿后交叉,然后迅速坐下,两手自然放左膝上,上体保持正直。

18. "蹲下"动作要领

听到"蹲下"口令后,保安员先将右脚后退半步,然后迅速蹲下,臀部坐左右脚跟上,膝盖不着地,两手自然放在两膝上,上体保持正直。蹲下时间过久,可以自行换脚。

19. "起立"动作要领

听到"起立"口令后,保安员全身协力迅速起立,成立正姿势。动作要求敏捷,一气呵成。

二、分队的队列动作

1. 小队的队形

10 人左右小队的基本队形,分为横队和纵队。根据需要,小队可形成二列横队或二路纵队。队列人员之间的距离间隔约 10 厘米。

2. 中队的队形

三四十人左右中队的基本队列,分为横队和纵队。中队横队,由各小队的横队依次向后排列组成。中队的纵队,由各小队的纵队依次向右并列组成。中队长的队列位置,横队时,在第一小队的队长右侧,纵队时,在队列中央前。

3. 集合动作要求

集合是使单个队员或小队、中队,按规范队形聚集起来的一种队列动作。集合时,指挥员应当先发出预警或信号,如"全体注意"。然后,站在预定队形的中央前,面向预定队形成立正态势,下达口令"成一列横队(或二列横队,或一路纵队、二路纵队)集合"。如果是中队集合,则下达口令"成中队横队(或中队纵队)集合"。所属保安员听到指挥员的预告或信号后,应当原地向指挥员成立正姿势;听到口令后,跑步到指定位置,面向指挥员集合,自行对正、看齐,成立正姿势。

小队集合时,保安员听到"成小队横队(或二列横队)——集合"口令后,基准队员迅速跑到小队长左前方适当位置,成立正姿势;其他保安员以基准队员为准,依次向左排列,自行看齐。成小队二列横队时,单数队员在前,双数队员在后。如果保安员听到的口令是"成小队纵队(或二路纵队)——集合",基准队员迅速跑到小队长前方适当位置,成立正姿势;其他队员以基准队员为准,依次向后排列,自行对正。成小队二路纵队时,单数队员在左,双数队员在右。

中队集合时,保安员听到"成中队横队——集合"的口令后,基准队员在指挥员前方适当位置,成小队横队迅速站好;其他小队成小队横队,以基准小队为准,依次向后排列,自行对正、看齐。保安员如果听到的口令是"成中队纵队——集合",那么,基准队员在指挥员右前方适当位置,成小队纵队迅速站好;其他小队成小队纵队,以基准小队为准,依次向右排列,自行对正、看齐。

4. "向右(左)看齐"动作要领

保安员听到"向右(左)看齐"口令后,基准队员不动,其他队员向右(左)转头,眼睛看向右(左)邻队员的腮部,前四名能够通视基准队员;自第五名队员起,以能够通视到本人以右(左)第三人为度。后列队员,先向前对正,后向右(左)看齐。最后,听到"向前——看"的口令时,迅速将头转正,恢复立正姿势。

5."向中看齐"动作要领

当指挥员"以某同志为准"时,基准队员应回答"到",同时,左手握拳高举,大臂前伸与肩略平,小臂垂直举起,拳心向右。听到"向中看——齐"口令后,迅速将手放下。其他队员按照向右(左)看齐动作要领实施。最后,听到"向前——看"的口令时,迅速将头转正,恢复立正姿势。

6."报数"的动作要领

听到"报数"口令后,保安队员横队从右至左(纵队由前到后),依次以短促洪亮的声音转头(纵队向左转头)报数。最后一名不转头。

7."单个队员出列、入列"动作要领

听到"某同志(或第×名)出列"口令后,该同志(出列队员)应当回答"是"。然后,走到指挥员右侧前适当位置或指定位置,面向指挥员成立正姿势。如果该同志(出列队员)在中列(路)时,后(左)列(左路)同序号的队员应当向右后跨出一步(左后退一步)让出缺口,等到该同志出列后,再恢复原位。如果该同志(出列队员)位于最后一列,出列时先退一步,再按上述规定动作。

队员听到"入列"口令后,应回答"是"。然后,按出列的相反动作回到队列中去。

8."小队出列、入列"动作要领

听到"第×小队出列"或"入列"的口令后,由出、入列小队的指挥员回答"是",并用口令指挥本小队,按本队有关规定,以纵队形式出列或入列。

9.方向变换动作要领

(1)横队和并列纵队方向变换,分停止间和行进间两种情形,其口令分别是:"左(右)转弯,齐步——走",或"左(右)后转弯,齐步——走";"左(右)转弯——走",或"左(右)后转弯——走"。

一列横队方向变换的动作要领:轴翼队员踏步,并逐渐向左(右)转动,与相邻队员动作要协调;外翼第一名队员,以大步行进,并逐步变换方向;其他队员用眼睛的余光向外翼取齐,越接近轴翼者,其步幅越小,并保持规定的间隔距离和排面整齐,转到90度时,踏步并取齐,听口令前进或停止。

数列横队和并列纵队方向变换的动作要领:第一列轴翼队员停止间用踏步,行进间用小步;外翼队员用大步行进,保持排面整齐,边行进边变换方向,转到90度或180度,听口令前进或停止;后续各列按上述要领保持间隔距离,取捷径进到前一列转弯处,转向新方向跟进。

(2)纵队方向变换,分停止间和行进间两种情形,其口令分别是:"左(右)转弯,齐步——走",或者"左(右)后转弯,齐步——走";"左(右)转弯——走",或者

"左(右)后转弯——走"。

一路纵队方向变换的动作要领是,基准队员在左(右)转弯时,按单个队员行进间转法要领实施;在左(右)后转弯时,用小步边行进边变换方向,转到90度到180度后,照直前进;其他队员逐次进到基准队员的转弯处,转向新方向跟进。

数路纵队方向变换的动作要领,与数列横队和并列纵队方向变换的动作要领相同。

三、敬礼的动作

1. 举手礼的动作要领

听到"敬礼"口令后,保安队员应当上体正直,右手取捷径迅速抬起,五指并拢,自然伸直,中指微接帽檐右角前约2厘米处(戴无檐帽时,微接太阳穴上方帽墙下沿),手心向下,微向外张(约20度),手腕不得弯曲,右大臂略平,与两肩成一线。同时,注视受礼者。"礼毕"口令后,迅速将手放下。

2. 注目礼的动作要领

听到"敬礼"口令后,保安队员应当面向受礼者,成立正姿势。同时,注视受礼者,并且,目迎目送(左、右转头角度不超过45度)。"礼毕"口令下达后,将头转正。

3. 单个队员敬礼的动作要领

在距离受礼者5～7步处,行举手礼或注目礼。停止间,敬礼队员应当面向受礼者立正,行举手礼,待受礼者还礼后,礼毕。行进间(跑步时换齐步),敬礼队员应当转头向受礼者行举手礼(手不随头移动),并继续行进,左臂仍自动摆动,待受礼者还礼后,礼毕。

4. 小队、中队敬礼的动作要领

停止间敬礼是当领导走到距本小队(中队)适当距离时,指挥员下达"立正"口令,跑步到领导面前5～7步处敬礼。礼毕,向领导报告本小队正在进行的活动内容。结尾处,应当是:"报告完毕,请指示,小队长某某"。领导指示后,应回答"是",再敬礼。礼毕后,跑步回到原来位置,下达"稍息"口令或者继续进行操练。

行进间敬礼,由带队指挥员按单个队员行进间敬礼的规定动作,队列人员照原步法行进。

本章保安员证考核要求

一般了解内容

现场保护的含义、任务、方法;警情报告的规范要求。

保安应用文写作常识;各种队列、敬礼动作要领。

参考文献

1. 李晓明著:《中国保安学》,警官教育出版社1998年修订版。
2. 马维亚主编:《国家保安员资格考试培训教材》,中国劳动社会保障出版社2010年版。
3. 房余龙著:《保安服务业监督管理工作规范化实务》中国人民公安大学出版社2012年版。
4. 房余龙著:《治安联防业务教材》,群众出版社1998年版。
5. 国务院法制办公室编:《中华人民共和国常用法律法规全书》,中国法制出版社2009年版。
6. 石兴源、房彦慧主编:《新编保安培训教程》,中国人民公安大学出版社2008年版。
7. 公安部治安局、中国保安协会编:《保安员培训教程》,警官教育出版社1998年版。
8. 王晓思主编:《保安服务业概论》,高等教育出版社1999年版。
9. 王梅主编:《中国保安实用手册》,原子能出版社2004年版。
10. 宋建国主编:《保安实用教程》,中国人民公安大学出版社1999年版。
11. 刘家瑞主编:《中国保安必备》,群众出版社2002年版。
12. 张弘主编:《保安培训教程》,中国人民公安大学出版社2008年版。
13. 冯雪主编:《保安员职业素养教程》,电子工业出版社2009年版。
14. 蒋龙元、张月华编:《意外伤害的自救与互救》,科技文献出版社2009年版。
15. 陈龙等主编:《智能建筑安全防范系统及应用》,机械工业出版社2007年版。
16. 杜振高等主编:《徒手制暴技术》,北京体育大学出版社1997年版。
17. 文超主编:《田径运动高级教程》,人民教育出版社2002年版。

附 录

附录1 江苏省初级保安员职业技能鉴定指南

根据国务院颁布的《保安服务管理条例》和公安部制定的《公安机关实施保安服务管理条例办法》,以及江苏省公安厅、江苏省人社厅联合发出的《关于开展保安员职业技能鉴定工作的通知》规定,为帮助符合条件的人员参加初级保安员职业技能鉴定,特制订本鉴定指南。

一、鉴定对象

初级保安员职业技能鉴定对象是通过国家保安员资格考试、取得公安机关颁发的保安员证,正在从事或者准备从事保安职业的人员。

二、鉴定方式

初级保安员职业技能鉴定方式,一般分为理论知识考试和操作技能考核。理论知识考试和操作技能考核均实行百分制,成绩达60分以上者为合格。取得保安员证的考生,3年内理论知识考试免试。

初级保安员操作技能考核采用上机考试方式进行,统一使用全美测评软件系统(北京)有限公司(即ATA公司)的智能化高新平台进行考核。

三、考核内容

江苏省初级保安员职业技能鉴定的考核内容,来源于房余龙、李晓明主编的苏州大学出版社出版的《保安员资格考试培训教程(初级、中级)》。具体考核内容如下:

(一)保安出入口守卫(门卫)服务

1. 上岗执勤前的准备工作。

2. 交接班规定办理的事项。
3. 履行门卫职责的工作方法。
4. 执勤中的姿势、语言、精神状态要求。
5. 查验、登记出入服务单位人员的身份证件。
6. 对拒不接受身份证件查验的和无身份证件的人员处置。
7. 出入服务单位的车辆、货物的查验、登记。
8. 出入口交通拥堵的疏导。
9. 携带可疑物品人员的处置。
10. 车辆闯岗和服务单位内发生案件的应对。
11. 执勤岗位的照明灯具突然熄灭的对策。

（二）保安守护服务

1. 守护目标部位的职责、任务。
2. 出入目标部位人员身份证件的查验。
3. 控制出入目标部位人员、车辆的方法及要求。
4. 目标部位巡回检查的要求及纠纷处置。
5. 流动岗和固定岗的执勤要求。
6. 监控设备与应急设备的含义。
7. 影响目标部位安全的人的因素。
8. 仓库财物失窃后的处置。
9. 保安武装守护的重点防守与严密控制。

（三）保安区域巡逻

1. 巡逻勤务的交接班工作。
2. 维护巡逻区域秩序的方式。
3. 区域巡逻的重要部位及守护方法。
4. 巡逻勤务中处置情况的记录。
5. 往返巡逻时的安全检查。
6. 巡逻中的可疑情况。
7. 可疑对象的盘查。
8. 居民小区夜间巡逻的职责。
9. 楼宇巡逻中的重点巡视。
10. 抓获作案人的处置。

（四）人员密集场所的保安服务

1. 维护人员密集场所秩序的方式。
2. 人员密集场所的安全检查。

3. 不遵守公共秩序的人员处置。
4. 扰乱公共秩序的人员处置。
5. 紧急情况下的人群疏导。
6. 人群控制的紧急措施。
7. 设置隔离区的方式。
8. 临时隔离区的设置。
9. 秩序混乱时的人群疏导。
10. 人群疏导时的违规对象处置。

（五）保安押运服务
1. 押运任务实施前的准备工作。
2. 押运车辆的安全检查。
3. 押运方案制订目的及内容。
4. 途中临时停车的警戒。
5. 押运物品的途中安全检查。
6. 防暴枪支故障的处置。
7. 押运车故障的维修。
8. 押运车抵达目的地后的安全保卫。

（六）保安护送服务
1. 领受任务后的准备工作。
2. 护送途中的禁止性行为。
3. 护送过程中异常情况的处置。

（七）执勤中的火灾处置
1. 火灾类别的判定。
2. 发现火灾的处置程序。
3. 不同火灾的报警内容及注意事项的差异。
4. 扑救不同火灾的方法选择。
5. 扑救不同火灾的灭火器具的选用。
6. 扑救火灾的原则。

（八）现场紧急救助
1. 检查伤(患)者清醒程度和有无呼吸的方法。
2. 拨打急救电话 120 报警。
3. 实施心肺复苏术的步骤。
4. 人工呼吸方法。
5. 实施胸外心脏按压的方法。

(九) 道路交通安全

1. 道路交通信号灯的识别。
2. 道路交通标志的识别。
3. 机动车载物违章的识别。
4. 机动车会车规则的执行。
5. 机动车临时停车管理。

(十) 保安技术防范

1. 监控中心求助事项的处置。
2. 楼宇对讲电控系统紧急报警的处置。
3. 视频监控异常情况的处置。
4. 火灾报警监控的警报处置。
5. 安全技术防范的常用术语解读。

(十一) 保安员的攻防技能

1. 擒拿格斗的正架姿势动作。
2. 擒拿格斗的反架姿势动作。
3. 擒拿格斗的整体姿势要求。

(十二) 保安装备使用

1. 保安器具的类别及性能。
2. 对讲机的使用。
3. 橡皮棍的使用。
4. 强光电筒的使用。

四、试题精选

初级保安员职业技能考核的题型,均为案例式单项选择题。即考生在仔细阅读试卷上的案例后,回答针对该案例设定的几个问题;而每个问题都设定2－5个选项,其中只有一个选项是正确的答案。

[试题举例]

案例:保安员王周和调到太仓电动工具厂的大门口从事门卫工作。上班前的一段时间内,他做了充分的准备工作,不仅认真地学习了服务单位出入口守卫方案的内容,而且,熟记了服务单位内部制订的有关安全方面的规章制度,了解了服务单位使用的各种出入证件和有关车辆的颜色、车型和号牌等情况,掌握了服务单位出入口区域内的安全防范措施、安全设施使用方法及注意事项等。

第一天上岗时,王周和按照保安服务礼仪的要求着装,精神抖擞地来到工厂的值班室执勤。办完交接班手续后不久,王周和接待了一位外单位来工厂联系生产业务的人。他首先仔细地查看了对方出示的工作证的封面、主页内容、有效期限，并把持证人的面部特征与工作证上的照片作了核对，均未见异常。王周和又询问来人具体联系业务的内容和部门，也没有可疑之处。于是，王周和登记了外单位来人的信息后，就准予放行。

这天下午一时许，一位王周和的老熟人来到了太仓电动工具厂。他自称是来找营销科长于梅联系采购电动工具产品业务的，工作证和居民身份证都没有带在身上，要王周和提供方便，准予放行。王周和心里很矛盾，放行吧，违反了保安工作规定；不放行吧，又伤了老朋友的感情，觉得左右为难。

就在这天快下岗的时候，王周和突然接到厂安保科科长李东先来电，说是刚才厂内成品车间发生了盗窃案件，一件价值5000多元的电动工具不翼而飞，要求门卫保安员王周和加倍提高警惕，从严控制进出人员，堵截作案的歹徒。

请仔细阅读本案例，回答1—5题。

1. 王周和在上班前一段时间所做的各项准备工作中，漏掉的一项是（　　）

A. 熟悉服务单位领导及相关人员情况

B. 熟悉服务单位重要部位的情况

C. 了解服务单位生产经营情况

D. 了解服务单位周边地区的治安状况

正确答案：A

2. 保安服饰礼仪规定的要求是（　　）

A. 保安员在公开执勤期间，必须穿着全国保安服务行业协会推荐式样的保安服装

B. 按照不同季节配套穿着保安制服，不同制式的保安服不得混穿

C. 着装时，规范缀订、佩戴保安服务标志，不得佩戴与保安员身份无关的其他标志

D. 以上三项内容

正确答案：D

3. 王周和查验外单位来人身份证件时的做法不严密，还应当（　　）

A. 查看外单位来人的居民身份证

B. 查看外单位来人出示的工作证与其居民身份证相关事项是否一致

C. 查看工作证上的印鉴与签发单位名称是否一致

D. 查看该人工作证上的年龄与其职位是否相称

正确答案：C

4. 王周和面对这位不能出示身份证件的来访熟人，你认为正确的处置方法是（　　）

A. 问明熟人现在工作单位后放行

B. 电话询问营销科长于梅的意见
C. 坚持原则,拒绝放行
D. 相信熟人,准予放行
正确答案:B
5. 王周和接到安保科长李东先的电话后采取的下列措施中,不当的行为是( )
A. 加强对出厂人员的观察,注意从中发现可疑的作案人
B. 盘查离厂而去的陌生人,不放过点滴疑点
C. 在外出人员的理解和配合下,查看他们携带的物品
D. 亲自打开出厂车辆的后备箱查看,努力寻找赃物
正确答案:D

附录2　江苏省中级保安员理论知识鉴定要素细目表

鉴定范围						鉴定知识点		重要程度
一级目录		二级目录		三级目录				
名称	鉴定比重%	名称代码重要程度比例	鉴定比重%	名称代码重要程度比例	鉴定比重%	代码	名称	
基本要求 A 51：18：17	35	职业道德 A 04：01：02	5	基本常识 A 02：01：00	3	001	职业道德的概念	Y
						002	保安员职业道德的作用	X
						003	保安员职业道德的内容	X
				职业守则 B 01：00：01	1	001	职业守则的概念	Z
						002	保安员职业守则的内容	X
				工作纪律 C 01：00：01	1	001	工作纪律的概念	Z
						002	保安员工作纪律的内容	X
		基础知识 B 45：17：15	30	基础理论 A 11：03：05	8	001	保安服务业的产生与发展	Z
						002	保安服务的概念	Y
						003	保安服务的内容	X
						004	保安服务的特点	X
						005	保安服务的任务	X
						006	保安服务组织的类型	Y
						007	保安从业单位的条件	Y
						008	保安从业单位的类型	Z
						009	保安从业单位的职责	X
						010	保安员履行职责任务的主要措施	X
						011	保安员的专业技能概念	X
						012	保安员的职业能力及职业知识概念	X
						013	保安员的权利	X

续表

鉴定范围						鉴定知识点		重要程度
一级目录		二级目录		三级目录				
名称	鉴定比重%	名称代码重要程度比例	鉴定比重%	名称代码重要程度比例	鉴定比重%	代码	名称	
基本要求 A 51：18：17	35	基础知识 B 45：17：15	30	基础理论 A 11：03：05	8	014	保安员的义务	X
						015	保安员的禁止性行为	X
						016	保安员的行为规范	X
						017	保安员的礼仪规范	Z
						018	保安员的装备配备	Z
						019	保安员的服装标志	Z
				专业基础 B 16：07：05	12	001	火灾的基本知识	Y
						002	火灾的预防	X
						003	火灾的扑救	X
						004	常用的灭火器材	X
						005	消防控制室值班的要求	X
						006	安全疏散的要领	Y
						007	现场保护的概念	Z
						008	保护现场的任务	Y
						009	现场紧急救助	Y
						010	现场紧急救助的基本原则	X
						011	对伤(患)者生命状况检查的方法	X
						012	心肺复苏的方法	X
						013	止血的方法	X
						014	保安勤务中的自我保护	Z
						015	道路交通安全设施名称	Y
						016	道路交通安全通行的规定	X
						017	道路临时停车管理的规定	Y
						018	物业小区停车场管理要求	Z

续表

鉴定范围						鉴定知识点		
一级目录		二级目录		三级目录		代码	名称	重要程度
名称	鉴定比重%	名称代码重要程度比例	鉴定比重%	名称代码重要程度比例	鉴定比重%			
基本要求 A 51:18:17	35	基础知识 B 45:17:15	30	专业基础 B 16:07:05	12	019	防卫术的概念	Z
						020	防夺凶器的要领	Y
						021	徒手带离的要领	Z
						022	计算机开关知识	X
						023	警情报告的范围及要求	X
						024	警情报告的注意事项	X
						025	勤务检查的工作方法	X
						026	勤务检查的内容	X
						027	召开班务会的要求	X
						028	队列训练的动作	X
				相关法律法规 C 18:07:05	10	001	法的基本知识	X
						002	公民的基本权利	X
						003	公民的基本义务	X
						004	刑法及正当防卫的概念	Y
						005	妨害公务罪	X
						006	非法拘禁罪	X
						007	故意伤害罪	Z
						008	刑事诉讼的程序	Y
						009	刑事强制措施	Z
						010	《信访条例》的信访事项规定	X
						011	民用爆炸物品安全管理的概念	X
						012	违反治安管理的行为及种类	X

续表

鉴定范围						鉴定知识点		重要程度
一级目录		二级目录		三级目录		代码	名称	
名称	鉴定比重%	名称代码重要程度比例	鉴定比重%	名称代码重要程度比例	鉴定比重%			
基本要求 A 51∶18∶17	35	基础知识 B 45∶17∶15	30	相关法律法规 C 18∶07∶05	10	013	单位内部治安保卫工作方针	Y
						014	单位内部治安保卫人员职责	Y
						015	劳动者的权利和义务	X
						016	劳动合同的定义及内容	X
						017	劳动争议的处理方法	X
						018	《保安服务管理条例》的出台目的	Z
						019	不可担任保安员的情形	Y
						020	保安员和保安从业单位的法律责任	X
						021	专职守护押运人员依法用枪的规定	X
						022	《物业管理条例》的概念	Z
						023	物业服务企业的安全管理责任	X
						024	大型群众性活动的定义	Y
						025	大型群众性活动承办者的安全责任	X
						026	参加大型群众性活动人员的义务	Y
						027	娱乐场所安全管理要求	X
						028	娱乐场所内禁止的活动	X
						029	管制刀具的类别	Z
						030	公安部对管制刀具管理的规定	X

续表

鉴定范围						鉴定知识点		重要程度
一级目录		二级目录		三级目录		代码	名称	
名称	鉴定比重%	名称代码重要程度比例	鉴定比重%	名称代码重要程度比例	鉴定比重%			
相关知识要求 B 107：25：01	65	守护 A 11：02：00	8	出入口守卫 A 06：02：00	4	001	出入口守卫的岗位类型	Y
						002	出入口守卫的程序和要求	X
						003	出入口守卫的主要方法	X
						004	出入人员通常使用的证件类型	Y
						005	查验出入人员证件的方法	X
						006	门卫登记的要求	X
						007	门卫疏导的方法	X
						008	门卫处置紧急情况的方法	X
				目标部位守护 B 05：00：00	4	001	目标部位守护的形式	X
						002	保安守护的岗位要求	X
						003	目标部位的安全防范	X
						004	目标部位守护的程序和要求	X
						005	目标部位紧急情况处置的方法	X
		巡逻 B 13：04：00	8	公共区域巡逻 A 07：02：00	4	001	人员聚集场所巡逻的任务	X
						002	人员聚集场所可疑情况的概念	Y
						003	人员聚集场所可疑情况的识别方法	X
						004	扰乱人员聚集场所公共秩序行为的处置	X
						005	人员聚集场所巡逻区域警戒的方法	X
						006	人员聚集场所隔离区的设置	X
						007	人群控制的方法	X
						008	人群疏导的措施	X
						009	秩序维护的手段	Y

续表

鉴定范围						鉴定知识点		
一级目录		二级目录		三级目录		代码	名称	重要程度
名称	鉴定比重%	名称代码重要程度比例	鉴定比重%	名称代码重要程度比例	鉴定比重%			
相关知识要求 B 107：25：01	65	巡逻 B 13：04：00	8	非公共区域巡逻 B 06：02：00	4	001	区域巡逻的任务	Y
						002	区域巡逻的程序和要求	X
						003	区域巡逻交接班记录的要求	Y
						004	区域巡逻的方式和路线	X
						005	区域巡逻情况记载的方法	X
						006	异常人员的识别和处置	X
						007	异常物品的识别和处置	X
						008	异常现象的识别和处置	X
		安全检查 C 20：06：00	8	人员检查 A 05：03：00	5	001	安全检查的概念	Y
						002	安全检查的职业道德	Y
						003	安全检查的礼仪	X
						004	安全检查的程序	X
						005	安全检查的要求	X
						006	常用便携式安全检查仪器的功能	Y
						007	常用便携式安全检查仪器的使用方法	X
						008	安全检查记录的填写规范	X
				物品检查 B 08：01：00	5	001	违禁品、危险品、限带品的概念	Y
						002	违禁品、危险品、限带品辨识的基本方法	X
						003	物品检查的基本程序	X
						004	常用安全检查设备的使用方法	X
						005	使用安全检查设备的注意事项	X
						006	物品、箱包检查的方法和要求	X
						007	安全检查中异常情况的处置原则和方法	X
						008	安全检查现场秩序维护及处置方法	X
						009	易燃易爆等危险物品的处置要求	X

续表

鉴定范围						鉴定知识点		重要程度
一级目录		二级目录		三级目录		代码	名称	
名称	鉴定比重%	名称代码重要程度比例	鉴定比重%	名称代码重要程度比例	鉴定比重%			
相关知识要求 B 107：25：01	65	安全检查 C 20：06：00	8	车辆检查 C 07：02：00	5	001	车辆安全检查的程序	Y
						002	车辆安全检查的方法	X
						003	徒手检查车辆的程序	Y
						004	徒手检查车辆的方法	X
						005	常用车辆检查设备的使用方法	X
						006	使用车辆检查设备的注意事项	X
						007	车辆底部易被藏匿禁带物的辨识方法	X
						008	车辆安全检查中异常情况的处置方法	X
						009	安全检查异常情况汇报	X
		武装守押 D 24：05：01	15	武装押运 A 16：03：01	10	001	保安押运的对象	Y
						002	保安押运的任务	X
						003	保安押运的类型	Y
						004	保安押运的特点	X
						005	武装押运的对象	X
						006	押运任务实施前的准备工作	X
						007	实施押运任务的要点	X
						008	押运车司机的不安全行为	X
						009	押运车应当防止的不安全行为	X
						010	武装押运人员应当防止的不安全行为	X
						011	武装押运人员的配置	X
						012	武装押运车停靠位置	Y
						013	武装押运交接时的哨位	X

续表

鉴定范围						鉴定知识点		重要程度
一级目录		二级目录		三级目录		代码	名称	
名称	鉴定比重%	名称代码重要程度比例	鉴定比重%	名称代码重要程度比例	鉴定比重%			
相关知识要求 B 107：25：01	65	武装守押 D 24：05：01	15	武装押运 A 16：03：01	10	014	易燃、易爆、腐蚀等危险品押运的注意事项	Z
						015	制止盗窃、抢劫不法侵害的处置方法	X
						016	武装押运中枪支的使用	X
						017	武装押运中发生交通事故的处置方法	X
						018	武装押运中发生可疑情况的处置方法	X
						019	武装押运中发生火灾、爆炸的处置方法	X
						020	武装押运中发生有毒气体泄漏、押运车辆故障等紧急情况的处置方法	X
				武装守护 B 08：02：00	5	001	武装守护的概念	X
						002	武装守护的主体	X
						003	常见武装守护的客体	Y
						004	武装守护实施前的准备工作	X
						005	武装守护的日常工作要点	X
						006	武装守护目标的特点	X
						007	武装守护的原则	X
						008	武装守护的任务	X
						009	武装守护安全检查的内容	Y
						010	武装守护紧急情况处置原则	X

续表

鉴定范围						鉴定知识点		重要程度
一级目录名称	鉴定比重%	二级目录名称代码重要程度比例	鉴定比重%	三级目录名称代码重要程度比例	鉴定比重%	代码	名称	
相关知识要求 B 107:25:01	65	随身护卫 E 13:02:00	7	任务准备 A 06:01:00	3	001	保安随身护卫的概念	X
						002	保安随身护卫的特点	X
						003	保安随身护卫的对象	X
						004	保安随身护卫的岗位要求	X
						005	随身护卫任务的准备	Y
						006	随身护卫安全基本信息的采集	X
						007	护卫勤务中常见风险隐患的类型	X
				任务执行 B 07:01:00	4	001	随身护卫的方法	X
						002	随身护卫实施的步骤	X
						003	随身护卫的安全措施	X
						004	护卫勤务风险隐患排查的基本方法	X
						005	随身护卫紧急情况的报告	Y
						006	护卫对象遭遇歹徒行凶、抢劫时的处置	X
						007	护卫对象遭遇追星族追逐围观时的处置	X
						008	护卫对象工作、生活场所紧急情况处置	X
		技术防范 F 27:05:00	12	设备使用 A 23:03:00	9	001	安全技术防范的概念	X
						002	安全技术防范系统的组成	X
						003	入侵报警系统的组成	X
						004	入侵报警系统前端探测器的常见安装方式	Y
						005	视频监控系统的类型	X
						006	视频监控系统的特点	X
						007	视频监控系统的组成	X
						008	视频安全防范监控系统结构的分类	X
						009	视频安全防范监控系统前端视频设备的常见安装形式	Y

续表

鉴定范围						鉴定知识点		重要程度
一级目录		二级目录		三级目录		代码	名称	
名称	鉴定比重%	名称代码重要程度比例	鉴定比重%	名称代码重要程度比例	鉴定比重%			
相关知识要求 B 107：25：01	65	技术防范 F 27：05：00	12	设备使用 A 23：03：00	9	010	出入口控制系统的概念	X
						011	出入口控制系统的构成	X
						012	出入口控制系统识读装置的种类	X
						013	入侵报警系统的结构形式	X
						014	电子巡查系统的分类	X
						015	离线式电子巡查系统的组成	X
						016	在线式电子巡查系统的组成	X
						017	监控中心安装的主要设备有哪些	X
						018	全球定位系统的组成	X
						019	火灾自动报警系统的组成部分	X
						020	火灾探测器的种类	X
						021	楼宇对讲系统的类别	X
						022	楼宇对讲系统的组成	X
						023	停车场管理系统的设施	X
						024	停车场管理系统的组成部分	X
						025	防爆安全检查的设备	X
						026	安全防范系统维修维护中常用的仪器仪表	Y
				设备维护 B 04：02：00	3	001	前端入侵探测设备的清洁方法	X
						002	安全防范系统维护工作的主要内容	X
						003	视频安全防范监控系统的运行维护内容	X
						004	云台的维护方法	X
						005	常用维修仪表工具的使用方法	Y
						006	视频安防监控系统定期维护检查的内容	Y

附录3　江苏省高级保安员理论知识鉴定要素细目表

理论知识考试比重表

项目		高级保安员(%)
基本要求	职业道德	5
	基础知识	15
相关知识要求	守护巡逻	10
	安全检查	10
	武装守押	10
	随身护卫	15
	安全技术防范	15
	安全风险评估	5
	保安项目管理	5
	保安业务管理	5
	保安危机管理	5
合计		100

操作技能考核比重表

项目		高级保安员(%)
技能要求	守护巡逻	15（五选四）
	安全检查	15（五选四）
	武装守押	15（五选四）
	随身护卫	15（五选四）
	安全技术防范	15（五选四）
	安全风险评估	10
	保安项目管理	10
	保安业务管理	20
合计		100

理论知识鉴定要素细目表

鉴定范围						鉴定知识点		
一级目录		二级目录		三级目录				
名称	鉴定比重%	名称代码重要程度	鉴定比重%	名称代码重要程度	鉴定比重%	代码	名称	重要程度
基本要求	20	职业道德	5	基本常识	3	1	评判保安员职业行为的标准	X
						2	保安员职业道德调节的对象	Y
						3	保安员职业道德的规范功能	X
						4	保安员诚实守信的要求	X
						5	保安员爱岗敬业的要求	X
						6	保安员团结互助的要求	X
						7	保安员文明服务的要求	X
				职业守则	1	8	职业守则的概念	Z
						9	保安员职业守则含义	Y
						10	保安员职业守则的内容	X
				工作纪律	1	11	保安员遵守国家法律法规的要求	X
						12	保安员协助维护社会治安的要求	X
						13	保安员做好本职工作的要求	X
						14	保安员廉洁奉公的要求	X
		基础知识	15	基础理论	4	15	国外保安业的发展	Z
						16	我国保安服务业的现状	Y
						17	保安服务操作规程	X
						18	保安服务合同的签订	X
						19	保安服务的准备	X
						20	保安服务的实施	X
						21	保安服务操作的基本要求	X
						22	保安从业单位管理制度	X
						23	公安机关对保安服务业的管理	X
						24	保安管理人员的职责	X
						25	保安员的岗位纪律	X

续表

鉴定范围						鉴定知识点		重要程度
一级目录		二级目录		三级目录		代码	名称	
名称	鉴定比重%	名称代码重要程度	鉴定比重%	名称代码重要程度	鉴定比重%			
基本要求	20	基础知识	15	专业基础	6	26	保安员执勤的安全要求	Y
						27	消防安全的概念	X
						28	保安员的消防职责	Z
						29	扑救火灾的基本原则	Y
						30	人工呼吸的方法	X
						31	胸外心脏按压的方法	X
						32	止血的方法	X
						33	固定技术的要点	X
						34	现场特殊情况的处置方法	X
						35	计算机常见的硬件故障处理	X
						36	保安应用文书的具体要求	X
						37	心理健康常识	X
				相关法律法规	5	38	公民的基本权利	Z
						39	公民的基本义务	X
						40	《刑法》的基本原则	Y
						41	排除犯罪性的行为	Y
						42	寻衅滋事罪	X
						43	《合同法》的基本原则	X
						44	劳动合同的合法原则	X
						45	单位内部治安保卫工作制度	X
						46	道路交通安全管理的原则	Y
						47	保安从业单位违法的法律责任	X
						48	保安员违法的法律责任	X
						49	信访人不得采取的行为	X
						50	道路运输民用爆炸物品的安全管理规定	X
						51	大型群众性活动的安全工作方案内容	X

续表

鉴定范围						鉴定知识点		重要程度
一级目录		二级目录		三级目录		代码	名称	
名称	鉴定比重%	名称代码重要程度	鉴定比重%	名称代码重要程度	鉴定比重%			
理论知识	80	守护巡逻	10	守护	7	52	出入口守卫服务的内容	Z
						53	出入口守卫服务的岗位要求	Y
						54	出入口守卫服务的操作规程	X
						55	出入口勤务检查指导的内容	X
						56	目标部位守护的操作规程	X
						57	目标部位守护检查指导的内容	X
						58	守护勤务方案制定的方法	X
						59	守护勤务方案制定的要求	X
						60	出入口守卫勤务方案的内容	X
						61	目标部位守护方案的内容	X
						62	临时勤务方案的内容	X
						63	守护勤务紧急预案的种类	Z
						64	守护勤务紧急预案制定的要求	X
						65	守护勤务紧急预案的内容	X
						66	守护勤务应急预案制定的程序	Y
				巡逻	3	67	巡逻服务的内容	Z
						68	巡逻服务的岗位要求	Y
						69	巡逻服务的操作规程	X
						70	保安巡逻勤务管理制度的种类	X
						71	保安巡逻勤务管理制度建设的要求	Y

续表

鉴定范围						鉴定知识点		重要程度
一级目录		二级目录		三级目录				
名称	鉴定比重%	名称代码重要程度	鉴定比重%	名称代码重要程度	鉴定比重%	代码	名称	
理论知识	80	安全检查	10	基础知识	2	72	安全检查的概念及分类	X
						73	安全检查的法律法规	X
						74	安全检查的性质任务及理念	Z
						75	安全检查的工作原则	X
						76	安全检查的方法手段	X
				危险品	2	77	危险品的基本概念	Y
						78	危险品的分类	X
						79	危险品的破坏性	X
						80	危险品识别的基本方法	X
						81	常见危险品的种类	X
						82	仿真枪和刀具的认定标准	X
				防暴安检设备	2	83	防暴安检设备分类	X
						84	常用防暴安检器材	X
						85	X射线安检仪	X
						86	金属探测设备	X
				安检工作流程	2	87	安检人员的岗位分工	Y
						88	安检人员的工作要求	X
						89	安检人员的岗位部署	X
						90	车辆检查方法与步骤	X
						91	车辆防爆安检的设备知识	Z
						92	车辆防爆安检的基本程序	X
				异常情况处置	2	93	安检现场突发事件处置预案	X
						94	疑似危险物品常用检验方法	X
						95	查获危险品、违禁品的处置方法	X
						96	安检设备损坏及大面积停电情况处置	X

续表

鉴定范围						鉴定知识点		重要程度
一级目录		二级目录		三级目录		代码	名称	
名称	鉴定比重%	名称代码重要程度	鉴定比重%	名称代码重要程度	鉴定比重%			
理论知识	80	武装守护押运	10	武装押运	7	97	武装押运实施的含义和内容	Y
						98	武装押运实地勘察和注意事项	X
						99	武装押运安全分析的内容	X
						100	武装押运安全分析的方法	X
						101	武装押运安全分析的要求和注意事项	Y
						102	武装押运勤务方案包括的内容	X
						103	制定武装押运勤务方案的方法和要求	X
						104	武装押运安全预案包括的内容	X
						105	制定武装押运安全预案的方法和要求	X
						106	武装押运操作规程	X
						107	武装押运车载技防设备的使用	X
						108	武装押运常见安全隐患的类型	Z
						109	武装押运过程中应对盗窃、抢劫隐患的主要防范措施	X
						110	武装押运过程中应对交通、火灾隐患的主要防范措施	X
				武装守护	3	111	武装守护安全风险分析的内容和方法	X
						112	武装守护操作规程	X
						113	武装守护勤务方案和安全预案包括的内容	Y
						114	制定武装守护勤务方案和安全预案的方法和要求	X
						115	武装守护安全隐患的识别和防范	X
						116	武装守护设岗布哨的原则和类型	X

续表

鉴定范围						鉴定知识点		
一级目录		二级目录		三级目录		代码	名称	重要程度
名称	鉴定比重%	名称代码重要程度	鉴定比重%	名称代码重要程度	鉴定比重%			
理论知识	80	随身护卫	15	任务准备	6	117	随身护卫存在风险的识别与分析	Y
						118	随身护卫存在风险的评估过程	X
						119	随身护卫存在风险的评估方法	X
						120	随身护卫的风险控制	X
						121	护卫方案制定前的勘察	Y
						122	制定护卫方案应包括的内容	X
						123	大型活动等特殊护卫方案的制定	X
						124	执行随身护卫任务前的人员、装备准备	X
						125	执行随身护卫任务前的措施准备	X
						126	随身护卫的分类方法	Z
						127	随身护卫应急预案编制的注意事项	X
						128	随身护卫应急预案的编制应包括的内容	X
				管理实施	9	129	随身护卫的工作规程	X
						130	随身护卫的岗位要求	Y
						131	随身护卫的相关制度	Z
						132	随身护卫的预防守则	X
						133	随身护卫的处置守则	X
						134	驻地护卫协调组织应当注意的事项和要求	X
						135	随行护卫协调组织应当注意的事项和要求	X
						136	现场护卫协调组织应当注意的事项和要求	X

续表

鉴定范围						鉴定知识点		重要程度
一级目录		二级目录		三级目录		代码	名称	
名称	鉴定比重%	名称代码重要程度	鉴定比重%	名称代码重要程度	鉴定比重%			
理论知识	80	随身护卫	15	管理实施	9	137	针对护卫对象行凶、抢劫等暴力犯罪活动的处置	X
						138	护卫对象遭遇追星族追逐、围观的处置	X
						139	护卫对象活动场所火警及其他突发情况的处置	X
						140	护卫对象受伤和发生意外情况的现场处置	Y
						141	随身护卫的特殊驾驶技术	X
						142	特殊天气的驾驶技巧	Y
						143	特殊路面的驾驶技巧	Y
						144	随身护卫车辆的安全检查方法	X
						145	随身护卫培训的要点	X
						146	随身护卫实战能力培训的方法	X
		安全技术防范	15	设备安装	5	147	安全技术防范系统安装识图基础知识	Y
						148	安全技术防范系统常用线缆、管材介绍	Z
						149	安全技术防范系统线缆敷设要求	X
						150	入侵报警系统设备安装方法及规范要求	X
						151	视频监控系统设备安装方法及规范要求	X
						152	出入口控制系统设备安装方法及规范要求	X
						153	电子巡查系统设备安装方法及规范要求	X
						154	楼寓对讲系统设备安装方法及规范要求	X
						155	安全技术防范系统施工过程常见危险源	Y7
						156	安全技术防范系统施工过程常见危险源的防范措施	X

续表

鉴定范围						鉴定知识点		重要程度
一级目录		二级目录		三级目录		代码	名称	
名称	鉴定比重%	名称代码重要程度	鉴定比重%	名称代码重要程度	鉴定比重%			
理论知识	80	安全技术防范	15	维护保养	3	157	入侵报警系统设备日常维护保养规范要求	Y
						158	视频监控系统设备日常维护保养规范要求	Y
						159	出入口控制系统设备日常维护保养规范要求	Y
						160	电子巡查系统设备日常维护保养规范要求	Y
						161	楼寓对讲系统设备日常维护保养规范要求	Y
						162	监控中心日常维护保养基本要求	Z
				故障排查	3	163	安全防范系统故障排查常用仪器仪表	Y
						164	安全技术防范系统设备常见故障主要表现特征	Y
						165	安全技术防范系统设备常见故障排查原则	Y
						166	安全技术防范系统设备常见故障处置基本方法	Y
						167	安全技术防范系统设备故障排查注意事项	X
						168	安全技术防范系统主要设备更换基本方法	Z
				运行管理	4	169	安全技术防范综合管理平台的主要功能	X
						170	安全技术防范综合管理平台视音频和报警数据维护基本要求	Y
						171	安全技术防范综合管理平台用户数据保密管理要求	X
						172	安全技术防范综合管理平台管理日志维护要求	Y

续表

鉴定范围						鉴定知识点		重要程度
一级目录		二级目录		三级目录		代码	名称	
名称	鉴定比重%	名称代码重要程度	鉴定比重%	名称代码重要程度	鉴定比重%			
理论知识	80	安全技术防范	15	运行管理	4	173	安全技术防范系统触发报警信息基本类型和特征	X
						174	报警信息复核基本方法和规范	X
						175	消防控制室资料要求	Z
						176	消防控制室的运行管理	Y
		安全风险评估	5	评估实施	4	177	风险的概念	X
						178	风险的分类	X
						179	风险识别与衡量的基本原则	X
						180	风险识别的方法	X
						181	风险识别的途径	Y
						182	风险识别的内容	X
						183	风险评估的概念	Y
						184	风险评估的步骤	X
						185	风险评价的方法	Z
				评估报告	1	186	风险评估报告的要素	X
						187	风险评估报告的编写	X
		保安项目管理	5	项目规划	4	188	市场调研的要素	X
						189	市场分析的主要内容	X
						190	市场分析的主要方法	Y
						191	投标文件的主要内容	Y
						192	投标报价的组成分析	X
						193	项目预算的内容	X
						194	项目实施方案的内容	Y
						195	保安服务合同的要素	X
				项目实施	1	196	项目服务手册的内容	x
						197	项目服务手册的编制	Y

续表

鉴定范围						鉴定知识点		
一级目录		二级目录		三级目录				
名称	鉴定比重%	名称代码重要程度	鉴定比重%	名称代码重要程度	鉴定比重%	代码	名称	重要程度
理论知识	80	保安业务管理	5	管理基础	2	198	保安业务特点	Z
						199	保安业务范围	X
						200	保安管理内容	X
						201	保安勤务管理内容	X
						202	保安服务市场分析	X
				质量管理	2	203	保安服务质量管理的内容	X
						204	保安服务质量管理体系的内容	X
						205	保安服务质量管理的基本方法	X
						206	保安服务质量管理的监督体系	X
				培训指导	1	207	保安培训的内容	Z
						208	教案的基本内容及编制要求	X
						209	培训方案制定的分类	Y
		保安危机管理	5	危机常识	2	210	危机的概念、特征和类别	Y
						211	危机管理的原则	X
						212	危机的预防	X
						213	危机的确认与处理	X
				保安危机	3	214	企业危机的概念	Z
						215	企业危机的类型	X
						216	保安危机管理的概念	Y
						217	保安危机的预防	X
						218	保安危机的准备	X
						219	保安危机的反应	X
						220	保安危机的恢复	X

附录4　江苏省初级、中级、高级保安员鉴定结构比重表

理论知识

项　目		中级保安员（%）	高级保安员（%）
基本要求	职业道德	5	5
	基础知识	30	15
相关知识要求	守护	8	3
	巡逻	8	3
	安全检查	15	3
	武装守押	15	20
	随身护卫	7	20
	技术防范	12	21
	业务管理	-	10
	保安危机管理		
	安全风险评估	-	-
	培训指导	-	-
合计		100	100

注：1. 根据江苏省规定，参加初级保安员考试的人都已取得国家保安员证，故三年内免考理论知识。
　　2. 中级保安员须达到初级保安员的守护和巡逻的相关知识要求。
　　3. 高级保安员须达到初级保安员守护、巡逻和中级保安员安全检查的相关知识要求。

操作技能

项 目		初级保安员（%）	中级保安员（%）	高级保安员（%）
技能要求	守护	40	10	-
	巡逻	30	10	-
	安全检查	30	20	-
	武装守押	-	30	25
	随身护卫	-	10	30
	技术防范	-	20	30
	业务管理	-	-	15
	保安危机管理			
	安全风险评估	-	-	-
	培训指导	-	-	-
合计		100	100	100

附录5 常用道路交通标志和安全标志

一、常用道路交通标志

1. 禁令标志(部分)

禁止小型客车驶入　禁止驶入　禁止机动车驶入　禁止载货汽车驶入　禁止三轮机动车驶入

禁止非机动车驶入　禁止行人进入　禁止向右转弯　禁止向左转弯　禁止直行

禁止直行和向左转弯　禁止直行和向右转弯　禁止掉头　禁止停车　禁止大型客车驶入

禁止长时停车　禁止鸣喇叭　限制宽度　限制高度　禁止向左向右转弯

2. 警告标志(部分)

环形交叉　注意信号灯　注意行人　注意儿童　慢　行

施　工　注意非机动车　注意危险　事故易发路段

3. 指示标志(部分)

直　行　　向左转弯　　向右转弯　　向左和向右转弯　　直行和向左转弯　　直行和向右转弯

环岛行驶　　单行路(向左或向右)　　步　行　　单行路(直行)　　鸣喇叭

最低限速　　路口优先通行　　会车先行　　人行横道　　右转车道

直行车道　　直行和右转合用车道　　分向行驶车道　　公交线路专用车道

机动车行驶　　机动车车道　　非机动车行驶　　非机动车车道　　允许掉头

二、安全标志

1. 禁止标志

2. 提示标志

3. 警告标志

注意安全　当心火灾　当心爆炸　当心触电　当心电缆　当心机械伤人

当心伤手　当心扎脚　当心吊物　当心绊倒　当心坠落　当心落物

当心坑洞　当心烫伤　当心弧光　当心滑跌　当心塌方　当心冒顶

当心瓦斯　当心电离辐射　当心裂变物质　当心火车　当心激光　当心微波

当心车辆　当心腐蚀　当心感染　当心中毒

4. 指令标志

必须戴安全帽　必须穿防护服　必须戴护耳器　必须戴防护帽　必须穿防护鞋　必须戴防护口罩

必须系安全带　必须加锁　必须穿救生衣　必须戴防护手套　必须戴防毒面具　必须戴防护眼镜